日本世相

饱食穷民

［日］斋藤茂男 著

王晓夏 译

浙江人民出版社

图书在版编目（CIP）数据

饱食穷民 / （日）斋藤茂男著；王晓夏译. —杭州：浙江人民出版社，2020.1（2021.3重印）

ISBN 978-7-213-09547-4

Ⅰ. ①饱… Ⅱ. ①斋… ②王… Ⅲ. ①社会学-研究-日本 Ⅳ. ①C91

中国版本图书馆CIP数据核字(2019)第268704号

饱食穷民

[日] 斋藤茂男 著 王晓夏 译

出版发行：浙江人民出版社（杭州市体育场路347号 邮编 310006）
市场部电话：(0571)85061682 85176516
责任编辑：郦鸣枫
特约编辑：薛 倩
营销编辑：陈雯怡
责任校对：戴文英
责任印务：刘彭年
封面设计：泽 丹
电脑制版：杭州兴邦电子印务有限公司
印 刷：杭州宏雅印刷有限公司
开 本：880毫米×1230毫米 1/32 印 张：8.75
字 数：193千字
版 次：2020年1月第1版 印 次：2021年3月第5次印刷
书 号：ISBN 978-7-213-09547-4
定 价：45.00元

关于《日本世相》

这套《日本世相》一共十二册，是纪实文学作品。二十世纪七十年代到九十年代间，我采访过很多普通人，记录下他们的生活场景和心理状态，于是有了这些“日本世相”点滴。

当时想采访的主题很广，主要包括在经济高速成长的背景下，工厂与工人、学校和孩子之间的矛盾，夫妻之间的纠葛，家庭关系的破裂，以及两性关系、衰老、智力障碍儿童、生命……采访对象也形形色色，乍一看，似乎完全没有头绪。

原本，我并没想好是随性而来，还是当成正式的工作去做，只是观察到一些社会现象，嗅到了“时代表情”的气息，于是追着这个主题去取材，从中竟发现了从未察觉的全新领域，就好像有神的启示，深深吸引了我，让我睁开好奇的双眼。我这才找到着力点，开始深入挖掘“初心”。虽然最初的题材有些虎头蛇尾，但在这个范围里，我找到了新目标，一边采访，一边发现更多新的目标……

这种随性的摸索，最终带来了这套纪实文学。

话虽如此，但其实我自己也有一直想做的课题，像低音回旋一般，在心中久久回荡——那就是关于“资本主义与人类的关系”。大环境下，我们眼前一片繁荣，但只要稍微切换舞台，就能看到各类被异化的群体，他们深受各种打击。所有人都陷入一个巨大装置，努力把时间变为金钱，被强迫着，要更快、更有效率地活着，哪怕超越身体极限，时时刻刻，一分一秒都不能错过。这节奏让我们无法按照自然时间生活，过有生命力的生活，只感觉身心俱疲，不停被压榨。外部世界看似华丽，内部却可怕地快速运转着，让人不断沦陷其中。不知所措的焦虑、充斥心中的空虚……终于有一天，忍不住爆发出来：我这究竟是在干吗！然而，也只有那么一瞬间，转眼工作来了，我们像自动切换的机器，不得不回到现实，按照既定方式，完成既定的角色。如果，这就是现实，那日本的资本主义究竟是什么，即便它带来了第二次世界大战后的繁荣社会——这是我的思考，我想要亲自找出答案。

这套《日本世相》，每册的主题不同，但有共同的出发点，以及相同的采访动机，那就是我想要挖掘出“桎梏的结构”。而且，从一个主题到另一个主题，采访过程也前后呼应。这十二本书相互关联，可以说是一个整体。

借这次整理的契机，我把之前零碎的内容整合起来，就像把散乱的石子排列整齐般。但如何叙述采访对象所经历的时代碎片，今后会如何发展，当下又该如何表达“现状”，我依然在不断思考。我想从这些角度，捕捉我观察到的整个时代的意义。幸运的是，我有得力的同行者，上野千鹤子女士、镰田慧先生、岸本重陈先生、汐见稔幸先生等，他们都在用自己独特的方式挖掘社会的本质，和我一道完成这一工程。在这项共同完成的“作品”里，日本世纪末的景象会是何种模样呢？

斋藤茂男

一九九三年秋

目　录

I 饱食穷民

Ⅲ 呕吐的女人

前 言

本书收录的三篇纪实文学写于二十世纪八十年代中期到九十年代，这些文字可以看成我当时企图通过探索人们的内心世界，来描绘日本社会状况的一种尝试。

那个时代，日本社会宛如梦幻泡影一样变化无常，又像断梗浮萍一样飘忽不定，到处充斥着不安的色彩，脆弱得仿佛轻轻一碰就会化作幻影消失殆尽。然而却有一群来自绝望深渊的使者，他们昂首挺胸、趾高气扬地支配着这样一个金钱和物质泛滥的时代，仿佛在说只有精神有问题的软弱分子才会感到不安。

有人在金钱和物质面前丧失了理智，也有一些人在充斥着竞争和效率至上主义的社会体系中摸爬滚打，导致身心失衡——但是，他们都是我所深爱着的“普通人”，也是我珍贵的采访对象。

第一章“饱食穷民”写于一九八四年，主要聚焦于当时新闻报刊的社会板块所关注的贷款和债务问题。

第二章“快节奏的城市”主要揭示飞速发展的计算机化潮流给人们带来了怎样的变化。计算机这一仿佛有生命的机器会不断给社会带来各种各样的改变。虽然与这一时代的潮流唱反调本身就是一种十分愚蠢的行为，但对于我来说，这也是一个永远不会失去新鲜感的主题。

第三章“呕吐的女人”主要以拒食、过食呕吐症这一女性特有的疾病作为素材切入点，试图通过女人们的内心世界揭示出现代社会背后所隐藏的问题。

从第一章到第三章，时间跨度将近五年半。尽管在这段时间里时代始终发生着飞速的变化，但我还是有意将这三篇时代报告集于一册，好让读者通过这三个时代的断片，感受到现代社会底部所流淌的令人毛骨悚然的潮流。

需要说明的是，这三章内容均通过日本共同通讯社发送至各个加盟报纸连载刊登，其中第一章得到了共同通讯社社会部记者池田信雄的协助。

斋藤茂男

一九九一年六月

序章

走向世纪末

1975年

日本经济低迷，就业困难。

中央和地方政府均出现财政危机。

国际女性年，提升女性地位的呼声越来越高。

1976年

洛克希德事件案发，日本首相田中角荣被捕。

1977年

日元对美元汇率飙升，严重打击日本经济。

1978年

日元对美元汇率暴涨至一美元兑换一百八十日元。

小微贷成为社会问题。

企业纷纷裁员，失业率走高。

1979年

第二次石油危机波及日本，对日本经济造成打击。

日元贬值，物价陡增，基准利率提高。

联合国大会表决通过《消除对妇女一切形式歧视公约》。

1980年

自民党在参众两院同时换届选举中取得压倒性胜利。

日本汽车生产量跃居世界第一，和欧美产生贸易摩擦。

儿童杀人案件、学校暴力案件、家庭暴力案件连续发生。

1981年

里根当选美国总统，执行强硬路线。

三和银行女员工高额诈骗案件等计算机犯罪频发。

日本对欧美贸易顺差达到历史最高。

1982年

中曾根康弘当选日本首相。

日本航空客机在羽田机场近海海域坠毁，二十四人死亡。

1983年

自民党在年末换届选举中大败，保守党和革新党的席位数不相上下。

日本首例体外受精婴儿诞生。

失足中学生杀害街头流浪者。

1984年

格力高·森永事件案发。

临时教育审议会创立，正式讨论教育改革议题。

1985年

日本航空123号班机在群马县上野村山中坠毁。

丰田商事诈骗案发，董事长在家中遭杀害。

《消除对妇女一切形式歧视公约》在日本通过并生效。

1986年

《男女雇佣机会均等法》生效。

苏联切尔诺贝利核电站事故发生，世界陷入不安。

艾滋病在全世界传播扩散。

1987年

房价一年飙升三倍。

日本国营铁道和日本航空民营化改革。

空前的理财热潮，股价暴跌。

日元对美元进一步升值，一美元兑换一百二十日元。

纽约股指创有史以来最大跌幅。

1988年

里库路特事件案发，大藏大臣宫泽喜一及日本电话电报公司董事长真藤恒辞职。

以新增消费税为主要内容的税收改革法案在临时国会获通过。

经济以内需为中心持续走高。

1989年

昭和天皇去世，日本进入平成时代。

参议院选举中，在野党席位超过执政党。

女童连续被诱拐杀害案件告破，嫌犯被逮捕。

东欧剧变。

美苏两国首脑在马耳他举行峰会，冷战结束。

1990年

海湾地区危机加剧。

日本全国出现房价猛涨。

德国实现统一，正式结束分裂历史。

— 不会珍爱自己的人们 —

向往强大

森由香里在一家大中型广告代理公司工作。一年前，她在同事的邀请下参加了一次聚会活动。

“同事跟我说，有个活动，要不要一起去看看。广美她啊——哦，忘记说了，邀请我的那个人叫广美。广美说她以前一直特别讨厌她自己，但是自从去参加那个活动之后，就有些能喜欢上自己了。所以对她那个活动，我也有些感兴趣，因为我一直挺向往变得强大的……”

出现在我面前的由香里今年二十四岁。她身材高挑，体型很是丰满，眼睛又大又黑，十分有神。

“那时我刚进公司，工作上也没什么自信，心里有些苦恼。平时开个会什么的，发言的都是男同事，我总是不敢张口，就算有时候说两句，也没什么人理我，我的意见根本没人重视。所以，我就想要提升自己……”

“那你上学的时候，有没有感觉到自己不如周围的人呢？”

“是的，有这种感觉，觉得自己不行。我很早之前就想提升自己了。上班之后也因为这个心情低落。我听广美说过她的经历之后，就也想去体验一下……”

不久之后的一个周日下午，她按照广美告诉她的地址，来到了东京市中心的一家酒店的会议室。房间里一共聚集了将近一百人，女人们的穿着打扮像是参加派对一样，而男人的人数几乎和女人相同。

“房间里站了两排像是此前就一直参加这个活动的人在夹道欢迎，广美也在里面。”

走进会场之后没多久，就有一个自称是讲师的人走了出来。

“一开始他带着我们做游戏。他让我们试试十分钟之内能认识多少人，让我们互相做自我介绍。我本来不是特别愿意跟素未谋面的人搭话，一抬眼见到谁，就跟谁打招呼，这种事我可做不来。所以我没有主动出击，不过也有些人主动来找我，所以前前后后大概跟十个人打了招呼……”

这个活动在游戏中拉开了帷幕。自我介绍游戏结束之后，他们紧接着又被要求一男一女面对面坐下。坐下之后，他们需要告诉对方自己对对方的第一印象，包括年龄、职业、家庭成员，等等。

双方都说完自己对对方的印象之后，还需要再向对方说出自己的真实情况。

“那天，我们就只做了这个游戏。后来才知道，这个游戏其实只是‘准备活动’。游戏结束之后，需要当场报名。结果我交了十二万日元。”

第二次活动是从周四到周日的学习班，连续四天，地点也在宾馆。

活动的内容跟这次差不多，大概一百个年轻男女进了宾馆的会议室，一开始分成十人一组，按照讲师的要求做“游戏”。

我是谁？

“请回忆起你的童年。回忆童年快乐的事情、不高兴的事情，然后分享给大家听……一开始，我们就这样讲些无关痛痒的事情。没过一会，就又让我们男女两个人一组面对面坐下，继续讲自己的事情。这次只让我们倾听对方的发言，不许提问或是说自己的意见。我们说的话题越来越沉重，我在第三天就沮丧得不行……”

据由香里说，在按照讲师要求思考的过程中，可以发现自己内心深处以前未曾注意过的感情，或是发现另一个自己，或是了解自己的缺点，从而获得重新审视自己的机会。

“我们平时，不是都没怎么考虑过自己吗。既不会审视自己，也不会思考自己是怎样一个人，所以这四天里我们集中精力，只考虑这一件事情。通过这次活动，我第一次认识了自己……”

参加活动的，都是些二三十岁的男女。四天的活动里，跟她分到一组的有老师、护士、保姆、编辑、计算机系统工程师、音响师、电视台摄像师，等等。其中很多都是些很现代的职业从事者。

“人们都是为什么来参加这个活动的呢？比如，你参加的目的是为了更多的提升自己……”

“大家或多或少都有一些自我厌恶，想要重塑自我，想要换一个全新的自己。还有好多人说是因为失恋了才来的。其实我也是，总是很难和喜欢的人相处好。也有一些人想要交朋友，或者是正处在迷茫的职业生涯，也有些人总是得不到满足，大概就是这样子……反正，我感觉，每个来参加的人都是希望重新审视自己，想重塑一个更好的自己。”

由香里仍不满足于这次活动的结果。两个月之后，她报名参加了更高一级的活动。这次地点在箱根的一家酒店，时间长达五天四晚。参加费用为二十五万日元。这次有大概五十个年轻男女参加。主办方从东京包了一辆大巴送他们去集训地。这次，他们被分成了七人左右的小组，每个小组有一个组长。

“开始之后，讲师要求我们每个人总结五六个自己的缺点，写在纸上。然后，让我们接受有缺点的自己。又让我们每个人写出几个自己想要的东西，可以是朋友，也可以是精神方面的，都可以。然后，我们打乱小组，跟别的组的男人面对面坐下，描述自己对对方的印象，说你是这样的人对不对。心里怎么想的就怎么说。他们有些话说得特别狠，然后我就火了……”

“他们都说你什么了？”

“说我心眼坏，性格阴暗……这个活动的规矩就是，话说得越狠就越是为对方好，所以大家的话都说得非常辛辣，而且听的人还不能反驳。等我们都说完之后，讲师就来问我们感觉怎么样。比方说被别人说成这样心里很生气，或者不愉快了，或者感觉自己得不到理解……”

讲师引导

“原来如此，通过挑衅的方式来让你发现你内心潜在的感情，或者将平时不认识的自己赤裸裸地放在镜子前，来诱导你认识自己。”

“没错。他们不会强迫你去干什么，但是在不知不觉之间，你就会被他们带到他们既定的方向上去了。”

随着第三天、第四天活动的展开，她的内心也开始发生了一些细微的变化。由香里刚开始觉得自己就像废物一样，心中被自卑感所笼罩，她想要变得强大。不过她在和七人小组一起对话、活动的过程中，内心逐渐开始享受起来。

“小组里的其他成员开始夸奖我，说我性格开朗，只要跟我在一起就觉得很开心，这倒是吓了我一跳。我发现，我还是能在这样一群陌生人中积极地活动，在他们中间还是有一定的影响力。渐渐地我开始发现，以前我有些太瞧不起自己了，是同组的人帮我发掘出了潜力。以前，我觉得自己是个没能力、没出息、一无是处的女人，没有珍爱自己，但其实我也没那么差啊，我需要接受自己……我发现我对自己的感情好了不少。”

最后一天。在刚开始还素不相识的组员之间，已经形成了异样的亲密感。在进入房间之前，讲师告诉他们：“今天需要做一个十分重要的游戏。请大家把眼镜、隐形眼镜、戒指、手表这些全部摘掉，鞋子也要脱掉。”

她不知道将要发生什么事情，在有些紧张地走进屋子后，被讲师要求坐在了地毯上。音响里开始播放音乐，屋子变得一片漆黑。

讲师说：“大家闭上眼睛，回忆一下小时候。你有没有想对自己的父母说，却没能说出口的话呢？无论是不开心的事情，还是悲伤的事情，或是不满的事情，都无所谓，现在都可以说出来。”

对于参加者来说，这里本来就是一间像孤岛一样与世隔绝的密室，在这里说话本就可以无所顾忌，参加活动的时候也保证过绝对替别人保守秘密。所以，讲师告诉他们可以百分之百地坦诚自己的一切，就像在实验室一样，说什么都没关系。

“房间里的窗帘全部都关上了，光线非常暗，我自己也不知道为什么，就是当时什么都能说出来。为什么爸爸那时候要那样对我？为什么不对我好一些？还有个男的父母早逝，他说他父母为什么那么早就抛下他一个人，他责怪自己的父母，说着说着就大声哭了出来。然后周围男人也好、女人也好，全都大声地哭了起来。不过我们都闭着眼睛，谁也不知道是谁在哭……然后，我正责怪我妈妈的时候，感到背后有一个人朝我靠过来，紧紧地抱住了我。我闻到了香水的味道，知道她是那个外国讲师。其实，我在组里稍微有点不太合群，被当成另类看待，但是现在有人肯拥抱我，我的心里别提有多感动了……”

周围都是抽泣的声音，还有大声哀号的声音。在所有人越发亢奋的时候，讲师用倾诉一般的口吻讲道：“大家过去都经历了很多，他们对大家来说或许不是完美的父母。但是，他们为了大家能够幸福，迄今为止也付出了巨大的努力。父母是无可替代的人。大家需要接受自己的父母，包括他们身上的缺点！大家需要现在，在这里下定决心，接受他们！”

“在那样的氛围下，有人说父母一片苦心全都是为了你好，让你接受他们，你就会觉得自己能有这样的父母是十分值得高兴的。所有人都一边哭，一边像孩子一样连连点头答应着……”

连性也要谈

参加者们面对面席地而坐，膝盖对着膝盖，相互抚摸头发，或是拍拍后背，听对方倾诉。密室里的人们被哭声和嚎叫声所感染，逐渐陷入了一种类似集体催眠的状态。

“在这样一种氛围里，讲师开始让我们讲异性关系，还有性经历。后来我回想起来特别厌恶，但是当时不知怎么的，就把和前男友的关系，还有自己的性经历全都一五一十地说了出来，有个女人还说曾经被父亲性侵……整个现场，就是那种虽然是陌生人，但完全不陌生的感觉，人与人之间没有任何壁垒，好像大家的关系都变得无比亲密一样。所有人情绪都很激动，甚至男女也会拥抱，还有亲吻的场面发生。我也说了很多难为情的话……之后，先后有三个人对我说想和我交往。我明明说了好多前男友的坏话，也不知道他们是怎么想的，还想和我交往，我也没有答应他们……”

这个环节结束之后，讲师要求他们回到自己的房间，裸体站在镜子前，将自己的样子画下来。

“我也按照讲师说的，脱光了站在镜子前。画好之后，每个小组重新集合到一起，然后每个人看着自己的裸体画，向其他人介绍自己的裸体。比如说，腿太粗了不好看、屁股太大了、胸部太小了……因为有的小组里有男人，一般来说是会很难为情的，但当时的氛围就是自己的身体是自己的东西，所以需要原原本本地接受才行。然后我们又说了很多关于性的纠缠不清的琐事，比如关于自慰、关于性生活，等等。小组里的男的也一起说。其实关于这些我真挺不愿意说的……”

由香里说，他们就是在这样的氛围里，被引导着接受自己的身体和性方面的多样性，心中充满了温柔和体贴的感情。活动的最后一晚结束之后，隔天氛围整个一百八十度大转弯，大家又唱又跳，还有人秀出了自己的绝活，最后热热闹闹地乘上了回东京的巴士。

这名叫由香里的女性所参加的活动，正是社会上悄然兴起的自我启发学习班的一种。这种活动原本诞生于美国，后来登陆日本陆续发展，势头越来越大，成了以吸引年轻男女加入作为主营业务的一种心理产业。由香里参加这一活动，就到箱根集训阶段为止，其实后面还有更多更高级的活动可以参加，每次参加又要多支付数万日元。全部参加下来，粗粗一算就需要五十多万日元。然而就算代价如此之大，年轻白领却依旧趋之若鹜，这是为什么呢？

从由香里的讲述中我们可以看出，这种活动可以让那些苦恼于“不会珍爱自己的人们”通过这种不可思议的感情体验——尽管是一种人工营造出来的虚拟的感情体验——爱上自己，能够接受自己是世界上独一无二、无可替代的存在，并享受其中的快感。

我从其他参加者口中也听说过类似的感想——自从参加过活动之后，体会了温柔的情感，在邂逅了自己之后能够爱上自己了，自己也变得更能够接受其他人了。也就是说，其实很多人都存在自卑心理，他们的内心被自己的刑具折磨得血流不止，还要苛责自己：“为什么你这么没用！”

脑子聪不聪明，学习、工作成绩好不好，有没有能力迅速完成任务，对公司有没有贡献……他们内心的刑具，就是这些丈量、判断个体价值高低的价值观、人生观。也可以说，正是这些价值观建构的体系驱赶着人们陷入无限竞争的社会。

— 人吃人的画卷 —

成为富豪帝国

近些年来，不光是上文提到的自我启发活动，那些做人心买卖的心理产业也都是一片欣欣向荣的景象。还有些疑似宗教团体的修行产业也聚拢了不少人气。不仅如此，医院的精神科、神经科，还有心理咨询、心理治疗所同样也是门庭若市。

希望远离心痛、想要让心灵得到宽慰、心中萦绕着无法用语言表达的失落感——上述事实，从一个侧面印证了越来越多的人想要解开心中枷锁的渴望。这无疑让人联想到这样一幅画面：竞争和生产效率至上主义的齿轮正奏响嘎吱嘎吱的旋律，日夜压榨着每一个人。

人剥削人的关系，是何时开始占据统治地位的呢？为了方便读者更好地理解后面“饱食穷民”“快节奏的城市”“呕吐的女人”等章节的社会背景，先让我们来回溯这一阶段大环境的变化。

二百七十八万亿日元，单就这样一个数字，我们或许很难直观想象其含义。要说一万八千五百七十八亿美元，就更没有概念了。

因为我们茶余饭后的谈资中早就充斥着上亿、上万亿日元计的金额，哪怕我们听到这些超乎想象的金额，也不会再有更多的感情。

就在前一段时间，日本富豪随手拿出二百五十亿日元买下了凡·高和雷诺阿的画作，还扬言死后要将它们带进棺材一起烧掉。他的言论转眼就引来欧洲一片讨伐之声，也暴露出日本人的金钱观、文化观的确已经扭曲到了能随口说出这种低俗玩笑话的地步。

话说回来，上文提到的二百七十八万亿日元，是截至一九九〇年末日本官方与民间在海外所拥有的资产市值的总和。这个数字不光包含企业在国外投资建厂的固定资产，还包括证券投资和银行存款等流动资产。哪怕是刨去贷款等债务后看海外净资产，也足有四十九万亿日元，也就是三千两百八十亿五千九百万美元，这个数字在当时排行世界第一。

日本的海外净资产自一九八二年后，每年都保持增加态势。一九八五年更是远超上一年的七百亿美元，突破一千两百亿美元大关，一跃成为世界第一。自那以后，还创造了连续六年成功卫冕世界第一的奇迹。

继海外净资产夺冠之后，一九八七年日本贸易经常收支顺差和外汇储备也双双夺得世界第一。显示经济实力的三个指标全部跃居世界第一，“夺得三冠王”成为当时街头巷尾的流行热词。那时日本的人均国民生产值也跃居世界第一，让日本名正言顺地荣登“富豪帝国”的宝座。

这本《饱食穷民》所记录的时代背景，正是二十世纪八十年代中期到九十年代的这段时间。在这个时期，日本成功挺过石油危机、日元升值等一连串的“国难”，还化“国难”为动力，成功收获众多世界第一的勋章，跃居超级经济大国之列。让我们看看，日本是如何收获这些荣耀的。

首先，是因为这段时期内日本人工作的疯狂程度达到顶峰，甚至远超因疯狂工作出名的战后经济高速增长期。

虽然不愿使用“耳朵都要磨出茧子”这句俗语，但日本上班族的超长时间劳动真是让人“耳朵都要磨出茧子”的代表性社会问题。近期就连电视台也开始接连播放特别节目，毫不避讳地报道这一问题。日本和欧美先进资本主义国家在劳动时间长度上存在的差异，已经成为众所周知的事实。而且这一结论，还是基于日本劳动省的官方统计数据得出的。还有数不清的事例，让人不禁怀疑实际情况要比官方数据糟糕得多。

比如，可以看看第二章中一九八八年采访的计算机技术人员们的加班时间。根据统计数据显示，日本人的年度总劳动时间要比当时的德国人多五百四十七个小时，而这一差距在一九八九年也达到四百个小时以上。

但是，这仅仅是官方公布的数字而已，实际上远不止如此。就以银行为例，虽然加班时间因岗位不同而多少有些差异，但绝大多数银行的考勤系统每个月的加班时间最多只给算到二十二个到二十五个小时。就算实际加班超过这个数字，也不会统计到加班时间里。

女性员工也加班

比如大型城市银行A银行的做法就是，人事部部长会给所有部长、分行行长发出通知，定好当年的加班预算，也就是加班的上限——中层领导每月二十五个小时，男性办事员二十二个小时，女性办事员十个小时。

设定这个上限的目的，并非让员工早些下班回家休息，而是为了解决经营上面临的一大难题——限制加班费的支出。能否执行预算是评价分行行长能力的项目之一，所以就算他们心中对实际情况心知肚明，也要想办法要求员工们免费加班来保住自己的职位。

事实上，根本没有人相信能将真正的加班时间控制在预算之内。证据之一，就是这家银行评选出的“早下班模范分行”——东京上野分行的平均下班时间是晚上七点半。按照这家银行的标准上下班时间来计算，平均七点半下班就意味着每人每月平均加班时间约为五十个小时。平均加班五十个小时都能被评为模范分行，说明其他分行的加班时间还要更长。加班如此之多还要限制人力成本预算，于是只好白白加班，不给加班费，为银行的利润“无私奉献”了。

这样的状况在其他银行也同样存在，已经成了行业内公开的秘密。据说不仅仅是银行，保险行业长时间工作的情况也已经屡见不鲜了。财产保险公司的工会曾在一九八九年六月对行业内两万两千多人进行过生活状态方面的问卷调查。

保险公司每个月都会分繁忙期和非繁忙期，该调查选择了月中的非繁忙期，针对电算部门的下班时间进行了统计。统计结果显示，男性职员晚八点前下班的人数仅占总人数的32.1%，八点到十点间下班的人占38.5%，最后仍有29.4%的人晚于十点下班。

再看女性，早于八点下班的人占62.1%，八点到十点间占27.8%，十点之后占10.1%。

最近，在东京的新宿和池袋等轨道交通换乘枢纽，晚高峰会持续到很晚，拥挤程度丝毫不亚于早高峰。我近年还发现，晚高峰中女性的比例明显高于以前。这点也与上述数据相互印证，说明女性也会加班到很晚。

这样算下来，日本人每年的总劳动时间远非官方公布的两千个小时这么少，甚至说三千个至四千个小时都算不上夸张。而且，除了上班时间之外，长时间通勤也是问题。欧共体国家中，通勤时间在三十分钟以内的人占了75%，而一小时以内的人则达到了96%，几乎涵盖了所有人群。反观日本，以房价猛涨的东京圈为例，通勤时间在三十分钟以内的人仅占32.4%，一小时以内的人也仅有66.3%。也就是说上班单程一小时以上的长距离通勤者高达三成以上。不仅工作时间长，还要在拥挤的有轨电车里花两个到三个小时上下班，在家的时间几乎可以说是转瞬即逝了。

24小时的不夜城

我曾参与过一次大规模问卷调查。该调查于一九九〇年十一月举行，调查对象是居住在东京中野区的男性。当时全国范围内都还未曾进行过此类专门针对男性生活状态和意识的调查。调查中，受访者需要将自己每天的生活内容记录在时间表中。以下是公司职员A先生的事例。

今年四十出头的A先生一家五口，家中有妻子和三个孩子。最小的孩子上小学低年级，老大已经上初中了。A先生在一家雇员超过几百人的大公司里的管理岗工作，职位已经高于普通中层。一家的年收入在七百二十万日元到一千万日元之间，可以说是一个超过平均水平的富裕家庭。两人结婚后妻子曾辞去工作在家中做全职主妇，现在孩子不像小时候那么让人操心了，她就又在外面找了一份兼职来做。

A先生早晨六点半起床，约五十五分钟后的七点二十五分走出家门上班。从中野区到他的公司距离很远，单程要花上一小时十分钟左右，一路十分劳累。上班后他一直工作到晚上九点，工作时间长达十二小时。晚上十点半左右，他才终于回到家里。他每晚十二点睡觉，因此从到家到睡觉只有短短一个半小时。吃完迟来的晚饭，洗完澡，马上就到了就寝时间。他的睡眠时间为六个半小时，然后又是新的一天。

对于“你认为自己过劳吗？”这一提问，他十分坚定地选择了“是”，而且在身心的状态上，他回答说自己“心理上的疲劳感大于肉体上的疲劳感”，在问卷的“需要更多可自由支配的时间”这句话下面，他还特意画上了波浪线来强调，让人感到了他内心的强烈诉求。

从调查数据的整体平均水平来看，除掉休息时间的纯劳动时间为九小时二十分钟。本次调查对象居住在东京市中心，通勤条件相对较好，但就算这样，平均到家时间也在晚上八点到十点之间，这样的人占公司职员的44%。他们每天在家里的时间约为十二小时九分钟，减去睡眠时间之后可以算出在家醒着的时间，早晚加起来约为五小时十五分钟。若是再减去吃饭、入浴、上厕所、整理仪表等最低限度所需的时间后，可以自由支配的时间几乎所剩无几。家对于他们来说，就是一个“吃”“洗”“睡”的地方。

现在，无论是中央还是地方都打出“男女平等、共建社会”的口号，但在这样的生活方式下，男性几乎没有条件平等分担日常收拾、育儿、照顾老人等家务劳动。

如今，私营电视台也纷纷推出《直播到天明》这种深夜节目，满街都是24小时营业的便利店，整个社会都逐渐朝着“24小时不夜城”方向发展。就像纽约、伦敦等大都市一样，成功跻身国际金融中心之列的东京在信息、经济上和国外往来越来越紧密。由于时差的关系，越来越多的写字楼到了夜晚也灯火通明。除了外界经济环境的变化，企业还投入巨额资金建设计算机网络，以提高运转率，甚至不惜实行倒班制、自由工作时间制、错峰上班制等不规律的考勤制度来达到此目的，企业活动逐渐转向24小时制，这些也都是造成这一现状的背景。

无孔不入

然而，问题不仅仅是工作时间过长这一点，人们工作的强度也在陡增。现代社会无法忽视的另一个特性，就是单位时间的劳动生产率，即劳动产出率越来越高。

二十世纪七十年代至八十年代，“ME（微电子）革命”在各个领域取得了很大进展。现代社会的这一特性，也是由这项技术革新所引发。

一九七三年第一次石油危机爆发，日本经济进入了低增长时代。然而，石油危机带来的困难局面反而成了日本举国上下共赴国难的动力。各个企业进一步推进整体经营效率，体质变得更加强韧。与此同时，推动企业精减人员、仅保留少数精锐渡过难关的关键，正是微电子技术。

微电子技术通过引进安装了集成电路的工业机器人和数控机床而迅速普及。通过电脑数字控制，不仅实现了以前要靠熟练工的经验和直觉才能做到的高精度车床加工，还带来了工厂整体自动化的革命性变革。

比如，业务涵盖从铁矿石炼钢到最终铸造加工生产的综合钢铁企业，从前是严酷体力劳动场所的典型代表。然而从六十年代后期开始，各个工厂就已经逐步推进自动化生产。从某个工艺的计算机控制，再到整个工厂的计算机化，进而发展为总公司和各地工厂联网管理，最终发展成和大型贸易公司、钢材销售公司的联网经营，微电子革命逐步推进并走向成熟。

计算机化不仅在各企业间横向展开，在企业内部，自动设计装置和检测用的微电脑等技术也日趋完善。一九七一年日本的计算机台数超过西欧，之后计算机和机器人的普及越发加速，一九八〇年被称为机器人元年。工业机器人、自动化、无人化成为强劲的推进器，帮助日本经济从石油危机的深渊中跃出，重新腾飞。

工厂微电子化普及之后，日本又迎来了办公自动化的浪潮。办公电脑、文字处理机、传真机飞速普及，从前依靠人力进行的计算和控制实现了机械化、自动化、无人化。

办公自动化设备的引进并不仅限于单体公司内部，还可以和其他企业进行联网。一个办公室引进了设备，不仅可以将网络延伸到公司的生产工厂、仓库，还能延伸到关联企业的办公室、外包工厂、批发商、超市、零售店，甚至连锁饭店和咖啡馆的收银机，构建起庞大的网络，无孔不入地渗透进社会的每一个角落并带来整体性的变革。

报复人类

在微电子革命的推动下，企业迅速实现高效整合，经营体制有了质的飞跃，效率至上的管理系统覆盖每个角落，日本终于跻身超级经济强国之列。但在光鲜的成绩背后，这些发展对于人类的影响正慢慢显现出来。创造出巨大财富的生产系统，开始了对人类的报复。第一盏红灯，亮给了人类的健康。

日本劳动省在一九八七年十一月以全国近八千家企业、约一万五千人为对象完成的《劳动省健康状况调查》显示，出现某种程度的自觉症状的受访者高达82.9%，感觉身体疲劳的人占67.3%，同时有72.2%的受访者表现出精神疲劳，这一数字比例在中层干部中更高，达到了79.5%，接近八成。此外，有55.5%的人表示出现比精神疲劳更加严重的"强烈不安、烦恼、心理压力"。徘徊在过劳死红线边缘的人也越来越多。

女性的身体也亮起了红灯。操作计算机、文字处理机的工作，不可避免地需要长时间坐在显示器前。这种久坐的工作损害了女性的身体健康。比如，针对财产保险行业的问卷调查（多选）结果显示，感到视觉疲劳的人员竟高达63.4%，还有44.3%的人感觉肩膀酸痛，有35.2%的人觉察到视力下降，12.8%的人感到身体乏力。除此之外，还有人出现了头痛和腰痛症状。不要忘记，这还是对以年轻女性为主的部门的调查结果。她们之中很多人都经常光顾按摩和针灸服务场所，还有很多年轻女性喜爱去泡温泉。就连小报、周刊杂志都做了不少关于年轻女孩过起了中年大叔生活的专题，可见事态之严重。同时，女性的工作繁忙程度到了连每月的生理期都没办法请假的地步。东京地方工会的调查结果显示，一九八七年能请到生理假的女性占总数的70%，而这一数据到了一九九一年却骤减到了40%。

东京大学医学部保健社会学教室助手山崎嘉比古博士正在调查

办公自动化后人们的工作状态。据他介绍，身心过劳、开始显现出病态症状的人越来越多。根据一九八七年的调查，有55.8%的人显示出强迫症的倾向。他们被一些生活琐事所纠缠，比如一些独居的人在早晨出门上班之后，会忽然觉得自己忘记锁门，或是忘记关掉煤气，上班路上多次返回家里确认，没有办法正常出门。

此外，就“是否对于工作的责任感过强，或在工作临近交付期非常繁忙的时期，曾认真考虑过丢下工作，逃到一个别人找不到的地方?”针对这一问题做出肯定回答的人也有30%。

在微电子化普及前后，人们疲劳的表现是不同的。对于“离开公司后，是否头脑中依然满是工作上的事情，心理上无法从工作状态中解放出来?”这一问题做出肯定回答的人占了三成。另一方面，六七个人中就有一个对“彻底从工作中解脱出来，彻底放松休息、游玩的时候，心中是否会产生罪恶感，总是静不下心来，没办法全身心地放松?”这一问题做出肯定回答。无法摆脱工作的心理束缚和无法投入休息的“假期神经症”，两者可以说是互为表里的关系。

与此相对，也有不少人出现了不想上班的症状。对“既没有身体不适，也没有宿醉，但临近出门的时候就是觉得不想去公司。”这一问题选择“极其符合”和“较为符合”的人加起来有两成，这一数字如果再加上选择“有时符合”的人，则达到了五成。

心灵失去健康的人们

据精神科医生介绍，强迫症患者以及带有强迫症倾向的人数每年都在增加。除了山崎博士介绍的确认恐惧症之外，还有一些人身患运势恐惧症。比如，早晨上班的时候，如果不右脚先踏进公司大门就会陷入恐慌，认为一定会发生不吉利的事情。如果不小心左脚先踏进了公司，就必须先退回去，重新进一次大门才可以。如果不小心忘记确认是右脚还是左脚先踏进公司的，就会整整一天都处于坐立难安的状态。还有些人患有交通工具恐惧症，乘坐轨道交通的时候，会一直惊恐，特别是乘坐新干线这种发车之后长时间行驶不停车的交通工具的时候，会觉得在密闭的空间中喘不过气来，甚至产生跳车的念头。

还有些人有利器恐惧症，看到利器等尖锐的物体，就会产生一种会刺伤别人的恐惧，不用布将刀刃缠起来就坐立难安。另一些人对绳索心怀恐惧，如果手头有和服的腰绳甚至衣带，都会害怕会不会勒死小孩子，不将细长的绳索状的东西全部收得严严实实就会静不下心来。我有一个朋友的妻子，就患有这样的绳索恐惧症。

患有洁癖的人就更多了，比如恨不得每二十分钟就洗一次手，洗手的时候一定要打很多次肥皂，使劲搓洗很多次才罢休，没过一会儿就又忍不住去洗。还有很多人在意自己的口臭，在公司常常离开座位去水房刷牙。最近越来越多的人饭后必须刷牙。不仅是口腔，还有很多人每天要洗很多次头发，否则会心烦意乱，无法安心做其他事情，显然光是早晨洗头已无法满足他们。

听完医生的介绍，就像参观了一个神经症样品的展览会。最令人毛骨悚然的是，这些人平时看起来都非常正常，和其他人过着同样的生活。但是，他们时刻要求自己百分之百完美无缺，被另一个自我苛责到身心俱疲，在不为人知的地方痛苦着。这一现象让人认识到，正是这个以企业为中心的社会，将激烈的竞争和高度的紧张状态强加给每一个成员。

本应以改善公司业务为目的的微电子化，反而将前所未有的高精度管理的手段指向了公司员工。证券公司是最典型的例子。每个人的个人信息多达六七百项，中层领导只要将下属的密码输入终端机，就能立即看到下属的全部信息和销售业绩，说公司掌握着员工的一切也不为过。

不仅如此，现在是寻呼机时代。计算机技术人员无论假期还是深夜，都会因为机器故障和维护被叫去公司工作。很多人都深感恐惧，无论身处何地都无法摆脱工作。一家大型计算机公司与客户签订了提供24小时技术支持合同，随后，公司所有员工都配上了寻呼机，无论何时何地，都必须立刻响应公司的紧急呼叫。

一名技术员向我透露，他一年一共接到了十二次紧急呼叫。遇上紧急呼叫，连家人都被搅得不得安宁。精神和肉体受到双重折磨，心理压力巨大。

一个工作狂人的死

这种时刻被人从身后紧盯着的“督促感”并非企业圈的专利。

一九九〇年因癌症去世的娱乐评论家加东康一先生曾向报社寄来一篇短文，题目是《由一位电视制片人的死所想到的》。我以前曾联系过加东先生，想要采访娱乐圈的内幕，曾和他在电视台的休息室里聊了很久。此刻重读这篇文章，更觉十分心痛，特摘抄于此。

> 朝日电视台的一个现任制片人死了。就在十天之前，他在

家中感觉身体不适，住进医院，不到一天时间就成了不归之人。他叫近藤洲弘，享年五十三岁，生前担任电视剧《吉宗评定记：暴坊将军》的制片人。

在这个影视人越来越像普通公司职员的时代，他对工作的热爱可以说延续了匠人品质。节目在他的热情中不断突破新的收视率。就在他死前的十三天，他的节目在东京地区获得了23%的收视率，刷新了历史纪录。然而，他却没有机会听到这个消息了。

这几年，他的工作主要集中在京都。平时从京都市内的宾馆前往拍摄现场，只有周末才能回到东京的家。他的死太过突然，不仅仅是我，其他同事也陷入了茫然。我们很自然地联想到，他的死可能和过劳有关。

对于电视台的所有节目来说，收视率是可以左右节目存亡的数据。在这个行业，收视率越是上涨，目标就越是水涨船高。哪怕坐拥两位数的收视率，只要稍微有一点下滑，就会招来失望的声音，紧接着领导就会让其他制片人拿出新节目的方案。

都说节目的制片人是一个节目的最高领导，参演者的生杀大权全由制片人一手掌握。但这个行业实际上还是处于明星参演者的卖方市场，加之近年媒体市场的多样化，制片人时刻处于被动状态。为了争取到更多有名的参演者，个人人脉就无比重要。这个趋势无情地剥夺了制片人的个人时间，造成了他们看上去近乎自虐的过劳工作方式。他们自己对工作的过度责任感，换个角度看其实就是害怕被踢出工作岗位。

我自己也是一样。一旦被卷入拍摄连续剧的循环之中，就像骑上了一辆独轮车，只要停下就随时会摔倒，人员纠葛接二连三，只能骑到自己累死为止……

在癌症病楼住院的七个月，虽然时刻在反省自己对工作的过度责任感，但眼前的现实却是不把自己累倒，就真的停不下来。

包括明星在内，这个行业里有很多人英年早逝，正是由这个充斥着不稳定因素的社会所致。很多人在持续不断的不安感的驱使下，不知休止地前行，直到把自己累死。

我们就像是骑在一辆随时会倒下的独轮车上，感受到背后不断逼近的不安，非得骑到把自己累倒，不死不休——加东先生的尖锐评论充满了切肤之痛，而饱尝现代人悲哀的他最后也成了不归之人。他们的死，实在让人悲痛。

身心的疲劳不断积聚，但人们就像上了高速公路的汽车，除了随着大流往前走之外别无选择。我们就像置身于一个庞大的系统之中，刚达成了一个目标、课题，甚至都没有时间喘息，马上就会有一个更高的目标被推到面前，跑得上气不接下气。

造成这一状况的另一个因素，就是土地与房价导致的“泡沫经济”。据说，将全日本的所有土地全部卖掉，可以买下二十个美国。少数资产家把持着一路狂涨的土地，贪得无厌地增殖手中的资产，导致贫富差距越拉越大。日本的国民劳务总收入总额只有三百五十万亿日元，然而资本收益却高达五百万亿至一千万亿日元。在这样一个挥汗劳动不如坐收利息的社会，人心没有不走向疯狂的道理。

接下来您将在本书中看到的，就是一朵朵盛开在这样一个时代的无果之花。

I

饱食穷民

— 无处可逃的男人 —

“未来不是梦”

佐地健一从证券圈内排行前十的A公司得到工作机会，是在昭和四十七年（1972）的春天。那年，他才刚上大四。

他原本就读于九州的一所高中，第一次参加高考，报了几所关西的大学，但都以落榜告终。复读一年之后，终于考上了一所位于京都的私立大学。

“在大学里，我也没参加什么社团之类的。不过那时候整天和一起租房的朋友鬼混，麻将、赌马、喝酒，都玩了个遍……大二下学期之后，过的简直是上班族的日子。我在一家批发家具的代理商做兼职，主要给那些大型商场供货。那段时间，我几乎每天都在卖场盯着……真有非去不可的课，我就直接从商场跑去学校。”

他父亲是个平凡的上班族，他在姐弟四人里排行老大。尽管家庭不是那么富裕，但家里仍然每个月都给他寄钱。身边没有父母管着，再加上每个月做兼职的收入，几乎可以媲美大学毕业生的工资使他的大学生活过得轻松自在。

大三临近期末那会儿，一张招聘广告塞进了他的信箱。

“欢迎加入人才驱动型证券公司！人才是最宝贵的资产！”

“证券公司需要年轻的活力！时刻不忘主人翁意识，开拓、创造全新的领域。未来之路虽有挑战和艰险，但同样能够收获成功的喜悦。”

“这里有给你施展才华的舞台。只要你有能力，成为公司最年轻的常务董事也不是梦想！尽情施展才华的年轻人——这就是我们A证券公司想要寻求的人才！”

年轻的他又怎能拒绝如此美妙的诱惑！

“其实，事先了解一下这是一家怎样的公司就好了。不过，A公司是第一家寄来招聘广告的公司……而且我隐约觉得，今后的金融行业里，证券业的比重是会越来越大的，证券公司应该比银行有趣得多。”

大概是因为高中一直练剑道，身高一米八的他显得格外有自信。

“我也没多想，觉得就算失败，再爬起来重新来过就是了。就像是闭着眼睛去摸牌，摸到哪张是哪张。而且，我平时不怎么学习，成绩也不是很好，所以找工作的时候可选余地也不是很大。虽然A公司和野村证券、日兴证券等大企业比起来，要差上那么一个档次，但是也就凑合着去了。”

于是，他拿到了员工总数将近三千人的A证券公司的工作机会。离毕业还有一年多的时间，就早早找到了工作，他的生活更加悠闲自在了。

那年秋天，口袋里揣着做兼职攒下来的一笔小小的积蓄，他踏上了一次说走就走的旅行。坐哪趟车，坐到哪，完全没有计划。抬腿就走，从京都出发去了东京，又从上野去了轻井泽。那时信州的秋天已经颇有些凉意。

“我从火车上下来，四周已经是一片漆黑了。事先也没订旅店，根本无处可去，只好漫无目的地走出了车站。我看到前面好像有个男的，就上去搭话，没想到竟然是个女孩……”

业绩猛于虎

秋天的太阳早就下了山，四周一片漆黑。

“我看前面那个人快步径直往前走，就知道他一定早就找好了旅店。所以想让他也带上我一起去，就和他搭话。没想到那人一回头，我才发现是个年轻姑娘。不过我没猜错，她说她已经预约了旅店，答应帮我问问店家有没有空房，还说要带我一起去……”

他跟着年轻姑娘一起走进了一家古色古香的纯日式旅店。虽然他们两个房间不在一起，但那晚两人在旅店的食堂一起用了晚餐。

“她问我明天有没有什么安排，我觉得这个地方也没什么好玩的，就对她说我明天打算去东京的朋友那里。她说她喜欢信州，时常来玩，不妨给我当导游，问我愿不愿意和她一起四处转转。于是我第二天就跟着她一起出去玩。然后就此结缘……”

第二年春天，健一如愿进了A证券公司。在新人培训之后，他在公司考试中考上了销售岗，被分配到了东京市中心一家分公司的销售部工作。“你们是有能力左右证券公司业绩的核心销售团队……”还没等领导的迷魂汤药效消退，他就作为新战斗力被投入到了销售的最前线。

去证券公司上班后的第三年秋天，他和那个在信州偶遇的姑娘——东京老城区一个商人家的女儿康江喜结良缘。

健一的上班族生活尽管让旁人羡慕，但他本人却开始后悔进入这家证券公司。

“刚开始的时候，肯定是全身都是干劲，仗着年轻、体力充沛，为了能够出人头地什么都能忍下来。但干上三年之后，公司里那点事儿基本都摸透之后，忽然开始觉得这份工作和我当初想的不一样，这不是我想要的生活，我不适合这份工作……”

健一上班那年，是日本经济高速增长残光犹存的最后一年。市场上还完全看不到步步逼近的石油危机的阴云，就更别提石油危机引发的经济疲软了。那段时间，A证券公司每年新招聘一百多名新员工，但他们之中的大多数都会在饱尝理想幻灭的滋味之后黯然离去。当健一在公司干到第三年的时候，和他一起进入公司的同事已经剩下不到一半了。他们为什么离开公司呢？

举个例子。健一上班的时候，公司简介中有这样一段话。

“证券公司的每个员工都有自己的工作目标，但工作目标是为了提高员工积极性，绝非必须达成的‘业绩指标’。工作目标并非由公司为员工摊派，而是由每个员工根据自己能够完成工作的能力去判断、制定出来的。在制定目标的过程中，上司和老员工会给新员工建议和帮助。为自己制定一个具有挑战性的目标，并为了达成目标全力以赴。在这个过程中，员工自然会不断取得进步，在通向商务精英的道路上不断前进。”

话说得虽然好听，但实际上业绩指标就是业绩指标。

每天早晨八点，分公司经理带领所有员工准时召开早会。会上由领导传达总公司的“指令”，然后公开前一天的业绩完成情况。“朝着目标，继续前进！”一天的工作，就在领导的吆喝声中开始了。这幅在全日本每个公司里都早已司空见惯的场景，在A证券公司里也会每天准时上演。

“早会一结束，我们所有的销售都立即开始狂翻报纸。《日经新闻报》《日经产业新闻报》等，要通读两三个行业的专业报纸。早会八点多结束，到九点开市只有不到一个小时。没有时间，哪怕是只看标题，也要全记在脑子里。不然客户一问行情，这边没得说可就坏了。”

交易一开始，证券交易所里立即被“买！”“卖！”的声音所充斥，一片嘈杂。

“我们分公司在核心商圈里，所以客户几乎全都是附近公司的职员。我们分公司十个销售，每个人要管一百个客户。交易一开始，我们就开始给客户公司打电话。特别是他们手里的股票开始涨价的时候，我们就疯狂地给他们打电话，问他们卖不卖、怎么打算之类的。那时候好像在公司办公时间买卖股票什么的也是挺稀松平常的事。”

下午三点，交易高峰刚刚过去，本以为可以坐下来喘口气，但销售们的难关这才刚刚开始。名不副实的“工作目标”——也就是业绩指标，压得每一个人喘不过气来。

公司销售皆兄弟

健一在这家分公司总共干了十年。位于东京市中心的这家分公司，算上总经理充其量也就不到三十个人。这些人中，和公司业绩息息相关的一线销售，也才只有十个人。

下午三点刚过，证券交易所的交易时间刚刚结束，销售们连喘口气的时间都没有，就各自揣着自己的销售计划开始下一步工作。

“证券公司的业务不光有股票交易，还有国债、地方债、电力债券等公共债券和中期国债基金等的信托投资，以及多如繁星的各种金融产品，就连公司员工都记不全。所有这些产品，总公司每天都会给各个分公司摊派销售指标。然后我们的领导就会给我们每个人摊派销售指标。公司每年都会制定更高的目标，我们每年都必须超额完成公司的目标才行。在这种制度下，无论你怎么拼命，都永远不会有解脱的那天。”

而且按照公司里不成文的规矩，越是老员工，肩上背负的担子也顺理成章地越来越重。

目标摊派到每个人之后，销售们就开始以周为单位制定自己的销售目标，然后再细化到每一天，并落实到每一天的工作中。

“刚入行的时候，每天都会从公司资料或者潜在顾客名单里找些医生、税务咨询师、中小企业的总经理，或者是从大企业、机关退休的高层、主管，总之就是给那些看起来很有钱的人挨个打电话，或者是上门推销。然后一边想办法跟他们搭上关系，一边努力拉拢他们成为自己的长期客户。等搞好关系之后，就想方设法劝他们增持，或者是鼓动他们卖掉手里的股票或者公债去买其他的产品，来完成销售指标。”

令销售们最为痛苦的是，每个销售指标都有各自的截止时间。只有销售款项在截止时间之前到位，才算完成销售目标。

产品的种类越来越多，好不容易在规定期限里完成一个产品的销售指标，另一个产品的销售指标却又迫在眉睫。销售们无时无刻不被指标压得喘不过气来。

下午六点左右，出门推销的销售们都会回一趟公司。

“所有人聚在一起，从头到尾整理一下销售情况。如果有哪个产品临近截止日期，离销售目标又相差甚远，即便是过了下班时间，也得继续外出推销，或是给客户打电话推销。”

这家公司有一个传统，就是将所有人的名字和业绩全部公开。而且两年前，这个规矩实现了电脑化。只要操作终端机，全国所有分公司、所有销售网点、所有销售的业绩全部一览无余。

“说得好听一些是简单明快，说难听点其实就是用销售业绩的数字去衡量一个人的价值。公司评价人的方式十分简单，成绩不好的人，不是没有能力，就是好吃懒做。”

他们就算勉强渡过了这个月的难关，还没等喘口气，就迎来了下个月的摊派指标。哪怕是这个月的销售业绩超过了上个月，下个月的担子非但不会减轻，反而会变得更加沉重。

“我们这种工作，和其他行业不同。别的公司有时候会花好几个月的时间，大家齐心协力做完一个项目……而我们每个月都有同样的担子，不停地压下来，永无终点，也没有解脱。”

据业内人士说，虽然这个行业中公司规模、知名度有大有小，但模式几乎相同。为了消化指标，早晨七点上班、晚上十一点下班的“7–11”作息的人也不在少数。

健一说，从早到晚一起工作、一起承受重压的销售之间，会产生一种十分奇妙的集体感。

“普通人可能会觉得，销售之间可能会有竞争关系，比如想要超过别人，自己一枝独秀，或者因为同事业绩不好，担心自己被摊派更多指标之类的。我身边非但没有这种氛围，大家反而都觉得在一家高压的公司里共事多少也是一种缘分，不如大家一起努力才能过得更舒服一些。大概我们都是同病相怜……”

一条船上的男人们

“大概是我进公司第七年的春天。我一直都是在同一家分公司，没调动过岗位，从资历上讲在销售里排行第三，正是部门里最核心的战斗力。”

那段时间，健一开发的客户中，手头资金比较充裕、投资又十分积极的“熟客”已经有一百多人了。

那个月，投资信托产品的销售任务截止日期将近，直到截止当天都还在四处寻找买家。正在健一走投无路的时候，正巧“熟客”A先生找他买了一百万日元的投资产品。

这一单不光救了健一，还挽救了分公司整个投资信托部门的业绩。正当销售们长吁一口气、健一准备帮客户办转账手续的当天，A先生忽然打来电话，想要取消这笔订单。

客户说：“对不住，现在手头着急需要用钱，这笔订单先算了吧。”

“如果客户是公司职员，这种情况几乎很少发生。但像A先生这种自己开公司的客户，资金计划有时候会突然出现变化。这种时候，只要跟领导申请取消这笔交易就可以了……”

但是，这次健一非但没有向领导报告，甚至在没跟任何人商量的情况下瞒下了这件事情。当时他觉得，自己的这单交易已经被算作分公司的销售业绩，被统计到了总公司的销售数据里。现在取消的话，不光自己要被扣分，甚至会影响整个分公司的业绩。

“当时，我不是害怕自己的评价下降……而是周围都沉浸在完成业绩的成就感之中，如果我这个时候说客户取消订单的话，就会让这一切化作泡影。”

如果健一不向领导报告、取消订单的话，就得自掏腰包去为A先生的这笔交易填补本金和手续费。

“但是说到底，这都是因为客户反悔，取消订单造成的。再怎么说也不需要你去负责吧？”

“道理虽然是这样……但是，我们分公司十个销售，一年到头都在一起工作，我们相处的时间，比和老婆孩子在一起的时间都长。而且，虽说每个月东拼西凑能把指标凑齐，但是只有我们自己知道，为了完成指标我们究竟付出了多少汗水。我们就是一个命运共同体。我失败了，就会给他们添麻烦。我们在一起，每个月一起消化当月的指标，就是我们大家的工作动力。截止那天，只要能把当月的指标完成，就能早早地下班回家！卡着截止日期接下一个大单，大家都会不由自主地鼓起掌来。我们之间的感情，要比普通公司职员强得多。”

健一的一席话中，处处透着一个被销售指标压得喘不过气来的男人的悲哀。

据说，世界上没有哪个国家的男人会像日本男人一样，在下班回家路上勾肩搭背地走去喝酒。健一他们也不例外。

“刚工作那会儿压力还不是那么大，下班之后还能去打打麻将。但渐渐地，大家的压力都大了，结果最能缓解压力的，还就是喝酒。加班加到半夜，脑子里都成了糨糊，只要有谁一招呼，马上就能拉上一群人去喝酒。”

下班之后先去分公司附近的烤串店，从烤串店出来后再找一家酒吧接着喝，这是他们每天雷打不动的下班路线。有时多走两步去新宿或是六本木，喝到半夜跑着冲进最后一班有轨电车。从电车站出来，跟其他深夜族的男人们一起排队等出租的时候，手表的指针已经走过了一点的刻度……健一渐渐被这种生活折磨得身心俱疲。

话说回来，那一百万日元自掏腰包的合同款怎么样了？

“实在走投无路，只好去借钱……”

弱肉强食的旋涡之中

从健一的公司出来，往车站方向走，无论是大街还是小巷，道路两旁林立的招牌，全都是各种“小微贷”。健一每天上下班都免不了看到这些招牌，但他做梦都没想到自己有一天也会走进这种地方。

健一走进了街边写字楼的一个隔间。

“第一次去那种地方，我有些紧张。不过他们态度很好，还说随时都欢迎来自我们公司的客户，一副公事公办的态度办完了手续后，就扔给了我整整一百万日元的现金。”

健一代替取消投资信托合同的客户，把自己借来的一百万日元和手续费存进了公司的账户。就这样，撤单风波姑且算是平息了下来。但是，就算将来终止投资信托的合同，赎回本钱，健一也得自掏腰包支付小微贷每月近六万日元的利息。

“一开始觉着六万日元的利息不算多，把存在公司的存款也取出来一些，东拼西凑下来，暂且没对生活产生影响。但好景不长，同样的问题又发生了……”

在证券交易所的交易时间内，销售们和客户之间进行买卖交易的联系，全部通过电话。所以时常会产生“当时我是这么说的!”“当时你可没这么说!”这种说不清的纠纷。特别是市场波动大的时候，销售们被大量客户的买卖需求追赶得屁滚尿流，有时还会被客户追究亏损的责任。

“几乎都是些纠缠不清的无头案。不过只要发生之后立即向领导报告，之后就都会由公司来解决。但就算纠纷解决了，挨领导一顿臭骂终究是免不了的。不想挨骂，或者是嫌麻烦不想把事情搞大，结果还是得自掏腰包来填补客户的亏空。”

健一上次借的一百万日元外债还没还清，又不得不再去借新债来填补客户的缺口。之后健一在工作中也是麻烦不断，第一次借钱的时候还游刃有余的他，逐渐开始被债务压得直不起腰、喘不过气。当然，压迫他的不光是债务，还有每个月都水涨船高的销售指标。

“傻子都能看出来会亏钱的产品，我一般是不会推荐给客户的。但形势不好的时候，毕竟上面给了压力，为了整个分公司的业绩，还有手续费的销售额，就算我个人觉得应该再观望一下，迫于压力还是会鼓励客户去买，但最后会导致客户蒙受损失。”

据业内人士说，就在健一他们被每个月的销售指标逼得焦头烂额，东拼西凑举债填补客户撤单损失的那段时间，日本国内银行也开始纷纷涉足证券业务，因此证券公司陷入了更加激烈的弱肉强食般的市场竞争之中。

健一所供职的A证券公司，无论规模还是知名度都比日本国内四大证券公司（野村证券、日兴证券、大和证券、山一证券）低一个档次，但因为一来在日本全国拥有销售网络，二来销售策略和四大证券公司相同，都属于销售所有种类金融产品的“证券百货店”，所以被迫在全公司导入和四大证券公司同等规模的计算机管理系统。但是，对于A公司来说，导入计算机系统的好处却少之又少……由于复杂的内部环境，一线销售们的处境更加艰苦。

身处台风中心的健一大概是出于耿直的性格，最终还是受不了昧着良心去宰割客户的自己，陷入了自我厌恶的情绪之中不能自拔。同时，销售指标和债务的重压更是消磨着他的神经。

“本来上班就够累的，但那段时间下班之后根本就不想往家走。非得找个地方缓一缓才行……所以，同事一找我喝酒，我就像没了刹车一样，一场接着一场地喝……我的酒量本来就不算小，那阵子简直是一个人喝完一整瓶威士忌都还觉得不够……”

小微贷公司催债的电话已经打到了公司。健一在买卖股票的电话嘈杂的公司里，装作接听客户电话，压低声音回着催债的电话，身心俱疲。

健一快要撑不下去了。

地狱二重奏

写字楼的一角上，密密麻麻地插满了各色小微贷公司的牌子。穿过小微贷林立的街区朝车站的方向走去，道路两边站满了派发小广告的男人们，不停地向路过的人手里塞加了广告的面巾纸。

“一个电话！二十万日元现金直付！”

“现金送到家门口（仅限十万日元以上）！电话申请即放款！第二次申请直接银行汇款！”

附近的公共电话亭里面同样摆满了各色小微贷广告卡，四周的玻璃上也密密麻麻贴满了小微贷公司的小广告。

健一开始对这些过去从不留意的广告发生兴趣，是那次撤单事件发生两年之后的事情。买来《体育新闻报》之后，也不看报道，先看小微贷公司的广告。

渐渐地，他借钱的对象从小微贷扩展到了银行、信用卡现金贷款。旧债尚未还清，又每每因与客户发生纠纷去借新债。为了还利息去小微贷借钱，为了还小微贷的利息又去找别的小微贷借钱……他在恶性循环里越陷越深。

没过多久，在证券行业内掀起狂风巨浪的《银行法改正案》正式生效。证券公司争相推出新型投资产品，宣称“超高回报，绝对划算!”变本加厉地煽动顾客的投资欲望。健一供职的A证券公司刚刚完成计算机系统的建设，具备了管理、运营更多投资产品的能力，接二连三地推出新的产品。

健一这样的销售员不光要面对接踵而来的新产品的销售指标，还要面对每天都会到来的、不同产品的指标截止日。

面对日渐增长的指标和债务的双重压迫，生活在夹缝中的健一几乎要发狂。然而心中的烦恼不光没办法对意气相投的同事张口，甚至对妻子康江都要千方百计隐瞒。

“工资直接汇款到我的银行账户，但孩子还小，到手的工资才二十三万日元多一点，付完四万日元的房租，再去掉我四万日元的零花钱，用剩下的钱过日子也很是紧张。一开始我不想让她操心，就没有告诉她。但后来借的钱越来越多，根本还不起。”

小微贷为了多收利息，放款的数额通常大于借款人申请的金额。“像您这种情况，我们还能再多给您放二十万日元。”他们通常会通过抬举借款人的方式，麻痹他们的神经，怂恿他们多借，最后酿成严重的后果。所以健一为了还利息去借钱的时候，也经常会多借一些。

“被他们的话术捧上了天，就有些得意忘形了。还有，那时候整个人都时刻处于焦躁状态，酒量就像个无底洞，最多的时候每个月光酒钱就要花掉十来万日元……”

健一渐渐没了食欲，中午也不去吃饭，而烟量却大增，有时甚至一天要吸上八十多支。晚上喝过酒也睡不着，第二天的指标和借款利息萦绕心头，怎么都忘不掉……

那是一个夏日。

健一和往常一样在康江的送别中走出家门，乘上有轨电车，如果是平时，他会和往常一样在换乘车站坐上地铁。但这一天，当列车开进离换乘站三站之前的站台的时候，健一鬼使神差般地下了车，出了站。

健一走进了一家车站前打着“早餐特价”牌子的咖啡店，在咖啡店里整整坐了一个小时。公司的早会已经开始，马上就要迎来繁忙的交易，然而健一还坐在那里，一动不动。忽然，他站了起来，又乘上了电车，但列车的行进方向却是和公司完全相反的羽田机场。

那天之后，健一的身影再也没有出现在公司中。

逃避的欲望

那天早晨，健一供职的A证券分公司里，依旧像平常一样，四处是“买了！”“卖了！”的喧嚣。然而这时，健一却已经坐上了从东京羽田机场飞往北海道札幌市的日航班机。他脑子里一片空白。自己要干什么，未来会怎样，完全没有想法——他已经丧失了思考的能力。

那个早晨，在驶向公司的列车里，他的心理出现了异常。

“今天到了公司，也会有很多催债的电话打过来吧。”他心里想着想着，忽然变得坐立不安起来。

就在两周前，公司里的电话联络簿上，已经写满了打电话来找健一的人，而且都不是客户。贷款公司寄来的催款通知也被科长发现了。

“你这是怎么回事！”

科长严厉训斥了健一，让健一当场拆开了催款通知的信封。

我完了。这还怎么去公司啊？找个地方，哪都行，逃离这里，逃得越远越好……

这个念头出现在了他的脑海里，像车轮一样转个不停。不知道是幸运还是不幸，那天健一刚好有一笔利息到期，如果不交钱，讨债的就威胁要来公司闹事。为此，那天早晨健一口袋里揣了二十万日元现金。这笔钱，让健一鼓起了勇气。总之先下车……

据精神科医生讲，那天早晨健一的心理过程，属于典型的“漫游”症状。漫游，是指“失踪”状态的医学术语。漫游虽然有时也有歇斯底里症、幻觉、幻听等精神病理学的原因，但近期九成以上都是社会原因造成的。

比如健一这种情况，他在销售指标和债务的夹缝之中，长期处于每晚两三点钟都无法入睡的失眠状态，食欲减退，为缓解一时的压力而严重酗酒，就会渐渐丧失判断能力和思考能力，精神上被压迫感和焦虑感支配，无法冷静地做出判断和选择，陷入绝望的境地。

“最近不光是证券公司，银行和保险公司等存在业绩、指标压力的公司，都会出现类似患者。”

专科医生举出各种具体病例说道。这些病人的工作场所，大多和健一所在的公司非常相似。

“这些公司打着‘XX大作战’的旗号，喊出大家齐心协力达成目标之类的口号，或是提高士气，或是鼓励员工互相竞争，甚至在公司内制造出员工皆兄弟这种氛围，这其实也是人力管理的方法之一。归根结底，在这种所有员工‘人人有责’的制度中，一旦一个人遭遇失败，就会陷入严重的孤独感和失落感之中，认为自己给同事造成了麻烦和损失，从而产生自责的情绪。这种情绪和睡眠不足等生理因素相结合，人的思考能力就会越发降低，有时甚至导致自杀……”

医生指出，健一当天偶然持有大量现金，所以出现的才是“漫游”症状。如果身上没有钱，则可能会出现生命危险。

健一乘坐的航班降落在北海道千岁机场。虽然乘上了千岁机场开往札幌市的火车，但他没有目的地，脑子里一片混沌，什么都不想做。下了火车，健一一个人漫无目的地彷徨在正逢旅游旺季、满是观光客的札幌市区。

当天晚上，健一在札幌一家商务酒店住下，第二天他在札幌车站随便上了一列即将开车的火车，半梦半醒地向北出发。

他坐立难安，在同一个地方根本待不住，不停换乘各种交通工具，四处游荡。网走、知床半岛、钏路，然后再回到札幌，又马不停蹄地往南去了小樽、函馆、江差……

他还有生以来第一次吃了镇静药。吃了镇静药之后，本就模糊的意识变得更加浑浑噩噩，白天一直徘徊在半梦半醒之间，而夜晚却反而精神抖擞、无法入眠。

这样的日子一天天过去，他忽然发现，自己离开东京后已经过去了三个星期。

到了这个时候，他才终于恢复了一点点审视自己的理性。我到底都干了些什么？这十年间，每天被眼前的事情遮蔽了双眼，自己已经变成了一具没有灵魂的、空空荡荡的躯壳……

难以言喻的空虚感像鄂霍次克海的海浪，一次又一次地侵袭着他的全身。

走向衰弱的人

在函馆和江差一带徘徊的健一，之后又回到了函馆。像梦游病人一样的流浪生活过了三周，他才重新找到勇气审视自己的人生。

夜晚，在一间商务酒店单调的房间里，健一开始了自问自答的思考。自己活到现在，是为了什么呢……开始工作之后，一次都没有思考过这个根本性的问题。然而他找不到答案。

健一还记得，面试的时候公司董事曾经说过："成绩稍微差一些没关系，只要有干劲、有闯劲就足够了！"虽然这句话让成绩并非名列前茅的健一充满了希望，但现在回想起来，这番话的言外之意不过是让我们抛弃自我，成为为增加销售额而卖命的奴隶罢了。

公司在不停强调要我们"学会独立思考"，但每天都被销售指标穷追不舍的员工，又哪里有时间读书、思考呢？

随着计算机化的推进，分公司的终端屏幕上每分每秒都在更新经济指标和信息分析。每天早晨上班之后的第一件事，就是将这些信息装进脑子里，既没时间学习，也没时间思考，只有信息的洪流不断冲刷着大脑。将这些信息像鹦鹉学舌一样转述给客户，在结束交易之后，头脑里面却变得空空如也，什么都不剩……

“被业绩穷追不舍的这几年，已经彻底丧失了思考能力，也从来没想过停下脚步好好审视一下自己所做的一切。正因为如此，才轻易掉进了债务陷阱里面。”

呈现在健一眼前的，是一个全身赤裸、瘦弱不堪、迷茫失措的自己。他的心中充满了空虚和悔恨。

健一心中的悲哀，又何尝不是现代商务人士心底所流淌的共通感情呢？

另一家大型证券公司的中层管理人员是这样说的：

“分公司的总经理，是一座城池的城主。以前可以按照自己的理念和方式去经营分公司，也十分有成就感。但现在一切都在计算机的管控之下，所有分公司都统一按照同样的体系管理，结果总经理的工作，就变成了驱赶部下去完成永无止境的销售指标。分公司的销售情况，时刻都被上面攥得牢牢的，完全逃不过系统的管理。工作失去了理想和热情，变得枯燥乏味。”

早晨七点就得到公司开会，晚上十一二点还不能回家。这样的日常让很多中年管理人员身心俱疲。

他们每天疲于工作，根本无暇顾及家庭。

据健一说，从早晨到半夜都在一起的销售们，晚上下班路上一起去喝上一杯的时候，最常听他们提到的就是自己的孩子。虽然各自都没见过对方的家人，但彼此的家庭情况却了如指掌。这或许是他们想要更多陪伴家人的时间，想要活得更有尊严的表现。

在深深的叹息中，健一这样想道。

自己的职业生涯非但没有成就感，也没有感受到进步，反而愈发觉得自己在不断落伍。自己抛家舍命地上班，剩下的却只有九百万日元的债务。

“看看我都干了些什么……”

健一忽然担心起自己的妻子和孩子。第二天一大早，他拿起了沉重的听筒，拨通了东京的那个号码。等待音之后，听筒里传来了康江的声音。他深吸了一口气，下定决心，从喉咙里挤出了几个字。

“喂……是我……”

忽然，听筒里传来了一声尖叫，像是在呼唤健一的名字。尖叫随即变成了痛苦的哀号。康江失声痛哭的样子，浮现在了健一眼前。

“老公！没事的！没事的！现在还不晚，咱们还能重新再来！咱们，两个人，一起重来吧！一起努力吧……”

健一的心中涌起了一股暖流。

— 梦想之城 —

自由的憧憬

东京市中心的一家高层酒店中。

这家酒店的大堂十分敞亮，穹顶高耸，就像剧院一样。大堂里的椅子沙发上坐满了客人，却十分安静，全然不觉得吵闹，大概是因为厚厚的地毯吸走了周围的杂音。

大堂里，外国客人几乎占了一半，他们和看起来像是在接待他们的日本男女谈笑风生。大概今天是个好日子，有几个盛装身着和服的贵妇人，为这里增添了不少华丽的色彩。环顾周围，这里的日本人看起来都十分富裕，充满了活力。

杉崎祐二郎身穿一件双排扣大衣，领子时髦地微微立起来，手里提着的黑色公文包上金色的扣子闪闪发光，格外耀眼。他的头发十分有型，鼻梁英挺，仪表堂堂，身形瘦削。

西式的名片上，印着彩色的公司标志，旁边还有一些“XXX Company”“XXX Office”等外文的头衔。无论是他的穿着打扮、行为做派还是手中时髦的外文名片，都与这间酒店大堂的氛围极为融洽。任谁打量他一番，都会认为他是一个供职于外资企业、生活节奏繁忙又为人冷漠的商业精英。

但是，只要和这个四十岁的男人交谈几句，他外表给人留下的印象就会烟消云散。透过这个生活在企业社会中的城里人的面具，我们能够看到一个从北国严酷的风雪中一步步走出来的乡下人粗犷的面容。

他的故乡，在一个远离海岸的大山深处的寒村。在那个远远能看到鸟海山的山沟里，零零散散地分布着几户人家。

“我们村口有一座吊桥，那是村子和外界联系的唯一通道，只有过了桥才能进村。过了村子再往前走就进了山，山里一户人家都没有。我上小学的时候，村里连公共汽车都不通，全村只有小学里有一部电话，是个典型的偏远山村。不走上十几公里山路去邻村，就连个像样的商店都没有。”

那时，村子里的居民八成都靠烧炭为生。祐二郎的父亲，也是村里的烧炭翁之一。

“我们兄弟七个，只有我从小学开始成绩就不错，那时候我每年都当学生代表，开学典礼、毕业典礼上代表发言的也全都是我。那时候，全村上下一个高中生都没出过。我父母说，哪怕是砸锅卖铁也要供祐二郎上高中。我自己也想高中毕业之后去东京工作。但是谁能想到……”

当时的日本，因朝鲜战争发了美国军需的战争财，并以此为跳板一举跨越了第二次世界大战结束后的战后复兴期，开始进入了经济增长期。那时，家电制品已经开始逐渐进入一般家庭，市场对木炭的需求不断减少，祐二郎家的日子过得比原先更加困难。雪上加霜的是，他的父母忽然病倒，根本没有能力再供他上学。

在父亲的劝说下，祐二郎中学毕业后，也不得不过上了烧炭挣钱的日子。每天早上五点起床之后，要走上两个小时的山路。弟弟砍树，把树干锯成一段一段的，哥哥去炭窑把锯好的木头烧成炭。烧好的炭，每十五公斤捆成一大捆，然后每个人背四捆下山。年纪才十五岁的少年本来身体就不壮实，要背负六十公斤的木炭下山，其中辛苦，可想而知。每走两三百米，就要靠在石头上休息一次，喘过气来后再走两三百米……如此循环往复。

下山的路上，有一处能看到山下村子的地方。那里有一棵松树。站在松树旁，可以看到远处的庄内平原。庄内平原远处，是一片沙丘。沙丘的远处，是一片蓝色的大海。天气好的时候，可以看到米粒大的白色船只。

“我经常在那棵松树下面歇脚。歇着的时候，经常跟我哥念叨说：‘大哥！我不甘心，我还是想上高中啊！’我大哥可好了，说：‘哥也没钱，要是你肯白天干活挣钱，晚上上夜校，哥也帮你跟爹说说去。’”

祐二郎生长的地方，是一个典型的山沟里的村落。哪怕是抬头仰望，视野也会被周边的群山阻挡，天空都变成了狭窄的一条。

“没错，就是因为在这么闭塞的地方才会没有活路。我一定要走出这里，去见识更宽广的世界，才能找到出路。”

不知不觉，山那边的世界就成了少年祐二郎心中向往的桃花源。

从山沟沟到东京闹市

“说出来不怕你笑话，我们那连大米都吃不上，主食只有土豆。给小孩子带饭盒，里面的配菜是从野地里摘的款冬腌成的咸菜。别说肉了，就连鱼和鸡蛋都吃不上……当时过的就是这种日子。不骗你，当时城里都已经开始进入经济高速增长期了，我们村里过的还是第二次世界大战刚结束时的日子。要说当时我们烧炭的日子……”

祐二郎中学毕业之后为了给父母治病，和哥哥一起烧炭养家。这样的日子过了一年之后，在大哥的帮助下，他终于如愿以偿上了高中。他吃住在一个离家三十多公里外的农场，白天给人家干活，晚上去夜校的机械专业上课。

“在我的家乡，穷人家的孩子中学一毕业，就会被打发到大户农家去干活。别人的报酬都是每年几担米，而我的报酬则是雇主家每年给我出两千六百日元的学费，还答应让我白天干活，晚上上学。”

祐二郎管那时的雇主叫“老爷”。早晨四点起床之后他马上下地干活，七点半吃饭，早饭后就迎来了一整天的体力活。夜里十点从学校回来后，在脑门几乎要撞上天花板的阁楼里像死人一样睡过去……

“那家的老爷是个特别絮叨的人。平时我就没少挨骂，有一天还捅了大娄子……”

那户农家的耕地，都集中在最上川的河堤下面，所以需要一前一后两个人翻过河堤，用手推车把粪肥运到田里。那天，老爷在粪车前面，祐二郎在车后面，两人一个人推一个人拉，把满满一车肥推上了河堤。接下来，要把肥料从河堤上运到下面的田里。

祐二郎攥紧拴在推车上的绳子，却不小心搞错了老爷的指令，放开了手里的绳子。这下可坏了大事，手推车顺着河堤咕噜咕噜地溜了下去。

“老爷急忙在前面想撑住粪车。就在这时，车轮好像是压到了什么障碍物，一下就停了。车停了不要紧，车上的粪桶带着惯性，咣的一下就朝前倒了下去。粪肥哗的往老爷的脑袋上就泼了过去。哎呀……这下可见识到什么叫臭气熏天了。我赶忙上去道歉，下河给老爷洗干净身子……”

后来，祐二郎还是没在这户农家干太久，就换到了镇里的一家不大的面包厂工作。面包厂的工作也得早晨四点起床，在做完面包之后，祐二郎还得骑着自行车挨家挨户把刚出炉的面包送货上门。祐二郎的财商在面包厂第一次放出了光芒。

“做面包的时候，我偷偷把我负责送的那批豆馅面包里的馅儿增加好几倍，果酱面包也是一个道理，单独烤一炉。我拿着这些特制面包出去卖，不光每次都能卖光，就连本来是竞争对手的面包厂，也纷纷来找我们厂加盟……”

历经多年苦学从夜校毕业后，借着亲戚的人脉，他终于实现了东京梦。那年是昭和三十八年（1963），日本正开始步入如日中天的经济高速增长期。

刚来到东京的祐二郎在东京商业区一家布包作坊借宿做工。他们设计出女人和小孩用的布袋、手包之类的，外包给外面的服装厂制作，然后出货给批发商。也许是天赋惊人，这个乡下小子一上来就干了一票大的。

“我设计了一个小狗形状的挎包，专门卖给小孩。小狗的耳朵耷拉下来，特别可爱。那个挎包刚上市就卖疯了。每天早晨刚一上班，批发商来订货的电话就响个不停。卖得太好了，根本来不及做。那时我每个月的工资是八千日元，多亏了这个挎包，在上班之后第一次回家探亲的时候，老板给我塞了足足十万日元。到家给了老妈两万日元，又给了大哥两万日元，从来没这么阔气过。”

第二年，他把母亲接到东京来旅游。看着满面笑容的母亲，他心里得意极了。

“公司给我开小灶，吃的东西都跟别人不一样。老板还一个劲地要把女儿嫁给我。当时真是鼻孔都朝天开了。”

公司决定，当年冬季上市的新款商品也由祐二郎设计，而且一上来就足足备了三倍的库存。

但这时，祐二郎的“梦想”已经开始走上了下坡路。

不眠不休

祐二郎的小狗挎包开了个好头，就连老板都想要把宝贝女儿许给他。但他的好运，却像昙花一现般转瞬即逝。公司用三倍的库存押注他设计的女包，销路却惨淡至极。库房里堆满了滞销的产品。

公司对祐二郎的态度，可以说翻脸不认人。

“公司给发的午饭规格一下就掉下来了。我心里也很是尴尬，又说不出口。正在发愁呢，我一个开出租车的哥们就找上门来，问我愿不愿意去他那里干……”

祐二郎离开了原来的公司，在外面租了一间不到十平方米的便宜房子，自己开火做饭，并很快取得了驾照，开始了开出租车的生活。

“我一到东京，就进了包吃包住的公司，不光没去过什么咖啡厅，出租车更是一次都没坐过，也根本不认路。但就算这样，也只能硬着头皮上……”

那家出租车公司每天用现金给司机支付报酬。以前日本的出租车司机，都是早晨上班，一直开到当天半夜，小睡一下之后回家休息，如此往复。而祐二郎连休息时间都在跑活儿，玩命挣钱。

干了两年出租车司机之后的一天，一个同事找到祐二郎，问他愿不愿意做保险销售员。

“就算你现在出租车开得再好，将来总有一天身体会累垮的，根本没有未来。还是卖保险好啊。只要你的业绩好，就能当上支部长。支部长啊，可了不起了，跟银行的分行行长同级别啊。给的钱可多了，要住租金十万日元的房子也不在话下。”

来劝祐二郎当保险销售员的这个人在一家人寿保险公司工作，头衔是“组织主任”。不光自己销售保险，还负责在外面发展保险销售员并培养他们。与此同时，他还在外面开出租车，正可谓“身兼数职”。

据说他拿保单的手法十分诡谲。昭和四十年代（1965—1974）中期，有很多找工作的人都还只有初中学历。比方说，他看中一个卖荞麦面的面馆，想给店老板推销保险，他会这样做：

首先找到一个认识的出租车司机，劝他去干保险销售，然后用他的名额去拿推广费。同时找到面馆的老板说：“您那特别缺年轻人对吧？我这有一个哥们，推荐给您。”然后找到出租车司机，告诉他：“你去那家面馆干几天活，几天就行。”

“有年轻力壮的来干活，面馆老板当然高兴。然后不知不觉中让面馆老板买下保险，都是按年签的合同。等合同签得差不多了，这个‘假伙计’就悄然离开……”

“他们说，保险合同不好签，上轨道之前可以不用专职干，一边当司机、一边卖保险也可以。所以我决定，跟他一起同时干两份工作。这大概就是我的命运转折点，就是从那时开始，我心里就像着了魔一样，哪怕不惜一切代价，也要当上那个什么支部长……”

月薪四十万日元，奖金一百八十万日元，公司有租房补贴，只花一点钱就能住市面上房租十万日元的房子。想买房，随手就能掏出一千万日元……大概在被灌了迷魂汤的祐二郎看来，从跑外围的销售开始干，只要能够在销售中脱颖而出，就一定能抓住这一梦想中的职位。

“我就是一个山沟里出来的烧炭的贫民，现在是个只有夜校学历的出租车司机。如果有这样一个出人头地的机会，又怎么舍得放手呢……当时我就是这么想的。”

半夜，开完一天的出租车，把车停到公司车库，祐二郎找上其他累得不行的司机，帮他们洗车，让他们买保险……就这样，他还在试用期内就卖出了五份保险，成了正式员工。

“最后，在出租车公司的那段时间，我一年卖出去三十多份保险，保险公司问我要不要试着当一把组织所长……”

祐二郎朝着支部长的宝座，似乎又迈上了一个台阶……

穷人和穷人的缘分

“那时每天才睡三个小时，一天到晚眼睛都是通红通红的。但我这个山沟出来的烧炭娃，穷日子早就过够了，为了挣钱，累点又算得上什么事！”

祐二郎一边开出租车，一边卖保险，保险不光卖给了同事，还卖给了乘客。

“当时保险公司人手长期不足，招了好多我这样的司机，还有夜总会的女招待之类的人。有一次我在公司休息，睡着睡着就觉得像是鬼上身了一样喘不过气来，睁眼一看，一个胖得像皮球一样的中年女招待趴在我身上，嘴唇已经亲到了我的嘴上……哎呀，真是什么稀奇事都有……”

酒色赌博，祐二郎一样都不沾，不分白天黑夜，一门心思工作挣钱。开始卖保险后的不到一年时间他就存下来一百五十万日元。

那时他常去一家小饭馆吃饭，在老板夫妇的热心劝说下，他成了一个新兴宗教的信徒。然后，在老板夫妇的介绍下，他认识了同为信徒、在东京商业区一家小饭店当服务员的登志子。

登志子和祐二郎一样，家在北陆地方的一个小山村里。中学刚毕业，她就去家附近旅游区的饭店工作了，然后又一个人漂泊来到东京工作。

没多久，两个人就结婚了。然后，祐二郎和登志子一起，来到了登志子父母家。

下了火车后，两个人来到那个大山深处的村落时，已经是黄昏时分。

“当时为了撑门面，我们下火车之后坐出租车去她村子。她手指着山下面的房子说，就是那儿。我顺着她手指的方向一看，就见山崖下面孤零零的一个亮点。附近什么都没有，就她家一户。进去一看，哎呀……要说我们家就已经够穷的了，看到她家那简直……不光小，地也不平，地上铺的榻榻米破破烂烂的，真是穷得让人难以置信。难怪她不愿意带我去，简直是太可怜了……桃花盛开的那天，我一辈子都忘不了。”

一个是东北山村烧炭翁的二儿子，另一个是北陆农家八口之家的女儿。两个背负着贫穷宿命的人，就这样结合在了一起。虽然两家都十分贫穷，但新婚旅行毕竟是一辈子的回忆，祐二郎仗着口袋里满满的存款，提议坐飞机去北海道旅行。

“现在大家肯定都选出国旅游了。但当时，就以我一个出租车司机的身份，坐飞机是一件不得了的事情啊。羽田机场，晚上七点二十起飞。当时一起开出租车的同事，有十来辆车来给我送行，他们捧我，说我是他们的英雄……”

婚后不久，祐二郎就决定不再开出租车，专心干保险。祐二郎的销售业绩在公司内很受好评，进入公司不到一年的时间，就得到了组织所长的头衔，可以说是破格提拔了。

所谓的组织所长，主要负责在外面招聘并培养合格的保险销售员，帮助他们培养固定的客户群，同时自己也要做保险销售业务。组织所长是通向祐二郎内心憧憬的支部长宝座的第一道关卡，所以刚刚结婚的他便加倍努力地投入到了工作之中。

但是，难题接二连三地降临到了他的头上。

“销售员流动性太大了，人才很难留住。其实原因很简单，大家从事保险销售，一开始都靠着人情，找些亲戚朋友来销售，但你想想，这种资源短说两三个月，最长不到半年就会消耗殆尽。卖不出去，人家自然就不在这待了。虽然再招聘新的销售也不容易，但最让人头疼的是，销售离职之后，他们拉来的客户也都很快会来要求退保。留不住客户，到头来还是组织所长受批评。”

为了维持自己的业绩，他只好自掏腰包替客户交保险金来维持订单量。

多了这么一笔预料之外的支出，祐二郎的存款不久就见底了。

“本以为爬到支部长的位置之前忍忍就行了，结果……”

阴影再度笼罩了祐二郎的人生。

自掏腰包的赔本买卖

为了从公司拿工资而工作的上班族，反而为了工作自掏腰包——这在旁人看来是离奇得无法想象的行为，可这在祐二郎工作的寿险销售行业却早已经见怪不怪了。

据祐二郎说，他们在很多情况下都要自掏腰包。

比如，如果签约不到一年的客户想要退保的话，自己在公司的业绩就会受到影响，这时就要替客户继续支付保险金来维持虚假繁荣的业绩。或者，自己手下销售员的客户不交保险金，也需要自己先代为填补。

除此之外，各个层级的销售目标——也就是“指标”——如果没有完成，就要去借别人的名字来签假合同，保险金自然需要自己来付……

“不光如此，手下的销售员有时候会来要拉拢客户用的招待费，一分钱不给总归是过意不去，所以也要我自己花钱。还有，有时候销售员来问我说，客户说如果能免两个月的保费就签约，该怎么办……这两个月的保费也得我来掏。同行好多公司都推出了签约当场就给现金返现，我们的优惠力度肯定不能落后，否则根本拿不来订单。”

除此之外，组织所长的另一项重要工作是招聘销售员，为了完成这一目标，也有很多开销。

“当时都流传，从销售员干到支部长自己最少得花上五百万日元，这个说法绝非空穴来风。那些从庆应大学、早稻田大学毕业的高才生，娶的媳妇也都是门当户对的有钱人家的女儿，自己花上五百万日元去升官，也就当作前期投资了。但是我们家两口子全都是贫民出身，亲戚朋友都烦透了我们，说我见了人不是推销保险就是要借钱……”

尽管祐二郎起早贪黑地在外面拼搏，但他自掏腰包的赔本买卖不可能永远持续下去。开出租车攒下来的一百五十万日元眨眼间就花得一干二净。

祐二郎艰苦拼搏的昭和四十八年（1973），大学本科应届毕业生中，男性就业后的平均工资是每月五万七千日元，而日本全国所有行业所有劳动者的年平均收入是一百四十七万日元。通过这组数字可以看出，失去一百五十万日元的存款对于祐二郎来说是多么沉重的打击。

终于，所有能借的亲朋好友都被他借了个遍，他只有从当时还不多见的小微贷借钱来维持业绩的表面繁荣。

“当时我不停地对自己说，现在稍微吃点苦没关系，这都是为了将来当上支部长……到头来，还是我自己债台高筑。最后我实在受不了了，只好含着眼泪，辞掉了组织所长的职务，又干回了最底层的销售，而且为了还债，只好重操旧业，开始开出租车……”

为了还债，祐二郎的生活变得比《摩登时代》里的卓别林还要忙碌。

早晨七点，他开着自己的私车去出租车公司，换上蓝色的司机制服开早会，完成车辆分配和例行检查后便开着点亮空车指示灯的出租车返回自己家。将出租车停在自己家，换上西装后再乘电车到保险公司，参加保险公司九点半的早会后出门卖保险。

傍晚，他先回一趟保险公司，报告当天的销售业绩，将当天的销售额存入公司后，急忙回到自己家。匆忙吃过晚饭后，换回出租车司机的制服，跳上出租车，一直开到凌晨四点。收车后，回到出租车公司，洗过车之后，再开自己的私车回家睡上两三个小时。上夜班的第二天不用开出租车，所以早晨起床后直接去保险公司上班……

"两边的公司都不知道我同时干两份工作。上一家出租车公司的同事都觉得我在保险公司升官发财了，所以我开出租车的时候最怕碰到他们。在路口等红灯的时候，如果附近有上一家出租车公司的车，我都低着头假装记账，生怕他们认出我来。那段时间因为严重疲劳和睡眠不足，整张脸都爆皮了，只好使劲抹药膏……唉！"

在夹缝中生存

"我最喜欢下雨天了。外面一下雨，车窗就模糊了。晚上一下雨，我就放心了。不下雨的时候，我要么戴口罩，要么戴太阳镜，为了不让人认出来，费了不少心思。"

祐二郎同时在保险公司和出租车公司上班，不分昼夜地工作，在极度疲劳下害了胃病，体力几乎透支。屋漏偏逢连夜雨，就在这个最要命的时候，他被卷入了一场事故之中。

傍晚，他从保险公司下班之后匆忙赶回家中，发动出租车上街拉活。晚上八点左右，他拉着乘客沿甲州街道向八王子方向行驶，在一个路口等红灯的时候，被后面驶来的一辆由大学生驾驶的汽车追尾，最后酿成了四辆汽车连环相撞的事故。

"好死不死的，我出事的那个路口就在保险公司旁边。那个时间，正好赶上加班的人下班后成群结队往车站走时。我满脑子只想着别被人发现，拼命低着头伏在方向盘上，结果被人当成了重伤员，直接把我搬上了急救车……”

祐二郎的车被一辆刹车失灵的汽车从后面剧烈追尾，他的颈部受了伤。虽然有幸免于住院，但自此出租车公司便不让他开车，而是让他白天去公司干一些轻活。无论是怎样的轻活，都不可能同时干两份工作。

“虽然我在街上拉活的时间只有其他司机的一半，但业绩还是挺好的，每个月大概能入账十五万到二十万日元。所以说实话，我还想再多干一段时间……”

祐二郎告别了出租车公司，再次专心干起了保险销售。他的工作再次受到领导的好评，又重新回到了组织所长的位置。

“因为上次借了好多钱，所以本来想着再也不干组织所长的活儿了，就算干一辈子销售，也不想再升官了。结果，当时的领导一个劲儿地做我的思想工作，还使劲捧我，结果害我又做起了当支部长的美梦……”

当上组织所长的祐二郎，工作又继续受到赞赏，只花两年时间，就晋升到了普通人拼上五六年才能提升到的职位。

这个职位仅次于祐二郎梦想中的支部长。如果运气好，当上支部长之后升到销售部长、分公司副总经理也不是遥不可及的梦想……祐二郎再次做起了平步青云的美梦。

但是，对于保险销售来说，成果就是一切。每个月的销售指标完成率是唯一的工作考核标准。每个销售员的业绩都被张榜公布，每月两次的分公司支部长会议的座次都是按照销售业绩来排序的。

“我们干销售的，有一个行话叫‘零蛋’，意思是说赶上某个月，一单都没卖出去的人。谁卖了多少，上面都看得一清二楚。如果业绩不好，就会被领导叫去狠狠地批一顿：‘你这个月的效率太差！下个月给我彻底避免零蛋！’但我要是直接这么对部下说的话，特别是女的，就给你回一句：‘卖保险又不是去摘苹果，有苹果在树上等着你去摘。就算你这么说我，我也没办法啊。反正我家又不指望我养家糊口，明天我就不来了。’部下一辞职，这回领导又该责怪我手下的人离职率太高、缺乏指导能力……”

每个月的销售成绩到了月末都会被汇总上来。所以每到月末，祐二郎都在领导和部下的夹缝中提心吊胆、寝食难安。半夜，他守在电话旁边等着在外面的销售员报告业绩。

“结果一个个打来电话，都是说‘哎呀不好意思，客户没定下来啊’‘下个月再说啊’‘对不起啊’之类的。我没办法，只好去支部长那道歉。结果支部长也只会跟我吼：‘混账！都怪你太缺乏计划性了！你让我会上拿什么去报告！给我出去，不惜一切代价也得把业绩做出来！’支部长吼完后，就甩手走了。那我还有什么办法啊？只好使出绝招……”

他只好挨家去找几个比较可靠的男销售，让他们明早去公司附近的咖啡厅集合……

打高尔夫球也是自掏腰包

祐二郎一大早就在公司附近的咖啡厅和昨晚找的销售员碰了面。几个人就着咖啡匆匆吃了几口店里特价早餐提供的烤吐司，马上切入正题。

“你那还有没有能帮忙凑数的人？你不是有个弟弟吗？”

“咱上个月不是已经用他的名字签过合同了吗？”

“我也是，亲戚朋友能用的全用过了啊。现在一个都不剩了。你总该有个朋友什么的吧？到时候业绩算你的，你去问问吧。”

他们挨个给能借名字凑数的人打电话，被拒了还要打给下一个……好不容易找到一个愿意借名字的人，赶紧去附近的文具店买个便宜的印章来，造一份假合同。

但是，就算是找来凑数的假合同，也需要被保人去体检确认身体状况是否符合保险条件，否则合同也是无效的。

“为了让对方抽空去体检，我们就差跟他磕头下跪了。比方说如果我们打听到对方喜欢威士忌的话，三得利红标这种便宜酒太没档次，怎么也得买瓶三得利陈年才行。这种促销用的杂费当然得我们自己掏。还有，签了保险合同，最少也得替他交十三个月的保险金。我们不光到处求爷爷告奶奶，钱还都得自己拿。”

除了每个月必须完成总公司和分公司摊派下来的销售指标，还要举办各种开发新客户的营销活动。这些活动也是让祐二郎他们公司中层领导挠头的事情之一。

“比如，我们招待竹村健一①或是植村直己②之类的名人演讲，

---

① 竹村健一（1930— ）：日本记者、政治评论家。出生于日本大阪，毕业于京都大学英语专业，后前往美国雪城大学留学。20世纪七八十年代担任多个电视和广播节目的主持人、特约评论员，出版著作300余册，在日本国内拥有较高的知名度。

② 植村直己（1941—1984）：日本登山家、探险家。出生于日本兵库县，毕业于明治大学农学专业。酷爱登山，于1970年成为全世界首位登顶五大洲最高峰的登山者，1984年2月12日实现人类首次冬季登顶美国最高峰麦金利峰后，翌日下落不明（后宣告死亡）。

场地都要选超五星酒店的‘某某厅’。这种场地一般都附带全套晚餐，费用算下来平均每个人要一万五千日元，超豪华的。我们招待的，都是些医生、税务顾问这种高收入群体，随便一单保单签下来都是上亿日元的那种。我们就以这些人为突破口去销售。我们公司会给每个支部摊派招待名额。除了这种，还有公司举办的高尔夫球大赛。”

在当时的保险公司，销售员给客户打电话，都不可以用公司电话，而是需要自掏腰包用安装在公司内的公共电话来推销。类似上面说的这种活动，费用也全部由各个支部来分摊。

所以，如果不邀请些有购买意愿的人来参加，也就没有任何意义。而有钱人都知道，免费晚餐之后，等着他的是无穷无尽的保险推销，所以都不愿意来。为了让他们来参加活动，周日手里提着点心盒去拜访客户，就是祐二郎这种销售员的工作。

“税务顾问这种职业，可以沿着他的人脉顺藤摸瓜，搭上其他有钱人或是企业老总之类的，是我们最想要拿下的客户。‘老师，咱们不谈保险的事儿，要不要去打场高尔夫球啊？’我们点头哈腰地去求他们。”

一旦把他们拉来参加了活动，第二天马上就去找他们推销，可以说是翻脸比翻书还快。

“哎呀老师，昨天真是辛苦您了。我就想找您谈谈……然后面不改色地切到正题。最后，就是派女销售每天去访问，一举拿下。”

分公司摊派下来的任务，除了类似销售活动，还有赠品。

“当时说是赠品，其实是公司为了拿下照相机公司、音响器材公司之类的集团客户，而大量采购他们的产品。公司买来的这些东西，就会被摊派到我们分公司。除了照相机、音响，连保险柜什么的都来过。和以前逼供应商从自家买东西的三越百货如出一辙。”

公司摊派下来的这些东西，通常都由女销售去消化。但是，毕竟有时候还是会有卖不掉的东西，也只能由祐二郎他们中层领导自掏腰包来买。

从光鲜体面的支部长到销售部长，销售员们越是在自己的晋升通道中往前闯，越是着急晋升，钱就越是从自己口袋里往外跑。祐二郎在这个奇妙世界里，又深深地陷入了负债的地狱。

刀刃架在脖子上

“东京的竞争太激烈了，想当上支部长太不容易了。你再忍忍，只要当上支部长，外债也能还上……”

祐二郎不断地对妻子登志子说。但是，就算他起早贪黑、夜以继日地工作，一开始只有五十万日元的债务，非但一分钱都没有减少，反而越来越多。登志子在朋友的饭店打工，每月能挣来四万五千日元补贴家用，但他们的生活却愈发窘迫。

“逢年过节，一家四口出门吃个饭都难上加难。我们住的房子连淋浴都没有，平时也是能省则省……”

想升上支部长，还有很多道难关。平时的销售业绩自是不用说了。除此之外，还有关于保险业务知识、一般常识的笔试和领导的面试。要想参加升职考试，首先销售业绩要达标，成为支部长候补。每年五百多个候补人选中，最终能爬上支部长宝座的，只有不到八十人。

祐二郎过关斩将，突破重重难关荣升支部长一职，是在进入公司的第十五个年头——也就是去年的事情。但是，直到祐二郎自己去一笔笔查明债务之前，他自己都不知道自己的债务究竟有多少。那时，他欠小微贷、信用卡公司、银行等的债务已经高达一千四百万日元，而且每天都在以加速度持续膨胀。每个月为了还利息而奔走借钱，家里的资金如同高空走钢丝。最为讽刺的是，他就是在这种状态下登上了梦寐以求的支部长宝座。

在荣升支部长一职的同时，他被调到了总公司办公。他的新职位，是在面向大企业和中央政府机关职员销售保险的部门。祐二郎是开拓客户的冲锋队长，要率先和企业、机关的总务部长、董事等重要人物接洽，为将来派销售员去实际进行推销做好铺垫工作。此外，在银座、赤坂等地的高档西餐厅款待客户、陪客户去卡拉OK唱歌也是他的工作之一。

“像我这种人，和客户公司高层聊天，就算根本没什么话题可聊，也得装作自信满满的样子，假设对方问：‘话说，你是哪所学校毕业的?’我肯定是拔了舌头都不能说我是一个穷山沟里的夜校毕业学机械的。这种话题我最讨厌了，但也只能应和着说：‘哎呀，我的学校根本不值一提。’心里只想着赶紧把客户敷衍好，我好赶紧去贷款公司。像是屁股底下的沙发长了刺一样，根本坐不住……”

渐渐地，贷款公司的催款电话越发厉害起来。祐二郎的新办公室跟以前干销售的时候不一样，不光有宽大的办公桌，还有接待客人的沙发茶几，十分安静。不停打给祐二郎的催款电话也就格外引人注目。

“电话里催款的人不停地骂着。我又不能在公司露馅，只好装作在接客户电话，说些‘您好’‘托您照顾’等驴唇不对马嘴的话，对方听了自然更生气了啊……而且接电话时间长了容易引起怀疑，没说两句就说：‘好，我知道了……再见’然后就把电话挂掉。紧接着对方又打回来说：‘连利息都付不上，你这是什么态度！’我在这边继续装傻说：‘好的，谢谢您，再见。再见。’每天周而复始的都是这些，公司里的人肯定会起疑心。”

哪怕在他上厕所的时候，心里都会挂念着电话。他经常找机会从公司里出来，跑到公司底下的公共电话打给贷款公司，用新借来的钱去还已经迫在眉睫的旧债。

“我跟公司说，出去一趟，就半个小时。但是你想想，从公司出来，去上两三家贷款公司，被骂得狗血淋头，然后再回公司就已经快到傍晚了。没过多久，就有部下跟上面告状，说我工作时间经常开小差……这个工作我干了十五年，让我爱人都跟着我受了这么多委屈，好不容易才得到的职位，我哪舍得放弃？但我的经济状况已经接近崩溃，仿佛每天都被人用刀架在脖子上一样……”

祐二郎把弟弟们和妻子的姐妹们召集起来想办法。东凑一百万日元，西凑七十万日元……但这点钱和他的债务比起来无异于杯水车薪。

自已的事情要是被公司知道，万一被开除，那可是连离职补贴都拿不到。一天，心中充满不安的祐二郎终于决定向公司领导坦白。

背负贫困家庭的期待

“原来是这么回事……”

其实领导或多或少已经发现了祐二郎的异常。

“这样的话，必须尽早想办法。你好不容易干到这个位置，要是为了外债辞掉工作，你自己也不甘心。而且你走了，对于公司来说也是损失。总之，你先歇上一个星期，集中精力把你的情况整理清楚。”

然而，对于无依无靠的祐二郎来说，他的情况远非请几天假就能解决干净。不过领导还是帮他编了个父母生病回家照看的借口，替他请了一周的假。放假前一天，祐二郎挨个给所有的贷款公司打了一圈电话，说自己身体不好请假了，求他们不要再给公司打电话。

这整整一周时间，祐二郎把自己关在家里，一步都没有出门。他就像进了台风的中心，四周一片死寂。他甚至都忘记上次和妻子面对面交谈是什么时候。

回头看看自己的人生。结婚之后，自己脑子里除了保险的销售目标，就是公司业绩……甚至从没有和妻子享受过独处的时间。但结果又如何呢？要自己抛弃拼死拼活、一个人忍辱负重得来的支部长的地位，又谈何容易？

这些年，自己究竟干了些什么？兢兢业业地工作，又是为了什么？每当祐二郎这么想，他都会有种坠入阿鼻地狱的恐惧。

又是做假合同、又是替客户交保险金，在旁人看来简直是愚蠢透顶……但究竟是什么，蒙蔽了他的双眼，驱使他不择手段也要提高业绩，也要在公司里出人头地呢？

“我们所有的亲戚，兄弟姐妹、叔叔嫂子、表兄表妹，手头宽裕的人一个都没有。哪怕是初中毕业都算读书多的了。年纪稍微大一些的，都只有小学文化。在这样一家人里，只有我一个人，虽然是夜校毕业，但也算是国家承认的高中文化水平，又是在能上电视的大企业上班。所以在他们心里都觉得自己必须帮我一把。

“不是我自卖自夸，我其实是个认真又耿直的男人，脑子也挺好使。他们都只是一心想着让我上学念书、出人头地。我也想念书、出人头地。只要在公司努力升职，当上支部长，将来老家的弟妹来东京找工作的时候，还能给他们当个保证人，那样的话就能在公司找上一份不错的工作了。像我们这样一群乡下的贫民里，能出来一个大企业的科长、部长之类的领导，大家的生活都可能或多或少改善一些，活着也能够轻松一些了。

“所以，我不停地跟妻子说，再忍三年吧，再忍两年吧……害她吃了这么多苦，唉！如果因为区区外债，这么多年的努力都化为泡影的话，那简直是欲哭无泪了。”

但是，一周的假期里什么问题都没有解决。贷款公司又开始轮番去公司轰炸。最后，留给祐二郎的路只剩下最后一条。那就是在被公司开除之前先提出辞职，这样多少还能拿到一点点离职补贴，然后用自己的离职补贴加上最后从亲戚那东拼西凑借来的一些钱，还上了一些对自己有恩的人和一部分贷款公司的钱之后，向法院提出个人破产申请。只要法院判决他破产，他剩余的全部债务将一笔勾销，可以再也不用日夜承受被逼债的痛苦。

“我一定要走出这里，去见识更宽广的世界，才能找到出路。”——穷山沟里，一个少年曾怀揣着这样一个梦想。他年迈的父母、爱他的兄弟和他一道，像呵护一个脆弱的肥皂泡一样呵护着这个梦想。然而，现在他的梦想竟然真的像肥皂泡一样，消失得无影无踪。梦想的灰烬化作沉重的债务和信用卡的残骸，淹没在东京林立的高楼之间。

保险帝国的顶梁柱

祐二郎从一个普通保险销售员开始打拼，坐上了众人羡慕的支部长的位置，却在一千四百万日元债务的重重围困下身败名裂，最终跌落人生谷底。他曾经的女下属，又是如何看待这样一个梦想化作泡影的悲惨男人呢？

椎野桂子，四十一岁。她带着两个年幼的孩子离婚之后，就开始在祐二郎手下卖保险了。

“邻居家的太太是卖保险的，天天劝我一起干，说只去一天、凑个人头就行，不愿意干的话第二天就可以辞职。后来想想才知道，那是因为销售员辞职率很高，所以去外面拉新的销售员进来，也是我们的业绩指标之一。刚开始我还觉得工作时间相对自由，这工作好干。但后来才发觉当时想得太简单了。”

日本战败之后经济困难，所有人都在为第二天的口粮奔波。保险公司开始大量雇佣阵亡士兵的遗孀，于是就有了大量女性保险销售人员。现在全国上下，女性保险销售员一共有三十四万七千人。粗算一下，在大概平均一百户就有一个人的销售大军中，有八成都是女性。

和只要摆在柜台里就有顾客来购买的商品不同，保险销售业绩多少和销售人员的推销活动密切相关，因此她们的存在意义极其重大。

人寿保险的普及程度，主要看保险合同总量这个指标。所谓保险合同总量，是指全国所有保险合同中，被保人正常生病死亡时保险公司须赔付的保险金总额。昭和五十七年（1982），日本的这一数字为七百零六万亿日元。人均保额已经超过西方发达国家，成为世界第一人寿保险普及国。为超过国民收入三倍以上的这一数字做出主要贡献的，就是她们。

业内人士说："生活变得相对富裕的高速增长期，正是保险业飞速发展的时期。因为这个时期，正是人们维持稳定生活需求高涨的一个时期。以前的保险，都是储蓄型保险，比如期满之后返利一百万日元这种。但后来，交通事故等生活环境整体的风险越来越大，万一家庭里的劳动力出个三长两短，将无法维持现有的生活水平。这时，保障型保险就越来越受欢迎。"

昭和三十六年（1961）的保险合同总量约为七万亿日元，这一数字到五年后的昭和四十一年（1966）时已经上升到三十万亿日元，而昭和四十七年（1972）时已激增至一百万亿日元。

生活中事故、自然灾害、疾病、退休等，风险无处不在，而国家和地方的保险制度根本不足以涵盖这么多项目。从某些角度看，保险合同总量的激增正反映了人们心中的不安。

在近十年内，保险的普及率已经触顶，所以保险公司间的竞争愈发呈现白热化趋势。同时，保险公司的业务模式也在朝多元化发展。比如满期后返利的一百万日元可以直接进行理财投资，而非直接返还现金。这样一来，企业间的竞争就更加激烈了。

祐二郎和他手下的女销售员们，正是在这样一个激烈竞争的环境中，每天被企业的销售目标追赶着不停地东奔西走。

桂子在当销售员的时候，祐二郎已经在做销售管理的工作了。他在卖保险的同时，还需要给刚进公司的新人们讲解如何销售、如何通过促销活动扩大自己手里的客户群。

公司里正对着门的那堵墙上，贴了一张巨大的成绩表。只要看一眼名字下面的柱状图，谁当天完成了多少销售业绩都一目了然。据桂子说，这张图标上祐二郎的成绩每天都远超其他销售。

“当时我们都说他工作起来像个忍者一样，干活干净利落，从不拖泥带水。而且他对我们都特别好……公司举办的活动，本来应该是我们销售自己买车票发给客户，让他们过来。但他每次都替我们负担三成左右的经费……”

我们告诉桂子，说祐二郎因为债务出了事。

桂子只是无奈地叹了口气，久久说不出话来。

“当时公司曾经有过传言，说他每个月自己花二十多万日元来维持业绩。但是，他工作那么拼命，为了公司不惜一切，结果却落得这样的下场，多可怜啊。哎……原来是这样。”

女销售员的世界同样残酷

桂子在祐二郎手下卖保险。带着两个孩子离婚之后，她成天为家计奔波。本来以为卖保险的工作不用坐办公室，时间也比较自由，不耽误带孩子，但实际开始工作之后她才明白，现实跟她预想的完全不同。

公司墙上挂着一幅标语，上面写着“向着目标时刻前进!”。旁边就是所有销售人员的业绩表。上午九点半开早会，一群稍微上了年纪、看起来孩子已经上初中高中的女销售在支部长身边唱公司的社歌。进公司之后第一次见到这阵势时，还真是一件考验勇气的事情。

“支部长扯着嗓子，说着些数字，说离业绩达标的截止日期还有多少天，大家要全力完成目标。一个老员工偷偷跟我说，你要是拿目标当真的话，非得胃溃疡不可。左耳朵听右耳朵出就可以了……”

保险业飞速发展的昭和四十年代（1965—1974），每年都有三四十万像桂子这样的销售员进入保险行业，同时也意味着有三四十万人被迫离开。那是一个大量招聘、大量解雇销售的时代。

据专家介绍，这一现象，是保险公司有意为之的结果。

“有一个词叫‘初始客户’。所谓初始，就是说只要公司招进来一个销售，哪怕是能力再差的人，一开始也能从亲戚朋友那里靠人情拉来四五个客户。但他们手头的人脉用光之后，业绩就会越来越差。所以那时很多保险公司甚至都靠着‘不拉订单拉销售’的策略来增加客户。”

当时很多销售人员没有什么有效的销售手段，只能靠拉关系来推销。如果客户不买账，他们马上又开始拉客户当销售。

但是，对于这种大量招聘、大量解雇的用人方式，社会上批评的声音一浪高过一浪，后来已经很少有公司继续用这种策略，转而靠提高销售人员专业素养和销售策略来提升销售成绩。

但是，时至昭和五十七年（1982），每年仍然有十六万四千人加入保险行业，而十三个月之后却只剩下六万两千人。也就是说，每三个新人里有两个人不到一年就会辞职。这一行业依然没有摆脱“用过即丢”的用人方式。

但是从另一个角度看，在一个保险市场几乎饱和的年代，仅靠拉关系来推销，已经不能在激烈的竞争中生存下去。

通过计算机化来提高效率、处理信息的浪潮也席卷了这个行业。据说日本国内行业排名第一的保险公司，已经通过电脑将一千万户的家庭成员、年龄、职业等信息归档管理。

“我们在拜访客户推销产品的时候，也会在对话中打听客户的家庭信息。有时遇到管理人事的客户，还会给对方一个特价，让对方偷偷帮忙印一份公司员工列表什么的。比如说，某个客户的大女儿结婚的同时，他本人也到了退休的年龄，而他的二儿子刚上大学，我们就会按照这些个人信息选择最适合他的险种，然后结合他的生活状态为他量身定制保险金额和报价。我们将精心设计后的产品摆到客户面前，客户就更容易接受我们的推销。”

将推销用的小礼品装到挎包和手袋里。手绢、毛巾、纸巾、台历、火柴。准备好后，就可以出发了。拜访客户的时候，将这些小礼品和名片一起递上。当然，这一切都需要她们自己花钱。礼品的钱会从她们的工资里扣除。

“刚进客户的公司，我们还给客户打扫烟灰缸、给他们泡茶、出门给客户买便当。为了能和客户搭上话，我们什么都干。如果客户也是销售的话，一般他们回公司都得晚上八点以后。我就先回一趟家，给孩子们做好饭之后再返回客户那……嗯？男女关系吗？其实男女关系，也不是什么秘密了。以前就有同事找我诉苦，说客户逼她上床，不知该如何是好。”

后来我见到了栎村富美江。今年五十九岁的她已经从保险行业抽身，但在保险公司的那几年间结识的姐妹们如今仍经常出入她的家，是个爽快敞亮、对人十分亲切的中年妇女。富美江讲起了住在附近公寓的兼田喜代野的故事。

“她本来和她丈夫处得就不是很顺。生活又十分窘迫，所以才开始卖保险的。结果干着干着，就和别的男人有了不清不楚的关系……”

跟踪、埋伏妻子

在绝大多数人都干不过一年的保险行业，栎村富美江可以说是老资历了。兼田喜代野是和富美江同属一个门市部的二十八个销售员之一。她是个三十三岁的母亲，家里有两个年幼的孩子，老大上小学四年级，老二上二年级。虽然富美江足足大了喜代野两轮，但两人住得近，上下班又在同一个车站，关系自然而然会比较亲密一些。

富美江发现喜代野近来的怪异，是一天傍晚她给喜代野家挂了一通电话之后的事情。

“那天晚上已经很晚了，我打电话去她家，她丈夫说她不在。对方反问：‘您已经回去了吗？我家那口子说她和您一起去的啊？’我急忙帮她圆话：‘啊，我刚刚一直和她一起，不过我先一步回家了。’很明显，是喜代野在用我当挡箭牌。”

后来一问才知道，那天晚上喜代野凌晨两点多才回家。第二天，喜代野给富美江打来了电话。

“她说：‘不好意思，今晚我出去一趟，就说和你在一起好吗？’我下意识地就答应了。结果那天晚上喜代野的丈夫不出意料地给我家打电话。我让我的丈夫接的电话，就说我也还没回家，总算是没出纰漏。看这样子，她应该是经常拿我当挡箭牌，晚上夜不归宿了。”

喜代野对富美江的利用远非仅停留在欺骗自己丈夫这一点上。实际上，在上面提到的那通电话之前，喜代野就曾经对富美江说最近手头实在太紧，让她帮忙去贷款公司借钱。

“哎，我自己都觉得我这个人傻得很。别人说什么我都信。每当我看到别人犯难，都会觉得如果换成我自己肯定也会特别发愁，情不自禁地就想去帮忙。我都这个年纪了，还经常被老家的哥哥奚落，说我连落在自己脑袋上的苍蝇都不忍心赶走。”

富美江见不得喜代野为难，还特意陪她一起去了有名的T贷款公司，用自己的名字帮她借了四十万日元。没多久，喜代野就拿不出还款的钱，富美江没有办法，把自己的钱给她去还钱，结果她反倒被贷款公司连哄带骗地又借了十万日元。

富美江后来才知道，那时候喜代野已经在公司里四处求同事去借了六十多万日元。然后每个月都去借新债来还旧债，手头十分拮据。当时对这一切全然不知的富美江在喜代野的央求下，又去信用金库帮她借了三十万日元。而且，这个喜代野，连客户交上来的保险费都没有放过……

“有一天我要赶着出去旅游，赶不上下午四点前把保费存进公司，正在犯愁，她过来跟我说‘我来帮你交吧’，我就把钱放在她那了。结果，那天我准备交给公司的保费，一分不剩地全让她拿走了……”

这些钱，都让喜代野拿去干什么了呢？

一切都得从喜代野让富美江替她欺骗丈夫的时候说起。那段时间，喜代野的丈夫每次接起打到家里的电话，对方都会一言不发直接挂断。次数多了，她丈夫自然心生怀疑。有一天，丈夫看她接起电话后，忽然出其不意地抢过了听筒，然后听到电话那头一个男人在说：“几点等你？”在丈夫的质问下，喜代野说是在跟公司领导约工作上碰面的时间。

她丈夫并没有马上追究，而是偷偷地跟在她的身后，看她去了哪里。

“她去的地方离家不远，是一家钢材加工厂的二楼，应该是厂里员工的宿舍。她丈夫可真能忍啊，一直在门口埋伏着，直到半夜两点多……”

喜代野和一个年轻男人从楼里走了出来。她丈夫不由分说，直接扑向了那个男的……

“干保险销售这行，有时候难免会遇到各种诱惑。女人到了我这个年龄，稍微开个玩笑、假装嗔怒一句也就过去了。但年轻人啊，毕竟生活拮据得很，当然是想多拿保单了，发生这种事情也是在所难免的。那晚，她丈夫和那个男的在路边扭打在一起，打得脸都青了，眼睛肿得老高……”

那之后没多久，喜代野就失踪了。

机器“人”的悲哀

明明和情夫一起被丈夫打得遍体鳞伤，喜代野却依旧没有断绝和那个男人的关系。

那时，喜代野家住在一栋木头建的二层公寓小楼里。半夜两点多，喜代野蹑手蹑脚地从外面回来。那天晚上，她丈夫睡觉前用绳子将门把手紧紧地绑在了家里的电冰箱上，所以就算用钥匙打开门锁，也是打不开家门的。

喜代野无奈之下，只好坐在楼梯上等着天亮。落魄消瘦的喜代野在邻居看来是怎样一副模样呢……

不仅如此，不分昼夜来要钱的贷款公司更搅得他们不得安宁。

“欠债还钱！”

“蠢娘们！”

每天回家，都能看到写满污言秽语的纸条贴满了小楼的入口、房门和外墙。今天撕掉，第二天早晨睁眼一看又贴得满满的。

那时，贷款公司催债的矛头也对准了帮喜代野借钱的富美江。

“我帮她借的钱，她也还不上。所以催债的电话不停地打到公司里来……然后公司一查才发现，那时帮她借钱的远不止我一个人……”

公司这边正闹得沸沸扬扬，喜代野却不见了。

喜代野从同事和贷款公司借的钱究竟都去哪了，谁也不知道。她的丈夫就在离家不远的一个小作坊工作。据富美江推测，虽然她家的生活并不富裕，但这些钱绝大部分应该都流进了情人的口袋。

“她丈夫人特别好，又很实在，所以她八成是觉得自己的丈夫有些无趣了。说到底，还是她太年轻，想要找些刺激吧。刚开始只是单纯地想用自己的身体去换保单，结果时间一长就生出了感情……有一次我偶然撞上她和那个男的两个人去喝酒，结果最后账还是她去结的。”

失踪后的喜代野躲在神奈川县川崎市附近的京滨工业带的一个小作坊集中地。

“她躲起来之后，她丈夫满天下地找她。大概找了四个多月，竟然真让他给找到了。而且她住的地方，竟然还是贷款公司的人介绍给她的。也不知道这是怎么一回事……”

从火车站下车之后换乘公共汽车，朝海边的方向大概行驶二十几分钟后，就到了一个周边密密麻麻全是小作坊的地方。喜代野就住在一幢拥挤不堪的公寓楼的十几平方米的小房间里。在樱花已经临近开放，春寒却依然逼人的时节，丈夫推开了她的房门。

“她丈夫后来一脸悲伤地对我说，她一个人在冰冷的房间里，一动不动地待在那儿……”

一对饱尝艰辛的工人夫妇冰冷的再会场景浮现在了我的眼前。

那之后，富美江背着丈夫不停地借新债还旧债，生活费捉襟见肘，举步维艰地维持着生计。然后，生性善良的她又被一个销售家用桑拿设备的女人骗走了很多钱，债台愈发高筑。

“这一来二去的，借的钱一转眼就成了天文数字。后来我一算，连自己都难以置信。我竟然借了两千六百万日元!”

不知道是富美江对这个惊人的金额没有什么概念，还是说她已经超脱了绝望的境地，在说出自己债务金额的时候，她竟然意外地坦然。

世界第一的保险帝国——日本，就是一个正在将数不清的钱不断敛到一起的机器“人”。无论是祐二郎还是富美江、喜代野，都不过是机器“人”身上的一颗颗辛勤劳作的螺钉而已。正当他们被高额的债务压得动弹不得的时候，一个新的事实被披露出来。那就是他们所在的保险行业从贷款公司或直接或间接的融资，已经高达三千两百零一亿日元。在这个人们被自己敛来的金钱束缚得喘不过气的世界里，他们的梦想被无情地吸进了都市的黑洞，再也不见天日——

— 我要买！买！买！ —

梦想中的新房

我按照事先约好的时间走进那家律师事务所的时候，A律师还在和上一位客人商谈。等了一会，屏风对面传来了律师说话的声音。

“没什么问题了吧。那今天就先到这吧。”律师直截了当地结束了对话。

“先生，我妈妈那边没有问题了吧？”

“刚才都说过了，我们这边会妥善安排的。您放心。”

一个年纪三十五六、西装笔挺、公司职员模样的男人被律师半推半送地请了出来。刚刚被办公室外面的职员送出大门，他却又返了回来。

“先生，先生，我老婆老家那边也没问题吧……”

他有些无助地说，眼里满是软弱和不安。

“都说让您放心了。出什么事了，马上联系我们就行。”

男人这才放心地回去。

“这个人也是信贷问题，被讨债的人逼得都神经质了。最近好多人都来我这求助，有像他这样的大企业白领，甚至还有公务员。”

A律师说，他平时不光替人解决信贷问题，最近还经常有大企业请他去讲课，介绍信贷问题的相关知识。

“听我讲课的几乎都是中层干部。他们问的最多的，就是怎样尽早发现身陷债务的人，还有就是如果公司里有人身陷债务问题的话，该怎样解决。我感觉这个问题最近越来越严重了。一个规模挺大的工会，光去年一年就有五个人因为欠债自杀，所以他们急忙组织了一个专门委员会来调研。”

难怪好多公司请A律师去讲课，他对于信贷问题发生背景的认识确实很有见地。

“六十年代进入高速增长期之后，这个社会变成了一个物质财富大量生产、大量消费的地方，‘消费’成了社会风气。而这个时候信贷、信用卡、分期付款应运而生，这对社会起到了一定的补充作用。而信贷消费真正开始快速增长，其实是在石油危机后的低增长时代。”

不光卖方需要变本加厉地提升市场的消费欲望，买方也是，一方面面临实际收入的减少，而另一方面却希望维持现有生活和消费水平，不愿让步。据说信贷产业的规模已经膨胀到了近二十万亿日元。

“咱们都生活在大量消费的社会之中，刺激欲望的宣传像洪水一样席卷着我们。面对这一大潮，我们甚至来不及思考就被卷入其中。每一个信贷问题，都包含在这样一个大背景下。”

A律师如是向我介绍道。据这家律师事务所的“临床经验”，以前因为信贷问题来求助的，多是在公寓租房的中低收入群体。而最近，面临信贷问题的人群，正逐渐向住在独栋洋房里的群体蔓延。

“以前高速增长时期，好多人认为将来收入会持续大幅增长，以过于乐观的态度贷款买房，以致后来还款压力越来越大。这一代人吃不了苦，完全没有压低生活水平和消费水平的勇气，所以禁不住贷款的诱惑……而在催债的人看来，他们既然住在装修豪华、房租高昂的房子里，就根本没有还不起债的道理。”

岛内宏司在一家制造、销售办公设备的公司工作。他今年三十五岁，正好出生于第二次世界大战结束后的“婴儿潮”时期。妻子叫岛内淑子，两个孩子年纪还小，老大刚上小学一年级，老二还在上幼儿园。

那时许多企业都给员工提供购房贷款。宏司供职的A公司也为三十岁以上的员工提供一千万日元的内部贷款。四年前，宏司申请了内部贷款，成了有房一族。他用公司贷款加上九百万日元的银行商业贷款，花一千九百万日元购买了属于自己的独栋洋房。虽然从东京站坐电车回家需要一个小时，但周围环境优美安静，他中意极了。

住进新家、开始新生活之后的一天，宏司打开自己的存折，心里不由得咯噔一下。

七十六万日元的戒指

自己一分钱存款都没花，公司的内部贷款加上银行贷款就凑够了一千九百万日元的购房款，这使宏司内心十分庆幸。然而银行放款需要时间，得先取出存款来垫付首付。他叫妻子去取钱付房款，而妻子却告诉他账上没有钱了。

“我问她怎么回事，她说之前准备搬家、给孩子买东西什么的花了不少钱。那时候我一看，也就少了一百来万日元，就没怎么当回事。我们结婚七年，都是心意相通的夫妻了，根本没想过妻子会不会骗我。”

后来，他们临时向淑子的父母借了一些钱，总算是顺利地开始了新居生活。

然而，乔迁新居半年后，也就是在第二年夏天，问题出现了。那是一个周末，淑子有事出门，宏司一个人在家。一个电话打到了家里，说是找淑子。

“一个我不认识的男人打电话过来，问：‘你夫人在吗?’我说她现在出门了，对方应了一声，就挂断了电话。结果，没过多久……”

一天早晨，一个宏司听都没听过的公司给淑子寄来的催款书被塞进了他家的信箱。

您的还款已经逾期，请立即支付……

“这是怎么回事!”

看到催款书，宏司大吃一惊。面对宏司的质问，淑子面不改色地说：“不是什么大事。朋友用我的名义分期买了点东西，结果催款书寄到咱们家来了。我去找她要来钱还上就是。”

淑子本来朋友就多，还常把女友们叫到家里做客。见妻子的解释合情合理，宏司也没有多想。

“那个时候，我根本没怀疑过她。我就说，你有面子、能帮上人家是好事，不过可别轻易把名字借给别人啊。然后这事情也就过去了。不过后来，这事越想越蹊跷……”

宏司心里越来越起疑，哪怕是再好的朋友，也不会用别人的名义来分期买东西。一周之后，宏司背着妻子给寄来催款书的公司打了一个电话。对方是一家专卖珠宝首饰的公司。

“您说得没错，确实有客人用这个名字从我们这里购买了珠宝。您问金额吗？一共七十六万日元。因为第一期还款的截止时间已经过了，就……”

宏司听到金额后吓了一跳。

“你们是不是搞错了？把你们领导叫来！”

“不，千真万确。就是她本人来店里买的。”

“我是她丈夫，七十多万日元的东西我们现在根本买不起。马上退货！”

这是宏司第一次对自己深信的妻子产生了怀疑。

妻子回家后，宏司严厉地质问了妻子。妻子拿出了一只白金的珍珠戒指。宏司不由分说就把戒指退了。消费税、手续费一共花了十四万日元，但总算是把这件事情摆平了。

淑子根本没有什么钱，她又是怎么买下这么贵的首饰的呢？宏司这才发现，淑子其实是用了信贷公司的信用卡。

“我们公司的主要业务是销售和租赁复印机。在这次出事之前，公司和一家信贷公司达成合作，信贷公司给我们介绍客户，而我们公司的员工需要用他们公司的信用卡。当时，公司给我和妻子一人办了一张信用卡，妻子刚拿到卡没多久后就用它分期买了戒指。”

刚解决完七十六万日元的戒指，宏司惊魂未定，又发生了一件让他心头一紧的事情。

一张信贷公司的账单寄到了家里，上面赫然写着：“金额：三十万日元整”。

“这是怎么回事？”

宏司的声音中带着颤抖。

成排的新衣服

宏司数了好几遍金额后面的零。然而现实是残酷的，金额千真万确，就是三十万日元。按照账单上的说法，这次是将三十万日元分六期还款，每期还五万日元。

距离上次的戒指事件还没过去几天，怎么又来了——宏司的惊讶不无道理。

“这回又买什么了……无意间，我拉开了妻子的衣柜，结果吓了我一跳。衣柜里整整齐齐地挂了一整排新衣服。每一件的价格虽然也就两三万日元，但数量足足有十五六套。看样子是一个多月以前买来的。我从没打开过她的衣柜，也没见她穿过，所以完全没有发现她买了衣服。”

那时宏司每月到手的工资大概有二十四万日元。自从他搬进新家之后，就得开始偿还一千万日元的公司贷款和九百万日元的银行贷款。所以在这二十四万日元中有七万日元会被扣掉。工资到手后再留下四万日元的零花钱，剩下十三万日元交给妻子保管。

“那时我们说好，把贷款还清之前生活尽量节俭，只保留最低水平的开销。明明是早就说好的事情，结果没过几天又出了这种事情。我又拿着账单去问她。”

面对宏司严厉的质问，淑子既不哭闹，也不找借口，更不顶嘴，完全没有破罐破摔的态度。

“对不起，是我不对……”

宏司不忍心继续责怪垂头丧气的妻子。但是这次和戒指不同，已经穿过的衣服不可能退货，只好预支夏天的年中奖来还款。

也就是在这段时间前后，淑子开始三天两头跟宏司念叨说：“工资真的就不能再涨一些了吗？现在这样实在是太拮据了……”

宏司说，自己在男人里边算是比较细心的那一类，也比较爱唠叨，而淑子则相反，是个性格十分开朗豁达、有些大大咧咧的人。不知道是不是她这种性格的原因，宏司叫她平时收支记账，她只坚持了一个星期，之后就再也没碰过家里的账本。

“家里孩子还小，不知道是不是因为嫌做饭麻烦，她经常带着孩子去附近的西餐厅吃饭。她每周去超市买一次东西，结果每次都买来很多一时半会儿用不上的东西，花个两万多日元。这还是我经常跟她念叨，说生活费没办法再增加的结果。”

没过多久，淑子就跟宏司提出，自己无论如何都需要一些可自由支配的零花钱，要去附近的食品厂干兼职工作。每天早晨，她先开车把老大送去学校，再把老二送去幼儿园，然后刚好可以用上午空出来的时间去食品厂做些装箱的工作。

这样的生活持续了半年多的时间，她又提出要改成全职，一天干满八小时。

“她说无论如何都需要钱。我劝她，人比人没有止境，虽然我的收入不算多，但咱们生活总该是够了。但她根本不听劝，还是坚持要去挣钱……”

没过多久……

一次宏司一个人在家，发现又有一封寄给淑子的催款书。寄件人不是公司，而是个人。他给那人打去电话。

“应该是她让借钱给她的人瞒着我，结果对方言辞闪烁，完全问不出个结果。我就又去问她，不问不知道，一问吓一跳……”

她向很多家信贷公司借了钱，连本带息加起来已经高达四百多万日元……

无法抑制的冲动

高达四百多万日元的债务在妻子的自白中浮出水面。面对突如其来的债务，宏司哑口无言。

“这么多钱，你都花到哪去了！”

家里值钱的东西一件都没有增加。也没见淑子买过值钱的衣服首饰。宏司软硬兼施，想从妻子口中问出个所以然来，然而却都以徒劳而告终。

“日常生活费开销在我看不到的地方越来越多，结果超出了收入——最后我们得出的，就是这个再平凡不过的结论。究竟是不是这样我也不知道，我是觉得应该还有更深层次的原因……”

但是，有一个理由能够让宏司勉强说服自己。四百万日元的债务浮出水面之后，有一次淑子十分落寞地对宏司说：“我上班之后，也没什么能自由支配的钱。但是，和你结婚之后，我第一次尝到了有钱的滋味，我原来有这么多的钱可以随便花，可以说是快感，或者是快乐吧……”

也就是说，结婚之后她的消费水平突然上升，生活的消费逐渐膨胀，最终失去了控制。

淑子的父亲在钢铁厂干了一辈子，最后也没落个一官半职，庸庸碌碌干到退休回家。母亲曾是一个事业单位的普通文员。淑子是这个双职工家庭中四姐妹的大姐。高中一毕业，她就进百货店做起了售货员。

“她家没什么钱，在商场里做售货员也挣不来什么钱。买件衣服、出去吃顿饭，就剩不下什么了。结婚的时候，我的工资确实比绝大多数人都高不少。”

宏司认识淑子的时候，他还在上一家公司上班，公司的主要业务是生产、销售电视机零件。那天，宏司和朋友两个人去打保龄球，偶然遇到公司同一个部门的女同事带着她的好友也在那里。就这样，女同事将淑子介绍给了宏司认识。

后来，宏司跳槽到了现在工作的这家公司。这家公司当时正在大量招人。

“还记得，我刚进这家公司的时候，领导说：‘公司的业务现在正在以每年50%的速度增长。希望诸位贡献出自己100%的努力。’我刚进公司，工资就一口气涨了三万日元，奖金更是涨了三十万日元。”

当时，销售员除了保底工资，还按销售额给提成。像宏司这样跳槽来公司的人，除了能享受到保底工资之外，如果工作顺利的话，每年能挣到将近两百万日元的提成。那时，大学应届毕业生的工资每月才只有五万日元左右。可以说宏司的收入已经是远高于平均水平了。

宏司跳槽之后的第二年，两个人结束了多年的恋爱，正式走进了婚姻。宏司的父母开了一家不大的染色工厂。中小企业受经济形势的冲击本来就厉害，家里兄弟姐妹六个，人口又多。宏司是家里的老二，所以宏司结婚之后，家中没有余力支持他的生活，只能靠他自己一个人拼搏。

“我老婆家也拿不出什么钱来。结婚的时候，我只好拿出跳槽后攒下来的一点钱，找了附近一家刚刚开业、费用打七折的神社的婚礼场地办了婚礼。办婚礼时两家加起来一共才来了六十来人。就这样，我们刚开始过日子的时候，连一分钱存款都没有。”

结婚之后，刚刚当上一家主妇的淑子每月拿到的钱，是自己在百货店当售货员的时候想都不敢想的金额。

“后来我听她说，结婚之后她心中压抑了多年的消费欲忽然开始膨胀起来。”

那刚好是一个信贷、信用卡、分期付款等促进消费的手段飞速发展的时期。

用物质填补心中的空虚

单身时还远在天边的东西，结婚之后忽然变得唾手可得。宏司觉得，正是生活条件的变化，唤醒了一直沉睡在淑子心底的消费欲。

后来，淑子偷偷在外面借钱的事，还是被丈夫知道了。在宏司严厉的责问下，淑子说：“结婚之后，一直压抑在心底的欲望就像挣脱了枷锁的野兽一样窜了出来。走在街上，哪怕只是余光不经意扫到了什么自己想要的东西，都会控制不住自己。把东西买到手后，就像压在身上的担子忽然轻了一样，整个人都轻松不少。”

淑子说，有时候就算手头没钱，也无法控制心中想去购物的冲动。

“虽然在一般人看来，如果没钱，就算去商场也没办法买东西。但是到了她这样，我感觉其实就是一种心理异常。”

的确，据精神科医生介绍，淑子的这种心理状态，其实是一种女性常见的病态心理。

“很多女性平时心中都有一种空虚感，不断寻求能够满足自己的东西。有时候刚好赶上身体状态的变化，就很容易无法控制购物消费的冲动，会大量购买衣服等物品。这种心理，有时候还会以别的形式体现出来，比如喝酒、吃东西等。”

她们心中的空虚感又是什么呢。

心理专家表示，现代人的心理特征之一，就是虽然不会为明天的生活而担惊受怕，心中却时刻伴随着天外有天、人上有人等对现实的不满。

可以说，这种心理反映了现代社会的多个侧面。但具体到淑子这样的家庭主妇身上，可以发现她们背后都有一个共通之处，那就是夫妻关系淡漠。

“夫妻关系虽然表面上很好，甚至看上去十分融洽，但其实妻子想要和丈夫享受更多二人世界的需求却不能实现，又没办法率直坦诚地向丈夫表达心中的诉求。还有就是夫妻关系整体十分淡薄，没有构成两人相互支撑的关系。这时，妻子就很容易变得需要依靠物质来填补心中的空虚。”

根据专家的临床经验考察，虽然浪费本身不构成病态，但在同时发生多种病症的人身上，也经常能见到购物癖、浪费癖的症状。

“酒精依赖症的人也一样，他们不断地寻求能够让自己沉醉的方法。能满足他们的，也许是性，也许是购物。最近好多女性分期购物成瘾，她们的消费行为堪称病态，但如果没有预支消费、分期消费购物的系统，她们是无法购买这么多东西的。”

虽然专家举的例子并不完全符合淑子的情况，但两人的婚后生活完全被宏司公司日益膨胀的业绩压力吞没，淑子每天都只能在家里等待着丈夫的归来。

“‘专注事业’这话虽然说着好像装样子，但说实话，我真的觉得无论工作还是应酬都很有吸引力，早晨七点冲出家门，晚上回家都已经十一二点了。我到家之后，妻子总喜欢跟我念叨一下白天发生的事情，但我根本没心思听，也只是心不在焉地答应着而已……”

在办公设备行业，特别是宏司的公司主营的复印机行业，已经有二十多家公司的产品在激烈争夺市场份额。宏司结婚的时候，刚好赶上了竞争最为激烈的那几年。

宏司所在的销售网点，正好位于东京的市中心，周围遍布写字楼、办公室，是各家厂商争夺最为激烈的地区之一。销售员们几个人一组，在所管辖的地区按照事先筛选好的客户名单进行拉网式上门推销。

“以前我们做销售的，都是见公司就敲门，挨家挨户进去推销……但最近我们会事先分析好客户公司人数、主要业务，然后通过各种统计数据计算出他们的复印量，并通过这些数据分析客户的等级，然后从中找到必须拿下的客户，发动集中攻击一举拿下。”

宏司的话语中越发充满热情。

销售竞争的背后

上午九点，销售员们将各种说明资料塞进公文包，一齐冲出办公室。

虽然宏司所在的复印机销售部门的主要业务包含复印机销售和租赁两方面，但在东京市内，特别是千代田区、中央区、港区等公司密集的商圈，百分之九十以上的收入来自复印机的租金。

客户的复印张数越多，销售额就越高。所以销售员们会根据事先收集来的企业信息为线索，去找那些复印量大的客户。

“我们这有一张顾客地图，从哪个街区到哪个街区，有多少家规模多大的公司，哪家公司每个月大概复印多少张，有多少台竞争对手生产的复印机，都一清二楚。去客户那之前，我们都会事先研究好，如何把竞品从客户那里赶出去。”

销售员们结束一天的工作，下午五点回到公司，但他们的另一项工作才刚刚开始。

“我们回公司之后，需要整理好当天跟哪些客户聊了哪些内容，哪些竞争对手给哪些客户提了报价等的销售信息。哪怕对方已经是我们的客户了，但我们随时都有可能被竞争对手替代。所以那些有被抢风险的客户，必须要赶紧想办法补救……”

客户A公司可能被竞争对手乘虚而入，或者正和B公司激烈竞争……将这些信息汇总之后，制订今后的方案。一个销售经理负责管理六七个销售员。第二天，销售经理会根据事态的紧急程度访问客户，采取措施……

“现在的销售工作，早就不是那种坐在公司里就有客户找上门来的时代了……几点几分要干什么，我们制订的所有计划都要精确到分钟。哪天和顾客都聊了哪些内容、现在项目都进展到什么进度了，这些信息都要详细地记录在顾客管理卡上，让领导把握现在的进展。我们销售员根本没时间在咖啡店偷懒。”

既然是销售，就必然存在指标。宏司的公司，每个销售网点都有既定的销售指标，每个月都要在截止日期之前完成规定的指标。如果到当天都没有完成指标，就会在会上被批评到大半夜。

“要在会上分析没有完成指标的原因。销售经理们还要被叫去开经理会，进行彻底的分析和反省。”

宏司回家晚不光是因为这些繁重的工作，他大概隔两三天都要去和同事喝酒。如果乘最后一班电车回家，到家时已经过了午夜零点，第二天早晨七点还要准时出门上班。长此以往，淑子对丈夫的感情渐渐变淡也是在所难免。

就像心理专家所说的，淑子正是通过购物这种行为，来填补心中的空虚感。

“回想一下当初，我们虽然是夫妻但却不像是夫妻，好像我们的关系只维持在表面，交流也十分少，全都是表面功夫。要是多跟她敞开心扉聊一聊就好了……虽然我可能自认为可以放心地将家中之事全部交给她，但直到最后，我还是没能洞察她心中的真实想法。”

七十六万日元戒指事件和三十万日元衣服事件发生后，宏司彻底失去了对淑子金钱观的信任，将存折、银行的印鉴和信用卡全部收到了她不知道的地方，藏了起来。或许就是这种压迫感，驱使她投奔了贷款公司。

虽然一直没搞懂她为什么去贷款公司借钱，但四百万日元的债务已经到了刻不容缓得解决的地步。最后，宏司卖掉了刚刚入住没多久的独栋洋房，用卖房款还完房屋贷款和淑子在外面的债务后，他们又变得一无所有了。

宏司一家暂时搬到了邻镇的一个破公寓里，但几个月后，他又第二次开始筹划自己的新家。然而，梦想中的新居生活，还有一个更大的陷阱在等着他们。

消失的房子

卖掉了房子，费了九牛二虎之力还上贷款，重回一无所有的宏司又开始筹划着自己的新家。

为什么他对买房如此执着？

“买了房之后还没住两天，一夜之间又回到了租房的状态，我也有我的面子，简直是太丢脸了……”

虽然宏司嘴上这么说，但他对买房的执着还有更深层次的原因。

宏司出身于一个在二三线城市经营染色工厂的家庭，是家里的老二。他父亲经营的染色工厂和其他所有中小企业一样，难以避免地受到市场跌宕起伏的冲击。

“我父亲对于不稳定的生活精疲力竭，经常对我们念叨：‘俗话说大树底下好乘凉，你们要么去当公务员，要么去铁路公司，或国字当头的大企业，每个月都有稳定的收入才行！’”

宏司初中毕业之后，工厂的经营越发艰难，一度陷入绝望的境地。宏司无时无刻不在目睹父亲的窘境，所以对于“稳定”的追求也就格外强烈。

“而且，我出生时正赶上‘婴儿潮’。所以，感觉总是随波逐流，活在主流社会之中，不敢跨出一步。也许这就是所谓的中产思想吧……”

第二次买房，淑子的父母也一起住了过来。和上次买房一样，用公司内部贷款加上银行贷款，凑齐了两千一百万日元的房款。新房里，沙发茶几、收纳橱柜，该有的家具全都置办齐全。一家的新生活开始四个月后的一天，在家看家的淑子母亲忽然接到一个打给女儿的催款电话，大惊失色。一番调查之后发现，淑子不光从各个贷款公司借了将近三百万日元，甚至还从伯母那里借了五十万日元。

“事情发展到这个地步，就连我的哥哥妹妹都开始建议我快些离婚了。我也跟她说过：‘现在咱们必须找到问题，只要现在把问题解决掉，今后就什么问题都没有了，咱们的生活还可以重来的。但是，如果不行的话，我们除了分手别无选择……’”

你只要一五一十地说出来就行……接下来几天，宏司每天都去问妻子。

“直到最后，她还是什么都没有跟我说……”

无法得到答案的宏司，开始在脑海里揣度妻子的内心世界。或许真如妻子所说，债台高筑，其实没有什么特别的原因。宏司经常抱怨妻子花钱大手大脚。在家里就能洗的衣服，她会拿去洗衣店洗，每个月要花掉两三万日元。此外，她还总找各种理由吃名店的东西，带着孩子去外面吃饭……

虽然这些都是花钱的事情，但生活费的膨胀是否就是全部的真相呢？

“其实连我自己都害怕问她真正的理由。真的。毕竟，好听的难听的我都说了，就算这样她也不肯告诉我真正的原因。难不成是她在外面有别的男人了，或者是沉迷于在主妇们之间流行的扑克牌赌钱，又或者是被上门推销的人给骗了之类的。我一开始想这些，就根本没办法再继续相信她……”

宏司一遍又一遍地说自己害怕知道真相。万一真的打开了这个潘多拉的盒子，或许会有更可怕的现实等着自己——他害怕的或许正是这点。这也难怪，后来，淑子在外面的债务又接二连三地暴露出来。算上买房的贷款，宏司一家的债务已经高达三千万日元。

现在，宏司又把刚刚到手的房子挂到了市面上出售，正在等待买主。

“我觉得我在公司干得还算不错，只要没有这些债务，现在肯定能过上稳定的生活……”

但是，淑子究竟又是为什么借了这么多钱呢。我也曾多次询问过她，但直到最后，她都没有向我敞开心扉……

— 美满生活 —

银行女职员的优雅婚姻

留美子是一个在A市地方银行工作的银行女职员。她的结婚典礼是在一九八三年三月举行的。

留美子从高中毕业后，马上就进了一家中等规模的贸易公司工作，后来又跳槽去了银行，在位于东京千代田区商业街的分行外汇科做与进出口贸易有关的工作。

结婚那年她二十七岁，是工作的第七个年头。

新郎名叫昌夫，比她大五岁，在一家汽车销售公司的营业网点做销售员，是一块儿工作的女同事介绍给她认识的。

“要是在帝国饭店或者王子饭店办婚礼，费用至少每个人要两万日元。我最后还是选了经常在电视上做广告的某某阁，结果每个人还是花了一万一千日元。我这边叫了公司的科长、股长，还有好多朋友。男方那边也是叫了公司领导什么的，两边加起来一共七十多人。加上其他各种花销，一共花了将近三百万日元。”

当时留美子每月的到手工资是十六万日元，每半年的奖金大概六十二万日元。她父母在东京的一个居民区开了一家小小的商店，家里还有正在上初中和高中的弟妹。虽然每个月都要从工资里拿出一些钱贴补家用，但在结婚前她就已经存下了五百万日元的存款。

“银行工作其实挺好的。把工资存在自己银行，利息都比外面稍微高一些。买房的时候，贷款利息也比外面低。我们行里那些单身女贵族经常去国外旅游。虽然我把钱都存起来了，可是结了个婚，存款就都花光了。”

这五百万日元，究竟都花在哪些地方了呢？

“婚礼的费用男女双方各负担一半，他家那部分应该是他父母出的钱，但我这边全部都是从我自己的账户上取的。还有蜜月旅行……”

留美子选的婚礼场地有合作的旅游公司，她刚约好场地，旅游公司的销售员就找到了她。

“旅游公司有个正在主推的‘夏威夷六天四晚蜜月套餐’，我嫌麻烦，他们推荐哪个，我就选了哪个。旅行的费用还有住宿费，都是男方出了，而我负责旅行的各种零花和其他费用，加起来也要四十万日元。你看，光是买伴手礼就得准备这个数吧。”

两人的新居选在了东京一个交通相对便利的住宅区，只要乘坐快速电车，到留美子工作的银行只要四五十分钟的路程。

“住得离银行远的话，上班就太痛苦了。我一进房产中介，他们就拼命给我推荐新房，说什么新婚夫妇当然得住新房才像样。刚好有一处新盖好的房子，我们本来也没什么主意，被他们一捧，结果就这么定下来了。”

他们租下的，是一幢只有十来户的小洋房公寓。房间是标准大小的一室一厅，厨房、浴室、厕所都有，每月租金六万日元。此外私家车位的租金还要另算，每月七千日元。

紧接着，留美子接二连三地把各种崭新的家具、电器搬进了两人闪闪发亮的新居。洗衣机、吸尘器、冰箱、餐柜、餐桌、椅子、衣柜、化妆台、立体声音响、彩电、录像机、风扇、空调、被炉、热风机、加湿器、沙发茶几……

“他们家只拿了一个用得脏兮兮的旧书柜过来。其他全都是我用现金在百货店买的。买完这些，我的存款就见底了。”

两人就这样开始了他们的新婚生活。下班之后，他们最喜欢的就是外出娱乐。

“他时不时就打电话给我，说今天下班去外面吃吧。我们吃的那些涮火锅、寿司什么的都挺贵的，之后还要去咖啡厅、看电影什么的……我们两个都喜欢打弹子机，结果玩上一次至少要花上两万多日元吧。要是运气好赶上‘777’[①]，能一口气出来三千多个弹珠呢。为了出个‘777’，这么多钱一会儿就没了……”

昌夫的工资跟销售业绩挂钩，靠提成挣钱，所以不是很稳定。平均下来每个月交到留美子手里的，大概也就十一二万日元左右。

不知道是不是经济地位决定了家庭地位，两人婚后生活的主导权完全由留美子一手掌握。这种不平衡的关系，最终酿成了二人后来的困顿局面……

七十万日元随你花

婚后两个月的一天，留美子突然推开了一家大型信贷公司营业网点的大门。

---

① 此处指一种具有赌博性质的游戏机，开奖时机器显示出的三个数字为“777”的时候为中大奖。

那家贷款公司就开在留美子早晚上下班往返车站的必经之路上。他们的推销员还经常在车站附近派发夹着贷款产品广告的火柴和面巾纸。

实际上，前一天留美子就打过火柴盒上印的电话号码，咨询怎样能贷到钱。

“电话里，他们说只要带着医疗保险证来就可以了。第二天我一下班就顺道去了一趟。我把保险证给他们看，说我需要三万日元。然后您猜怎么着……”

留美子等了一会儿，贷款公司的人就满面笑容地出来了。看着对方脸上的笑容，留美子心里有些发毛，但仿佛又有一块石头落地，心情很是复杂。

“我们这的最低起贷额是十万日元。像您这种情况，我们可以给您准备七十万日元。您看怎么样?”

对方的说明让留美子有些不知所措。这时对方的女接待员轻轻地给留美子端来了湿毛巾和咖啡。

“今天这些钱您就先拿着吧。要是觉得用不着，直接把钱拿过来还上就行。明天、后天、下周，随时都可以。只要您定期交利息过来，本金可以完全按照您的节奏还。”

留美子机械地应和着，整整七十万日元的现金就摆在了眼前，各种单据也一眨眼都开好了。

“您需要对家人保密对吧？没问题，我们保证客人的隐私。”

一大笔预料之外的资金就这样到了留美子的手里。

留美子究竟为什么去信贷公司借钱呢？虽然婚礼、蜜月旅行、新家的家具、各种日常应酬花光了她五百万日元的存款，但她和丈夫两个人的收入加起来应该是吃穿不愁的。

“其实我自己也不太清楚。为什么什么都没想，就去信贷公司借钱……后来我父母也说我，你一个人去那种地方都不害怕吗？一般人怎么敢去那种地方啊……”

我翻来覆去问了很多次，到最后留美子都没有说出一个让人信服的理由，解释她为什么如此轻易地去借钱。但是据她说，她最初起了这个念头，貌似是因为“想买一个手包”这样一个再平常不过的理由。

“我忽然想，到了夏天要不要两个人出去玩一趟……而且，刚好想要一个漂亮点的包包。从银行下班的路上，有一家卖时装的店，有时候我会去逛逛。那家店里刚好有一个漂亮的包，卖三万多日元……我这忽然就多出来了七十万日元对吧？然后我就有点得意忘形，没买那只三万日元的，而是买了一只六万多日元的古驰……噢，我现在拿的这个是迪奥，在夏威夷买的……”

说着，留美子把包拿出来给我看。

当时觉得反正还有一个月就发奖金了，到时候全都还上就好……虽然她这样对我说，但面对从天而降的七十万日元，她当天就开始豪爽地开花了。

丈夫昌夫虽然每个月给留美子十一二万日元，但每个月还得要拿走四万日元当零花钱。

“我家的车买的是日产Skyline，每个月车贷要还两万七千日元。他每个月去打两次高尔夫球，去一次就要管我要两万多日元……”

虽然留美子年纪比昌夫小，但收入却比他高不少，大概是因为这个，她总像大姐宠小弟一样，经常给昌夫买各种东西。

“比如说，去商场给他买西装，卖西装的人说，买两套，留一套换洗的比较好，我觉着也是，就给他买了两套。然后到了梅雨季节，又给他买了套雨衣。他打高尔夫球，就给他买了三支球杆……啊，想起来了，又有一次我买了一个戒指，他看到之后让我也给他买点什么，结果就给他买了一只十万日元的欧米茄手表……”

虚幻的中产之梦

留美子幻想着挎着新包，和昌夫两个人出门旅行……然后半推半就着被信贷公司塞了一笔七十万日元的“巨款”。结婚那年的夏天，他们终于踏上了期待多时的旅程。

虽然给昌夫买了西装和手表，然后又给自己买了包和戒指，借来的七十万日元已经花掉了不少，但用来给两个人旅行还是绰绰有余的。

去夏威夷蜜月旅行的时候，留美子选了旅游公司一手包办的新婚蜜月套餐。这回和上次一样，她选了旅游公司推荐的“伊豆半岛西部四天三晚周末之旅套餐”。

“虽然像我这样的人根本算不上什么中产阶级，但我心中多少总有一些仿佛是中产阶级般的感觉。想着既然别人都去夏威夷，那我也得去夏威夷。别人有的东西，我当然也想买，别人去旅游，那我也得去旅游，想过上高质量的生活……你说对吧？我承认确实有虚荣心在里面。”

两人住在一家海边的高级日式旅馆里。然而他们除了住宿费以外，还花了好多预算之外的钱。

“旅馆的服务员向我们推荐了好多东西，有活鱼现宰的生鱼片，还有高级甜瓜做的餐后果盘。虽然明知道手里的钱全是借来的，但毕竟金额那么大，就产生了一种以为自己是有钱人的错觉，把人家推荐的全都点了。我老公喜欢喝酒，又点了好多名酒……”

留美子花钱从来不记账，花了多少钱没有数，但据她说这趟旅行前前后后加起来花了有近三十万日元。又是买东西又是旅行，她借来的七十万日元转眼间就花了个一干二净。

后来，夏季奖金入账了。昌夫二十七万日元，留美子六十二万日元。如果，她按照当初计划的那样，用这九十万日元把信贷公司的钱全都还上，就不会产生后续的问题了。

“虽然把利息交上了，但奖金还得用来还车贷，我也还想买些其他东西，眼看着越用越少。而且……”

没办法用奖金将债务一次还清，还有一个无法说出口的理由，那就是关于债务一事，留美子一直是瞒着昌夫的。

“家里所有支出都是从我这里走的，所以钱他都是全权交给我来管理的。出门旅游的钱也是，他一直以为是我从我的存款里拿的。我也一直没有机会跟他开这个口……”

为什么新婚夫妇也要彼此有所隐瞒，留美子到最后都没有说出个所以然。但是有一点是肯定的，那就是在她的心底，有个一直没有和丈夫彻底解开的心结。

“你看，我是二十七岁那年结婚的吧。我有结婚早的朋友，到我这个年纪都有两个孩子了。当时我确实挺着急的。而且，介绍我们认识的朋友还说，除非你们性格或者生理上实在没办法调和，不然的话就快结婚吧。反正像少女漫画里面那种惊天动地的恋爱是不存在的。”

留美子和昌夫认识刚刚半年就结婚了。据说婚后两人一开始就感觉没有对路。

“他特别敏感。毕竟我们结婚之前各自独立生活了那么久，这也是在所难免的事情，但是这种生活实在是太累了。他是AB型血，而我是A型血，也许我们本来就不合拍。总而言之吧，一开始我觉得用奖金把欠债还清就OK了，但是这事也很难开口跟他说……”

留美子跑进另一家信贷公司的时候，正值盛夏。夏天的年中奖转眼就被两人花个精光，不巧留美子又得了病，在家休息了十来天，光靠当月的工资已经不够两人生活了。

“去的时候，我打算就借个五万日元左右。然后对方说给五十万日元让我先用着。说到底，还是因为我在银行工作，他们信任的不是我，而是我工作的银行。我当时一大意，就借了三十万日元……”

貂皮大衣迷人眼

他们把公寓用电器和家具装点起来，像舞台布景一样打造了一个“爱之小巢”，然后衣着光鲜地享受优雅的周末旅行。丈夫周末去打高尔夫球，夫妻俩下班去外面吃饭……或许，留美子是在按照自己头脑中描绘的幸福画卷，不惜一切地扮演着幸福的新婚夫妇模样。

但是，她的这出好戏只不过是瞒着丈夫举债维持的沙雕城堡，舞台崩塌，陷入一片漆黑也不过是早晚的事情。

这时留美子的身体垮了下来，又进一步加速了舞台的崩塌。

“早晨我走得比他早，七点二十分就得出门。在银行上一天班已经累得不行了，对吧？然后您猜怎么着，家里的事他明明什么都不管，对别人却特别挑剔、敏感，屋子没打扫干净啦、菜做得不好吃啦，数落个不停。所以那段时间我简直是身心俱疲，经常头疼、恶心，胃像被人掐着一样疼。其实就因为这个，我还流产了一次。简直是……整个人都垮了。”

本来就不好的身体在流产的打击后健康状况每况愈下，定时炸弹般的债务更逼得她走投无路。大概是由于这些原因，留美子在结婚那年的秋天，突然向工作了足足七年的银行提出了辞职。

“说实话，只靠我老公的工资，我们的生活一定非常窘迫。其实我还是想接着工作的，老公也让我继续工作……但真是没办法了。”

丈夫的工资只有十二万日元，留美子究竟是怎么打算的，谁也不知道。

不出意料，留美子刚离职，他们的生活费就窘迫起来。外债的利息又不能不付。为了撑到丈夫发工资那天，无论怎样都需要三万日元……留美子心里想着，推开了第三家信贷公司的大门。这家信贷公司常在电视上做广告。公司门口的招贴板上，演广告的女星温柔地对她笑着。她说想借三万日元，而贷款公司的销售员告诉她，可以借给她五十万日元。

“那时，要是能干脆地告诉对方‘我不需要！’就好了……结果，我还是借了四十万日元……就是从那段时间开始，我每天都在借新债还旧债，然后为了还钱，又不得不继续借新债……到了这个地步，我的脑子里每天就光想着怎么凑钱，其他什么事情都顾不上了。”

已经身陷债务泥沼不能自拔的她，却忽然买了一件价值七十万日元的貂皮大衣。这种行为，简直让人怀疑她脑子是不是有问题。

“我一个朋友非要拉着我去一个皮货展销会，说就算什么都不买，看看养眼也是赚。”

那个展销会就设在东京市中心的一家酒店的宴会大厅里，参展的全都是顶级品牌，奢华至极。

“到场的客人一看就全都是出身上流社会的富家太太，全身珠光宝气的。一开始我根本没想买东西，就在那里闲逛。逛着逛着，就看到一件雪白的貂皮大衣，觉着挺好看的……”

展会的女销售员一眼就发现了在貂皮大衣前面驻足不前的留美子，走到她身边开始了推销攻势。貂皮大衣的吊牌价是七十万日元。

“这件我们平时都卖一百三十万日元的，您今天来买绝对是捡了个大便宜。明年皮货就涨价了，这件怎么说也得要一百五六十万日元。来，您穿上试试……”

半推半就中留美子就把它穿到了身上。镜子里映着的，是身披雪白的貂皮大衣的自己，耳边，是销售员赞不绝口的声音。

“其实，我早就想要一件貂皮大衣了。这时，店里的销售员忽然喊道：‘各位顾客！现在购买可以分三十六期付款！机会难得！’我一下就心动了起来……”

尽管留美子心生动摇，但毕竟肩上还压着沉重的债务，她在那里留也不是、走也不是。周围的销售员见状也围了上来。

“她们缠住我不放，我想借口上厕所走掉，她们竟然带我去厕所，然后在厕所门口等着我出来。我在那待了两个多小时，结果还是买了下来……”

一开始，我对她还有一些不解和轻蔑，认为这个女人的金钱观和脑子都有问题，然而听着她的倾诉，又渐渐觉得她就像一个身坠陷阱的小动物，沉湎于虚假繁荣的生活中不能自拔，甚至开始对她抱有一些同情。

幸福的舞台成泡影

在贷款公司逼债的攻势下，留美子彻底沦为了一具提线木偶。一开始，催债的人还仅仅是打电话、发电报，到后来，渐渐地开始控制了她的行动。

“我说，现在手头没钱，你们再等等行吗？然后对方就叫我到某某某的店里，办贷款买某个东西，然后再拿到某某某的当铺，把当来的钱拿到贷款公司还债。说八点也好九点也罢，多晚来都行，他们在那等我……被他们这样呼来喝去，我早就昏了头，只好对他们言听计从……”

留美子说着，拿出了一大摞典当的票据。这些全都是把刚刚买来的东西拿去当铺抵押的凭证残骸。

七十万日元的貂皮上衣，拿去典当行才只换来了三万日元；二十万日元的珍珠项链才抵押了一万日元……为了偿还有限的利息，被迫购买了价值数十倍的商品，留给她的却只有天文数字般的债务。

生活变成这样，留美子就像一个人孤独地飞行在伸手不见五指的浓雾之中，不知前路何方，脑海里只剩下偿还利息这一个念头。

“我都变成这样了，他竟然还是一无所知。那年冬天他说想去滑雪，我还想方设法给他凑了三万日元……”

等昌夫终于发现了妻子的异常时，留美子的贷款已有三十三笔，金额高达七百万日元。

在律师的帮助下，留美子终于暂时摆脱了当时的错乱状态。现在，她心中究竟是怎么想的呢？

“你是不是想和丈夫拉近关系，想要生活得更幸福，所以才往新婚的家里添置这么多家具，还去旅游什么的，以至于花了如此之多的钱呢？”

“您说得太对了！嗯，我心中想要的，其实是一个像杂志照片里那样的家，或者说得先把舞台的布景布置像样了，才能开始我们的新婚生活……当时我的这种想法特别强烈。我叫朋友来家里玩，朋友一直感叹：‘哎呀你家太厉害了！配置得这么全！’人家这么说，我心里一定是美滋滋的。她们管我要蜜月旅行的照片看，我心里也很高兴……但是，事到如今，已经全都完了。”

“完了？”

“我本来以为，我借钱的事情败露之后，他会狠狠臭骂我一顿。但他非但没有生气，甚至什么反应都没有。其实，我想让他狠狠骂我一顿的。我们一次架都没吵过，我在他面前也一次都没哭过，但他还说我‘太冰冷，态度就像公事公办’之类的。刚结婚的时候我还觉得结婚挺好的，现在却觉得没有那么好了……还有性生活也是，总有被拒绝的感觉……有时候我会觉得，早知道会是这样，当时不结婚就好了……”

留美子的一番话，让人眼前不由得浮现出这样一幅画面：一对男女，站在肉眼看不到又无法逾越的裂谷的两侧，各自直面着自己的孤独……追求幸福的狂热已然退去，现在她的手中已经空空如也，什么都没有留下。

亲爱的读者，你又是如何看待本系列纪实文学中登场的上班族和他们的家人呢？

或者有人会心中满怀愤懑地想，这是一群多么愚蠢的人啊！还有人会说，中了贷款公司圈套的人是自作自受，或者说都怪他们生活不检点、不知节制。

但是，罗列出他们个人的过错，究竟能不能从根本上解决问题呢？

他们的人生中，是不是还隐藏着更深层次的毁灭因子呢？同时，自我感觉良好的你我，是不是也有可能和他们半斤八两，同样也生活在一个时刻与危险相伴的状态中呢？

抱着这些问题，我咨询了智囊顾问X先生（多人代称）。

“他们的生存状态，非常典型地反映了现代的新型贫困。发达社会中的贫困和以前不同……”

且听X先生下文分解。

— 和X先生的对话 —

最为缺失的东西

X先生告诉我，日本的贫困人群大量产生于明治时代以后。以地租改革为标志的大规模的社会变动，使大量农民的生活陷入困境，进而涌入城市沦为底层。

比如，日本剧作家唐十郎编剧、蜷川幸雄导演、话剧团“状况剧场”表演的话剧《下谷万年町物语》中所描写的东京下谷万年町，就是一个由明治二十年代（1887—1896）的进城贫民所形成的聚集地。他们平时只能做一些捡垃圾、修木屐、挑着扁担走街串巷卖杂货、卖鱼、集市摆摊、拉人力车等城市里的杂活来勉强维持生计。

随着甲午战争、日俄战争所带动的军需工业的发展，他们中的一部分人加入到了在工厂干活的工人阶层中。

X先生首先介绍了传统意义上的贫困人群的历史。

“有时候，针对不同社会阶层，使用的词语也有所区别。所谓‘细民’，是指有固定工作的社会底层的一般工人阶层。‘贫民’是属于没有固定工作的城市杂工阶层。而‘穷民’，则是指老弱病残等无力维持生计的赤贫阶层。但无论叫法如何，他们都是日本踏上近代资本主义国家道路后产生的贫困阶层。他们的贫困可谓是‘贫困中的贫困’，过着吃了上顿没下顿的生活。然而，战后日本进入经济高速增长期后，贫困也随着时代的发展演变成了‘繁荣中的贫困’。”

社会上物质极大丰富，明明已经摆脱了“吃了上顿没下顿”的极端状况，为什么还有贫困存在呢？究竟贫困在哪些方面呢？

X先生这样告诉我们：

“首先，是在经济上没有可以依靠的储蓄。比如，一个人有三百坪（1坪约为3.3平方米）土地，他死后可以将这三百坪土地平分给他的两个儿子，每人可以分到一百五十坪。这就是最纯粹的所谓经济上的储蓄。但如果这样定义储蓄的概念，那几乎所有人都会没了自信。现在（1985年）东京圈内一般人有能力购买的带土地的独栋住宅价格，大概是三千五百万日元，土地面积二十三坪，建筑面积二十五坪。这样的‘储蓄’，是没办法分割的吧？”

哪怕算上退休金和死后的生命保险赔偿金，积攒一辈子的积蓄仍然不够作为留给孩子的“储蓄”，这种不安大概谁都会感受到——X先生指出这一严峻的现实后继续说道：

“缺少‘储蓄’的不安，还有另一层意义。打个比方，一个熟练工花一辈子时间磨炼出来的车床手艺，也许一夜之间就会被计算机化的数控车床所取代。一个人从根本上赖以生存的最终手段——技术、技能、知识、判断能力，也许一夜之间就会被彻底推翻。现代人心中的这种不安，都在日渐膨胀。”

物质和精神的双重折磨，是现代贫困的一大特征。也许，人们正是为了缓解心中无时无刻都充满着的不安，才会被寻求物质上的担保以获安心这一冲动所左右。

“为什么人们不顾自己的偿还能力，也要从信贷公司借贷，或是用信用卡购物呢？这绝不仅仅是表面上的虚荣心在作怪，而是出于一种人们在苦闷中试图证明自己的心理，证明自己能够融入这个社会，证明自己没有落后，证明自己不低人一等……”X先生如是说。但是，为了证明自己而买的东西，是不是真的能带来幸福，这才是最大的问题。X先生用希腊神话中点石成金的迈达斯国王来举例。

“国王点石成金，明明是一个求之而不得的大好事。但是他想喝水，却连杯子带水一起变成了金子，而根本喝不到真正想喝的水……这则希腊神话的故事，难道不是跟我们现在面临的状况非常相似吗？我们追求物质上的富裕，但当这个世界真正被物质上的财富所充斥的时候，我们却得不到真正想要的东西……这才是真正的贫困。退一步讲，如果像迈达斯国王一样能够点石成金倒也还好，然而我们所碰触的东西非但不能成金，反而会成为无用的垃圾……”

这样一来，也可以说正因为我们的社会达到温饱状态，才反而陷入了贫困的泥潭。那么，我们人类最需要的又是什么呢？我和X先生的对话逐渐深入到问题的本质——

重新审视“生活”的价值

向众神许下的愿望得以实现，手指点石成金，身处金碧辉煌的荣华之中，却连手边杯中水都会变成金子，无法缓解自己喉咙的干渴——我们试着将X先生引用的迈达斯国王的故事对照现代社会的状况进行思考。

我们的社会和神话中的情节如出一辙。我的脑海中不禁浮现出这样一幅画面——我们日夜兼程跑步赶超发达国家，虽然表面上获得了物质上的繁荣，但不知不觉之间，原本对于我们来说不可或缺的“水”却干涸得一滴不剩。所有人都在急忙慌乱地一边喊渴一边为生活东奔西走。

据X先生分析，让这种现象从社会的底层浮出水面、化作各种社会现象进入我们的视野的，其实是由石油危机引发的经济放缓。

仔细想想，X先生说得没错。贷款公司和信用卡正是乘着这阵以广告煽动人们购买欲的东风急剧膨胀。就是在这样一个时代之中，人们才在欲望的驱动下，争先恐后地预支未来的幸福，被卷入到借钱消费、提前享受的黑洞之中。

也同样是在这样一个时代中，孩子们躁动不安，走向失足，学校里的暴力行为愈发严重。

那么，现代社会中能够作为滋润人的“水”，换而言之对人们来说最为重要的又是什么呢？X先生这样告诉我们：

“我们所在的资本主义社会中，企业既无情也无义，只会一味追求利益，这个社会中，资本一面不停增值，一面彼此之间还会不断竞争。刺激企业追求利益的冲动、经济的冲动不停侵蚀人们的生活，压垮、吞噬并统治生活本身……我认为，这就是当今社会的特质。换句话说，就连我们的生活，也遭到了经济原理的彻底占领……所以，人们开始变得像企业一样对经济活动愈发敏感，甚至可以说人类已经被改造成了金钱和物质统治下的行尸走肉。”

所谓经济活动原本是指人们曾经为了糊口而进行的耕田、狩猎等为生活动。虽然经济是支撑人们生活的重要基础，但其本身不是我们活着的目的。X先生说，生活第一，经济是支撑生活的基础

——这本应该是再理所当然不过的道理，然而不知不觉之间，已经变得本末颠倒，因此我们有必要对其进行重新审视。

“人们不是有多种多样的欲望吗？最典型的欲求就是想要陪着自己的小孩子开开心心地玩耍，或者多看看大自然、种花养草什么的……所以首先是满足衣食住行等最基本的需求后，才有条件享受这些生活。其次，是拓展自己的能力、不断成长发展，满足实现自我的欲望。再有，就是享受和外面世界进行多种多样的接触的快乐。有时，可以是参加与政治相关的活动等……我认为，将所有这些人的欲望综合在一起，就是我们所谓的生活。”

比如，在本书开篇登场的证券公司的销售员，被销售指标所迫，陷入了起早贪黑的长时间工作，最终彻底失去理性、人间蒸发。人类如果不扎根于X先生所说的正常的生活，迟早有一天会在精神上走进越来越窄的死胡同，生理上的思考能力和判断能力也会日渐衰弱。如果陷入这种状态，人就只能看到眼前的利害得失，彻底沦为欲望的奴隶。X先生指出上述“人性丧失”的危险性之后，如此说道：

“如果每个人的个人世界中，不能够充分地、均衡地满足上述多种多样的欲望，那么无论我们的宪法多么强调和平和人权的重要性，我们也会忘记是非善恶，忘记我们应该齐心协力实现的目标，无法做出正确的判断。我们在战争中付出了惨烈的代价才得到的民主主义，不就是为了让每个人都能够发展自己的人性、实现幸福生活的国家体制吗？难道我们不应该回归初心、重新思考一下这个问题吗？——至少我是这么认为的。”

Ⅱ

快节奏的城市

日本——这个正成长为超级经济大国的妖怪国家，

一边吞噬着来自全世界的信息，

一边在耀眼的光芒下二十四小时不眠不休地运转。

计算机化的浪潮让它本已飞速跳动的脉搏进一步加快，

在社会的每个角落都掀起变革。

在激流背后，

整个社会都沉浸在更加方便、更加富裕、更加幸福的世界即将到来这一共识下，

朝着同一个方向大踏步前行。

但是，和世间聒噪的氛围背道而驰，不知道是这种无色无味无形的气压让人窒息，

还是因为无法言喻的不安和看不到明天的混沌感，

人们的脸上总是阴霾重重。

时代迈向世纪的终点，如何解读未来的明暗？

让我们走进时代的现场，去一探其中的奥秘吧。

— 魔性附身 —

战士们贫穷的早晨

列车到站之后，我被挤到变形的身体猛地从电车中释放出来。车站的站台上瞬间人潮汹涌。

“您没事吧?”

村林恭平对我说。

这一天，我终于实现了随行贴身采访计算机企业一线技术人员工作的愿望。前一晚上，我住在独自居住的村林家，次日早晨，和他一起出门上班。

那晚我们一谈就谈到了凌晨两点多，等从床上爬起来的时候，已经是必须飞奔出门的时刻。我们连早饭都没吃，就从家里冲了出来。我在后面追赶着身材高大的村林向车站赶去。明明是出城方向，早晨从东京新宿开往神奈川县方向的特快列车依然挤得人动弹不得。所以，他才会关切地询问我。

村林恭平，今年二十八岁，供职于开在东京神奈川沿线的一家超大型计算机企业，在其中的研究所里担任系统工程师的工作。近年来，日本全国各地都开始出现高精尖技术研发机构聚集的高新技术产业基地，他所工作的厚木地区也是其中之一。随着超大型企业进驻这一地区，各类周边产业也随之兴盛起来，从东京市中心出城上班的人口亦同步激增。

出站后我们换乘了巴士。巴士里塞满了一看便知是“高科技战士”的上班族。他们把公文包垫在膝盖上，手里举着经济类报纸，耳朵里插着耳机，一言不发……这就是现在随处可见的、面目整齐划一的男人们的生活状态。村林恭平也不例外。

在巴士中摇晃了二十分钟之后，他任职的研究所大楼终于从一片丘陵中的台地上露出头来。

“您等会看着，大家一下车，就会一股脑地涌向那里。”

他手指的方向，是一家24小时营业的便利店。

乘客接连下车，巴士几乎成了一辆空车。村林说得没错，下了车的人们面无表情地接连走进了那家便利店，他们看起来年纪轻轻，才二十多岁。

“他们都跟我差不多，晚上加班到很晚，所以早晨能多睡一会儿就多睡一会儿。没结婚的人，基本上都在这买上一碗方便面，或者豆腐皮寿司，然后顺便买上一本漫画杂志，再去上班。吃过早饭之后，就可以开始一天的工作了。这附近原本是丘陵地形，一家饭店都没有。所以无论是午饭还是晚饭，基本都是在便利店买点便当之类的，再继续加班……”

他三番五次提到“索然无味”“没有钱”，然后这天早晨也买了一个什锦便当。

系统工程师、程序员，是走在计算机和网络不断发展的现代社会最前沿的一群人。他们是负责设计并组合驱动计算机工作命令的专业技术人员，全国大概有六十万人，其主力军多是单身的年轻一代。

听村林说到“没有钱”，我顿时想起了昨晚开“卧谈会”时他所说的话。他说，年轻的高科技战士们身上，不知为何没有性的味道。这究竟是怎么一回事呢？这天的采访开始后，我才开始明白他所说的“没有钱”的真正含义。

矗立在田野中的不夜城

一座高楼，像是剜去了山体的一角，矗立在丹泽山脉延绵的丘陵之上。这里就是村林恭平工作的研究所。研究所占地面积八万平方米，大楼周围有游泳池和网球场，再往外，是修得整整齐齐的草坪。

从巴士停车场通往公司正门的路是一段上斜坡。在这里工作的上班族手里提着公文包和在便利店买的便当，一言不发地爬上这条坡道。

村林工作的地方，就在这座研究所的一角。公司现在正在参与一个超大规模的项目，将遍布全日本每一个角落的某个大型组织的终端，用计算机全部连接起来。预计这套在线系统完成之后，该组织所有用户及其家庭成员的信息和数据都将被汇总到一起，可以做到瞬间调档、浏览，保险、金融等服务都将因此实现效率提升、高效化，收益也将实现飞跃性增长。

因此，公司将系统工程师和程序员等精锐部队调集于此，再加上外包公司派来的援军，以人海战术来推进这个项目。

“据说这套系统弄好之后，将会是世界第一的网络系统。但我们所接触到的范围，连一头大象的脚指头都还不到，根本不知道整个系统到底有多大。有多少人在做这个项目呢？我觉得，怎么也该有上千人。这里是个超大型‘工厂’。”

虽然整个项目耗时数年，但每个部分都有交付期，每当交付期临近，“战场”上就会变得杀气腾腾。虽然公司的工作时间是有规定的，早晨八点四十分开始工作，晚上五点三十分下班。但工程师们仿佛是生活在另一个次元的世界里，完全没有工作时间的限制。

“我是半路加入这个项目里来的，结果来上班的第一天就通宵了。之后，也从来没正点下过班。平时基本上都要到十点多下班，临近交付期的时候干脆没有时间概念了。最严重的一个月，我通了六次宵、周六加班三次、周日加班四次，加班时间超过两百个小时。”

这附近还残留着一些田园的气息，所以每到夜里周围就会变得一片寂静。只有工程师们工作的这座大楼灯火通明，就像黑暗中的一座不夜城。

“早晨进公司之后，到处都是趴在桌子上睡觉的人，就像刚刚经历过一场大战，‘横尸遍野’。因为工作实在是太苦，有时候外包公司忽然像人间蒸发了一样，所有人忽然就不来上班了。那年一直干到了十二月的最后一天，等我回到公寓之后，电视里都开始直播红白歌会了。”

也只有他们这样年轻人占绝大多数的软件技术人员，才能够撑得住这么残酷的长时间连续工作。有数据指出，这一人群“整体平均年龄 27.3 岁，其中男性软件技术人员的单身率 20～24 岁为 97.5%，25～30 岁为 76.4%，30～35 岁也有 40.2%”（数据来自电子计算机相关工会组织的 1981 年统计数据）。

村林的前辈“惊叹号超人博士”也是单身工程师中的一员。

工程师都是漫画迷

单身工程师们的早饭是便利店买来的便当和方便面，午饭也同样单调，常是几个人成群结队，又跑去巴士站旁边的便利店解决。

他们买午饭时，一定会带上一本漫画或是少年漫画周刊。他们对每期杂志的上市日期早就烂熟于心了。每到杂志的上市日期，负责买的人都会赶紧去便利店采购，在同事间传着看。

“午休的时候，我们就吃买来的便当、面包，或者公司食堂的难吃得要命的荞麦面，吃完了就都回到自己座位上看漫画。绝对不会聚到一块聊天，更不会谈论报纸上的新闻，也没人会看经营杂志。大家各自坐在各自的座位上，有一眼没一眼地看着漫画……”村林这样说道。

“大家都这么年轻，又都单身，难道不会谈论一些八卦绯闻吗？”

“不会。完全不会谈论跟异性有关的话题。我们部门也有几个女工程师，但他们也从来不跟女同事聊天。从来没听说过谁跟谁有一腿这种传言。”

但是，有一个不得不说的人，就是“惊叹号超人博士”。要了解单身工程师的习性，他是一个绕不开的明星。

如果读者朋友家里有小孩子的话，可能听说过“惊叹号超人”这个名字。惊叹号超人巧克力是一家知名食品公司生产的巧克力夹心威化饼，每个只要三十日元。这款商品于一九七七年上市，大概从三年前起，产品包装中会赠送一张画片。画片有三种，分别是“恶魔”“天使”和“护身符”。这款零食在孩子们中间一下火了起来，每到上市那天孩子们都会成群结队地聚集到小卖店前排起长龙。有些地方甚至规定一个人只能买三块，销售十分火爆。

据生产商介绍，这款产品现在依旧十分流行，每年销售额大概在五十亿日元左右。如此盛况对于主打儿童市场的便宜零食来说十分罕见。

其实热衷于收集画片的不光是孩子们。比村林早一些进公司的前辈，单身工程师“惊叹号超人博士”——佐久间纯一就时常炫耀自己已经收集了超过两百张惊叹号超人画片。

一个身高一米八、横向宽度也十分惊人的大男人，却长了一张十足的娃娃脸，怎么看也没有三十二岁。

同事对他的评价就是一个“成天懒懒散散的人”，行为举止也十分乖张。哪怕是领导在座的会议，他也会把两条胳膊摊开，张着大嘴仰在椅子上打起瞌睡。

“有时候在干着活，他会忽然跑到我身边来对我说：‘喂！村林特工！今天上市啦。跟我一块去吧！’然后就带着两三个比他后进公司的同事，一窝蜂地跑到巴士站旁的便利店去买‘惊叹号超人’。每人限买五块，于是我们就每人买五块给他。回到公司之后，他马上迫不及待地拆开画片，还边看边开心地说：‘喂！你看！这人的脸是不是特别像某某（领导的名字）？哈哈哈哈。’因为每次他都一口气买很多，后来还自称‘小朋友的天敌佐久间’，是个挺怪的人。”

就是这个“惊叹号超人博士”，据说以前竟然是从一个二线城市数一数二的重点高中考上了东京大学法律系，毕业之后却进了跟专业完全没有关系的行业。

外星来客

“惊叹号超人博士”佐久间纯一虽然大白天就敢打着哈欠开始打瞌睡，在其他工程师跟程序较劲的时候笑眯眯地看着漫画，领导看了会火冒三丈的事情都让他干了个遍，但奇怪的是却一次都没遭到过批评。

据比他晚来公司的人说，这是因为他作为工程师的能力确实是出类拔萃。

“在计算机的世界里，不是1就是0，不是正确就是错误，不是黑就是白。对吧？所以这个行业的看人标准也一样，一个人有能力、没能力，懂技术、不懂技术，黑白分明。”

佐久间的一个后辈说道。“惊叹号超人博士”这一难得的技术人才，他究竟蕴含着怎样的能力，我完全无法理解。

曾有一个工程师去他家做客，进门之后立刻目瞪口呆。

最近很多高中生、大学生告别不了小时候爱看的《哆啦A梦》等漫画，将它们一直堆在书桌周围。但是这位“博士”的房间里不光堆满了小时候收集的漫画和周边产品，甚至连武士画片之类的小玩具都珍藏得好好的。

不光如此，只要谈到漫画、动画，就没有他不知道的。大到作品的名字、主角的名字，小到配角的名字，乃至各种故事细节他都烂熟于心。

最近，他正沉迷于游戏。《勇者斗恶龙Ⅲ》上市时引发了抢购风波，他却早已预订购买，游戏上市后也十分从容，还跟同事说

“昨晚玩了个通宵”，然后又毫不掩饰地去打瞌睡。

和这家公司同属一个资本集团的婚介公司，每年都会给年满三十岁还单身的员工发来广告信。这家婚介公司采用了当时流行的计算机配对系统。

三十二岁、单身、东大毕业、在超大型计算机公司工作——只要将“惊叹号超人博士”的资料罗列出来，肯定能吸引无数有结婚意向的年轻女性的眼球。但他本人却宁愿选择沉迷于被人造角色所环绕、幼儿式的幻想世界中。

“他对于衣服什么的，一点都不在意。对吃的也没有兴趣。我们谈论异性的话题，他也完全不搭话。看样子也完全不认识什么女性朋友……”

同事这样评价他，大家甚至怀疑他是不是原本就对“性”完全没有兴趣。

越看他越像是生活在异次元的新人类的典范。他本人似乎也早已预料到了周围人的看法，常常一脸认真地嘟囔：“等到了一九九几年，我就得回自己的星球了……”

自称“外星来客”的他，是不是一个特例呢？绝非如此。工程师和程序员们战斗在计算机化最前线，忍受着高强度、长时间、高密度的工作。当我用聚光灯照出他们的劳动状态和生活内容后，一张张和他十分相似的面容呈现在了我的面前。

厌恶人情味

虽然比起外星来客“惊叹号超人博士”可以说是小巫见大巫，

但在和奋战在计算机战场最前线的软件技术人员接触的过程中，我时常感觉到他们或多或少都在人情这点上筑起一道看不见的防线，不愿让人接近，或者说他们不愿将目光看向充满人性的、纠缠不清的感情世界会更加贴切一些。

我采访了在一家大型机电集团旗下的软件公司任中层干部的池泽一树。他的公司里算上外包人员一共有两千多人。虽然规模很大，但主力部队同样也是年轻一代。三十岁员工的单身率高达50%以上，可见公司里单身人士之多。

“刚才在过来的路上，在杂志上看到了这样一篇报道。我把这篇报道给我们公司的年轻工程师看，说：‘这篇文章写的就是你们。’对方看过之后苦笑着对我说：‘虽然写法有些极端吧，但说的事情一点都没错。’”

他说着，把那篇文章递给了我，文章的标题是《计算机技术人员结婚中介手册》。

亲爱的读者，如果你是一名单身的计算机技术人员，请立即放弃结婚这一念头。这并不是在吓唬人，男性计算机技术人员结婚困难，已经成为无法忽视的社会现象。

现在，社会上都对计算机技术人员抱有成见，认为他们性格沉闷无趣。很多女性甚至单纯地将从业者和黑客、阴暗、性格变态等标签画上等号。当然，你的谈吐也十分无聊。可能很多人会反驳说：“计算机技术人员也有很多结婚的啊！那他们又算什么呢？”那么请问，那些已婚的公司前辈们的老婆，你真的能接受吗？来，实话实说！把真心话说出来，心里才能好受！

虽然这段十分富于煽动性的文字有些不太适合女同胞们阅读，但文章却通过这样的口吻来鼓励读者使用婚介服务。这一现象反映了不断增加的软件工程师已经成为了婚介产业的战略目标这一事实。

但是据池泽说，公司里的计算机战士们并不是因为“性格沉闷”“谈吐无聊”才没有女人缘，而是因为他们自身的性格本就十分苍白。

“被称为‘旧人’的上一辈就不用说了，就连我这样从学生运动里走出来的一代人，年轻的时候都是充满了激情和能量的。但看看现在这一波年轻的工程师们，他们身上完全找不到闪闪发光的部分。平时谈吐从来不提异性，看上去对异性也完全不感兴趣。基本上一张嘴就是谈车，或者谈高尔夫球。就像一群初中女生一样，这么点无聊的事情，就够他们叽叽喳喳聊个没完没了。”

不知道他说的这些，是所谓“新新人类”们所共通的生活方式，还是这群工程师日夜陪伴计算机这一现代魔性“生物”所造就的特有性格。

“最近有个新词，叫‘技术应激’。”

池泽打开了话匣子。

计算机才是情人

计算机本身只是一个金属构成的机器而已，要让它发挥出超人般的计算能力、瞬间计算出复杂的问题、处理大量数据，就必须由人类事先输入计算和处理的流程。事先设计这些流程，并将其严密地组织成程序的人，就是系统工程师和程序员，他们被统称为软件技术人员。

在大型软件公司供职的池泽一树先生口中的“技术应激”这个词，是一个最近在圈内流行的词。

举两个例句来说，“最近他好像有点技术应激了啊，两个眼睛都空虚无神了”，或者“最近他跟谁都不说话，是不是技术应激了啊？”

据池泽说，这个词最早来自美国临床心理学家克雷格·布罗德（Craig Brod）所提出的技术应激（technostress）的概念。这一概念本来有两个意思，其中之一是指中老年人对于计算机的排斥症状。现在，各个公司都争相导入计算机办公系统，很多人跟不上计算机化的脚步，但又不得不用计算机办公……对于计算机的不安、恐怖，给他们带来了很大的心理压力。

但是最近几年，这种“计算机排斥症”不断减少，反而是人们对计算机的过度适应症状开始显现出来。

按理来说，计算机是对人类言听计从、诚实而又忠心的机器仆人，只要工程师和程序员的程序和命令没有错误，计算机绝不会反抗他们，并会迅速给出正确的运算结果。但是，如果程序有逻辑不成立或错误的地方，或者不小心把逗号打成了句号，就绝不会给出正确的结果。计算机不会揣摩人类的心思，也不会通情达理地帮我们理顺程序。

系统工程师们的宿命，就是面对性格冥顽不灵又不知变通的计算机，在终端的屏幕前一边自问自答，一边重新组织逻辑关系、修改错误，孤身奋战。

但是，在孤军奋战中，心理和生理上越是痛苦，问题解决、计算机正常工作后的成就感就越大。每当这时，“冥顽不灵的倔老头”仿佛摇身一变，成了“顺从又听话的老好人”。好多人都说“对机器越来越爱不释手”，或是有“人马合一的快感”。估计就是这种感觉。

当人和计算机之间产生了上面这种亲密关系后，每当离开计算机，人心中都会产生不安。这种对计算机过度适应的心理状态，就是所谓的技术应激。

“当人和电脑之间建立了这种亲密关系后，没有感情、无论何时都会正确无误地回应人类的计算机，就会比受感情左右的人类好处得多。相比之下，人际交往就会显得越发麻烦。这样发展的结果，就是越来越厌恶和人交往，逐渐走向自闭，失去鲜活水润的感情。我认为布罗德所提出的，就是这个问题。每当我看到工程师们，都会想起这一学说。”

池泽先生如是说。

梦里也要被追赶

“跟计算机打交道的工作，跟一般人想象中的‘劳动’是完全不同的。这首先是因为工作内容非常有趣，也可以说充满创造的乐趣。它会刺激人的好奇心。从事过这个行业的人不用我说就能明白，而没从事过的人恐怕就很难理解。”

川越和臣是一名从业二十年的老资历工程师。为什么工程师的工作强度明明这么大，却还会有人奋不顾身地投入其中呢？他回答了我的疑问。

“编程的时候，就像是屏住呼吸向前猛跑一样，会彻底忘记时间。将自己设计出来的逻辑输入电脑之后，无论是否正确，电脑都会给出结果。如果出现问题，就会停下来思考，然后再次输入自己设计的逻辑，电脑马上又会输出结果。这种你来我往的过招实在太有趣了，渐渐地，这种趣味就会像毒品一样作用于你的身体。这样一来，无论你在终端机前坐几个小时，身体都不会觉得疲劳。只要是软件技术人员，无论是谁几乎都会有相同的感觉。”

不知道是不是因为这个工作产生了一种像是吸毒一样的沉醉之感，工程师们仿佛把自己装进了一个透明的胶囊一样，不愿再和外界接触。

“编程时会在脑海里一直沿着逻辑进行思考，一旦思考被打断，重新回到正轨是非常浪费时间的。所以在工作中如果跟程序员搭话，虽然他表面上会理你，但心里其实很不情愿。也就是说，感觉和人打交道特别麻烦。因为他们都是这样的人，所以就算晚上放下手头的工作准备回家，写了一半的程序也会跟过来。不是说把程序放进公文包拿回家，而是说会在脑海中挥之不去。”

川越上班需要乘坐连接横滨、东京、大宫的JR京滨东北线这条铁道的电车。回家的电车也是他的办公室。

最近，很多穿着打扮像是销售员一样的人，都会在车站的长凳上或电车里拿出小型计算机和笔记本不停地写着什么。时间和信息像猛兽一样追赶着人们，哪怕是走在马路上都得不到片刻的安宁。

“我在电车里，虽然不会拿出纸和铅笔去写些什么东西，但头脑里始终在考虑着编程的逻辑顺序，要先怎样处理，然后要怎样处理……”

我询问了其他工程师，其他人也有类似体验。

有人告诉我："哪怕计算机关机了，大脑也不会有片刻停歇。不管在电车里，还是在床上，还有在梦境里也是……"

另一个工程师则有些自嘲地说："半夜坐电车回家，一眼就能看出来哪些人是'业内人士'。脸色苍白、神情紧张的，经常回头、四下张望的，双目无神、嘟嘟囔囔自言自语的……因为在公司里随便抬眼一看，全是这样的家伙。"

川越每天半夜回到埼玉县的家之后，都会在自家玄关前举行一个小小的"仪式"，就像是所谓的"驱邪"一样，深深地吸一口气，然后呼气，将计算机程序赶出自己的头脑。

"但是这个仪式其实也没什么作用。等我往床上一躺，程序又闪现出来，万般无奈之下，只好借助酒精把它们从脑子里赶出去……"

被时代抛弃的不安

虽然程度上有深有浅，但有一点可以肯定，那就是工程师们都十分热爱自己的工作。

据资深工程师川越和臣说，开发计算机软件的工作会刺激人对知识的好奇心，独具趣味。不仅如此，每名工程师编程都有其独特的个性，如果有一百名工程师同时开发一个系统，那这个系统中就会有一百种独具个性的程序。软件开发就是这样一种富于创造性和个性的工作。

"说得稍微夸张一些，自己写的程序只有自己才能看懂。自己可以成为程序的主角，我感觉软件开发和其他工作相比起来最大的魅力就在于此。”

但与此同时，每个工程师都要面对自身技术落后于时代的不安。

编程是一项十分麻烦的工作。要基于一定的规则，将英文字母、数字、百分号、货币符号等字符像公式一样进行组合，向计算机发出一行又一行的指令，让计算机按照正确的顺序工作，比如需要在这进行四则运算、需要在这替换数据、需要在这绘制表格等。

进行超大型系统开发的时候，工程师们有时会在很长一段时间里专攻同一个领域，积累起多达十万行以上的代码。

但是，计算机领域的技术革新已远非用“日新月异”能够形容，已经到了“分秒必争”的地步。新型计算机接连登场，而每当有新型计算机推出，都需要更高、更新的软件技术。

川越说：“在这个行业，以前积累下来的经验很快就会被淘汰。所以才会有人说，工程师三十五岁就得退休。”

三十五岁退休——“工程师拼的不光是知识，到最后决定胜负的其实是腕力和体力。”工程师们苦笑道。一方面，这个行业的工作实在太苦，做到三十五岁体力就到了极限；另一方面，面对眼花缭乱的技术更新，所有人都要不停吸收最新的信息和知识，掌握最新软件的技术，否则马上就会被时代淘汰。掌握最新技术最需要的也是精力和体力，所以才会有三十五岁退休这种说法。

计算机领域的工作一方面富于创造性和趣味性，另一方面却无时无刻都需要面对被时代追赶的压力。

在迈向以计算机技术为轴心的技术化社会的道路上一路披荆斩棘的软件工程师们，无时无刻都需要面对害怕遭到淘汰的心理压力。那么，这种压力会不会使他们的内心产生某种变化呢？

当考虑到这个问题的时候，我想起了这一章登场的年轻工程师村林恭平的一席话。

“计算机的世界里，不是1就是0，不是正确就是错误，不是黑就是白。所谓的‘中间’‘灰色’‘暧昧地带’是不存在的。”

从早到晚面对计算机，在沉重的心理压力下，连思考方式都要和机器合一。长此以往，人会产生什么变化呢？

喜怒哀乐波澜不惊

村林恭平隔一段时间就会回一趟位于东京的父母家看看。他每天到家的时间几近午夜，所以平时很难有时间见父母一面。

有一次他回到父母家，却十分沮丧地发现，自己和父母之间仿佛隔了一道看不见的屏障。

“我回了父母家，跟他们聊天。然后，我就觉得明明对话的内容跟以前没什么两样，但心里却忽然焦躁起来。你们说话再干脆一点！再快点，别绕弯子，先告诉我结论！是对是错，是黑是白给我个确切说法！就是这样的感觉。”

因为计算机是一个逻辑关系的世界，不是黑就是白，不是正确就是错误，不是A就是B。村林说他担心如果从早到晚与计算机为伴，人类的思想会不会也逐渐被计算机同化，但他却没发现，自己已经开始了被同化的进程。

“父母大概也察觉到了我的变化。我妈对我说：‘你以前都挺乖的，怎么现在变得这么急躁了，像变了个人一样？’被她这么一说，我才猛然回过神来。我的生活，每天二十四个小时里，有十多个小时都在跟一个不允许‘暧昧’的人对话，剩下的时间都是独处，也没有人说个话。”

像村林这样的经历绝非个例。我还采访了多位从业二十多年的资深工程师，他们也有过类似的体验。

“如果一件事不是黑白分明，我心里就会着急得不行。一件事非得分出个是非对错不可。所以看人的时候，心里总觉得非得给他定性、分群才舒服。潜意识里就会认为必须给一个人定下来是喜欢还是厌恶……跟妻子对话的时候，也会忍不住呵斥她，说‘给我个确切说法！’‘结论是什么！’之类的话。本来，我就不喜欢那些乱七八糟的烦心事。平时除了‘洗澡’‘吃饭’‘睡觉’这些必要的话以外，我都懒得张嘴。”

很多人都向我倾诉过类似的烦恼，表示和家人的对话十分别扭。

在前几节登场的川越和臣今年四十三岁，仍旧活跃在这个三十五岁退休的行业的第一线。

“也许跟计算机打交道时间长了，我们的思考方法和感性就都会变得像模子里铸出来的一样僵化。本来我就很少和妻子说话。一旦变成技术应激，就更懒得和她纠缠不清。特别是年轻工程师，他们在这一方面更加明显，都不喜欢在情绪上产生波动，更不会真正发怒。无悲无喜对他们来说才是最舒服的状态。”

将浪费压缩到最低，不断寻求到达目标的捷径。越是陷入这种思考模式，和计算机的对话就越是顺利。但是，这样却会导致和人的交往越发空虚、冷漠。川越对这点似乎很有切身体会。

“这样下去的话，和其他人的交往就会越来越少，视野也会越来越窄。大家的脑子有九成都被电脑占领了，对于政治、社会之类的越发淡漠，至于文学、戏剧什么的就更是像火星人的活动，连想都不会去想。我感觉，这样每天都面对计算机，虽然技术会有所提高，但作为一个人是没有成长的。”

— 人心的变化 —

女工程师的告白

按照事先约好的时间，我来到了东京六本木的一间不大的咖啡厅，她已经坐在里面等着我了。

她体型干瘦，后背却挺得笔直，眼神笔直地盯着前方一动不动，似乎在思考什么。

津本佐江子，今年二十五岁。大学毕业之后就当了一名工程师，现在正在一家规模较大的软件公司工作，正在承接NTT（日本电信电话公司）的项目。

在长期和计算机打交道的过程中，人类的意识和情感会受到怎样的影响，又会产生怎样的变化呢？在针对这一问题进行的采访中，我结识了佐江子。她的告白揭示出了计算机行业的恐怖。

她说："我自己都有点害怕我的变化，最近正在考虑辞职，不做工程师了。"

"害怕"究竟是怎样一回事呢？

"软件开发是个有意思的工作，真的是特别有意思。自己从零开始写程序，一个大型系统就建立在我写的程序之上……会感到非常神奇，非常有趣。但是这个工作做久了……"

计算机的世界里，一切不合逻辑的事情绝无容身之地。她说，当她在这样一个“逻辑社会”中待久了，就会对不合逻辑的事情、没有客观根据的事情产生极强的抵触情绪。

“我不允许自己说出不合逻辑的话，更不想进行情感化的讨论或者对抗。我认为这是没有意义的。我甚至连同情心都没有了……”

“比如呢?”

“比如飞机失事，死了好多人。以前我都会觉得，哎呀遇难者家属真是可怜。但是最近我可能会觉得，都怪坐飞机的人不好。感觉单纯的人类的死亡已经不能在我心中激起什么波澜了。”

“一般来说，人都会对人的死亡感到悲哀。你的心中，是不是会对这种感情有一种本能的反感呢？你又为什么会想要反思你自己的内心呢？是遇到了什么事情吗?”

面对我的提问，她忽然有些欲言又止，低下头似乎在想着什么。

“这个说来有些难以启齿……我现在有个男朋友。以前有一次我们两个偶然讨论起智力发育不良的小孩子，我觉得对于有先天疾病的生命，应该更加珍惜、呵护才对，他也非常赞同我的观点。但是，前几天我们又讨论到了这个话题，我说的话跟之前完全相反。我说，孩子既然生成这样了也没办法，或许也没什么意义……虽然当时我没觉得怎样，但是之后想想，我怎么会说出这么过分的话来……”

“他怎么说?”

“他总是同意我的观点。可能因为他也是从事计算机行业的。”

“那你们两个又是怎么……”

“我说，要是我生出来一个那样的孩子，我才不要呢。然后他说，是啊，干脆丢掉得了。”

先杀了你再自杀

津本佐江子害怕自己变成一个没有感情的冷血女人。她所恐惧的事情，已经发生在了她周围的男人们身上。

“假设有个地方发生了一场大地震，或是别的什么自然灾害，死了好多人。这种时候，大概很多人都会觉得，哪怕自己没什么太大的本事，也想冲到现场去尽一份力，帮助受灾的人。但是我觉得，我周围的人，既不会有人这样想，也不会有人付诸行动。”

“感觉像是一种安静、冷漠，只有寂静无边的黑暗……是不是这种感觉?”

“说得好听点，是秩序井然、干净整洁……他们是绝对不会有激情去争得面红耳赤，更别说大打出手了……”

她工作的公司看来也有不少患有技术依赖症的人，只要能让计算机言听计从，就能获得无尽的快感。

“也许坐在终端机前就是他们唯一的兴趣。和电脑打交道，就能获得心灵的安宁——这种体验我也有过。机器就是自己存在的意义，没了机器，就没了一切——这样的男人太多了。他们只要坐在计算机前，就不再孤独。对于这种男人，我感觉不像是什么‘男人’，倒是觉得……像植物一样。”

“会这样觉得吗?”

“会的，这种感觉很强。”

大概是以前发生过什么事情，给她留下了深刻的印象。正当我观察她的面部表情，想要一窥端倪的时候，她忽然讲了一件很奇怪的事情。

在她的公司，每当有新人加入进来，都会有一名男性老员工对新人进行一对一的指导。负责指导她的，是一名三十三岁的单身男人。

“他也是个无比喜欢计算机的人。有一次他把我带进一个能从里面反锁的机房……”

他把身子紧紧地贴在她身上，强迫她和自己交往。她说“不行，我已经有心上人了”，然后从机房里跑了出来。然而第二天，他又把她叫进了机房。

“我忍无可忍，大声对他说：‘看到你的脸我就想吐！’但是，他却面不改色地看着我……”

没过多久，癫狂的求爱以电子邮件的形式发到了她的邮箱里。

“我要先杀了你然后再自杀！”

“我要在你面前从楼上跳下来给你看！”

“你给我记着！我一定会报仇的！”

面对屏幕上整齐排列的文字，她坐在计算机前不寒而栗。

“和计算机打交道，说白了就是一个人让机器服从自己的过程。听起来是不是和强奸有相似之处呢？所以，他对女性也会用同样的手段……”

植物一样的男人内心深处潜伏着狂暴的黑暗。她的故事，是另一缕照亮“计算机社会与人类”这幅画卷的光线。

人心会变形吗？

津本佐江子险遭公司前辈性暴力骚扰的遭遇在公司里不胫而走之后，她又从其他女同事那里得知了很多“意外的人”发生的“意外的事”。

比如，程序员A子遭到了另一个系统工程师逼迫，要和她交往。遭到A子拒绝后，那个工程师将她带到了一间空无一人的机房。

“听说那个男的掏出一把刀，叫她‘乖乖听话’。她拼命从机房里跑了出来，这才勉强逃脱。还有另一个女同事，被她的领导纠缠了好久。后来发展到这位领导甚至跑到她家门口去堵了她好几天，但就算这样她也没答应，后来她收到了好几十通骚扰电话……”

在另一家公司，计算机部门发生的案件则更加可怕。一个男性软件技术人员强迫女部下与其交往，遭到对方拒绝后，便不停地往她家里拨打骚扰电话。没过多久，男人不光使用女部下的照片制作成裸体合成照片，还将照片和写满污言秽语的骚扰信件邮寄给她，纠缠不休，骚扰行为一次次变本加厉，她最后只好报警求助。这些案例有一个共通点，那就是他们全都罔顾对方的心情和态度，心中充满自私的妄想，强迫对方屈服于自己。

“总觉得这些男的心理都有些问题。不知道是不是他们没有感情了，毫不犹豫就能做出这种事情，就像没有正常人的感情一样……”

不知道他们是不是因为连续多天在高压状态下和计算机逻辑殊死搏斗，才产生了这种令人发毛的扭曲心理。她也在考虑辞职转行，正因为害怕这种“扭曲”和“变形”开始在自己的内心世界中蔓延。

“如果和现在的男朋友结婚，我可能也不是很想要小孩子。怎么说呢……这种感觉很难用语言表达，我感觉我这个人好像越来越冰冷似的。但是，如果转行干别的……放眼望去其他的行业我都觉得十分无聊。就好像我做的工作比他们那些普通人都要高端，我比他们都高一个层次。不知不觉之间，我已经变得这么高傲自大、藐视别人了。连我自己都特别厌恶这样的自己……”

听完这席话后不久，我结识了一位资深系统工程师的妻子濑山夏子。她的丈夫濑山修一今年三十六岁，在一家知名复印机制造商的生产管理部门工作。夫妻俩和上小学一年级的女儿一起住在神奈川县川崎市一片新建的住宅区里。据说，这里就是让“不伦”成为日本流行词的电视剧《周五的妻子们》的故事原型发源地。一幢幢独栋小洋房以铁道车站为中心向四周铺开，形成了一片漂亮洋气的街区。每一幢小洋房看起来都像是电视剧里中产上班族的幸福剧舞台一样。濑山家的左邻右舍，全都是日本全国上下无人不晓的广告公司的上班族家庭。

夏子对我说，还是离家远一些心里会比较轻松，所以我们将见面地点选在了离她家三站地的地方。

幸福妻子的隐情

也不知道是幸福还是不幸。

现代社会为满足物欲已然生产过剩，近乎奢靡。流光溢彩的华丽外表迷惑了我们的双眼，仿佛所有人看起来都生活得幸福、富有。

我对濑山夏子的第一印象也是这样的。虽然平凡，但经济上十分宽裕，过着中产太太无忧无虑的幸福生活。要是不知道她的个人隐情，恐怕只会把她高亢的声音和她良好的家庭背景联系在一起。

在“职业”一栏填“家庭主妇”的女性，其实也有很多在做各自的副业。比如，利用年轻时在国外居住的经历开个外语班，教小孩子们外语，或者从国外代购一些高级生活用品之类的。

她告诉我：“我在这附近和一个朋友开了一家小店。今天提前打了烊，所以就有时间过来了。”

她说和另外两个熟识的姐妹各自发挥专长，一起开了家家庭用品店，主要客户群是附近铁道沿线的家庭主妇，卖一些自制的手工艺品、陶艺品、毛线编织品、高级童装之类的东西。

三个人轮流去看店，所以一周只要去两天就可以，是个十分轻松的工作。她用明朗快活的声音向我介绍着自己的近况。

“就算不赚钱，也能赚个乐子啊。”

“就是。因为大家都很闲，总得找点事干……”

在她们开店的住宅区，上班族的妻子们都有一些简单省力的“工作”，一大早开始就像赶场一样地去打网球，上游泳班、烘焙班、料理班，一个接一个。这样的生活方式，就是这片住宅区的日常。

她的丈夫濑山修一从以前工作的计算机公司辞职之后，和几个一起辞职的兄弟开了一家软件开发公司。现在在一家大型复印机生产企业负责生产管理系统的相关工作。

介绍了一遍丈夫的工作经历之后，她的语气忽然变得愤怒起来，开始向我数落起丈夫。

“他生来就是一个十分规矩、一丝不苟的人。在电视机上放东西，如果不放成分毫不差的直角，他就看不顺眼。我们家记账也都是他一手包办。晚上回来再晚，他也会把自己用的钱一笔不少地记在账上……他还要求我一分钱不差地记账，然后自己逐条确认。总之，就是要记账算清收支，最后结余多少钱，也非要拿出来数一数才行。”

但是，比起其他让她烦恼的一面，丈夫这点过度的“规矩”根本算不上什么。自从丈夫创业开办软件公司、开始没日没夜的加班之后，经常控制不住他自己，连连爆发。

“他不是晚上回来得很晚吗？我也累了一天了，到了晚上也很困，有时候睡着了，不能去门口迎他。这时，他要么怪我没去门口迎他，要么嫌家里太乱没有收拾好，总之就是找好多理由，叮叮咣咣——”

“干什么?”

“把饭桌上的饭菜全都拿到厨房，一盘接一盘稀里哗啦地全部倒掉……”

把压力发泄到妻子身上

“我还没反应过来发生了什么，他就忽然把餐桌上我做的饭菜全都拿到厨房，一盘接一盘稀里哗啦地全部倒掉。一盘都不剩。他的脸上像是戴了面具一样，毫无表情，一言不发……”

这究竟是怎么一回事呢？夜色中的高档住宅区，看起来本应充满幸福的濑山家里却发生着让人费解的一幕。这幅光景，只是想象一下就会让人无言以对。夏子继续向我控诉着丈夫的所作所为。

丈夫刚刚倒掉自己好不容易做出来的饭菜，却又因为桌上没有自己爱吃的东西而大发雷霆。他也不用饭勺，直接用饭碗从电饭锅里挖出一碗米饭，浇上开水或者酱油大口大口地吞了起来。

“白天做了这么多事情，到了晚上我也很累。只要他回来的时候我已经躺下了，他就会故意把我叫起来，坐在床边吃起开水泡饭来，还跟我说：‘你看看你，就给我吃这个’……”

有一次，他还故意把夏子买来的白衬衫撕得粉碎，扔进垃圾桶，并把她的衣柜用油性笔涂得漆黑。

“前几天他在外面喝醉了，回家之后不小心碰倒了花瓶。也不知道花瓶里的花怎么惹到他了，他把花扯得稀烂，然后哗啦哗啦地把花瓶里的水全部泼在了地毯上。我根本管不了他，只好任他在那胡作非为。接着他竟然从自己的衣柜里拿出出门用的西装，用西装擦地。真是精神错乱……”

夏子说着，神情中充满了失落。

丈夫在外面积攒了满腹压力，将它们全部带回家发泄在妻子身上。那么，夏子究竟是怎样看待自己的丈夫的呢？

“他从来没正眼看过我。一般人结婚之前，不是都要去约会吗？大概也就是去喝个咖啡，在一起聊聊天，彼此眉来眼去什么的。但他却从来不这样……”

两个人见面之后，他总是一言不发地走起来。夏子只好跟着他走。他并没有什么目的地，只是自顾自地走着。

“只要一出去约会，他就走个不停。我们走到哪都是并排，从来没有面对面相处过。那段时间，真是被他拉着走了好多路……”

夏子微微笑了。她回忆起以前和丈夫的经历后对我说，他是一个从不关心自己妻子内心世界的人。

“他是个特别自顾自的人。我们同房的时候也是……前一阵，我才刚看过关注两性问题的心理咨询师……”

夏子主动提起了他们夫妻关系中最敏感的部分，继续向我讲道。

“我经常听其他计算机工程师的妻子说，已经好几年都没有和丈夫有过性生活。我们家不是这样，我们家那口子恨不得每天晚上都要亲热。但是，和他亲热根本不是‘两个人’‘一起’，他总是只顾自己满足，完全不顾我的感受。无论我怎么跟他提意见都不管用，他还是只管自己。最近我已经懒得跟他说这些了，就权当我帮他解决生理需要吧……”

内心的呐喊

濑山夏子向我揭开了夫妻性生活外蒙着的面纱，展示出赤裸裸的真相。

“上次，我还特意找了一些成人电影来给他看……虽然身为一个女人去做这种事情，说出来怕是要惹人笑话，但最后还是徒劳。他完全没有任何改变，还是只顾自己。说到底，对于他来说，我不过就是一个发泄欲望的工具而已……”

她的话语中全无悲伤，仿佛已经看透了一切。但这样反而更加让我感受到了她的绝望和无奈。

和她的对话，让我忽然想起了另一位下定决心离婚的女性。

她的丈夫A先生简直像极了夏子的丈夫。每天半夜回到家之后，只要有一点看着不顺眼的地方，就举起高尔夫球杆，将桌上的饭菜连盘带碗砸个稀烂。

据负责调解离婚问题的咨询师说，男方父母只有他一个男孩，他从小到大都在三个姐姐和母亲的溺爱下长大。他要求妻子时时刻刻都要无微不至地照顾好自己，同时将家里收拾得温馨干净，要百分之百的温柔，包容自己的一切。一旦有任何自己看不顺眼的地方，他的怒火就会毫无保留地爆发出来。

我把A先生的例子讲给了夏子听。

“据咨询师说，在他们的夫妻关系里，妻子的存在本身就是稳定丈夫心理状态的工具、物品，在性生活方面也只是‘工具’而已……”

夏子听了之后说：“跟我们家真的很像。我丈夫也是有姐姐有妹妹人家的儿子，而且他老家那边男尊女卑的习俗特别严重，他从小到大，在家中的地位都和周围的女性完全不同。他经常责怪我一点女人样都没有，说女人只要说‘是’就行了。其实，他想要的只是一个像他妈妈一样宠他的人吧。但是我不愿意这样。我不想那么‘无私’，把自己变成一个只为了他存在的人。是啊……对他来说，我只是一个‘东西’而已……”

她的语气不像是在讲给我听，而更像是在对自己说一样。

但是，让我们仔细思考一下，被当成工具对待的，难道真的只有她们吗？计算机软件行业从业者每天都在和计算机独处，工作强度很高，日复一日、年复一年。听说在这样的公司里，经常能够听到有人发出野兽一般的吼叫。也许就在他们每天压抑着人类的感情波动、一心只求自己的思维能够和计算机同步的同时，心中也会存留着重做人类的欲望。

夏子的丈夫修一，每天都要长时间、高强度地和计算机打交道。或许在如此生活的往复循环中，他在无意识中也在为自己人性的消失而焦躁不安，并将情绪向最容易屈服的妻子爆发，以此来发泄。他半夜离奇的感情爆发和对妻子近乎强奸一样的性行为，或许都是他内心悲痛的呐喊使然。

社会的计算机化会给人类带来怎样的变化呢？在对这一问题的不断深入采访中我发现，透过一张张看似幸福、从容的面容，却可以窥见暗示人类自身变异的世相变迁。

这些现象为什么会发生，我们从中又可以发现怎样的前兆呢？

短短三秒都等不及

“我们人类究竟在通过计算机追求什么呢？归根结底，还是‘缩短时间’这一永无止境的任务。我们的工作就是使用各种技术，不断寻找缩短处理问题的时间的方法。所以，就连我们自身也变得急躁了起来，就连一秒、两秒的时间都无比在意……有时候就连计算机显示屏反应的时间都等不及，有人不耐烦地用手指敲打桌面，还有些人甚至使劲拍打终端机，嘴里小声咒骂着：‘这个废物，怎么这么慢’……”

河原千绘是公司里屈指可数的资深工程师。她回忆起多年的从业经历，向我描绘了以上这样一幅栩栩如生的软件工程师们的日常生活图景。

计算机像是神经末梢一样，已经彻底延伸到了社会的各个层面。如今的社会已经越来越离不开计算机，否则很多领域都将陷入瘫痪。计算机已经如此密切地融入了人类的生活之中，那人类又受到了哪些影响呢？她在业界工作多年，对于这个和自己密切相关的问题有一套独到的思考和见解。

“‘再快点！再快点！’对于时间，虽然我们内心经常感到焦躁，实际上在现实中相差的不过是短短三秒。但是，因为我们的时间概念已经发生了根本性的变化，所以无论对机器还是对人，追求速度是永无止境的。如果对方不马上回答，或者思考问题的时间长了，心中都会觉得这人是个废物，是个人渣，对他嗤之以鼻。”

河原说，如果几天都没有坐在终端机前，心中就会感到空虚、坐立难安。

前文中提到过，软件工程师们在与世隔绝的、像隔离病房一样的世界里，沉醉于和计算机打交道的过程中，为了编写出完美无瑕的程序费尽心血，程序完成后则会沉浸在喜悦之中。不光曾在本书中登场的工程师们这样说过，就连河原也急不可待地对我重复类似的话。

“虽然我们天天跟机器拼命，最终都是我们让机器按照我们的意思工作，但不知为什么，我们会觉得这是我们和机器通力协作而产生的成果。我们会觉得计算机真是惹人怜爱——既不会说人的坏话，也不会两面三刀，比人类好处多了。所以，我们坐在终端机前面的时候都会感觉浑身轻松。特别是人际关系处得不顺的时候，甚至会觉得计算机的世界简直是完美。”

这样一来，人际关系逐渐荒废也是自然而然的事情。甚至有很多女性系统工程师不仅不结婚，就连同居都觉得麻烦。虽然河原已经结婚，但也能非常明显地感受到，系统工程师们和异性间的性关系正变得越来越淡漠。

不仅如此，和计算机相关的工作要求人们时刻保持绝对正确。因为计算机哪怕只是搞错了英文字母O和数字0，或是搞错了逗号和句点都会出现问题。

“这种所谓的完美主义，在人和人交往的过程中也会表露出来。很多人都无法容忍别人的缺点和错误，缺少体谅和容忍，变得跟机器一样。”

在本章的采访中我们所见到的人心的变化，究竟是仅发生在软件技术人员身上的特殊问题，还是一个具有普遍性的问题呢？

当我得知有专家正在研究这个课题后，便动身前往东京大学医学部进行采访。

— 自闭化的社会 —

技术应激的真面目

那是一个小雨下个不停的阴郁下午。无论何时造访位于东京本乡的东京大学医学部大楼，都会给人一种阴森森的感觉。在位于大楼一角的保健社会学教室里，我见到了担任该学科研究助手一职的保健学博士山崎嘉比古。他正在研究的课题是从劳动健康的角度调查以计算机化为首要特征的技术革新，是否会对劳动者的身心造成影响，以及会造成怎样的影响。

山崎博士带着我去了他的研究室。研究室被高耸到天花板的书籍和资料环绕。美国临床心理学家克雷格·布罗德所发表的研究报告《技术应激》（*Technostress*）中，从文明论的角度就计算机社会给人类带来的种种令人忧虑的现象做出了一些探讨。山崎对这一研究兴趣十分深厚。

最近，日本国内的神经内科医生、从事治疗身心疾病的心理科医生、心理咨询师等直接面对患者的一线工作者们，也纷纷开始报告技术应激性的病理现象或引发的人格异变。山崎博士认为，对待这些病例报告的时候需要十分谨慎，应该进行更多详细的调查。

过度沉迷于和计算机的对话，喜欢计算机超过了人类，身为人类的感性却陷入衰退状态，将这些症状综合在一起，就是“技术过度适应症”，即所谓的技术应激。目前来自临床的报告，主要是通过收集前往医疗机构就诊的病例进行推论导出的。因此，技术应激是否会演变为社会整体的趋势，还有待考察。

还有一点，就是技术应激现象为何会发生，直到目前都还没有一个十分确切的结论。其诱因究竟是不是计算机目前尚不可知，要避免妄下结论。

在这一背景下，山崎博士将收集到的大量计算机技术人员和一般办公室工作人员的数据进行了比较。数据的范围不仅涵盖当事者本人，还包括了他们的妻子，将他们的私生活也纳入了考察、比较的范围。

调查对象是一千名计算机软件技术人员和他们的妻子。通过发放调查问卷的方式收集数据，调查问卷回收率约为65%（648人）。回答者中，年龄二十五岁至二十九岁、大学理科专业本科学历、工作经验三年到五年的人群最多，占总数的近四成。

通过对问卷调查结果的分析，我们可以看到怎样的现实呢？

前文中我采访的那些计算机行业的工作人员，他们的加班时间足以让普通上班族相形见绌。山崎博士的调查结果又如何呢？

虽然67%的回答者在每周休息两天的企业工作，但有33%的人在最近三个月内有过至少一次通宵加班的经历，6%的人通宵加班达到四次以上。

此外，有75%的人至少有过一次周末加班的经历，33%的人有过三次以上周末加班。在加班时间上，52%的人每月加班超过四十个小时。这一调查从另一个方面证实了长时间劳动已经成了这一行业的常态。

有35%的人认为“每两天就会有一天工作后身心俱疲，下班后什么都不想做、什么都不愿意想”。60%的人认为“每周只有不到两个工作日能神清气爽地起床”。特别是每月加班时间超过四十个小时的人群中，这一疲劳曲线的上升最为陡峭。

如果让他们的妻子去描述一下自己的丈夫，又会得到怎样的回答呢？妻子们的调查数据，毫无保留地揭示出了奋斗在计算机技术最前沿的高科技战士们的私生活状态——甚至也包括了两性相关的内容。

妻子的怒火

“你是否感到，夫妻间的性生活出现过问题？”

如果被问到这个问题，你会如何回答呢？

以东京大学医学部山崎嘉比古博士为中心的研究团队，针对计算机软件技术人员的生活进行了详细的摸底调查。调查内容不仅包含工作方面，也囊括了私生活的内容。关于私生活的调查中最引人注目的项目恐怕就是性生活了。

“在日本，和性相关的话题总被视为禁忌，很少被公开提及。但实际上，性生活起到了维系夫妻关系的重要作用。我们认为，通过考察这些数据，包含情绪因素在内的日常生活中关系的好坏情况，也可以非常直观地呈现出来。”

调查报告的一个章节中如是写道。山崎就是从这样的视角，将上述问题抛给了一对对夫妻。通过这些问题，研究人员能得到怎样的调查结果呢？

针对“你是否认为夫妻的性生活或多或少存在某种问题?”这一问题，有29%的男性和25%的女性选择了“经常这样想”或“有时会这样想”。其中，女性选择“经常这样想”的比例甚至高于男性。

我们该如何看待这一数字呢?

在研究报告中，山崎博士写道:“有约三成的被访者认为，夫妻生活的基础存在问题。我们不难推测，他们的家庭生活的其他方面可能也会存在问题，应该多关注。”

这个调查中还有一个问题:“回顾最近三个月，你的丈夫平时在哪个时间段回家次数最多?”回答中，“晚上九点到十一点之间”占比例最高，高达48%。“晚上十一点以后”占16%。也就是说，合计有六成以上的丈夫，在九点之前都是没有回家的。针对十一点之后回家的人进行分析，他们中45%的人回答“性生活存在问题”。此外，在“从事软件行业后，就不太喜欢和人交往了”中选择“是”的人之中，更是有48%的人回答“性生活存在问题”。

本书接受我采访的工程师中，很多人都说他们对计算机有着像对异性一样的亲近感，甚至一度沉迷于和机器的“交往”。在这种心理的作用下，和人类的交往反而变得疏远。这些产生技术应激症状的人的性生活又是怎样一种状态呢?

调查结果表明，这种对计算机抱有“过度亲近感”的人群中，有45%的人认为“性生活存在问题”。调查报告中也写道:“技术应激心理的征兆和性生活有着很强的相关性。”

回答“经常觉得性生活存在问题”的女性，心中应该是存在着强烈的不满。对照研究数据我们发现，女性心中的不满，和丈夫回家时间太晚、回家时体力严重透支、回家后不愿动脑或照顾别人的情绪这三个问题关系最为密切。

丈夫不光累得严重透支，回家后还不愿和家人进行情感上的沟通，妻子们的不满达到沸点也十分合情合理。但是，有八成的男性受访者表示“希望增加陪家人以及一起外出的机会”，绝大多数女性受访者也表示“希望丈夫陪自己好好说说话”“希望丈夫减少加班时间”“希望丈夫多注重健康”，对丈夫和公司提出了十分真切的愿望。

调查数据向我们揭示了一个充满悲哀的现实——无论丈夫还是妻子，都在生活中努力死守着家庭的最后一道防线。

心理崩溃的不安

以山崎嘉比古博士为中心的研究团队进行的“技术革新背景下劳动者的生活和健康”这项调查，是一个充满野心的尝试。他们试图通过调查和计算机紧密接触的工程师和软件技术人员的真实生活状态，来剖析计算机和人类的关系这一最为前沿的问题。

“面对问题，如果得不到黑白分明的回答，你是否会比从前更加容易烦躁不安？”

这项提问主要用来分析调查对象是否在长期和计算机的接触中产生精神上的变化。像这样的提问项在该研究中随处可见。

就上面这个提问项来说，虽然大部分人回答了“和以前相比没有变化”，但回答“比以前更加明显”的人约为“不如以前明显”的人的三倍。

“计算机只接受正确回答。所以，在和计算机打交道的过程中，人们会不会因为持续处于紧张状态而变得更加敏感呢?”

对于这个问题，做出肯定回答的人，是做出否定回答的人的三倍。

这一倾向，同样能在妻子们的回答中得到印证。而在针对普通的坐办公室的公司职员的调查中却得到了相反倾向的回答 。因此我们可以得出结论，这是一个软件工程师们特有的倾向。

“通常来说，随着人们年龄的增长或生活阅历的增加，思维的灵活性应是逐渐变大，也就是俗话说的人的棱角被磨平了。但在软件行业工作的人，应该是有一些阻碍这一规律的因素。”山崎对我说。

如果长时间从事这类高度消耗神经的工作，总有一天会迎来肉体上的极限。不知道是不是因为预感到这点，有三分之二的人曾经感到类似“如果这样下去，早晚有一天身体会累垮”的危机感，特别是其中有高达84%的妻子对丈夫的将来心存不安。

她们对丈夫的不安不仅停留在身体方面，有43%的人表示，担心自己的丈夫会发生“心理上、精神上的崩溃”。可见丈夫们每一天都是在如履薄冰的精神状态下工作的。

然而，这项调查真正的研究目的，在于确认所谓技术应激现象如果真实存在，那么引起该现象的要素是否为计算机这一问题。

该研究主要用以下四个心理倾向为线索来剖析问题。

因为计算机只能接受“非黑即白”这种二元对立型的逻辑，所以和计算机接触的人类的思维模式也会被计算机“改造”，变得越来越像计算机。这一说法是否符合事实?

和计算机相处十分轻松，让人感到心中舒坦，和与人的相处完全不同，所以和人交往令人心烦。这一说法是否符合事实？

因为计算机要求严谨、正确的逻辑，所以造成很多人在日常生活中也会对一些细节十分敏感，比如大门的门锁是否锁好、煤气的阀门是否完全关闭这类问题，也会不由自主地反复确认，否则就会心神不宁。这一说法是否符合事实？

是否曾经在工作中忽然开始认真考虑抛下一切、跑得远远的？

针对这四个方面设置的问题，有高达70%至80%的调查对象选择了“描述符合一般倾向”。

商业领域悉数陷落

被计算机独特的性质“感化”的人类，在精神方面也会产生变化——这个由美国临床心理学家提出的问题，即技术应激现象，是否在日本也同样存在呢？从调查结果来看，以系统工程师和软件技术人员为首的技术人员中，已经显著地出现了疑似技术应激的心理现象。

但是，这类心理现象究竟是不是在计算机这一性质特殊的机器的“感化”下产生的，现在下结论还为时过早。山崎的研究团队对这个问题进行了深入的剖析。

“虽然从结果上来看，这种类似二元对立型逻辑、常见于技术应激的心理倾向确实十分显著，但现阶段来说我们研究的结果是，诱因应该不是计算机等有特殊性质的机器，而是另有原因。当然这个结论现在还有待进一步验证……”

山崎用谨慎的语气向我讲述了他的结论。

既然不是计算机，那究竟是什么原因呢？山崎发现，在比较了软件技术人员和普通办公室职员的状态后，竟然在他们身上发现了相同的现象。

“比如倾向于二元对立的思考逻辑，本来我们以为这种思考方式是因为过度亲近计算机才产生的，但我们在普通办公室文员的身上也发现了相同的现象，虽然发生率较软件技术人员低一些吧……”

山崎越是分析就越认识到，造成这些心理现象的主要原因，不是因为人们受到了计算机的“感化”，而是因为高强度的加班、长时间工作、休息日出勤、通宵工作等造成的严重疲劳、对于健康的不安和公司内部的人际关系紧张等，简而言之，就是我们周围残酷且反人类的环境。

“在配合计算机工作的过程中逐渐对人和人之间的关系产生厌倦，不是因为我们遭到了‘魔性’的计算机的洗脑，而是为了躲避公司里令人厌倦的人际关系，逃进了计算机的世界。”

这一“诊断结果”，是基于现在整个商业领域都笼罩在前所未有的巨大压力之下这一大背景中的。比如，“每天的销售目标”这种细如渔网的工作量管理、时间管理随处可见，而用于督促、监视这些管理条目的计算机也在飞速普及。

“大家也许会感觉到，现如今社会节奏极快，恨不得一个人当成三个人用，平时总像背后受人驱赶着一样，活在压迫感之中。不单单是软件开发这样的工作，其他工种也同样被步步紧逼。这才是问题所在。所以，要分析技术应激现象，应该以上述问题为重点，其次再考虑计算机的性质带来的影响。”

这一结论，是不是否定了我之前所采访的系统工程师们口中的“计算机导致了人心的变化”的说法呢？真相究竟如何呢？

决定是否走向毁灭的因素

“我们究竟能不能肯定，精神科医生和临床研究中所报告的技术应激的病例就是由计算机造成的呢？甚至有人怀疑，这一现象仅仅是在部分媒体夸大其词渲染下传播的谎言。”

据山崎的研究，就算技术应激现象不是谎言，其离临床研究者所宣称的程度也还是有一定差距的。

那么，临床研究者们又是怎么看到这个问题的呢？我走访了精神科医生A先生。A先生曾经警告说，技术变革最为激烈的商业领域正在发生着令人恐惧的变化。

A医生向我介绍了下面这个病例。

富原雄一，今年三十八岁，是一家大型计算机公司的职员。从头参与开发设计了由政府机关采购的某大型计算机系统，是担任核心系统设计的工程师之一。虽然系统的交付期临近，加班成了家常便饭，甚至经常晚上住在公司，而他本人却说“一边吃方便面一边加班其实也挺快乐的”。

然而，崩溃却毫无征兆地降临在了他的头上。

那天，他负责设计的部分终于结束，开始进行系统上线前的数据输入工作。上午，他们一口气将大量数据导入了系统，结果到了下午三点多，由于数据量太过庞大，系统无法处理，计算机进入了死机状态，整个系统都发生了崩溃。

为了确保在任何情况下都万无一失，在设计阶段，系统中就应该预留一些余量，但他们显然对数据量预估不足。然而现在后悔也为时已晚，他整个人都陷入了崩溃。

“虽然这些都不是他一个人的责任，但多年来他完全投身于这个项目，又遭到了领导的训斥。大概在他看来，自己多年的付出化为泡影，遭到了彻底否定。后来，他完全丧失自信，陷入了极度的抑郁状态。”

他拒绝和家人交流，在家的时候只会一直摆弄计算机，“对我也像外人一样”——妻子为这样的丈夫操碎了心，最终决定带他去医院找医生求助。

“他绝非那种有勇无谋、只会一味拼命工作的工作狂。他变成这样的原因其实可以说是他自己的性格使然。他的人格有些不成熟，比如喜欢能二元对立、黑白分明的事物，同时又只能从和计算机打交道的过程中实现自己的价值。而计算机又恰恰增强了他的这些心理倾向。”

在考察“计算机与人”的关系的时候，最重要的视角在于这个人是在一个怎样的现实体验中获得人生的成长。我从A医生接下来的一席话中获得了一个重要启发——

孱弱的心灵

“最近，在全身心地投入计算机的工作后患上抑郁症、去医院寻求治疗的系统工程师不断增多。仔细观察这些病例，会发现他们几乎都有同样的背景。”A医生如此说道。

以上一节介绍的富原雄一为例，没日没夜的工作、加班、通宵作业，加上周末、节假日上班，又在如此残酷的劳动后迎来挫败。类似这样的劳动环境，或多或少存在于每个病例的背后。但他们的共同点不仅限于此，还包括他们在走向毁灭前就存在的极度贫瘠的人格特性。

“只要去调查一下那些沉浸在计算机世界里的工作狂的人格形成过程，就会发现，他们之中很多人从小到大就像在与世隔绝的温室里的花朵一样长大，只会对着书本学习，甚至让人觉得他们不管是喜怒哀乐这样正常的感情，还是现实世界中的人情冷暖，都没有切身体验过。富原也是一样。”

我们人类只有在现实世界中，才能体会到心潮澎湃的兴奋、悲伤的痛苦、伤害别人后自己内心的折磨、战胜烦恼的快乐等感情。只有经历种种感情，才能让我们的心灵更加充实。但是，如果没有这些体验，心灵就会像干涸的土地一样贫瘠。

“如果心灵的体验十分贫乏、人格不够健全的话，就不会在面对美丽的自然景观时感到喜悦，也不会在看到艺术品后心灵像受到涤荡一样产生清爽的向往。或者说，这种向往已经干涸，只能对工作后的成就感产生快感。”

未来的社会，信息会通过计算机和电视等媒介像潮水一样涌向我们。明明是自己从未体验过的事情，却能够看到别人体验时的图像，听到他们的声音，通过自己的想象进行感受模拟，还会在脑中对这些信息进行逻辑加工，追加体验。从另一方面说，人和人接触的机会就会越来越少，或者说寻求和他人接触的积极性就会越来越弱，让人们的精神世界变得愈发贫瘠的因素也就越来越多。

我们也许可以这样说，技术应激这一发生在软件技术人员身上的典型症状——比如凡事都要用二元对立的思维分出是非黑白，或者因为计算机对人类顺从、忠诚好相处，而厌恶和有感情的人类打交道等心理现象——是由于他们本身就具备容易产生这种症状的人格，才能在计算机的影响下诱发心理上的异变。而助长了这种心理变化、将人们逼向绝路的，难道不正是反人类的、残酷的劳动环境吗？面对遍体鳞伤、呆若木鸡的人们，A医生开出的是这样一张“诊断书”。

系统工程师们说，计算机会煽动人们的求知欲和好奇心，将逻辑的快乐像“毒品”一样注入我们的身体。在“毒品”的召唤下，人们和计算机的感情愈发亲密的同时，和他人之间的关系却变得空洞化——A医生的一席话让我不禁担心，我们这一列通往自闭化社会的列车会不会加速前行？

恍然回过神来

本应领跑计算机技术浪潮的技术人员，却因一门心思埋头于工作，患上心理疾病。A医生将造成这一现象的背景归纳为以下三个因素。其中排名首位的，是操作计算机的工作会刺激人的求知欲和好奇心。其次是现代商业领域中长时间工作、通宵等残酷的劳动状态。最后，是很多人都具有埋头工作的人格潜质。

其他专家又是怎么看待这个问题的呢？

“来我这里咨询的那些所谓职场精英，很多人也有相同的特点。”

临床心理学专业出身的心理咨询师B医生如此回答我。造成体力透支的高强度工作，让人埋头工作的人格、性格基础，还有计算机这一直接导火索——这三个因素是给现代人带来痛苦的“三重枷锁”。

“我们人类获得生存价值感有两个条件：一是职业活动中的成就感，另一个是人际关系中获得亲密性带来的满足感。然而现代工业社会却强迫人们仅通过职业活动的成就感去获得人生的满足。极端来说，就是只要有工作，其他什么都无所谓了，根本无暇顾及排解寂寞、充实自己等方面的需求。”

但是，当人们因为一些原因在事业上遇到挫折，停下脚步回头看看时才发现，妻子、孩子、朋友之中，竟然没有一个能够和自己交心的人。只有坠落进孤独的无间地狱，在深不见底的寂寞之中，人们才会认识到，自己原来从来没有构建起能够在心灵上支撑自己的人际关系。

为什么没能够构建起正常的人际关系呢？有专家表示，个体的成长史对于人际关系的形成影响最大。

“家长在养育孩子的时候，太过情绪化地关心孩子、给孩子过高的期待，反而会忽视孩子所需的关爱和心理上的其他需求，让孩子对人类的感情产生抗拒心理，厌恶和他人打交道。”

除了和家长的心理关系，孩子们还要面临来自学历这一走入社会的通行证的压力。为了获得这张社会通行证，孩子必须在大人面前扮演一个乖宝宝的角色，完全顺从大人的期待、指示、命令、禁止事项。这一切都剥夺了他们和同龄人玩耍、打架、劳作等体验现实、充实心灵的机会。

说到这里，B医生忽然想起什么，问道：“您看过一部叫《伴我同行》的美国电影吗？”

这部电影讲述了一个生长在美国俄勒冈州小镇上的中年小说家的故事。电影里，他一边回忆自己少年时的种种经历，一边将这些经历写进小说。

主人公是包含他在内的四个十二三岁的少年。在如今看来，他们四个都是十足的坏孩子。要是他们来了日本，恐怕都要成为被警察抓去管教的对象。这四个少年的家庭各有问题，每人也各怀心事。

一天，四个少年一致同意去河对岸的森林里寻找一具尸体。在这场冒险的路上，他们一边露营，一边在山野中徒步行走了整整两天。这部电影所讲述的，就是这样一个单纯的故事。

既然如此，B医生又为什么会特意向我提到这部影片呢？

畏惧踏入人心

四个少年踏上了一段为时两天的寻找尸体的旅途。在路上，他们有过冲突，又重归于好，彼此流泪倾诉对学校、老师和家人的种种怨恨和不甘，又互相安慰、鼓励，并在这个过程中培养出深厚的友情。这部作品将人生体验的原型高度浓缩、升华，并通过电影的形式表现出来，在日本的年轻人和儿童中获得了经久不衰的人气。

听说了这部作品后，我也租来录像带一探究竟。电影里生动地描绘了我们所经历过的少年的世界。少年们的悲伤、喜悦、怒气、心灵的跃动……简直就像一个情感博览会一样陈列在眼前。

“在和年轻人谈话的时候，经常听他们提到这部电影。好多人都对我说：‘真的好羡慕电影的主人公们啊，我就从来没有过他们那样的经历。’”

在体验现实的过程中充实自己的心灵——如果直到成年都没有这样的体验，将会导致怎样的结果呢？

B医生说道：“很长一段时间以来，各方面信息都在提醒我们，不擅长处理人际关系、有自闭倾向的年轻人正在增加，而且最近几年这一趋势越来越明显。”

据B医生说，这类人分两种。一种，是哪怕遇到了自己喜欢的异性，也无法张口表白的典型自闭。另一种，是虽然在众人面前可以放得很开，模仿电视上的搞笑艺人，或是连珠炮一样抛出段子吸引众人目光，但到了一对一的时候却忽然变得张口结舌、无法交流。

无论上述哪种类型，他们都像是被一层无色透明的胶囊所包裹着，和外界之间隔着一道厚厚的屏障，从不与他人交心——这就是所谓的“胶囊人类”。

“他们非常害怕踏入别人的心灵，也怕伤害别人。与此同时，他们也同样厌恶别人进入到自己的内心世界。所以，虽然他们表面上可以与人对话，但话题全都是些新出的汽车，或者哪个饭店的法国菜好吃什么的。也就是说，他们说出来的不过是‘信息’而已。他们认为只要能交换信息、看起来能说得上话，就是所谓的人际关系。但其实，明朗快活只是肤浅的表面现象，他们的关系只停留在高高兴兴地交换信息而已。”

倾听B医生的分析后，我想起了本次采访中遇到的年轻工程师们的表情。人与人心意相交的过程，或许会面对心中的纠葛，或许无论自己和对方都会受到伤害，会充满苦涩——他们既没有体验过这种真正的人际关系，也不想去体验……和B医生描述的人格高度重合的人，现在正变得越来越多。当有越来越多拥有类似人格的人和计算机建立起亲密的关系时，这个世界的人情味会不会变得越来越淡漠呢？

在这一章的开头我曾经写到，年轻工程师们之间完全没有性的味道。面对“性”与“爱”这两个人类最为原始、最为赤裸裸的感情，他们只会露出淡漠的神情，也是毫不令人意外。

人沦为机器的危险

在这一章中，我通过观察系统工程师和软件技术人员这两类计算机社会的急先锋群体的生活，思考了计算机对人类的影响，同时尝试找出我们人类社会当前正在面临的问题。

通过夜以继日地和计算机打交道的系统工程师们的体验，我们得知计算机就像黑暗中魔女的咒语一样，有一种俘获人心、将人禁锢其中的力量。有些人甚至一旦和计算机建立起亲密关系，就无法将其斩断，反而会十分厌烦和人类的交往。

但是，精神科医生和临床心理学家认为，是否会陷入这种状态，最关键的因素还是在于其人格的形成阶段。从小到大的成长过程是否充分地体验了真实的情感、培养出充实的人格，这才是一个人是否会因受到计算机的影响变成自我封闭者的分歧点所在。

作为临床心理咨询师并长期和孩子们接触的C医生表示：“现在的孩子们，哪怕是你把他们带到大自然中去，让他们自由地玩耍，他们也会无所适从。他们会吵着要电视，要游戏机。还有些孩子会一遍遍翻着塞满背包的漫画书。要将孩子们培养为心灵充实的人，虽然口号喊起来容易，但事实上现状已积重难返。”

不仅如此，据B医生说，最近还有很多孩子厌恶泥巴黏糊糊的触感，对虫子等生物极端恐惧，甚至表现出对自然和生命的抗拒。

毕业于临床心理学专业的心理咨询师B先生说，最近很多父母甚至认为“最好尽量避免感情的波澜，过平稳、顺利的生活才是幸福的家庭”。越来越多的家庭中，夫妇之间、亲子之间简直就像陌生人一样，所有人都只是表演着幸福的家庭而已。而真实的人类的生活却陷入残缺状态。缺少真实体验、情绪方面发育受到阻碍的孩子大量增加，而且第一代这样的孩子已经长成大人，活跃在社会上。今后的计算机社会又会变成什么样子呢？

最近，所谓的智能大楼在各地拔地而起。无论进出大楼、办公室，还是在公司食堂买饭票，都需要使用ID卡（电子身份证）才行。仅凭这一张卡片，计算机就能侦测到谁在哪干了什么，并进行严格的管理。

一开始，可能有人认为这样会让人喘不过气来而心怀抗拒，但渐渐所有人都会适应这样的生活。相信我们都有这样的经历。

还有人指出，“我们每一个人，就像一个个顺从的精密部件一样，被组装、吸纳进计算机系统里面，逐渐变成机器。对于这点，我们就像患了感觉迟钝症一样，完全没有抗拒”。

在这样一个计算机普及率越来越广、速度越来越快、效率越来越高、生活越来越方便的社会里，我们人类还能够继续保持“人类”的身份吗？折射出这一问题的征兆，难道不是已经出现在我们面前了吗？有鉴于此，我们还能不假思索地接受，并朝着现有的方向加速前行吗？且让我们从另一个角度继续追踪这一课题。

Ⅲ

呕吐的女人

社会上到处充斥着金钱和物质，

不知是人们被卷入了饱食的旋涡，

还是社会对于效率的追求近乎偏执，

抑或是对于人情温暖和爱情的饥渴已到了让人近乎窒息的程度，

人们迷失在人生的选择中。

各种挫折现象都是为了摆脱生存的不安而发出的求救信号，

最近越发引人注目。

就像人类将何去何从这样的末日预言一样，

这不正是一个让人毛骨悚然的病态时代吗？

让我们看看这些年轻女人的生活……

— 狂乱的独角戏 —

每天晚上的秘密仪式

深夜三点，寿美代有一场每夜固定上演的个人秘密仪式。不管早睡还是晚睡，她都会在深夜的这个时刻准时睁开双眼。她一边小心不吵醒睡在身边的丈夫浩二，一边偷偷溜出被窝，踮着脚尖走出房间，一路小跑进了厨房。她拿出了晚上和丈夫一起小酌剩下的日本清酒，倒进杯子一些，一仰头闷了下去。她呼出一口气。不急，夜晚才刚刚开始。

她打开电冰箱。家里剩下的饭菜，她都会用保鲜膜包好放进电冰箱。和丈夫小酌时用来下酒的烤鸡串，再靠里点是像关东煮一样处理过的炖煮厚豆腐干、土豆，还有蟹棒……

电饭锅里还剩下些米饭。从便利店买来的零食还装在袋子里，都没有被拿出来。吐司面包、夹心面包、薯片、豆皮寿司、紫菜卷、煮鸡蛋、香肠、火腿肉、果汁、大福[①]……各种食物堆在那里。虽然想把所有吃的都摆在桌子上，但她已经迫不及待了，还没等坐下，就把目之所及的食物塞进嘴里。

---

① 一种用糯米做皮，包裹各种馅料的日式甜点。

在电冰箱里冻得硬邦邦的鸡肉串也顾不上加热，立刻扔进嘴里。竹轮和土豆也用手一抓，塞得满嘴。她吃得着急慌乱，几乎嚼都不嚼，连香肠也不剥皮就直接啃下去。狼吞虎咽一番之后，她终于冷静下来一些，这才坐下来，放慢速度吃了起来。

炸鸡块刚刚放进嘴里，紧接着又吞下一个豆皮寿司，马上又追加一块火腿肉，然后把米饭盛进大海碗里，在上面挤上整整一瓶蛋黄酱，和又凉又硬的米饭搅拌在一起，再将这些米饭像喝水一样，哗地一口气倒进喉咙里。她的手也没闲着，一只手扯下一块吐司丢进嘴里，再用水冲下去……

她不停地吃着，疯狂地、不顾一切地吃着，塞满一嘴，喝水吞咽下去，如此反复，直到吃得肚子鼓起一大块，吃到哪怕轻轻一晃食物就要从嘴里喷出来，吃到身体发出再也装不进去的警告后，才猛然站起来，冲进厕所，身体前倾，右手手指用力捅进喉咙。

哇啊—— 哇啊——

她忍着不发出声音，呕吐。不断地呕吐。刚刚装进肚子里的食物就像从打翻的泔水桶里泼洒出来一样四处飞溅。她不停地吐着，一直吐到胃里再次变得空空如也。“呼——”她深深地出了一口气。

她回到了饭桌边，稍微缓了一会儿，也不管沾满秽物的长发还黏黏地贴在脸上，又开始继续吃。她又扯下一块吐司塞进嘴里，连着吃掉三个煮鸡蛋，喝掉晚饭剩下的大酱汤，又哗啦一下把薯片倒进嘴里，嘎嘣嘎嘣地嚼两下，喝水冲进肚子。

肚子里重新涌起从内向外的压迫感。她又急忙冲进厕所，往前一吐，食物逆流而出，直吐到胃里连一粒米都不剩。她张着嘴一动不动地待在那儿，紧接着又酸又苦的胃液就奔流而出。这才算是吐到头。

这会儿她仿佛用尽了全身的力气，双腿发软，几乎要瘫倒在地。她又蹑手蹑脚地回到卧室，小心翼翼地钻进被窝。寿美代的秘密仪式到此结束。

这出狂乱的独角戏每到深更半夜就拉开帷幕。究竟寿美代为何会上演这出戏码呢？

“逃离现实”

吃过了吐，吐完了继续吃——每到深夜，在这间公寓的一角，寿美代都会举行这样一出悲惨的仪式。

我是在东京近郊的一处疗养院采访的时候遇到她的。在这里，她和同病相怜的女人们一起，为了从噩梦的深渊中挣脱出来而艰苦战斗着。

她今年二十八岁，出现在我面前时，上身披了一件松松垮垮的运动夹克，下身套了一条有些紧身的牛仔裤。如果你在街上见到这样一位圆脸蛋、眉目间还留着些少女气质的女性，绝对不会联想到她其实是一名严重的进食异常患者。

“我的体重本来有四十七八公斤，但最严重的时候一路狂跌到只剩二十八公斤……我被救护车送进医院的时候，连医生都吓了一跳，说我‘都瘦成这样了居然还能活着’。”

那段时间，她整个人瘦得皮包骨头，神情呆滞，面无表情。

“我在外面的时候，真的只要有一点风就能把我吹得东摇西晃。在家里泡澡的时候，感觉身体都快被浴盆里的波浪冲走了。”她说着嘻嘻笑了起来。

现在她已经恢复了不少，甚至可以拿自己的经历开玩笑。但当她回忆起当初的极限状态，还是忍不住流露出痛苦的神色。她心中到底是如何想的呢？

“我也不知道是怎么想的……但是当时对于我来说，吃，其实并不是为了吃，而是为了吐。”

她这样对我说。她又为什么要天天晚上背着丈夫大量进食后再呕吐出来呢？

“我不是想要吃东西，而是有一种想要吐出来的冲动。心中一旦出现这种冲动，就根本阻止不了自己。就像是被冲动的魔鬼附身了一样，马上想去吃一大堆东西，然后全都吐出来。我完全不在乎吃什么，心里只想着快点吃！快点吃！身边有什么，就往嘴里塞什么。一吃起来，大脑就会一片空白，什么都不会去想，就像沉醉在其中一样，这样才能把现实中那些乱七八糟的事情、让人不开心的事情全部赶出脑子。”

后来我遇到的那些跟寿美代患有相同病症的女性也一样，一旦开始吃东西就根本顾不上味道，有时甚至连腐烂变质的东西也都若无其事地往嘴里塞。

“吃倒是还算轻松，但呕吐其实是非常消耗体力的。我本来体重就轻，一旦吐起来，就会像是缺氧一样，手脚发麻，痛苦极了。像我每次都是把手伸进喉咙来催吐，所以手背上都起了茧子……”

像寿美代这种患有“过食呕吐症”——也就是大量进食并呕吐的患者，很多人的手指和手背上都磨出了茧子。不过她说，等身体习惯了，根本不用用手去催吐，只要在需要呕吐的地方低下头，自然而然地就能吐出来了。

为什么就算忍受如此折磨也要呕吐呢？

“虽然吐的时候确实痛苦，但是越是痛苦，吐呀吐，把肚子里的东西全都吐得干干净净之后的痛快感越高，这是很难用语言来形容的。我该怎么说呢？其实我这样做，大概是心里有种要逃离现实的冲动。我讨厌现在的自己，要是能换一个自己该有多好。所以我一吐干净了，就觉得身体轻飘飘的，就像把心里那些混沌的感情也一起吐出来了一样……”

在饿鬼道痛苦挣扎

虽然吐的时候十分痛苦，但把手指伸进喉咙、呕吐之后却能获得无法言喻的快感——寿美代这样告诉我。她看起来不擅长用语言描述自己的感觉，用的也都是些类似“快感”“轻松的感觉”“幸福的感觉”这种平淡无奇的词语。交流之中，我看到了她无法与人分享自己感受的遗憾。

但她又补充说，这种“幸福的感觉”能够持续的只有短短一瞬。转瞬即逝的幸福之后，世界一下变得灰暗，紧接着等待她的就是地狱一样的感受。

“吐呀吐，吐光了之后的心情特别清爽舒畅，但幸福的感觉紧接着就会被心底涌上来的挥之不去的自我厌恶感所取代。”

哎，看看你怎么又干出这种事情！瞧瞧你都干了些什么？就算再想吃东西，连把食物摆在桌子上的时间都等不及吗？连把吃的放进嘴里都等不及，竟然把嘴凑过去啃，你是狗吗？你看看今晚又吃了这么多！

在干瘦的寿美代心中，另一个寿美代在责骂着她。

医学专家表示，像寿美代这样患有慢性过食呕吐症的女性之中，很多人的食量大得甚至让人难以相信人类的身体可以装进这么多食物。

比如有个女性患者，如果不从早到晚不停地吃，心理状态就会十分不稳定。医生仔细统计了她一天之中吃下的所有食物：羊羹三支、大福十五个、糯米萩饼八个、糯米丸子十个、煮山芋两大碗、花式蛋糕三个、巧克力圣代一杯、冰水两杯、加了大量砂糖的红茶十杯。

寿美代症状最为严重的时候所吃的东西丝毫不比这个病人少。

简直就像饿鬼一样！

这种自我苛责，对她来说犹如利刃穿心。

“吐干净之后回过神来，就会看到沉溺于进食的自己。我究竟都干了些什么！为什么要每天干这种事情！为什么连自己都阻止不了自己！就像这样，无数的责问一齐掠过我的脑海。”

患有拒食症、过食呕吐症的女性，无一例外都会呈现出病态的消瘦，甚至让人看不出她们原本的长相。专家经常用“裹着皮肤的骷髅”来形容她们的样子。这样的女性，身体其他方面也会出现病变。寿美代已经很久没有来过月经，夫妻之间也已经很久没有同房。非但如此，她还把在饿鬼道中痛苦挣扎的自己彻底隐瞒起来。

她始终觉得这样的自己是“丑女人！没用的女人！根本就不是人！”一旦陷入自我厌恶的沼泽，她又会十分焦急地寻找着挣脱的方法。

事情在意外的事件中迎来了转机。寿美代经常去她家附近的一家便利店买东西。那天傍晚，她像往常一样去那家便利店购物。

“我被抓了。因为我偷东西……”

女人们可悲的癖好

其实寿美代在她家附近的那家便利店偷东西，那天并不是第一次。

"那一阵，公寓的管理员跟我说，最近下水道有些堵，也不知道是谁家在往下水道里倒东西。听了之后我吓了一跳。因为我每天都要吐好多好多……"

自从听管理员说过之后，寿美代就不再往厕所里吐，而是改成在塑料水桶上套上塑料袋，再吐到塑料袋里面。但是，不到一天水桶就会被她吐满。

"你看我每天吐那么大的量，买吃的负担特别重。不光要花好多钱，还不能让我老公知道……"

一旦想到没东西可吃，寿美代就会怕得全身发抖。所以，如果不随时买来吃的储存起来，就会觉得心神不宁。因此她每天都会去家附近的便利店。

那天她像往常一样，径直朝食品货架走去，连看都不看就把伸手可及的食品挨个装进购物篮。

"以前我都尽量挑便宜的东西买，而且每次都只买一点，比如豆腐呀，炸鸡块啊之类的。但后来，我需要的量越来越大……那个，现在说出来特别不好意思，但当时我觉得反正都是要吐掉的东西，一到家它们就会进水桶，花钱去买多亏啊。当时我大概是鬼迷心窍，没有把东西放进购物篮，而是放进了我自己的购物袋里。"

那天，寿美代没有去收银台结账，而是避人耳目悄悄地离开了便利店。她成功了。自那以后，有了第一次就有了第二次，有了第二次就有了第三次。最后，在不知道第几次行窃的时候，她被盯上她许久的保安拦了下来。

据医生说，患有过食呕吐症的女性患者，有很大一部分平时都偷窃成性。她们偷窃的对象绝大部分是食品，在反复过食、呕吐的过程中，会出现“偷东西没有什么罪恶感”这种扭曲的心理，进而陷入偷窃的末路。寿美代也不例外。

在这些身染可悲恶习的女性之中，有无数让人悲伤的故事。

“有一个症状非常严重的过食呕吐患者……”

A医生向我讲述了一个病例。

那个女性原本患有的是拒绝进食的拒食症，但自从她的体重跌破三十公斤后，却忽然开始猛吃起来。她大量进食、大量呕吐，没过多久，就染上了偷窃的恶习。

“她每天都去超市，专挑些羊羹、奶油包、糯米团这类甜食偷。她把这些东西装上满满一袋偷出来，甚至等不及拿回家……”

不久，超市地下的厕所因为塞满了未消化的食物而堵塞，把超市的人吓坏了。超市保安不动声色地蹲守了一段时间，她就上钩了。她抱着偷来的东西，径直冲进那个厕所，在狭窄的隔间里打开食物，疯狂地塞进嘴里。然后呕吐，呕吐过了再吃……

就这样，寿美代被保安抓着手臂，带到了经理面前。

伴随繁荣的脚步

寿美代重复着让人难以置信的进食和呕吐，陷入无法被理解却又悲哀的恶性循环，最终为了获得食物走上偷窃犯罪的道路。她唯独不想让丈夫得知自己像饿鬼一样翻滚挣扎的样子，但这次偷窃被捕之后，不仅自己的症状被暴露，还不得不住院疗养。

她究竟为何坚持不懈地上演着这一出孤独的独角戏呢？

大量进食、呕吐，或者极端拒绝进食，这些我们乍看十分离奇的症状其实都有专属病名，如“神经性食欲不振”“神经性食欲缺乏”或“进食异常”，毫无疑问都属于心理疾病的范畴，而且患者几乎全都是女性。

寿美代所患的过食呕吐症，也属于在心理原因的驱动下产生无法抗拒的冲动。在临床经验丰富的专家看来，一般这类患者都会先出现拒食症状，在飞速消瘦下去之后，在某个时间点忽然转为食欲亢进症状。据统计，拒食症患者中约有40%都会转为过食症。

这种奇怪的疾病，究竟是从什么时候开始进入人们视野之中的呢？据我从医院临床治疗的现场了解，这种疾病出现在二十世纪六十年代末，七十年代后飞速增加，特别是到了八十年代末，患病人数开始呈几何级数增长，到了近两年增长速度更是进一步加快。

将数据进行比较后我们可以发现，这类疾病的增加和战后日本的经济增长曲线几乎完全重合。现如今日本已经成为财富万贯的超级经济强国，这类疾病的增加速度越发令人不寒而栗。

近年来，这类病例不仅仅数量剧增，还呈现出很强的特征性。原本这类疾病容易在青春期发病，因此以前也常被称为青春期消瘦症。十八岁，也就是高中三年级的患者数量最多，患病人口的年龄分布也多在十五岁至二十五岁之间。

但是最近，这类疾病的发病年龄段正在迅速扩大。从小学三四年级的女孩，到三十多岁的女性都会发病。据医生介绍，患者中甚至还有一些中老年女性。

还有医生指出，在进食异常人群中，过食症患者所占的比例比拒食症的患者还要多。

那么，这类疾病背后所隐藏的心理原因究竟是什么呢？我采访了专门诊断治疗进食异常的精神科专家A医生。

A医生所在的医院距离东京的市中心较远，可就算这样也有很多患者慕名前来求助。医院的走廊里有很多标着“谈话室”的房间，我等了一会，就见到了身穿白大褂的A医生。

“虽然我诊治这类患者已经这么多年了，但关于这种疾病，现在还有很多没有解开的谜团。诊断很大程度上是依靠临床经验进行推断。”

虽然A医生是这个领域的权威，但态度却十分谦虚，让我心生好感。A医生接下来的一席话，深刻地反映了寿美代所处的饿鬼地狱般的悲怆现实。

心灵的空虚是元凶

A医生向我说明了拒食、过食呕吐等进食异常的原因。

“通过对病例的分析，我们发现这类病例都有着共通的心理背景。那就是她们和母亲的关系从婴幼儿时期开始就存在着障碍，或者说缺陷。”

据A医生介绍，婴幼儿只有当自己有需要的时候有母亲在身边，或者有能代替母亲的人在，让自己的需求得到适当满足，才能建立起自己和他人之间正常的信任关系。

比如，婴儿尿湿了尿布，或者饿了想要吃奶的时候就会发出哭声。这时，如果有人一边对他说“小乖乖，这就给你换尿布啊”或者“小乖乖，你一定饿了吧”，一边满足他的需求，他就会得知自己能够获得他人的关怀和保护，心里产生出对他人的信任感。

在成长过程中，心中产生的信任感越多、越强烈，长大后就越是能够关爱自己和其他人。在这层意义上，人心中的“信任感的仓库”可以说是人类的爱之源泉。

不仅如此。人们心中的信任感，也是我们离开父母独立走向社会，或是在孤独中活下去的原动力。

但是据A医生介绍，很多进食异常患者都没有形成信任感这一支撑自己、产生安全感的支柱，因此心中会时刻伴随不安和空虚，并需要通过食物进行填补。

A医生分析，心中时刻挥之不去的内在的空虚感才是这一疾病真正的元凶。填补空虚感的行为之一，就是拒食或是过食。

为了简明易懂地说明这一心理结构，A医生介绍了一个病例，或许可以成为我们解释寿美代行为的一条线索。

我们姑且叫她多嘉子吧。据A医生说，她拥有“在二十四岁的女性中少有的美貌”。

她的体重已经徘徊在三十公斤附近，然而她还在说：“我还是太胖。脸蛋上还有这么多肉，真是烦死了。要是能变成带着棱角的、没有赘肉的脸型该有多好。骨头上直接包着皮肤那样的身材才好。”

“她近乎彻底地拒绝食物，每天只喝两瓶可乐，剩下的就是煮上一点点干蘑菇而已。最让人吃惊的是，虽然她的食量已经小到这种地步了，但她竟然还要去慢跑两千米、游泳一小时，还要上有氧操课……”

她究竟是怎么了？A医生的介绍简直是令人难以置信，但更令人惊讶的事情还在后面。

“虽然身患拒食症的女性患者很常见，但她不仅仅是想要变瘦，而是心中对温暖的东西、冒热气的东西、使人产生情感变化的事物、让人感受到人情味和温暖的感情的事物都表示出了强烈的抗拒。她甚至厌恶人类的肉体本身，不存在对肉体和性相关的事物的向往。所以，她对女性的乳房、月经等代表女性的事物存在强烈的厌恶。”

A医生的讲述，不由让人感觉到在现代社会的底层，正上演着一出离奇的人格崩坏剧。

寻求母爱

很多拒食症患者宁愿忍受坐下时骨头碰到椅子的疼痛，也拒绝长肉。

多嘉子也是其中一员。她不仅拒绝肉体，甚至对带女性色彩的事物、使人产生情感变化的事物都表现出强烈的抗拒。比如说那些催人泪下的电视剧，她都一概不看。

究竟是什么让她变成了这样一个人？据曾经为她诊断的A医生说，解开这一谜团的钥匙，隐藏在她成长的过程之中。

她的父亲是一名随处可见的勤奋上班族，就连周日都很少在家。母亲是一个热衷教育的专职主妇。这里描述的，是一个典型的战后日本家庭的构造。从表面上看，多嘉子家也是这样一个在日本随处可见的普通家庭。只是，她的父亲不仅极少回家，甚至从来不对家人敞开心扉。医生从多嘉子的话语中甚至无法得知她父亲究竟是怎样一个人。

而另一方面，她母亲是一个理智型、感情十分淡漠的人，甚至在和孩子进行交流的时候，也很少流露出感情。

“母亲要求她在几点几分从学校回家，只要迟到一分钟就会大骂一顿。在这样极端的管教下，她一直不知如何和母亲相处，总是小心翼翼、战战兢兢。她从未在母亲面前撒过娇，也没有要过赖让母亲抱她。她是独生女，所以总是一个人玩。”

听了A医生的话，我忽然想起最近在托儿所、幼儿园采访的时候常常听说的“知识育儿”“信息育儿”之类的流行理念。

比如，幼儿园的老师们不约而同都说，现在越来越多的母亲更加偏向所谓的“科学育儿”。她们会首先收集大量关于抚养孩子成长的知识和信息，并将其中的身体和智力的标准值与自己的孩子进行比较，以此决定喂奶的量和时间，同时将其奉为金科玉律，绝不敢违抗。

幼儿园老师们的话语中透露出了这样的担忧：将孩子看作一个无法替代的生命，无条件地倾注自己的一切，通过最原始最坦诚的爱，全面接受孩子的一切——这样的家长在如今社会里越来越少了。有一个老师甚至说，家长们的眼神“十分冰冷，无时无刻不在将自己的孩子和别的孩子的能力进行比较”。

多嘉子的母亲是不是也是这种类型呢？

“因为她的母亲是一个情感比较淡漠，但十分理智的人，所以仅仅停留在从理智上理解孩子，而非用自己的心灵去全面地接受孩子。大概是她做不到这点吧。”

在这样的母女关系中，多嘉子大概曾一边战栗着一边寻求母爱的温暖。在经历了母亲重病和父母离婚的双重打击之下，她的家庭像沙滩上的城堡一样分崩离析。后来，多嘉子在祖母的抚养下长大。

因为大人没有满足孩子心底的需求，孩子的依存欲和对母爱的渴望没有得到满足，心中就会留下巨大的空洞。她心底的空虚感，最终以拒食这种形式体现出来，让她走向拒绝母性、拒绝成熟的反抗之路。A医生的讲述，让人感到多嘉子瘦骨嶙峋的身体形象地刻画出了一个女人生存的艰难，仿佛可以听到她从心底发出的悲伤呐喊。

对爱的执着和反抗

多嘉子的成长阶段没有充分地享受过母爱，最终在和双亲的离别后一个人走向独立。她从小到大一直舍不得丢掉儿时曾经使用过的毛巾被。直到高中毕业，如果不是光着身子裹在那条毛巾被里，她晚上就睡不着觉。

“小时候她母亲哄她睡觉的时候，一定会把她裹在那条毛巾被里面。她的潜意识中会觉得裹在那条毛巾被里，就像被母亲拥抱着一样。”

给多嘉子诊治的A医生这样对我说。然而，一条毛巾被又怎能替代她求之而不得的温暖母爱呢？

为什么像多嘉子一样，儿时没有充分享受过母爱的孩子，会在长大成人后出现拒食或是过食呕吐这种奇怪的症状呢？

A医生如此回答："关于这点，目前还没有明确的科学解释。但是，她现在的情况，不仅仅有拒食症状，还在心理上对于温暖的事物、肉体上的事物表现出了强烈的排斥反应。她表现出这样的症状，如果不是因为从小没有获得母爱，在心理上表现出了对母爱的抗拒，就是出于对自己十分冷淡的母亲的憎恶，从而在心理上对与母爱有关联的食物和肉体表现出强烈的抵触。因为在她们的心中，食物是等同于母亲的。"

在精神分析领域，食物具有"温暖""有气味""有味道""冒着热气"等属性。对于人类来说，具备这些属性的食物，会给我们带来和"母亲"或"母亲的身体"相同的感受。拒绝食物，或是猛烈贪求食物的心理状态，和拒绝母爱，或是寻求母爱的心理状态有其相通之处。

正在接受A医生治疗的另一名患者，和多嘉子有很多的共通之处。这名患者，我们就叫她乃梨子好了。乃梨子今年二十岁，还在东京上大学。让她陷入拒食症旋涡的最直接导火索，其实是她男友一句无心的玩笑，大概是说她稍微有些胖。

最开始她的体重由于拒食直线下降。但没过多久，她的症状突然转向过食，开始不停进食，然后再呕吐出来。

"这个患者患有过食症。我问她进食时的心理状态，她说她心里空虚得非常厉害，为了逃脱无尽的空虚感、寻求依靠，才在找安慰的心理驱使下不停进食。"

她的家庭非常普通，并没有任何特殊之处。她的父亲是一家大公司的销售员，就像其他销售员一样晚上回家很晚，家里和单亲家庭没有什么两样。母亲在她两岁的时候就将她送去幼儿园，自己去了一家小公司工作挣钱。就是这样一个极其普通的双职工家庭。

“我听她说，她直到现在都十分清晰地记得，幼儿园五点放学之后妈妈迟迟不来接她，她一个人在黑漆漆的屋子里一边哭一边等妈妈来接的时候心中是多么害怕、多么不安，仿佛被妈妈遗弃了一样。同时，她也记得早晨在幼儿园门口和母亲告别的时候，心中也同样充满了不安，被无依无靠的恐惧笼罩，头脑中变得一片空白。”

然而，乃梨子的体验并算不上特殊，很多家庭也会出现类似的情况。但为什么偏偏是她患上了拒食症呢？

缺乏父爱的后果

很多将儿女送去幼儿园的年轻父母，都会气喘吁吁地赶在放学之前去幼儿园接回自己的孩子。

虽然乃梨子的母亲也是个争分夺秒和时间赛跑、拼命工作的女人，但在儿时的乃梨子看来，她却是一个“非常冷淡，从不宠爱自己”的母亲。

就算好不容易等到母亲赶在幼儿园关门前把她接回家，回家之后母亲也有很多家庭琐事要忙，脑子里还想着工作的事情，并没有心情去理会自己的女儿。

“虽然她的家境并不特殊，但她的母亲是一个稍微有些歇斯底里、感情波动很厉害的人。话虽这么说，但她母亲也有很多迫不得已的难处。”为乃梨子诊治的A医生如此说道。她的母亲又有怎样的难处呢？

乃梨子的父亲，是一家大公司的销售员，不光工作日回家很晚，周末还要打高尔夫球招待客户，是一个典型的“缺席的父亲”。他平时在家的时间很少，和自己的妻子和孩子几乎没有交流。这样的生活一直持续，也就成了他们日常的生活状态。

据A医生说，在这样的家庭中，母亲不光要扮演母亲，很多时候甚至需要扮演起父亲的角色。比如，像对整个家庭进行综合管理这种任务通常由父亲承担，现在却也落到了母亲的肩上，她不得不一人分饰两三个角色。

“就算那些没有争强好胜心、积极性不高的母亲，也要被迫承担起父亲的角色。她们不得不扮演起不熟悉的自己，强迫自己成为一个能代替父亲的人。我经常遇到那些外表上虽然是个‘妻管严’家庭的主妇，但她们在心理测试中却表露出一个柔弱女性的本真状态。”

由母亲扮演的“父亲”，会给孩子带来怎样的影响呢？

“扮演父亲的母亲，很多时候都在强迫自己。母亲作为一名女性，也存在依赖丈夫、希望从丈夫那里得到关爱的心理。然而对于这些需要扮演父亲角色的母亲来说，她们的这种心理需求非但得不到满足，反而要压抑自己对于关爱的需求，一个人面对生活中的一切。而只有她们在夫妻关系中获得满足，有一个稳定的内心世界，才能对自己的孩子倾注充分的母爱……”

A医生分析，乃梨子的母亲也是未能和丈夫进行充分的互动，内心十分需要他人的关爱。不仅如此，她每天在工作、家务、育儿中疲惫不堪，感情自然容易出现波动。如果考虑到这点的话，我们很难将责任全部归咎于她的母亲。

“母亲在孤立无援的状态下苦苦支撑，心情上必定做不到游刃有余，内心也必定缺少安全感。在这种情况下，她们不光无法准确察觉到孩子的情感表达，也无力回应孩子真正的诉求。”

乃梨子觉得母亲难以接近，所以只好一个人独处。现在，她就像是在用食物填补幼时缺失的母爱一样，大量进食，然后呕吐……

扮演“模拟夫妇”的母女

通过分析乃梨子的家庭，我们看到了她的母亲一边扮演父亲的角色，一边孤独地养育着乃梨子。这固然是她患病的背景之一。然而，在采访过程中，我忽然想起了由精神科B医生诊治的亚季子。B医生在大学附属医院的精神科工作，诊治了众多患有拒食症、过食呕吐症的女性。

亚季子今年二十四岁。以前曾在出版社工作，后来病情恶化，只好辞职回家。她患上拒食症的直接原因和乃梨子相同，也是有朋友半开玩笑地说她“有点胖”。她个子本来就不高，身材也只是稍显丰满，却开始节食减肥。节食渐渐变成了拒食，后来演变成了过食呕吐症。最严重的时候，她的体重曾经一度跌破三十公斤。

医生说：“她出生长大的家庭环境就是我们所说的‘模拟夫妇’的典型案例。”

亚季子的父亲是一个从小作坊起家，发展到现在拥有一家雇员超过两百人的工厂的老板。他经常把“男人的工作就是挣钱养家”“我的理念就是家和孩子应该全都交给老婆”之类的话挂在嘴边，是一个典型的心里只有事业的工作狂。

亚季子的母亲是全职主妇，一心扑在家庭上的她这样评价自己的丈夫：“他是一个穷得只剩下事业心的男人。”

虽然在很多家庭里，养育孩子都是母亲的责任，但亚季子的家庭执行得尤为彻底。就算亚季子翻遍儿时的记忆，也找不到一家三口一起出门买东西的回忆。不仅如此，她甚至从没有过和父亲出门散步的经历，也不曾被父亲高高地抱起来，用脸颊蹭过父亲的脸颊。她的母亲说，父亲给了她们很多钱，日子过得非常奢侈，但结婚之后，心灵从没有得到过真正的滋润，心中充满了空虚。

"在这个家庭里，母亲和女儿在心理上相互联系、依赖的程度高得异常。她的母亲性格善良，但没什么主见，在生活上不可能一个人承担起全部责任，在女儿还年幼的时候就时常有事找女儿商量。而女儿见母亲无依无靠，心中萌生出了要帮助母亲的责任感，扮演起了丈夫的角色。也就是说，她和自己的母亲扮演起了一对'模拟夫妇'。"

孩子本应作为一个真正的孩子，受到父母的关爱，在被家庭接受的环境中长大，才能拥有丰富的情感。但是，如果孩子置身"模拟夫妇"的关系中，则要负担本不应由孩子负担的重任，无法体验丰富的情感。亚季子之所以身陷无法弥补的空虚感不能自拔，最根本的问题大概就是出在了这里。

据B医生说，在分析患者的家庭环境时可以发现，很多患者都处在这类家庭之中。孩子和双亲之一关系过度亲密，形成了"模拟夫妇"的关系，而另一方家庭成员却始终缺席。这种关系不仅限于母女，也有父女形成"模拟夫妇"的情况。

"'模拟夫妇'一旦形成，家庭的基础就可能走向崩溃。扮演大人的孩子要付出代价。小孩扮演大人有多辛苦，就需要用多少实现自我的机会来填补自己内心的需求。这种心理上的代偿不一定表现为拒食或是过食，如果是男孩，可能会表现为赌博成瘾或是追女成瘾，不停地更换交往对象……"

爱恨交织

我在采访精神科疾病治疗最前线的过程中发现，女性出现拒食、过食呕吐症状的背后，一定有和母亲相关的心理问题。幼时经历过的心理失落会长期影响一个人，甚至长大之后也会造成心理问题。

她们如此强烈的执着，甚至让人感受到了她们对母亲的恨意。这种执着究竟是怎样一种心理呢？又该如何对其进行解读呢？我采访了一位为身患此类病症的年轻女性提供帮助的临床心理咨询师。

“一言以蔽之，患有拒食或是过食呕吐症的心理原因，就在于她们不愿成为母亲，是一种拒绝成长的行为。但是，其中细节却完全无章可循。一方面，她们和母亲极其亲密，听母亲的话长大，将母亲的价值观照搬成为自己的价值观，另一方面却又对母亲抱着强烈的反感。这两种心理在一个人心中复杂地交织，形成一种‘二律背反（Ambivalenz）’的心理——在反感的同时又无法离开，陷入了进退维谷的状态。当然，这仅仅是我们对现象的解释，患者本人可能并不这样认为。”

心理咨询师所提到的“二律背反”又是什么意思呢？词典里对这个术语的解释是“哲学用语，表示存在双面价值”“对于同一对象，同时存在爱和恨两种相反的感情”等。

人们为什么会产生这样的心理状态呢？根据A医生从多嘉子和乃梨子的病例中总结出的说法，那是因为她们从小和母亲的关系过分疏远，没有充分获得母爱。

“对于从刚出生到三岁的婴儿来说，母亲是一个能够接受、包容一切的依存对象。而等孩子成长到需要规范行为的教育阶段，母亲就会禁止某些行为，变成一个只能包容部分的依存对象。通过这个过程，能够包容自己的母亲和不能包容自己的母亲合二为一，成为一个完整的母亲形象。但是，如果一开始没有一个能够彻底依存的对象，孩子就会不停地寻求这样一个缺失的对象……”

孩子对于缺失的母爱的渴求和空虚感，会和进食这一行为挂钩，其中是不是有什么特别的理由呢？

“我认为是存在理由的。因为对于婴儿来说，喝奶、进食是唯一能够带来满足感的行为。随着成长，一般人都会不断获得新的自我满足的方式。比如说，有些女孩子会沉迷于阅读小说，将故事中不幸的主人公和自己同化，从而获得满足。还有些人会在和朋友的交往中获得慰藉。然而在现代社会，人与人的交往渐渐不能带来慰藉，因此只能追求独自获得满足感的行为，又回到了和婴儿相同的状态。我认为，她们正是出现了这种‘退化’现象。”

心理咨询师帮助过的身患拒食、过食呕吐症的女性，都是十分孤独，极度缺乏和其他人的情感交流，不能建立起丰富的感情生活的人。她们或多或少都存在自闭的心理，极其典型地表现出现代人寂寞的内心世界。

她们一直在等待

要是有一台机器，能够像检查内脏疾病的内视镜一样深入人的心里一探究竟该有多好。我追踪采访心理疾病的时候，就像在进行一场无尽的数学运算一样，始终找不到确切答案。

本章记录的这些身患拒食、过食呕吐症的女性的内心深处究竟发生了什么，这种现象又说明了什么？我越是深入了解，就越像是陷入了迷宫，心中的不安越发膨胀。毕竟，心理专家们对这一现象的看法其实并不统一，而且他们都默契地表示自己的解释“仅仅是假设”，回避确定性的回答。

在这种情况下我的选择只有一个，就是尽可能多倾听各方面的意见。我又访问了精神科的D医生。D医生在治疗心理疾病的同时，还从社会学角度出发研究现代家庭中某些对心理疾病的形成具有影响的背景性因素。他临床经验丰富，话语发人深省。

“现在人们就怕自己的肚子上多出一点赘肉。你看那位经常被时尚杂志视为理想的出镜形象的王室贵妇[①]，不是说她一晚上能吃空一个冰箱嘛。人们通常先是被‘必须时刻保持身材苗条美丽’这种价值观紧紧束缚，开始节食、减肥，随后行为越发升级，最后陷入极端的饥饿状态。我认为，她也毫不例外。”

D医生随后向我讲述了如何在实验中让动物逐渐对酒精上瘾的方法。要让动物对酒精上瘾，需要一点一点延长投喂饵料的间隔。如果一次间隔太长，动物就会产生放弃情绪。所以需要观察动物的饥饿状态和焦躁程度，算好喂食饵料的间隔进行投喂，这样动物就会去大口大口地喝笼子里的水。有时候动物还会因为喝得太急、太多而造成急性胃扩张，甚至死亡。重复这个过程后，将笼子里的水换成酒，就会观察到平时对酒连看都不看一眼的动物，会去大口大

① 英国戴安娜王妃曾在受采访时表示自己长期受过食症折磨，有时一天要吃四五餐，进食后还会发生呕吐症状。

口地喝酒，时间一长，动物就会逐渐对酒精产生依赖。

“所谓饥饿状态，是一种时刻保持等待的状态。人类会有上瘾症状，就是因为存在饥饿状态。就上面的例子来说，我们人类也会像动物一样，因为没有得到‘饵料’而进入等待的状态。人类的‘饵料’，既可以是他人的关怀，也可以是爱情之类的。这里说的‘爱情’并非抽象上的概念，而是更加具有实感的，比如被人拥抱，或是其他一些行为。哪怕是二十多岁的女性，虽然嘴上会说‘已经过了那个年龄了’，但在精神世界的深处，还处在等待他人给予的状态。”

D医生将人类所不停等待的东西统称为“母乳”。D医生口中的“母乳”，既可以是来自家长的称赞、鼓励、认同，也可以是考上名牌大学这样单纯的目标，甚至也可以是来自异性的爱情。无论其内容是什么，一旦人类失去了“母乳”，拒食、过食呕吐症就会像上面提到的酒精依赖症状一样接踵而至。

“她们潜意识中都十分确信，自己处在等待状态，是因为构成她们整体的一部分有所缺失，因此为了填补缺失所做出的行动都是十分积极、正面的‘好事’。所以就算你让她们不要这样，她们也是根本听不进去的。”

D医生进行了上述铺垫之后，将话题转向了医生、政府官员等光鲜体面的职业背后，一部分女强人不为人知的另一面。

女强人们的夜晚

一位青年经常前往精神科找D医生复诊。他在一家24小时营业的便利店打工，负责结账收款。哪怕是东京这座不夜城，到了半夜两三点钟，店里也鲜有客人光顾。但是，据他说有很多女性每天都会在这个时间段来店里买东西。

“或许是因为他自己也有精神方面的问题，所以才能发现她们的异常。半夜来买东西的女性很多，她们目中无神，而且只买食物，一看就知道是过食呕吐症患者。”

没有影子的、半透明的生物一样的女人们，一个接一个地出现在深深的海底，飘摇在蓝白色的光亮之中，随后消失。一个自身也在受精神疾病折磨的男人目不转睛地观察着她们——这是一幅生动地刻画出现代都市人的孤独和无助的画面。

女医生理沙毕业于一流名校的医学院，在东京实力屈指可数的综合医院工作。她也是深夜去便利店购物的常客之一。

专家指出，患有拒食、过食呕吐症的女性，基本上有几个共通特点。其中之一，就是她们为人做事都非常认真，甚至可以说是太过较真，任何事情不做到百分之百满意就决不罢休，具有强烈的完美主义倾向。这种倾向，精神科医生将其称为“强迫症性格”。这种特性如果过于强烈，就会对日常的工作和生活产生不良影响。

比如，很多单身独居的上班族经常出现这样的经历。早晨出门上班，但是上班途中突然开始担心家里的门是不是忘记上锁了，或是天然气的阀门是不是忘记关了。实在放不下心，半路返回家里一看，门窗和天然气都关得好好的，这才放心重新回去上班。然而，半路上又开始担心起同样的事情来，又回家查看门窗、阀门……

专家们不约而同地指出，最近具有强迫症倾向的人越来越多。而且，患者的年龄分布越发趋向低龄化。甚至有医生发现，小学四五年级的孩子也出现了强迫症的症状。

日本的上班族们必须在严密的管理体制中完美地完成所有工作，就连小学生也会不停地被家长老师叮嘱“快去学习!”“不许忘带东西!”。无论是在家里还是学校都必须做到完美，不允许有任何疏漏。专家们警告，这股风潮愈演愈烈，大有波及社会各个阶层之势。

完美主义的急先锋不仅在学校成绩名列前茅，他们心中的精英意识也十分强烈，时刻要求自己必须领先所有人，否则誓不罢休。同时，他们对自己的控制欲极强，一旦开始节食就彻底贯彻，很容易发展成拒食症。

“很多人甚至对一碗米饭、一勺白糖的卡路里数值都烂熟于心，吃东西的时候精打细算，绝不超过自己设定的卡路里摄入量。他们认为多吃东西就等同于输给了冲动，无法原谅这样的自己，没出息，丑陋，不断坠入自我厌恶的深渊，紧接着就会通过呕吐的方式缓解内心的罪恶感……”

D医生介绍说，此类拒食、过食呕吐患者中，很多都是职场女强人。理沙也是其中之一。结束一天的工作后回归独处的时间，脱下白大褂的她开始了超乎常人想象的“变身”。

被价值观禁锢的女性

“前段时间，电视上不是还有个挺有名的‘夜晚的豆皮寿司’的便利店广告？其实，从女性患者们的生活状态来说，那个广告是非常具有现实意义的。晚上，有很多女顾客在强烈的食欲驱动下来店里买上一堆那种玻璃纸包装好的冷冻豆皮寿司。”

在东京一家综合医院内科上班的女医生理沙，也是D医生口中的女性患者之一。晚上下班回家顺路去一趟超市，会买上十盒豆皮寿司，五盒便当，五个炸鱿鱼圈，十个大福。她买回家的食物，两只手都抱不下。

理沙的丈夫在一家私立大学担任讲师。傍晚七点，两个人共进一顿再平常不过的晚餐。吃过晚餐，她会先将晚餐全部吐出来，然后稍事休息。一小时之后，她这才一个人专心开始真正的过食呕吐。

她的状态和本章开头所介绍的寿美代如出一辙。豆皮寿司、大福、比萨……顺序也是杂乱无章，伸手所及之处全都风卷残云地吃掉，饱腹感刚刚降临，就冲进厕所全部吐出来，然后继续吃、吐。这样重复三到四次。如果食物吃完后依旧无法压抑心中的冲动，还会再跑去超市继续采购……

她每天晚上都会花上三四个小时，专心致志地吃、吐，一眨眼时间就到了凌晨两点。

究竟，是什么让她做出如此怪异的举动呢？

据D医生诊断，元凶之一或许就是所谓的社会价值观。她会不会是在参照了社会价值观后，无法接受真正的自己呢？

“像她这样的女性，精英意识都极其强烈。虽然表面上看，她从一流大学以一流成绩毕业，又当上了医生，从事这种光鲜的职业，但实际上，这一切都是她不断勉强自己、通过挑战极限状态才得来的结果。而她对自己的要求又高得离谱，不愿接受未达标的自己。如果这时她能够承认自己的失败，退出这个死循环，就能获得解脱，但她又不甘心认输，才会把自己弄成一副皮包骨头的病态模样，让别人以为她是因为身患疾病才没有成就更高的发展。”

与此同时，禁锢她心灵的另一个因素和其他拒食症患者相同，都是“能够充分管住自己、保持苗条身材的女人”这一形象的社会性期待。据D医生介绍，特别是在理沙这样的高学历、精英阶层的进食异常患者中，很多人都认为在当今社会，身材肥胖就会一事无成。

最后具体到理沙这个病例，除了上面两点以外，还有另一个内在因素在束缚着她。

“很多像她这样的患者都接受不了原原本本的自己，而是希望通过控制和加工自己获得社会认同。然而她们这样做并非仅仅想获得社会的好评，而是在苦苦寻求一个能够原原本本接受自己的存在。这样一个存在究竟是什么呢？归根结底，还是父母般温暖的拥抱。而她现在缺的已经不仅仅是拥抱，她和她母亲、丈夫的关系，都很复杂……”

D医生的讲述继续深入。

反映了现代“空虚”的人们

理沙白天在综合医院是个超能医生，比所有人都更卖力地工作。而一到晚上，却转身变成一个身陷饿鬼地狱的可怜人。

“一般人都会量体裁衣，而她却反过来削足适履，不断按照社会上的价值观来改造自己、强迫自己，自我肯定的意识非常淡薄。”为她诊治的D医生如此评价道。

她为什么接受不了原原本本的自己呢？我们不妨进入理沙的内心世界，一探究竟。

理沙的母亲是一家私立学校集团的第二代经营者。同时，父母双方都是在各自的领域中小有名气的学者。从她小时候起，母亲就一直肩负经营学校的重任，从早忙碌到晚，因此母女之间的接触很少，理沙始终对母爱抱有饥渴。

“她不是单纯的缺乏母爱。像很多其他病例一样，她们的心中非常清楚，自己的母亲在外面十分辛苦，还有的父母之间关系冰冷，或者母亲和祖父母关系难处等，这一切都会让她心中强烈地感觉到，她需要帮助、关爱自己辛苦又不幸的母亲，并付诸行动。所以，对于这样的患者来说，如果感受不到有人需要自己，就会陷入不安和恐惧。”

如果没有人需要自己，自己就会被抛弃——理沙从小就因为和母亲的心理关系而产生了这种不安和恐惧。在她步入社会、结婚成家之后，更迎来了崩溃。

她的丈夫是她的母亲通过学会的人脉结识，并一眼相中的一位年轻学者。理沙向来对母亲百依百顺，说什么都言听计从。然而，对于这桩就像指腹为婚的婚事，理沙的心理感受还是很复杂。

原本理沙心中还偷偷幻想着有一天王子会骑着白马前来迎接自己。然而现实的婚后生活却彻底将她从幸福的美梦中打醒。她开始恐惧世界上不再有人需要自己。

“家里不缺钱，又住在高级公寓里，工作也光鲜体面，又是一家的女主人，从表面上看来已经十分完美了，但和丈夫的婚后生活缺乏温暖，在医院她也并非是不可或缺的角色。这样看来，她的心理的确会变得空虚无助……”

D医生说，在诊治了众多患上心理疾病的家庭主妇后，他深刻地感受到了现代社会的寂寥。学历、地位、财产——那些一切都以超一流为目标不断拼搏，又对社会顶层心存强烈执念的人们，双眼总被这一目标蒙蔽，到最后心中只剩下无限的空虚。

“我发现，只有她使劲地吞咽食物，又全部呕吐出来，再吃、再吐的时候，才是她人生中最辉煌、最五彩斑斓的一刻。剩下的，就只是空虚无尽的世界。”

— 为妻为女 —

憧憬的背后

海水中泛着一抹春色。

从有轨电车站换乘巴士，大约二十分钟后，就能看到沿海而建的R小镇了。海岬像一双温柔的臂膀，从两侧环抱着这个小小的海湾。岸边绿、红、黄、白的房屋，就像鲜花一样点缀着海湾。

奈美子就定居于这样一个离日本山阴地方中型城市不远的小镇。

就在一个月前，她向东京的家庭法院提交了和丈夫淳一的离婚调解申请，现在刚刚搬到离故乡不远的这座城市开始独居生活。

他们的夫妻关系早已崩溃，但在一家大型证券公司工作的丈夫淳一因为在意面子，又害怕耽误升迁，始终拒绝奈美子的离婚要求。

“我就在巴士站旁等您。”

或许是因为先入为主的缘故，我感觉电话对面的声音听起来非常低沉失落。但实际见面后才发现，她远比我事先想象的要开朗得多。她剪了一头短发，身穿一件通常年轻人爱穿的明黄色短风衣，显得十分合身。我很难相信眼前是一个深受过食呕吐症折磨的人，不由得朝她多看了两眼。

她家窗外就能看到大海，家里光线充足、十分敞亮。但是，我又该如何表述眼前的光明和她所经历的至暗岁月之间的巨大反差呢？

她的讲述，从离婚开始。

“我们是在大一那年认识的。那时他大四，但应该已经拿到工作机会了。”

她上初中的时候，成绩一直在全年级名列前茅，后来顺利升入了全县最好的重点县立高中。高中时期，她也是老师眼里的尖子生，努力的程度连男生都甘拜下风。

“高考的时候，我本来打算报考东京的国立大学，但是最后一败涂地。那段时间，正好赶上家里的事业不是很顺，没办法复读重考，只好不情不愿地上了保底填报的学校。所以刚上大学的时候，我心里特别别扭……”

她和淳一的邂逅，是在大学西班牙语社团组织的校际交流培训会上。那次交流会，社团包下了神奈川县箱根一所大学的学生宿舍。淳一是她没考上的那所国立大学经济学院的学生。

“第一次见面的时候，他待人可好了。在我这个从乡下进城的土包子看来，他简直就像东京上流地区出身的大少爷一样。”

拿到大公司的工作机会之后，淳一就开始积极向她示好。在分公司工作一段时间之后，他被调到了母公司的国际金融部门，没过多久又被公司派遣到美国高等学府深造，顺利拿下了MBA（工商管理硕士）学位后回到日本。

“那时候，是我们脸上最有光的一段时间。他整个人看起来都高大了一圈。他本来就是一个喜欢走在人前、给人带头的人。回国之后，有一天他忽然向我求婚……还说不久之后，可能会被公司派去国外工作，让我跟他一起出国，去国外的大学读研究生，所以要赶紧把英语学好……那时候我也觉得可以跟他组建一个温暖的家庭，之后要是能跟他一起去美国留学就更好了。心中对未来充满了憧憬……”

但是，在憧憬的背后，一抹阴沉的预感掠过了奈美子的心头——

背着丈夫吐出不安

两人在大学认识之后经过长达七年的交往，才终于告别了“漫长的春天”。然而，一切就发生在奈美子和淳一婚礼当晚。送走参加婚礼的来宾和亲友，两人这才来到营业到深夜的酒店餐厅，共享只属于两个人的晚餐。

“婚礼是个可喜可贺的日子，本来想跟他聊聊结婚的感想，或者聊些高兴的话题，但那时候他已经喝得跟一摊稀泥一样。我心里别提多委屈了。你看，一个本来应该一辈子都忘不了的晚上，就这样被他给毁了。可他却一点都不理会我的心情。当时我心里生气，估计话里也带了很多责怪的语气，怪他怎么喝了这么多。结果，他忽然就生气了，一个人甩手就回了房间。”

服务员把他们刚点的两人份的料理端到了奈美子面前。奈美子一言不发地吃了起来。最后，她把桌上的料理全都塞进了肚子。等她回到房间，发现丈夫已经四仰八叉地躺在床上打起了呼噜。

“那天晚上我心里，该怎么说呢……我心里非常动摇，还能不能跟他一起过下去……为了打消我心里的不安，我开始没命地吃，结果最后冲进厕所，全部吐了出来。我的婚后生活，就这样拉开了序幕……”

在东京住了一晚之后，两个人出发前往夏威夷，住在威基基海滩边的一个海景酒店。一天晚上，淳一手里拿着威士忌杯目不转睛地看着电视，奈美子又吃了一肚子的零食和水果，偷偷溜过丈夫身边一头扎进厕所，忍着不出声音，将刚刚吃下去的东西全都吐了出来。

“难得的新婚旅行，他就知道喝酒、看电视……我在一边看着他，忽然心里又动摇起来，忽然像是被饿鬼附身了一样想吃东西……”

奈美子说，她一辈子都忘不掉那个一边流泪一边呕吐的夜晚。在她心中的动摇背后，究竟隐藏着怎样的背景呢？

奈美子口中的“没有考上国立大学，只好不情不愿地上的保底学校”，其实是位于东京的一所一流名牌大学。但是对于她来说，这件事却是人生挫折的开始。对于从小不输男生、从没有将第一名拱手让人的她来说，高考失利在她的人生中投下了沉重的阴影。她从高中时就在心中描绘的先考上国立大学、将来要读研当一名学者的梦想出现了裂痕。

考上大学，然后呢？奈美子面对了所有应试教育流水线走出来的学生都有的空虚感。这时，出现在空虚的奈美子面前的，就是淳一。

“他和一般所谓的男朋友完全不同，是一个能给人安全感，会强拉着你不断进步的人。当时，我曾经梦想的学者之路也越来越不靠谱了，所以心想就当一个能让他喜欢的贤妻良母，去营造一个温馨的家庭好了。然而我跟他订婚之后，出乎我意料的事情却一件接着一件……”

每当淳一谈到国际经济或是自己在公司的丰功伟绩的时候，都会滔滔不绝。然而当奈美子说起女人的生活方式、男人和女人的关系之类的话题的时候，他却毫不理睬。

“我忽然发现，我根本不了解他的人生背景，也根本不知道他真实的一面，而婚期已经近在眼前……尽管心中还有动摇，但我还是鼓起勇气想要尝试着去营造一个温馨的家庭。”

假装平静

究竟是做一个有工作、能自立的女人活下去，还是做一个讨他喜欢、可爱的女人活下去——奈美子心中摇摆不定。这种动摇和不安，或许就来自于这两个相互矛盾的奈美子。我们将这样一个对于自己的将来摇摆不定的女人的心理概括为“不安”这个词语。

不仅如此，在奈美子的内心深处，一直掩藏着另一个无法对任何人倾诉的不安。我们姑且将她的这份不安概括为“闭塞的性之痛苦”吧。

我在采访身患拒食症女性时经常观察到，拒绝自己作为一名女性走向成熟的心理，往往会和拒食的心理纠缠在一起。很多这样的女性，哪怕是和异性牵手、被异性触摸头发都会感到抗拒，就更不用说发生性关系了。

“我倒是没有这种感觉，甚至完全相反……我想做一个成熟的女性，甚至非常希望去享受和谐的性关系……”

奈美子一边这样说着，一边像是在寻找合适的措辞一样陷入了沉思。那么又是什么因素在阻碍她走向成熟?

“毋庸置疑，女性也有性方面的需求，但是万一这一需求遭到丈夫拒绝，一方面会产生十分难为情的情绪——毕竟都是个有七情六欲的活人，这样也太不在理了；另一方面心中会拒绝一切对丈夫的依存，感到自己和丈夫的关系不能让自己成为一个成熟的女性。

“这种情况下，哪怕进行性行为，心中也会十分紧张，生怕自己无法获得快乐和满足。心中的紧张会加剧不安的情绪，只好想尽一切办法缓解不安。而我，则找到了吃和吐这两种行为……”

渐渐地，奈美子断定自己的丈夫是不会关注自己内心世界的感情的。为了填补感情上的空虚，她的过食呕吐症愈演愈烈。

但是，奈美子一方面不断对丈夫感到失望，另一方面却不停地尝试变成一个能讨丈夫喜爱的、可爱的妻子。

“好像是在结婚之前，有一次他指着前女友的照片对我说，他其实喜欢瘦一些的女孩子。这句话一直扎在我的心底，挥之不去，后来形成了习惯，哪怕是稍微多吃一点，都会吐出来。心里总会强迫自己，必须符合男性心目中的理想形象……必须让自己的行为举止都可爱起来，成为一个男性心目中理想的可爱妻子……必须再瘦些、再瘦些……现在想想，我一直强迫自己扮演一个可爱的女人……”

生活方式上的迷茫，性生活的闭塞感、紧张感，令奈美子需要通过过食呕吐的行为来缓解心中不断加剧的不安。但是，她究竟能不能通过这种方式摆脱不安呢？

“吐过之后，就觉得眼前的世界突然变宽敞了。心里的不安顿时烟消云散了。有过一次这样的经历之后，就会觉得只要能够重复这个过程，就能没有任何压力地过上一整天，也不会再双眼无神地盯着他的侧脸发呆，感觉自己这样就能跟他顺利地相处下去。”

虚伪的“娇妻”

在一家大型证券公司以储备干部身份被公派前往美国留学，并取得MBA学位的淳一，按照当初的计划，在婚后第三年前往纽约工作。

两人住在坐落在纽约市中心哈德逊河对岸的住宅区里的一栋高二十一层楼的公寓中。奈美子不会开车，所以淳一就找了这处徒步范围内有超市的地方。

两人住的公寓足有一百二十平方米，客厅宽敞明亮。从十八楼的窗户向外望去，住宅区和河对岸的树林、草地尽收眼底。淳一先出发去公司报到，同年冬天奈美子也去了纽约。

“好像在他们公司，带着洋气漂亮、英语熟练的妻子去国外工作简直是再平常不过的事情了。所以，他从来没考虑过我的感受，认为我理所应当就应该跟他一起过去。但是实际上那段时间我心里还很犹豫，究竟是不是该出国。虽然我也觉得国外的生活还是有魅力的吧……”

第一次在国外工作的淳一比在日本国内工作时还要卖力。每天早早起床之后像在东京的时候一样，出门慢跑三十分钟，回家淋浴之后，早餐要吃米饭和日式酱汤，然后才出门上班。他固执地坚持着生活习惯，寸步不让。

而奈美子的心情和淳一完全相反，就和窗外纽约冬季的天空一样布满阴云。

在奈美子的心里始终有一抹不安挥之不去。她知道只要继续跟这个在强国代名词的知名大企业工作的丈夫扮演“和谐夫妻”，自己就能坐拥被富裕的生活、充裕的时间和他人羡慕的目光所环绕的“妻子”宝座。然而如果这样下去，自己会不会终有一天会被扮演“娇妻”的自己所麻痹，会不会也心甘情愿给一个不断丑陋地自我膨胀的上班族当老婆——这个声音无时无刻不在奈美子的心中回响。

“早上我送他出门后，就会被强烈的空虚感所包围。我刚去的时候，正好赶上下雪的季节。我从十八楼的窗户往下望去，外面是白茫茫的一片。我感觉全世界都抛弃了我，心里堵得难受，每天周围都只有一片白茫茫的世界。”

奈美子过食呕吐的症状在她上高二的时候就偶有发生。结婚之后频度有所提高，而在国外的生活则更进一步加重了她的病情。

在我采访的已婚的过食呕吐症患者中，很多人都表示曾想尽一切办法隐瞒丈夫，还有人说宁死也不愿意让丈夫发现自己的问题，因为感觉一旦被丈夫发现，呕吐的“魔力”就会立即消失。

“我的症状越来越严重，又不能让他知道，心里别提多难受了。所以那时候，我几乎每天晚上都含着眼泪央求他放我回日本。最后，他也没有办法，就让我先回国了。”

奈美子说，当她一个人静下心来以后，就连自己都不知道当时为什么心里就是想不开。

回到日本没多久，她就找了一个小班教授高端英语口语的语言学校。虽然表面上是为了准备回到纽约去找丈夫，但实际上她还是没有放弃自己的学者之梦，想要去美国继续读研。

“就是在语言学校，认识了我的情夫。”

奈美子忽然话锋一转。

主动交代

“我读过精神医学专家写的书，里面说像我这样的女性过食呕吐症患者，很多人都会做出超越社会规范的事情，比如盗窃，或者出轨。而我正是后者。”

奈美子仿佛在说别人一样，半开玩笑般地说出了自己从未对别人吐露过的秘密。

她在外语学校选了一个小班教学、可以和外教一对一单独练习口语的课程。她的同班同学中，有一个在研究所上班的、十分斯文的男性。

“他的头上已经开始有一些白发，最开始感觉像是个中老年人，和我完全不在一个频道。但是有一天放学之后我们偶然同路，聊着聊着忽然发现他的研究领域，正好是我之前一直感兴趣想要挑战的领域，然后我们仿佛一下子就走近了不少。”

奈美子离开一心扑在工作上的丈夫独自回国，虽然心中仍对结婚生活抱着一丝希望，但“离婚”两个字已经开始不时地浮现在她的脑海之中。

“我的丈夫，如果按照社会上一般的‘丈夫’二字的标准来衡量，其实算不上不好。所以我觉得我也没什么资格对他不满。他自己其实也是这样认为的，他有时也会对我说，他就是不理解为什么我总是一脸不满意的样子，说跟他过不到一块去的女人，跟谁都过不到一块去，还说为什么不多给他一些温暖的拥抱，不多给他一些关爱。大概是因为这种欲求不满的心理，结婚之后没多久……”

淳一有时候会在外面喝醉，回家之后忽然大声喊道："我喝醉了你就不管我了吗?"然后把奈美子推倒在地上，像是早就怀恨在心一样不停地用脚踢打她。

"虽然他嘴上说能自立的职业女性最合他的理想，但实际上，他的思想还是非常传统的那种，希望我能够当一个在婆婆面前好好表现、给他长脸的妻子。对于将来的生活方式，我也一直有不少犹豫不决的地方，所以也可能因为这个让他心情烦躁……"

至少要在经济上争取独立，就算继续这段婚姻，自己也没有信心和丈夫处好——然而，就在奈美子下决心重拾梦想、开始努力学习的时候，新的邂逅却出现了。

"因为他的研究领域也和我相同，所以经常来鼓励我。他的关心对我来说真是温暖极了。我最理想的，就是这种不是让我从属于他，不是让我像妈妈对孩子一样照顾他，而是这样在精神上支持我的人。我的这种情绪越发强烈……"

两个人发展成奈美子口中的"出轨关系"，是在三个月之后英语班即将结业的时候。

"我一想到今后不能每周都跟他见面，就抑制不住自己想要跟他表白的心情，最后只好主动跟他挑明。我说，我喜欢他。虽然我知道，我有丈夫，而他也有妻子。而他竟然说也喜欢我，一直压抑着自己的心情没有表露……"

爱情走向分裂

"他经常去国外出差，平时工作也很忙，所以我们在一起的时间其实没有多少。但每次我们见面，他都会给我学习上提出一些建议，还给我介绍了翻译的工作，甚至让我觉得以前从没有过这么充实的生活。”

据奈美子说，另一个使她起死回生的，是他们之间的关系。

自结婚以来，对身体在性方面的不安和担忧就在奈美子的身体里盘踞不去。心中的不安让她身心都陷入紧张，最终让她认为正是这种身心的不安在阻碍她变成一个成熟的女人。但是后来她发现，就连性方面的不安也在和他相处的过程中渐渐消失得无影无踪。

“虽然我也不太知道什么是性方面的满足，比如说，有时候我希望丈夫能在身边环住我的肩膀，但我要是将我的希望说出口，他就会嫌我烦。但是和这个人相处的时候，他就像一股清流，让我紧张的身体放松下来。其实，应该是他在精神上宽容地接受了我。大概是有了这些因素，随着我们交往逐渐加深，他就像一股暖流，流淌进我的身体。如果可以的话，我甚至不在乎是否有形式上的婚姻，只要我们能获得自由，能在一起，就什么都无所谓了。我认为，他也是这么想的。”

感到不安的时候，奈美子唯一能够缓解这一感觉的手段就是过食呕吐。久而久之，这已经成了她的习惯。但是，在和那位男性交往的过程中，这一习惯也渐渐消失得无影无踪。

“但是，无论怎样粉饰，出轨就是出轨……”

奈美子回忆起最后的破灭时如此说道。情夫妻子患病，小孩不去上学，再加上自己丈夫即将回国，一系列的变故将她逼得走投无路，先前充满光明的时光瞬间变成了泡影。

“我打算等丈夫回国之后，就跟他离婚。但是，他却劝我放弃这种冲动的想法，让我再好好考虑考虑，还反复跟我讲，他有病弱的妻子，他和妻子也共同生活了多年，那些东西不能说否定就否定……但是他也说，对于他来说，我同样也是不可或缺的人……”

丈夫回国的航班明天就要降落成田机场了。前一天晚上，奈美子将电话打到了情夫出差所住的宾馆房间。

“现在回想起来，当初我还是不想离开他。但事情也不能总这样下去。我心里慌得不行，想赶紧得出一个结果。我在电话里对他说，我不愿意继续这样了，问他究竟是怎么打算的。我当时的语气可能有些尖锐。我说完，他沉默了很久，然后告诉我他选择妻子……我听到他这么说，大概大叫了一声，然后瘫在电话旁边，全身发抖……”

自从那晚之后，她过食呕吐的症状愈演愈烈。以前只有心中感受到紧张和不安的时候才会发作，但那一夜之后，过食呕吐的冲动无时无刻不在折磨着她的内心。

不吃不吐，就坐立难安。食物吃完了，就冲出去买。买来之后再疯狂地吃，然后呕吐出来……

“丈夫完全没发现我的病症。回国之后，他拿到了一个很高的职位，大概也是没有心思管我了。” 奈美子说。

寻找人生道路的流浪者

奈美子为了和丈夫离婚，选择了分居。她来到这个离故乡不远的海边小镇后，才终于获得了从修罗地狱中脱身、坦诚面对自己的机会。

在面对自己的过程中，她描绘出了怎样一幅自画像？让她每天烦恼、陷入过食呕吐症的真正原因又是什么呢？随着对这些问题本源的不断追踪，我们看到的不是她个人层面上的爱恨情仇，而是一个病态的现代社会。

精神科的D医生诊治过很多受拒食和过食呕吐症状折磨的女性患者。他将她们比作“煤矿里的金丝雀”。

“以前煤矿工人们下井时，都会带上一只金丝雀。因为金丝雀对缺氧环境十分敏感，所以能够替工人们预测危险。现在这些患有进食异常症的女性就像金丝雀一样对时代和社会病态环境敏感地做出了反应，向所有生活在现代社会里的女人们发出了警告。”

D医生这样对我说。他的话里究竟蕴含着怎样的深意呢?

有一个精神分析理论的术语叫“自我理想”。说白一些，就是一个引导自己“想要成为怎样的人”的指南针。孩子十岁以后，特别是十二岁前后，会在脱离对父母的依存的不安和冲动中，拼命寻找自己的生存模式。

对于这个阶段的孩子来说，“将来想像某人一样”这样的理想就是他的“自我理想”。D医生认为，男孩的生存之道通常都比较简单明了，比如“当一个顶天立地的男子汉”，而对于女孩来说，通常并没有一个像男孩子一样明确的生活方式可供参考。

其中的一个原因，是母亲这一代通常并没有给自己的女儿们展示出一个积极肯定的女人的生活方式。

“战后的母亲一代，处于相对富裕的经济环境中，比起自己的老一辈，不仅学历更高，而且都在年轻时受过良好的教育，在鼓励上进的氛围中走向社会并获得成就，甚至试图努力工作并实现独立。然而另一方面，她们仍旧会被灌输传统的为人妻、为人母的意识。很多人并没有经历过多的思考和纠结就轻易地结婚，成为主妇。”

轻易选择的结婚带来逐渐富裕的生活，然而等着她们的，却是一方面在经济上依赖丈夫，另一方面不得不将自己的全部精力都搭在丈夫和孩子身上的人生。总有一天，她们会对这样的生活感到疑问，会感到空虚和孤独，会找不到人生的价值，会在人到中年的寂寞中度过每一天。

“母亲这一代人肯定不会满足于自己选择的生活方式，很多人甚至质疑自己当初为什么嫁给了这样一个男人。虽然现在社会上提倡男女平等、鼓励女性走向社会的口号喊得很响，但是‘女性解放’的声浪越高，女人们对于自己所处的现状就越是不满。人的一生不是说改变就能改变的。所以，很多母亲嘴上通过‘你要努力，否则将来就要变成像妈妈这样’之类的话鼓励女儿努力走向自立，但她们的行为和生活方式却传递了一个截然相反的信号——那就是依赖丈夫才是获得幸福、走向富足的捷径，所以女人必须要可爱、有女人味……这样在女儿的心中就会出现矛盾和纠结，一方面她们试图批判和否定母亲的生存方式，而另一方面自己却无法找到出路。”

自立和依存，很多女性无法掌握好二者的平衡，背负着被二者无情撕裂的生存宿命，踏上寻找“自我理想”的旅途。

对于生存方式的苦恼潜伏在现代女性内心深处。D医生说，这些受拒食或过食呕吐症折磨的女性，正是通过如此诚实而又有些过激的方式，在直面心中苦楚的旅途之中颠沛流离。

奈美子大概也是她们中的一员。

— 两个自己 —

男性社会主导的“女人味”

根据临床医生们的介绍，受拒食、过食等进食异常症状折磨的女性中，有一个群体非常典型，就是那些从小学习成绩优秀、做任何事情都非常努力且身负母亲重托的女性。

她们一方面拥有不输给男生的上进心，同时却又是比任何人都更会体察父母的心意和期待的好孩子，具有软弱的一面。奈美子也是这样的一个女生。

“我小时候，总是留意观察父母的脸色，去扮演一个所谓‘听话的好孩子’。我的父亲是一个对我要求非常严格的人，如果我不听话，父母就会为此争吵。因为我不想看见他们那样，所以一直强迫自己按家人的意愿行事，从来不敢吐露真正的心声。”

像奈美子这样的女生，她们为了让父母满意而拼命努力学习。但是她们努力的动力并非出于自己的理想或爱好，而是为了让父母满意，所以这样的努力往往难以为继。哪怕是按照父母的意愿考上了理想的大学，最终也会迷失自我，无法找到自己前进的方向。

“一旦迷失方向，就会对把自己培养成书呆子的母亲心生怨恨，报复式地自暴自弃，彻底丢掉学习。接踵而至的就是自卑的情绪，试图将自己变成一个依附于男性的‘可爱的女人’。”

当她们否定书呆子设定、试图变成可爱的女人的时候，在她们心目中又会浮现出一个怎样的女性形象呢？当今社会，占据优势和主导地位的仍是男性。因此，她们心目中的目标，仍是一个男人心目中的“好女人”。

“现在无论是电视还是广告，通过各种媒体大量投射出来的，都是些身材消瘦苗条的女性形象。身材是在现代社会得到承认的必要条件，这已经是不争的事实。虽然女人们都认为自己想要瘦下来是出于自己的审美，但实际上，我认为这是她们已经彻底被男性占主导地位的社会价值观所吞噬、所洗脑的结果。”

D医生给我举了这样一个例子，恰好印证了这一点。英国模特崔姬于一九六六年在美国闪亮出道，轰动一时。她的成功，成了印证那个时代所追求的女性形象的标志性事件。当年之后，神经性厌食症在美国女孩中的发病率在短时间内大幅攀升。拒食症成了一个时代的标志。

D医生指出，进食异常症在女性中产生并不断蔓延的原因之一，就是类似潜在的、被社会强迫和控制的价值观。同时他也警告说，想要摆脱这一病症的先决条件，是女性必须要提早意识到这一点。

“首先，就是要怀疑、批判地思考社会所追求的所谓女人味。女性为什么必须保持美丽？保持美丽是为了谁？为什么女性要瘦得弱不禁风？为什么满街都是化妆品的广告？首先需要学会怀疑。其次必须要认识到，女性自己的心灵和肉体的主人只有女性自己。或许我们可以称之为女权主义，但现在很多女性对于这点还太过于无知。”

依赖共生关系的心理剧

“最近，‘依赖共生关系’这个词在美国也经常被人提及，是一个表达人际关系时常用的关键词。”

D医生如此向我说明。所谓依赖共生关系究竟是怎样一种人际关系呢？

比如说，有一个酒精成瘾的丈夫，和一个没日没夜地照顾他的妻子。妻子觉得她自己是全世界最不幸的女人，每天一边流着泪一边照顾丈夫。但是，让我们换个视角。虽然她嘴上说：“不许喝了！下次再喝就不管你了！”但实际上恰恰是她始终在照顾醉鬼丈夫的行为，才造就了一个离不开她的男人。也就是说，她通过这种方式，控制着自己的丈夫。

而另一方面，丈夫不停地让妻子为自己担心，让自己在妻子的心中仅剩下酒鬼这个形象。自己喝酒妻子就会失望，而自己不喝酒妻子就会高兴——也是通过这种方式，控制着自己的妻子。

在这个例子中，妻子一方面试图将丈夫从酒精成瘾的泥潭中拯救出来，而另一方面又通过对丈夫的照顾去获取自己的生存价值。

“这种关系，就像养了一只酒精成瘾的宠物。只要不从根本上改变他们的关系，仅靠治疗丈夫的酒精成瘾是不会有任何效果的。只有妻子对丈夫说，以后不管你了，我自己一个人过，丈夫才有治愈的希望。”

从这个例子我们可以看出，人类有控制他人的欲望。有人通过依赖去控制他人，也有人如果不被人依赖就会心神不宁、坐立难安。所谓依赖共生关系，就是指这两者之间所构成的依赖和被依赖的关系，或者说是统治与被统治的关系。

依赖共生关系最为明显的是男女之间的关系，但父母和孩子之间也不乏此类。处于依赖共生关系中的夫妻或母女之间经常出现贪得无厌地向对方索求、既憎恶又无法离开、既瞧不起又割舍不了的局面，上演着一出出爱恨交织的悲惨戏码。

D医生认为，在依赖共生的同时，为了填补无法完全控制对方时所产生的寂寞、愤怒、渴望等负面感情，就会产生对食物、酒精、药物的依赖，进而染指赌博、滥交、浪费等行为。

医生又说，分析身患拒食、过食呕吐症的女性的内心世界会发现，她们自己也可以构成依赖共生关系。

一个人的内心世界中有两个自己，其中一方不断试图完全控制另一方。

“她们对于自己内心里的‘别人’也十分冷酷，认为可以随心所欲地支配她，将她当作奴隶使唤。如果在现实世界中这样对待别人，一定会遭到厌恶。然而针对内心世界的‘别人’，却可以毫无顾忌地歧视、谩骂。‘看你这只蠢猪！丑八怪！死鬼！’就像这样。而后一个自己，也可以通过当奴隶、忍受谩骂的方式，来控制前一个自己……”

她们的内心世界中，无时无刻不在上演着这样一出依赖共生的复杂心理剧。只有当这出大戏落下帷幕，接受原原本本的、真实的自己，她们才会顺着爱的感觉，走向重生的方向……

高人一等

一个人的内心世界中有两个自己，其中一个自己无时无刻不在折磨着另一个，使其陷入不安——D医生为我们勾勒出身患拒食、过食呕吐症的女性内心之中潜藏的心理构造。那么，试图支配自己的另一个自己的真实面目究竟是什么呢？

我还采访了一个名叫江津子的女性。

从东京市中心乘坐电车，大概一个半小时后，就到了一个由一家知名房地产公司开发的大规模住宅区。道路两侧一排排的洋房，虽然建筑外观样式各不相同，但看起来都透着某种一致的风貌，整齐划一地排在一起。

江津子和上班族的丈夫两人住在这样一个“人工”的小镇。虽然已经结婚三年，但大概是因为还没有小孩，这个年轻的主妇脸上还留着些许学生气。

“不是经常有那种学习成绩又好，又活泼，还当学生会干部的中学生吗？我原来就是这样的。能跟我比高下的只有男生。中考的时候，我想考东京学艺大学附属高中，理由非常简单，因为当时都说那个学校最难考。结果呢，那些跟我争的男生们，一个个要么考上了筑波大学附属高中，要么就是开成、武藏等名校，只有我没考上名校。虽然我考上的也算是全县[①]最好的重点高中，但总感觉就我一个人成了垫底的。”

---

① 日本地域行政划分上，“县”相当于中国的“省”级行政区。

高一那年春天，以失落中开始的减肥为导火索，她开始了近十年在拒食和过食之间摇摆不定的挣扎。

“当时我的体重直线下降，根本没有心思学习，就感觉我活着的价值就只有减肥这一件事。”

上高二那年，她的体重骤降到了三十公斤。瘦到了这种地步，刚开始的时候还需要努力抗拒的食欲已经消失殆尽，摆在面前的食物看起来也像是一堆无机物一样让她毫无胃口。然而没过多久，她就像众多其他病例一样，突然由拒食转变成了过食。

“高二下半学期期末那段时间，每天早晨我都装作去上学，走到半路再返回来，去超市买上好多面包、零食之后回到家里。那时候我妈也在外面工作，所以白天家里没有人，我就躲在房间里，吃上整整一天……”

因为总在同一家药房买泻药会引人怀疑，所以她还到处找不同药房分批购买，一口气吃上三十多片，一边吃东西一边上厕所。

就算是遭受了升学考试挫败的打击，她的这种冲动未免也太过离奇。

“我初中和高中的时候，不知道为什么就特别想高人一等。我这种想法，既不是父母的要求，也不是我家庭不幸或是经济困难，就是心里有一种观念，必须要成为富有的、高人一等的人。虽然我并不会瞧不起那些没有走向成功的普通人，但是我自己绝对不要普通，所以我要给自己树立目标，努力学习。”

以考上国立大学医学系为目标努力学习的女尖子生，最终沉沦在了拒食和过食的深渊之中。但根植于她意识深处的“确立目标、努力追逐、不达目标誓不罢休”这一行为模式，却从未消失。

树立目标并活在计划之中

曾经为了成为有钱有势的社会赢家而努力的尖子生——江津子，现在已经和一个上班族结婚，成了一个普通的主妇。但是我仍在她身上看到“成功强迫症”的后遗现象。

“其实就连我自己都觉着奇怪。每天晚上睡觉之前，我都会在脑子里面预习一遍明天的计划，从早饭的菜单，到几点几分穿什么衣服……以前上班的时候，我甚至还会盘算着晚上回家之后要一边洗衣服、一边往澡盆里放水，还有晚饭要做什么菜，要先切好这个和那个……脑子里全都要过一遍，有时甚至还要记在本子上，哈哈。”

如果需要和谁见个面，她甚至还会去预想对方会问自己的问题。迟到和意料之外的失败实在太难为情，是绝对不能容忍的，所以她每件事都要计划得滴水不漏。

“虽然我也不知道是什么时候养成的习惯，反正我的内心里始终有一个念头，就是要树立目标，然后以最短的捷径，用最高的效率达到目标。所以，我这个人一旦没了目标就会陷入恐慌，如果不朝着某一个目标按照我的计划去往前走，也会害怕，而一旦计划被打乱，或者没得到计划中的结果，同样也会慌得不行……”

上高中后她患上过食症，就是因为心中的恐慌无法抑制所致。

直到现在，如果无法抑制恐慌的波涛，她就会在丈夫八点出门上班之后，去超市采购今天的食物，上午九点就开始进食。

“我吃东西的时候几乎只嚼上两三口，完全是在狼吞虎咽，所以我吃不了大福那种糯糯的东西，尽吃些曲奇饼、花式面包、海苔卷之类的，不停地吃。吃到十一点左右，我就会觉得困，接着去睡觉。过了正午，睡醒之后还会接着吃，一直吃到傍晚六点左右才能罢休，然后我老公大概七点多回家……”

究竟是怎样的心理状态，能让她接连不停地吃上十个小时？

她和丈夫是大学时的同班同学，毕业之后就步入了婚姻殿堂，是一对类似朋友关系的夫妻。丈夫回家之后，她马上就会换上另一张面孔。

受过食呕吐症折磨的女性中，有很多人都会在激烈的进食之后对自己的母亲拳打脚踢。江津子表示她非常理解她们的这种行为。

“虽然我不会去打谁，但吃过度之后，我就会控制不住地想要哭出来。经常是又哭又嚎，还找碴跟老公吵架。我意识清醒的时候，其实一次都没有哭过，而且几乎从来不会做出冲动的事情，从来没被怒气冲昏过头脑。我又哭又嚎的行为只会发生在过食之后。”

“我恨死你了！我们分手吧！你要是不喜欢我这种女人就明说！你说啊，说我们分手啊！”

江津子在激烈的过食之后，总会这样哭着号叫着向自己的丈夫发泄。

“我老公很久之前就知道我过食的事情。我白天过食，没给他准备晚餐，他从来没埋怨过我。我胖也好，瘦也罢，他也什么都不说。我跟他哭，他也只是哄我。我也不知道，他内心到底是怎么想的，所以这让我更加不安……”

江津子像企业的管理系统一样，总是按照事先定好的计划去完成预定的任务，把自己绑得牢牢的。难道她只有沉浸在过食这一脱离日常的行为时，才能重新找回真实的自我吗？

还是说，她已经被现代社会的窒息感逼到了不通过这种脱离常轨的手段，就不能回归日常的地步了吗？

我究竟想干什么？

过食就像是一波波袭来的狂涛，刚刚经历过退潮的平稳，却又身不由己地被下一波冲动的狂潮裹挟着卷入黑暗的旋涡之中。最后，在向丈夫哭嚎着发泄之后陷入深沉的睡眠，又迎来第二天的清晨。

“我这种状况和喝醉酒还不太一样。酒喝多了会出现短暂失忆，但我在过食之后，头一天晚上的事情都记得一清二楚，但早晨起来之后感觉一切都像一场梦，跟没事儿人一样。”

然后，江津子又能回到日常，重新做回一个平凡的主妇。我听她讲述过她不为人知的另一面之后，就像同时面对着两个江津子一样。

其中一个，是树立明确的目标、朝着目标笔直前进、过着计划中的人生的江津子。而另一个江津子虽然对前一个自己冷眼相看，却不得不选择屈从，但她会不时通过上演过食的疯狂戏码来进行反抗。

“我觉得无论是谁，多少都有自己的人生目标和理想，但是绝大多数人都不可能一帆风顺地实现它，或多或少都会绕些弯路，或是做些和目的不完全相符的事情。虽然我心里知道人或多或少都会走弯路，感兴趣的事情也会发生变化，却始终不能原谅错失目标的自己。所以，如果不是始终有一个具体的目标，我就会不知所措……”

达成目标意味着什么呢？对于曾经的她来说，目标十分明确而且具体，那就是考上那所全国最难录取的大学的医学专业，战胜所有对手，在竞争中脱颖而出，成为医生，获得地位和金钱。对于她来说，这才是人生价值所在。

“现在回过头来，我上初中、高中的时候，一心只想着出人头地，根本就没有理解这个世界上有很多种人，每个人都有每个人的生存方式，这才是真正的世界。无论是在学校还是在家庭，我都没有学到这点……”

我们人类，每一个人都是一个无法替代的生命，都是一个不可以通过容貌、能力、地位来排序的、独一无二的宝贵存在。或许我们可以将其称为“人类观”，一种发自内心的尊崇个性、尊敬并爱护人类的价值观。江津子认为自己没有获得这种价值观。

如果没有一个能够尊崇每个人的生活方式，并宽容地接受它的价值观，人生中就会只剩下不断挑战新的更高的目标，在竞争中存活这一种方式。脱离了竞争轨道的江津子，是不是还没有找到一个能够取而代之的新目标呢？

“说白了，我也不知道我现在应该怎么做，不知道自己究竟想干什么，将来要怎么活下去才好，所以才会陷入不安。”

现代社会最具特征的景象，就是所有人都被计划所追赶，都在和时间赛跑，急匆匆地度过每一天。而江津子则正好相反，没有计划就会陷入深深的不安。

让我们想象一下，她在不安的驱使下，在午后空无一人的房间里沉默地吞咽东西的样子。她的身影仿佛向我们讲述着被剥夺了在闲暇中享受时间之乐趣的时代悲哀。

不惜消灭肉体

“我要减肥，不是想要变漂亮、吸引男人们的目光，而是想消失，想让自己从这个世界消失……”

沙绘，今年二十三岁。从这样一个正值妙龄的女青年口中听到这样的发言，我不禁惊讶得合不拢嘴。

据她说，为了让自己从这个世界消失，她甚至曾用利器伤害过自己的身体。她卷起毛衫的袖口，说这就是当时伤害自己留下的伤痕……展现在我面前的，是左手手腕上多条利刃造成的细细的、微微有些隆起的伤痕。

“大概是从初中三年级开始，我觉得自己的长相非常丑陋，心中充满了自卑情绪，比如跳集体舞的时候男生不愿意跟我握手，哪怕是这些小事都挥之不去……”

去百货店买衣服的时候，她也不敢自己挑衣服或是在镜前试穿，只好让母亲替自己挑选衣服，自己却躲在一边偷偷观望。

“后来，我渐渐越来越无法忍受自己的肉体。我开始认为，肉体不过是灵魂的容器。我自己的肉体，我想怎样就怎样。这具肉体害我如此痛苦，我就要淡化它的存在，要让它从这个世界消失。”

她开始拒食。曾经六十二公斤的体重骤降到了三十三公斤，随后又像诸多患者一样，转为严重的过食。

“这是我症状最严重的时候。”

她说着，从包里拿出了一张插画风格的画像。画里的她身体赤裸，颧骨和骨盆异常隆起，就像一具骷髅一样可怕。

很多进食异常的女性患者精神状态都和沙绘类似，由于存在自虐心理，她们想让自己的肉体变成皮包骨头的状态，又都对肉体等具有感情象征的事物、温暖的事物、有人情味的事物表现出强烈的抗拒。

“要是能变成一具骨头就好了。能变成无机物飞扬在空气里的话，我就是全世界最幸福的人了。”

“要是我能沉到深海的海底的话，估计会特别舒服。”

“我想一个人漂浮在宇宙星际。”

这些告白如实地描绘出了她们的内心世界，折射出她们强烈想要将自己的存在变成一个抽象概念的愿望。

但是深入沙绘的内心世界后我发现，驱使她通过拒食实现上述心愿的各种动因其实极为错综复杂。

“我的父母都是中学老师。父亲是个非常严厉，甚至有些暴力倾向的人。我的脑海里总是浮现出这样的场景：一个冬天的晚上，吃饭的时候，父亲不知怎么突然发起怒来，把通着电的被炉整个掀翻了，放在桌子上的面条扣在了母亲的脸上，被炉下面的红外线加热器的光映红了她的脸——就是这样一幅画面。母亲经常被他打，我上小学的时候有一次因为不爱学习，惹父亲生气了，他就抄起菜刀砍在我的书桌上。我们全家都怕他……”

沙绘家里明明有四口人，但饭桌上却只有三个人的座位。

“父亲从来都只让母亲把吃的端到他的房间，自己在房间里吃饭。孩子们有时候也自己做饭自己吃。我们家从来没有四口人聚在一起吃过东西。”

沙绘悲伤地回忆说，她的哥哥憎恨这样的父亲，曾经认真地对母亲说“我来帮你把爸爸杀掉吧”。但是在憎恶父亲的同时，她也对屈服于父亲的暴力而不敢反抗的母亲心怀恨意。

对男权社会的抗拒

沙绘的故乡在日本的北陆地区，是一个临近日本海的小镇。父亲是一个农民家的孩子，据说是通过相亲认识了在邻县一座中等城市里长大的母亲。

“母亲的年龄比父亲大，似乎有很多无法抗拒的理由，她才不情不愿地和父亲结了婚。不仅如此，听说他们刚刚结婚不久，她就被父亲要求在一起的时候不许靠近距他五米的范围之内。”

哪怕是旧习盛行的当地，她父亲男尊女卑观念的严重程度也让人感到有些不正常。在家不仅经常对家人大喊大叫，有时甚至会付诸暴力——沙绘回忆起小时候，记忆中就只有这样一个父亲的形象。

“只要家门外响起停车的声音，母亲和孩子们全都如临大敌一样紧张起来。所以我小时候根本就没有被父亲抱着放在膝盖上的记忆。”

母亲在结婚前，常常作了短诗往同好杂志投稿。她把自己写的短诗全都整理在笔记本上，珍藏了很多本作品。有一天，母亲的笔记本被父亲发现了，父亲勃然大怒，把它们全扔了。

据母亲说，父亲家本来就有这种暴力倾向的家风。祖父是一个农民家的长子，没有学历。祖母却是一个与他家门不当户不对的大户千金。面对当时来说已经是知识女性的祖母，祖父心中一直存在自卑情结，时常对祖母施加暴力。

“父亲完美地继承了他家阴暗、粗野的血统，我怀疑他心中也抱有和祖父相同的扭曲心理向母亲发泄。”

但是，沙绘对于母亲的感情也是复杂而矛盾的。父亲手里拿着菜刀在年幼的沙绘面前比画，把她吓得瑟瑟发抖，母亲却只是默默旁观。

“母亲身上好像有种莫名的绝望感，几乎没见过她情绪激动地反抗过。她肯定十分后悔跟父亲这样一个性格粗野、没有人性的人结婚。所以，她又怎样能够爱上这样一个男人的孩子呢……我是这么觉得的。”

沙绘小的时候，经常大声斥责母亲，和母亲发生争吵。她说，她这样是为了知道母亲对自己的看法，是不是真心爱着自己。

“你为什么不看着我！为什么从不抱我！为什么从不爱我！”

沙绘的心中，曾经这样呐喊。

她回想起自己的过去，觉得自己患上拒食症、变成这样皮包骨头的样子，也是为了变瘦进而得到母亲的关注和关心，是一种检验母亲是不是爱自己的行为。

沙绘说，对她来说母亲就是自己的救命稻草。哪怕现在也会像幼儿追寻母亲一样，对母亲抱有异常的执着。与此同时，她的母亲也在通过照顾受拒食、过食折磨的女儿，来填补对于丈夫的爱的空白，从而阻碍了女儿在心理上的独立。

“我会当街打我的母亲……”

也许，这也是她甩开母亲自哀自怜的双手，挣扎着寻求自我独立的表现之一。

“我特别理解不了，母亲为什么不和父亲离婚。我觉得肯定是她只把这段婚姻作为生存手段而已吧。”

一段在女儿看来如此冷漠的婚姻关系中，母亲将数不尽的辛酸寂寞都藏在心里苦苦忍受。与此同时，她也一定对于自己身为女人这点充满了悔恨吧。

她的母亲难道不正是将自己的悔恨，通过父亲、男性、暴力的符号传递给自己的女儿，好让她察觉到潜藏在当今男权社会深处的暴力性和统治的压力吗？沙绘在这个社会面前止步不前，不知如何接受自己作为女性的身份，所以选择让自己消失……

男人们的自闭化

身受拒食、过食呕吐症折磨的女人们通过自己的病状，向我们的社会发出了怎样的警告呢？在本章中，我们倾听了她们的心声，同时尝试着深度解读她们向我们释放出的暗号。但是，无论怎样追寻，却始终无法完全看清她们内心的全部真相。

虽然我们知道她们是病人，但当我在街上遇见她们、和她们交谈时，她们看起来就是一个个普通的女青年，根本无法从她们身上察觉出任何异常。

但是，当我第二天继续对她们采访的时候，却又会听她们说："其实，昨天回家之后我又犯了一次。在车站前连着吃了五六家汉堡店，然后又去好几家咖啡厅吃了蛋糕……"

从她们的脸上，我根本无法想象她们心中压着多么沉重的包袱。因此我推测，哪怕是那些我们身边看起来极其普通的女性，其中也可能存在着很多隐形患者。

这种病症为什么会在女性之中广泛发病呢？我再次找到了精神

科的D医生。D医生认为，正是现在社会的种种弊病使特定的女性人群受到强烈影响，让她们感到无法正常地、有自尊地生存下去，这是造成她们发病的一个重要原因。

本章中曾经提到过，现代社会的女性正在受到多座大山的压迫。

“比如，您可以试着去分析一下化妆品的广告，看看里面都说的什么。那些广告的潜台词简直就是说，女人啊，你们原本既难闻又丑陋，简直不堪入目，头发都分叉了，还怎么好意思上街？在充斥着如此潜台词的现代社会中，社会评价人的标准越发严苛。一个人的眼神，体味……如果全都一一在意，就会有无穷无尽的焦虑。这在以前叫作神经官能症。要是用这个标准衡量现在，恐怕可以说日本全国人都陷入集体神经官能症了。”

那么，同样的问题难道都和男性无缘吗？D医生表示，男性也有患上这类心理病症的风险。这一点早在第二次世界大战时明尼苏达大学受美军委托进行的人体饥饿实验中就已得到证实。

但我们又如何解释虽然男性也有患病风险，患者数却很少这一事实呢？

近年来，二十五岁或三十岁以上的青壮年男性中，很多人都不愿从学校毕业，或者是就算从学校毕业也拒绝走向社会，把自己关在家里，变成一个“宅男”。同时，对性漠不关心的男性也逐年增加。

D医生举例分析道：“他们并非没有性冲动，平时也会购买成人杂志或成人录像，但他们却不愿和女性发生性关系。这是因为他们畏惧真正的性关系。他们害怕将原原本本、毫无掩饰的自己暴露在外，害怕与他人的接触，害怕作为一个男性受到他人的评价。”

男性的自闭化，是否是一种和女人们的拒食、过食呕吐症相类似的现象呢？

“男性也有很多病症，比如说工作成瘾的工作狂，或是沉迷于提升业绩的业绩依赖症、晋升依赖症，沉迷于计算机的技术应激症等。虽然这些现象并未普遍被社会认为是问题，但其本质难道不也是一种人的异化吗？而且，或许将来男性身上还会发生更多我们从未见过的现象。我现在正在进行这方面的探索……”

在无色无味、没有实体的精神重压下，将时代的空白感摄入体内的男男女女，是否正在发生着连自己都无法察觉的变化呢？我们的采访仍旧看不到尽头……

后　记

如今，“世纪末”这个词已然不再新鲜，不妨说早就“司空见惯”了。时间行进到了二十世纪九十年代，这个被大众媒体争先恐后使用的表达方式，转眼之间已平庸得堪称陈词滥调。

本书收录的“快节奏的城市”和“呕吐的女人”两章，原本是以“行走世纪末”为标题，合为一章撰写的。在本书执笔的一九八八年到一九八九年这段时间，我对“世纪末”这个词尚有新鲜感，一边追踪世纪末的症状一边行走在大街小巷，捕捉到十分契合纪实题材的时代氛围，还颇为沾沾自喜。但是，这段报道在报纸连载结束后，我并未立即将其整理成书。稿件在箱底沉睡经年，外面的世界已然天翻地覆。

在大众媒体上，“世纪末”忽然成了热词，而社会的状况更变本加厉地掏空了这个词的内涵。这个明明应该是飘散出腐臭、颓废等气息，使人感受到人情世故的末世悲凉的词，现在却变得既没有悲叹和忧愁，也没有兴奋和愤怒。不禁令人感叹，现在这个词的意义，就只剩下被人们忘却的无色无味、不痛不痒的每一天，像一座无人的工厂一样在那里毫无意义地空转而已。在这样的世纪末之后，我们会迎来一个怎样的世界呢？

前几天，我有幸和在日本津田塾大学任教的美国学者道格拉斯·拉米斯先生一起，就日本人为什么会努力工作直到过劳死这一主题进行了对谈（内容收于《为什么日本人宁死也要工作》一书，岩波书店出版）。在我们的讨论中，“垃圾”这个象征当今社会某些现象的关键词被频频提及。

“垃圾”这个概念包含两重含义。人类活在世上，无可避免地会通过牺牲人和自然的宝贵资源来大量生产、大量消费很多根本不是必需的东西——刚一生产出来旋即成为废弃物，这是“垃圾”的含义之一。另一个含义，则是被大量生产、大量消费的体制彻底禁锢、无法动弹的社会。从这两个角度来衡量，日本社会的现状无疑就是“垃圾”的代名词。

在和道格拉斯先生对谈中我也曾提到，日本人工作到死的过程，不仅是为了“垃圾”而工作的过程，同时也是通过大量生产、大量消费垃圾，来维持饱食繁荣的现状的过程。

如果说土地是抬高泡沫经济幻梦、令金钱如河水决堤般泛滥成灾、迷惑人们内心的元凶，那么和泡沫一起将人们逼上发疯的绝路上的，不正是“垃圾”吗？

此前我读过一本题为《大量浪费社会》（宫岛信夫著，技术与人类出版社出版）的书，获益良多。比如，日本每年能生产一千七百万辆汽车，两千万台彩电，如果将生产出来的汽车全部在国内消化的话，全国所有家庭都要每两年换一台汽车。换车，就意味着扔掉现在手中的汽车，将其报废。我们不断工作、不断销售、不断被广告洗脑、不断地购买，就是为了产生更多的垃圾。

为了提高产量激活生产、为了提高效益，就必须不断变着法子推陈出新。为了加快生产和消费的节奏，就必须让人们将手里的东西用过即丢。

罐装啤酒、罐装乌龙茶这种我们几乎每天都会喝到的商品，就是最具代表性的例子。明明用玻璃瓶装就可以将资源循环回收，厂商却偏要使用铝制的一次性容器，这样才能飞速拉动铝合金的产量，新建铝罐工厂。同时，通过将容器改成铝制，销售方式也从人卖给人变成了自动售货机贩卖。自动售货机的生产量飞速增长，以至于现在存量已超二百五十万台，可以说是遍布全国。平均每十五户家庭就有一台自动售货机在提供服务，这密度应该算得上世界第一了。将一百日元硬币塞进售货机，按下按钮，咕噜咕噜咚的一下，商品就会从机器里掉出来。然而整个过程都需要消耗电力，仅自动售货机每年消耗的电量，就是一个天文数字。

污染城市、污染山林的瓶瓶罐罐是破坏环境的一大根源。铝罐和木材、纸制品不同，从腐蚀降解到回归自然需要近五百年的时间。想象一下被垃圾填满的日本列岛，将会是一副多么可怕的情景！

然而，即便是这样，我们却还身陷“垃圾”的循环之中，为了维持生产和消费的节奏我们拼命地工作，同时大量进口制造垃圾的能源——石油。所以我们才不得不面对中东石油供给断绝的风险，不得不为伊拉克战争这一每天将五亿美元白白扔在沙漠里的战争埋单。在这层意义上，海湾战争给了我们一个重新审视当今的饱食繁荣的社会的机会。我们真的可以乘坐着这样一艘被充满欺瞒的“垃圾”和泡沫托着的破船，漫无目的地航行在茫茫大海上吗？正是这场战争，将这个关系到我们最根本的生存方式的问题摆在了我们眼前。

我们又如何能从这样一个充满欺瞒、势如累卵的饱食状况下脱身？脱身是否可能？抑或，归根结底，人们又是不是真的希望从其中脱身呢？这些都是我无法解答的问题。

近期，包括一些经济学家在内的很多人都站出来提出了一个十分现实的警告，那就是在不久的将来日本会面临崩溃。虽然不知道他们说的崩溃具体是怎样一种形式，我却从这些预言式的警告中感受到了某种共鸣。不仅仅是日本，如果我们人类每天都沉迷在不断增殖的“垃圾堆”中，每天被人从背后催促着疲于奔命的话，那么全人类的崩溃可能随时都会到来。

会这样想，可能是因为我也上了年纪，或许是自己也疲于奔命，无力纾解疲惫的心灵。我感觉，不能这样下去了。事已至此，不如让我们下定决心不再逃避，好好看看饱食社会化为泡影之后的、真正的世纪末是一副什么样子。

一九八二年以《妻子们的思秋期》为开篇连载的《日本的幸福》系列专栏及其续篇《行走世纪末》系列文章均已经出版成书。这个过程离不开众多朋友的帮助。对欣然接受我的采访的诸多受访者，以及毫无保留地为我提供专业知识和信息的各位朋友，不胜感激。

还需要感谢日本共同通讯社出版局的木村刚久先生。是他不断鼓励心存懈怠的我，将这些险些落后于时代的文章集结成册。还要感谢杉浦康平、铃木一志两位，是他们给予了这套以《妻子们的思秋期》为首的丛书精美的装帧设计。

在此，向所有帮助过我的人致以最诚挚的感谢。

斋藤茂男
一九九一年六月

追踪采访

— 寂寥的穷民们漂泊依旧 —

食况惨烈的人们

在记者生涯中，我常常听不同的朋友提到相同的问题。他们相互都不认识，又处于完全不同的社会领域中，却说出了惊人相似的话语。有时候，听着面前的人正在说的事情，却感觉好像以前在哪里听说过。在不断地搜索记忆后，所有的线索都会彼此贯穿，拼出一组社会现象——大概很多人都有过类似的经历。

我有一个记者老朋友，平时和日本中央政府官员接触较多。有一次，他跟我说起联合政府[①]成立后备受媒体关注的官员们的发家史，聊着聊着忽然十分感慨地对我说："这些家伙真的很顽强，强到我都觉得他们是不是在还是精子和卵子的时候就已经带上这种天性了。"

那段时间，电视上刚好正在热播一部叫《甜蜜之家》的电视连续剧。这部电视剧讲述了一对父母为了让孩子能够考上名牌私立小

---

① 1983年12月18日进行的日本第37届众议院总选举中，自民党遭遇惨败，被迫和新自由俱乐部党组成联合政府，由中曾根康弘出任首相。

学而东奔西走，使尽招数争红了眼的故事。野际阳子饰演的学龄前儿童补习学校的校长，布施博、山口智子饰演的井上夫妇的癫狂之相十分真实，极为准确地表现出了当下社会的一个现实截面。

聊完了时下流行的电视剧，朋友又将话题转回了官员身上。

“要说东京大学毕业、进入大藏省（财政部）工作的超精英阶层，他们很早就投身于曾经只有特定阶层才有特权参加的‘考学战争’，小学就上四谷、大冢之类的名校，然后一路过关斩将成为名副其实的考场精英……可能社会上的人都是这么认为的。虽然确实有人通过这种方式走上了成功之路。但之前不是有个刚刚上班没几个月就自杀了的人？这类新闻，媒体都是不报道的。虽然好些人看起来就像还要妈妈陪着来参加就职典礼的样子，但是也有另外一些在婴儿潮年代[①]出生，成为局长候补人选的中年人相当厉害。”

“相当厉害，怎么说?”

“他们体格魁梧，干起事情来雷厉风行。虽然前期也会让部下帮忙收集资料和政策分析中能用得上的数据，但最终的报告书三天就能写出来。这些家伙的脑子的确非常厉害，而且从他们身上，你能感觉到一股近乎野兽的压迫感。像和政治家们拉关系，还有在机关里搞政治，他们在这些方面全都有可怕的猛劲。”

在朋友的讲述中，最具说服力并让我浮想联翩的，莫过于他们在完成了编制预算这种最需要人手的、长时间高强度的劳动作业结束后的样子。

“在完成了一场‘战役’之后的晚上，他们吃喝的样子简直可以用‘惨绝人寰’这几个字来形容，完全就是‘暴饮暴食’这个词

① 此处指日本第一次婴儿潮，既1943年至1949年的婴儿潮。

的真实写照。一杯接一杯灌酒之后，还要一口气吃上三盘意大利面。”

“那他们那方面的生理需求呢？”

“公务员宿舍房间本来就小得很，好多家里孩子中考或者高考的人都放弃了夫妻生活。可能说出来很多人都不相信吧。但是另一方面，一些年纪比较轻的，也会选择出去找特殊服务。找特殊服务的时候，他们也只是在发泄而已。不这样的话人会疯掉的，因为他们所处的是一个压力巨大的世界。”

几天之后，我向精神科医生打探临床医疗现场所见到的众生百态时，也听到了同样的事情。

“在医生圈子里，比如外科医生之类的，好多人在做完一台手术之后，不使劲吃、使劲喝就完全无法舒缓心中的压力。手术的压力太大了，做完手术之后仅靠休息根本无法释放，他们的身体需要和压力同等程度的外界刺激。通过大量进食来缓解压力的方式是再平常不过的了。”

在思考依旧保留着大量动物本能的暴力性的男性世界时，我的思绪又辗转漂移到了一个离婚的案例。

壮汉的暴力

A先生今年四十八岁。他的妻子A子今年四十七岁。

虽然我在采访中不会刻意打探采访对象的过去，但在最近采访的几对离婚案例中，有好几对夫妻双方都是婴儿潮时期出生的一代人，又都是年轻的时候参加学生运动认识并最终走向婚姻的。其中一个妻子向我讲述了自己的凄惨遭遇。在那个上下都在叫喊“大义”的时代，人人都在精神的共振带中异常敏感，在类似催眠状态的陶醉中相互吸引，而现在却像从美梦中醒来一样。或许这一代人，已经全面进入了清算时期。

A先生两口子虽然都是婴儿潮时代出生的人，但是却和上面说的学生运动毫无关联。

A先生年轻时曾参加学校的划艇运动社团，是一个身高一米八的壮汉。之所以想起了这对夫妇的案例，是因为听说他和官员还有外科大夫们一样，都有着暴饮暴食的习惯。

他从一所国立大学的工科研究生院毕业，拿到了硕士学位后进入了一家钢铁厂。在他走入社会的那个年代，人们心中“钢铁立国”的思想还根深蒂固。

一个曾在钢铁厂工作的朋友告诉我：“比如，像日本钢管集团福山炼钢厂这种技术先进的工厂像雨后春笋一样在全国出现的时候，人们都急红了眼想要让厂房早日完工。哪怕能早完工一天，施工费要多少给多少，因为早一天投产能带来的利益远比施工费要高得多。在那个所有人都相信经济能够永远增长下去的年代，很多由大学工科教授推荐的优秀人才都进入了钢铁行业。”但是，无须赘言，各位读者当然也都知道钢铁行业后来所遭遇的变故。A子说，A先生也正是受此牵连被分配到了和钢铁厂总公司没有直接关系的部门，但是无论从前还是现在，他始终都是一个工作狂。

据说，结婚没几年A先生就开始对她施加暴力。也就是说，他们的婚姻一半以上的时间都是和暴力同在的。

A先生每次进行家庭暴力，都是由于一些日常生活中的小事。比如他加班到半夜回家之后，会因为发现没有准备吃的、西裤没有熨平、屋子没有收拾整齐等每个家庭都存在的鸡毛蒜皮之事而大发雷霆。他会一把抓住妻子的头发把她拉倒在地，拳打脚踢。每次丈夫发疯，她都只能咬着牙，忍受到狂风暴雨过去为止，这时她的身体会像被鬼压身了一样动弹不得，根本没办法起来去准备吃的。每当这种时候，她只能一口气喝干一瓶提神用的能量饮料，才能勉强站立起来。

负责调解家庭矛盾的律师们表示，在很多家暴案件中，尽管丈夫实施家暴，有时甚至会让对方受到需要去医院处理的外伤，可很多妻子依然不愿分手。A子也是一样。她曾三次在受到家暴后冲出家门，甚至曾经一度按照律师的建议向家庭法院提交离婚调解申请，但最终却自己提出撤诉。

"A子虽然深受家暴之害，甚至身受重伤，但是她不照顾丈夫，心中的欲望就得不到满足。她会认为没有了她，他什么吃的都不会做，上班穿的白衬衫都找不着，要是没有自己在身边照顾他会活不下去……所以她宁愿忍气吞声奉献一切，就是通过这种方式来满足自己对人生价值的追求……"

他们之间最本质的关系到底是什么？为A子提供心理咨询的咨询师告诉我，解读这个问题的关键在于"成瘾"。

成瘾

成瘾（addiction）这个关键词，在《日本世相》系列第一卷《妻子们的思秋期》的"追踪采访"篇章中也提到过。对于成瘾一词，专业书籍的解释是："原本属于合理范畴内的行为在丧失自我调节功能后，即使在已知这些行为可能造成不良后果的情形下，仍然被持续重复。”

还有一种解释是：“成瘾行为通常以日常生活中能为个体带来益处的习惯开始。作为习惯被逐步强化的结果，可能会转变成对个体造成不良后果的无益习惯。在少数极端情况下，维持该习惯存在本身会成为该行为的目的。”

酒精成瘾、赌博成瘾、购物成瘾、药物成瘾、拒食过食呕吐、工作成瘾、性成瘾，甚至还有偷窃成瘾、从贷款公司借贷和刷信用卡成瘾，人类的成瘾行为多种多样。

比如，吸烟这种行为如果具备了无法抗拒的强迫性，就可以说是吸烟成瘾。有专家指出，上完厕所后洗手要洗上两个小时，或是每隔二十分钟不洗手就坐立不安的洁癖也是成瘾的一种。

其中有一种成瘾行为叫人际关系成瘾，其基本类型，就是被称作依赖共生关系的成瘾模式。

所谓依赖共生关系，是指一个通过让对方依赖自己而控制对方的人，和一个通过依赖对方来控制对方的人之间所形成的依赖与被依赖的人际关系成瘾。形成这种关系的两个人会无止境地向对方索取，通常会形成互相憎恶却无法分开、互相蔑视却不能缺少对方的局面，重复着爱恨纠缠的悲剧。

生时无相知

亦非陌生人

为君所倾

尽我全力

手中针线身上衣

伴君一生思我情

这是一首我经常引用的，赞美性别分工的固化形象的演歌。可以说，无论是写出这类流行歌曲的演艺圈风向，还是面对沉迷赌博或反复出轨的丈夫却无法拒绝的女人生涯，都是日本这一成瘾社会的典型图景。

A子的丈夫一方面是典型的工作成瘾，另一方面还有购物成瘾，常常突然没来由地买来很多贵而无用的东西。家里堆满了一次都没穿过的名牌衣服，他却从来不以为意。然而A子却对丈夫百依百顺。在接受采访的时候，她表现出的顺从甚至让人感到气愤。

“那些曾在《妻子们的思秋期》里登场的酒精成瘾的妻子们，在和工作狂丈夫的婚姻中，既感受不到身为妻子的人生价值，也感受不到作为一个自立的女人的人生价值，她们在寻求身份认同的道路中失去方向，只能通过酒精来逃避这一危机。这也证明那些遭受家暴的妻子们所处的基本环境完全没有任何改变。A子正是因为没有找到能产生认同的自我身份，才单纯通过照顾丈夫来获取自己的人生价值。在重复这一行为的过程中，形成了依赖共生关系这一成瘾症状，最终人生陷入了泥潭。”

临近年末的一个寒夜，A子冲进律师事务所。她又因为一些小事遭到了丈夫的殴打。每次家暴之后，丈夫都会像野兽一样疯狂进食。这一次，她看到饿鬼一样的丈夫，才拖着遍体鳞伤的身躯下定决心要爬出这个无底的沼泽。

从小学生到中老年

在追踪A子案例的过程中我发现，具有暴力倾向的工作狂丈夫和为丈夫奉献一切、形成依赖共生关系的贤妻良母，构成了一幅从根基上支撑日本企业社会的世相。原来从“成瘾”这个关键词出发解读现代社会，就能看到如此丰富多彩的众生相——怀着这样的想法，我又去造访了久违的斋藤学医生的研究室。他既是精神科医生，同时也是《成瘾社会》（安·威尔森·雪夫原著）日语版译者。该书中有以下这样的文字。

> 成瘾本身是适应行为的一种，表现为个体过度适应环境，并逐渐发展为自我破坏的现象。我们所生存的环境（体系），时刻通过某种方式逼迫我们产生成瘾现象（亦即趋向自我破坏）。……现代市民受到暴力压迫的情况少了很多，然而，严格的评价制度取代了暴力对人进行管理，并依据人的“质量”进行阶层划分。社会的评价制度在内化后形成了人们的自我评价，使人们自觉主动地将自己客体化，并努力成为对他者（社会）来说的“优质产品”。进食异常的女孩们心中的自我苛责和对自己身体的客体化是最显而易见的例子。患有拒食症状的女孩们在体重骤减后才被诊断为病态，但事实上她们的病状早在这之前就已经存在。当她们的自我目的变成家长眼里的乖宝宝、老师眼里的尖子生的那一刻起，她们就已经开始体会“生存之艰”。对于她们来说，脱离规范本身就是开辟回归之路的

手段。

孩子们从小就在家庭这一“舒适的牢笼”中，看着将业绩视为唯一人生价值的工作狂的父亲，和为丈夫奉献全部并以此对其反向控制的母亲长大，成为一个仅能通过他人的评价来判断自我价值的人。而学校制度的主要功能就是培养这种空虚的人格，能够与其规范同步的学生，才被认定为能担负起下一时代重任的合格“机器人”。

拒食、过食呕吐的症状正像野火一样蔓延，年年加重——这已经是医疗一线人员公认的事实。现在，距离记者报道本书“呕吐的女人”一章已经过去了五六年。在这几年的时间里，进食异常患者在全国各地不断增加，有些地方甚至出现了女性患者们的自救团体。斋藤医生的话，就是从女性自救团体开始讲起的。

“我现在经常收到这些自救团体的求助。她们病友之间打招呼的方式是拥抱，就连初次见我的时候也向我寻求拥抱。在外人看来，应该是挺让人惊讶的……”

斋藤医生表示，现在的患者已经和以前不同，拒食和过食的混合型患者增加了很多，有患病经历的人也越来越多。

“现在，完全没听说过这一社会问题的人，可以说是非常迟钝了。现代人或多或少都有些这方面的问题，哪怕没有异常进食症状，也多少会有一些其他症状。这类患者的数量已经逐渐超出了精神病院或者精神科门诊的可容纳范畴，就连医生都开始推荐、介绍患者去参加自救组织了。她们的年龄分布极广，从小学高年级到已经绝经的中老年女性患者都有。那些自救组织里甚至有很多都是家长带孩子一起来参加的……”

“机器人”家庭的压迫

进食异常患者为什么增长如此迅猛？我在“呕吐的女人”一章中也曾提到，此类患者增加的社会背景之一，是以瘦为美这一媒体日夜宣扬的价值观，驱使女性不断投身于瘦身减肥大潮。然而，我认为其根本原因还是人们对于生存的不安。

对于这一问题，斋藤医生是这样说明的。

“就像人的肺是对应于空气中的氧气成分而生成相应机能一样，对于即将来到这个世界上的孩子们来说，有一个安全舒适的家，身边有亲友的期待和祝福本应是一个不可或缺的前提条件。然而，现实中却并非总是这样。等待他们的并不总是期待和欢迎。孩子们几乎每一天的表现都要被打分、评价。比如今天表现得好，今天表现得可爱，然而明天如何却没人知道……我们的现代社会，就是这样。所有人都在希求一个没有评价和监视、情绪和身体能不受到伤害的安全地带。然而，学校不是这样的地方，家庭也不是，那人们的安全地带究竟在哪里呢？只要人们不安的根源不消除，这种病症就不会根除，只会继续增加。”

她们所希求的是温暖、拥抱和安心感，为了寻找到对真实自我的认可而不断漂泊。

“对于男性来说，公司是一个像母体一样的地方。公司就像是他们的母亲。工作的时候，他们在这样一个虚拟家庭中扮演婴儿的角色，而每天五点下班后，进了经常光顾的酒吧也有老板娘哄着。晚上回家之后，还有扮演母亲角色的妻子相迎。看看他们，几乎整整一天都有‘妈妈’陪着。像他们这样的人，可以一直当自己是‘企业巨婴’，一直到六十岁退休回家，比女性要轻松多了。再反观女性，不光无时无刻都活在来自男性的评价之中，就连与生俱来无法改变的长相都要被人残酷地挑剔。所以，就算她们想通过拒食和过食寻求短暂的退化，也是完全可以理解的。”

可以说，这些身患进食异常症状的女性，正是通过疾病这一脱离社会常轨的行为，揭示出了现代社会的症结所在，并对其进行批判。

她们的父亲过度适应公司的工作，沉湎于提高效率、增加利润的行为，除了工作以外对其他事物全无任何兴趣，可以说是脑子里被灌输了工作程序的“机器人”职员。她们的母亲为这样的丈夫奉献一切，只能在对孩子的过度关怀中寻求自己的价值，也是脑子里被灌输了如此价值观的贤妻良母“机器人”。这些女性都是在这样一对对依赖共生关系下的“机器人”家庭里长大，按照事先安排好的剧本走进良好的学校，成为贤妻良母，被驱赶着走上设计好的、没有坎坷的人生，然而她们一定看破了其中虚伪的本质。在识破谎言的一瞬间，她们会在坐立难安的焦躁感的驱动下，冲破家庭这一压迫人的装置的限制，去寻找真正的自己。虽然在常识看来，她们是脱离了正轨，但在医生看来，“正是现代社会中所谓的‘健全’家庭，孕育出这样的不健全因素”。

然而现在，就算是冲破常轨的行为也往往会被社会体系吞噬。我们是否可以认为，社会正变得不再惧怕脱轨的行为呢？

“拒绝上学有什么不好？过食呕吐？也没关系嘛……现在的社会连人们的愤怒都能吸收，让其烟消云散。人们迷失了自己真正的需要。现在对日本职业足球联赛的狂热给人一种很是虚伪的感觉，就像是人为炒起来的一样。我们就是这样被看不见的暴力驯服成一群忘记愤怒、没有力气的优良市民。”

“就像是温柔版的法西斯主义?”

“对对，就是这种。也就是说社会整体都变得像‘机器人’一样。”

就连爱都成了目标?

从《妻子们的思秋期》到《饱食穷民》，十余年来，临床心理学专业出身的心理咨询师B医生一直陪伴着我走在探寻日本内心世界的旅途中。

“现状还是老样子，患者一直在增加。其中拒食、过食混合型的患者和过食呕吐症患者最多。以前拒食的女性，说不吃就是不吃，她们一旦决定不吃，估计就是用钳子也撬不开她们的嘴。但是，最近人们的忍耐力越来越低，拒食的状态撑不了多久，就会转变成过食呕吐。”

不出所料，医疗第一线也观察到这种趋势。

“最近最让人忧心的，是无法接受自己的人越来越多。她们不单单是对于学习之类的事情缺乏自信，而且严重缺乏让别人接受、认同自己的存在的体验。由于缺乏和他人建立亲密关系的经验，她们对现状严重不安。所以，哪怕是一点点挫折都会让她们坠入孤独的深渊，产生被人抛弃的感受。”

B医生说，她们只有在进食的时候才能忘记孤独、感到放心。

爱情和亲密关系，本不应该是必须达成目标后才能获得的东西，不能像解决其他问题一样，先设定一个目标，然后思考方法、制订计划后才能获得爱。然而让我们看看现在的亲子关系，家长的爱不再是无私的、无条件的给予和接受，而是必须达成某些目标之后，才能得到，才有资格成为所谓的“乖孩子”。B医生认为，就连如何接受别人的爱也成了问题，这也是人们陷入不安的原因之一。

“爱情、亲密关系都属于十分情绪性的东西，需要有自然的、发自内心的感情的波澜才能够产生。比如夫妻之间本应该可以推心置腹地进行交流，但现实中真正能做到的夫妻却并不多。虽然表面上看上去十分和睦，但内心却并不能充分交流。这种关系被称作伪交互性，在这种关系下，夫妻双方都认为一旦发生矛盾就会分手，所以会想办法相互迁就。这种状态让人不禁觉得，他们之间的关系是缺乏感情的波澜和迸发，是稀薄且充满虚伪的，就像在表演自己的角色一样……就连关爱、照顾他人都被当作任务来完成，可以说是一种虚伪的关系。之前不是在埼玉县的浦和市发生了一起杀人案吗？在高中当老师、人望颇高的两口子，亲手杀死了自己的孩子。原因是孩子非但没有走上他们规划好的精英之路，反而还对家长施以暴力。我觉得被家长杀害的孩子，一定是发现了刚才我说的那种虚伪的关系……”

家长的人生，还有控制着家长人生的妖怪般巨大的管理体系，当孩子面对这些看不见的压力的时候，却惨遭家长的杀害……经手过众多家庭纠葛案例的医生，以这桩揭露出现代家庭的恐怖底色的案件为线索，指出人类变身“机器人”的预兆，并描绘出身患过食呕吐的女人们所处的舞台布景。

塞入内心的口袋

“现在医院的计算机化、网络化也越来越发达，感觉医生不是在给病人看病，而是在和计算机打交道，就连脑子都被计算机的系统禁锢住了。但对于患者来说，这样究竟是不是有益呢？虽然现在可以一瞬间就了解患者相关的一切信息，也少了很多麻烦的过程……”

专业治疗身心疾病的C医生说着，停下从早晨到现在不停替患者诊治的双手，歇了一口气，坐在转椅上向我转了过来。

我最迫切想了解的是，C医生通过诊治拒食症和过食呕吐症等各种身心疾病，究竟都看到了些什么。这间小小的诊室里所折射出的世间百态的缩影，又是何种模样？医生十分认真地倾听了我的话，并在后续的多次采访中向我讲述了从临床诊断现场角度出发为这个社会开出的诊断书。我将部分采访笔记整理、总结在此。

“比如，来我这里看病的孩子们，我觉得他们每个人都是那么压抑。如果是在人际关系中能将自己的心里话原原本本、和盘托出的孩子，就不会得病了。但这样的孩子实在太少了。现在的孩子们从小就在自己的心里放了一个小口袋，将本真的自己收进这个口袋里。我看着这些来看病的孩子们，这种感觉就特别明显。对于他们来说最为有效的治疗莫过于帮助他们打开心中的口袋、解放出他们真正的自我。每当我小心翼翼地帮助他们打开内心的口袋时，他们就会像久旱逢甘霖一样向我求助。我现在特别有体会，千万不能跳过这个步骤，怪孩子不配合什么的。不过，我干了这么多年，发现孩子们的心扉一年比一年沉重，心里的口袋越来越难打开。再也不像早些年那样，只要我一伸手，就能轻易敲开孩子们内心的大门了……”

将本真的自己放在内心的口袋里，会变成什么样子呢？

“其实压抑还只算是早期的心理控制，随着时间的积累会逐渐被合理化、自我说服……”

自我说服？

“没错。自我说服的后果，就是心理的口袋变得又干又硬。其实我们成人在某种程度上也是通过这种方式给自己一个交代。然而对于孩子来说，比如通过过食症这一导火索爆发出的，就是在本应该了结的地方又重复揭开旧伤，吃了吐，吐了又吃，痛苦不堪。我们必须要帮助这样的孩子。好多孩子说不想活了、不想活了，多次割腕自杀，对于这样的孩子，我们要想尽一切办法挽救他们的生命。像我这样如履薄冰地和孩子、家长们打交道的人来说，只能想尽办法将他们本应了结却未果的问题重新找出来……只能让家长们不要逃避、直面自身的问题……”

在不断的自我说服中，心中的口袋会越发坚硬，系紧口袋的绳子会越来越难以解开啊。

“没错。正因为家长已经告别过去，才有了现在，要想化开他们心中的坚冰并非易事。强行撬开他们内心的大门，会产生严重后果。他们表面上已经接受了过去，其实并非这样。过去的负债会压在孩子们心中，给他们带来痛苦。直面这个事实，是非常痛苦的事情，会让人陷入混乱和不安……”

> 要是没有一个这样的机会，人们就会将过去的记忆密封起来，假装没有任何痛感和伤痕地活着。我们就生活在这样一个没办法直视自己的社会中。这是彻头彻尾的虚伪。

不允许绕弯和失败的社会

“孩子们本应是在不断地走弯路、有时会受伤的过程中成长发育的。你想想，孩子们走在路上，是不是特别喜欢溜边走，或者贴着水边走？因为孩子们都是在绕弯和跌倒中长大的，这是他们与生俱来的天性。我觉得，越是能够容许孩子们绕弯、跌倒的社会，就越能保留孩子们的天性，这个社会、集团中个体的生存能力就越顽强。然而现在的社会能够容忍孩子绕弯的幅度越来越小，认为这个容忍幅度一旦超出某个程度，就再也回不到正轨。社会越来越倾向于塑造只沿正轨前行的人，而将孩子们成长所必要的弯路视作危险地带，彻底封锁、彻底阻挡他们的各种体验。假设这里是一个悬崖，你让孩子们在离悬崖很远的地方玩，那他一点兴趣都没有。所以，我会对那些拒食、过食、不上学的孩子们说，堂堂正正地痛苦好了，因为痛苦一点都不丢人。然而这个社会根本不允许他们这样。会有人催他们快治病、快上学，对吧？我不会这样。我会告诉他们，你现在的经历比起上学重要得多，所以你可以继续好好地病下去！”

那大人们呢？

“大人们虽然也想走弯路，但他们心中的理智却在压抑着他们，警告他们不可以这样。走弯路，就意味着要脱离现有范畴，或是跑到道路的两边，这与他们对残疾和疾病的看法有很深的关系。其实走弯路对人类来说是一件非常有价值的事情。

“刚想起来，昨天有一个有些发育不良的女孩子来看病。她患有儿童抽动症，总是喊‘屁股！大便！屁股！大便！’，而且喊个不停。她的家长不停地制止她，不让她说。然而家长越是制止她，她就越控制不住，声音越喊越大。因为她的声音实在太大，周围的人都吓了一跳并朝她看过去。也就是说，她认为她做得对极了，她喊的是能够吸引周围目光的词语，是一种表达方式。

“她的母亲说，哪怕走在大街上都是这样，实在是特别难为情。然而我却建议她，要让女儿想喊就喊出来，声音越大越好。听说立春撒豆节那天，她就一边大声喊着‘屁股！大便！’一边撒黄豆驱鬼，把邻居都吓到了。我说来诊疗室可以随便喊，她可高兴了，笑个不停。

“虽然对于家长来说，她这样确实令他们挺难过的。但是她这样做可以获得别人的瞩目，可以防止她的内心出现更加严重的问题，比如说抑郁等。所以，如果压抑她现在的状态，很可能会出现其他的病症。”

话说回来，为什么她会通过这种方式来吸引大人的目光呢？是不是她心中存在对关爱的饥渴，或者空虚感之类的问题呢？

“没错。正因为如此，我们接受她的这种行为，是可以帮助她填补心中对爱的渴望和空虚的。她的这种病症，属于儿童抽动症中的‘抽动秽语综合征’，越是不可以说的话就越要说，越是在不可以说的地方发病就越严重。”

这个病症，就像是对不允许出格的社会的反照、讽刺和抗争一样。

病态反而是“健康”

“来到诊疗室的病人，全都在拼命地想要表达些什么。那个喊着‘大便’的孩子还不算最严重的，最近一心寻死的孩子是越来越多了。每天夜里都会有两三个电话打过来，说不想活了，现在就想去死，可不可以去死。有几个孩子，我告诉他们可以给我打电话来，所以每天晚上电话就会像设了闹钟一样打过来。我除了倾听他们的心声，没有别的办法。

“其实，无论是拒食的孩子还是过食的孩子，好多人都对我说不想把病治好，想就这样保持病态。他们周围的人，要么在催促他们治疗，要么鼓励他们不能因此丧失自信，只要努力就会有希望等。对于病人来说，这是最不愿意听到的话语。他们根本不想治疗，也不想抱希望，因为对于他们来说，明天、未来不知道会比现在更加悲惨多少。对他们来说，处于病态反而意味着他们的生命是有所保障的。”

但是作为负责治疗的医生来说是件麻烦事吧，您会怎么处理呢？

“我对一个病人说过，如果你真的不想把病治好，那么保持病态活下去也是人生的选择之一，你想面对黑暗的一面也没问题，要一直绝望也没什么不可以。不过，既然他们会选择来找我倾诉，就说明他们其实还是朝着治疗的方向努力的……”

这个社会上，其实很多人都或多或少地想要保持病态的吧？

“只有病态的自己才是真正的自己，希望周围也允许自己保持真正的自己，想要什么都可以说出来，不被人怪罪。”

也就是说，我们现在的社会是不允许人们做真实的自己的。不光如此，社会上还到处宣扬减肥、健身的论调，仿佛不出去跑步，就要被时代抛弃了一样。

“现在不是都说，随着社会财富的增加，人们就不必再关注精神世界，健康才是人类唯一的价值基准。也就是说，这种言论认为精神的价值在逐渐下降。然而，那些患有拒食、过食症的孩子们，以及有其他心理病状的孩子们已经脱离了所谓的社会主流价值观，将价值取向放在了精神层面上，甚至到了精神过敏的地步。他们通过拒绝治疗的方式，对这个只重视身体健康的社会进行着反抗。他们想在这个过程中，寻找到真实的自我。然而他们的存在方式，完全不被这个社会所接纳。”

哪边更痛苦？

“其实，类似‘他们是因为缺少父母的关爱才变成这样的’是一种非常容易遭人误解的说法。很多家长都认为，自己已经倾注了一切去养育孩子。为了不让孩子成为没有教养的野孩子，他们精心设计了养育孩子的模子，拼命让孩子按照自己设计的模子成长。对于他们来说，你说责任在家长，他们是不会接受的。因为在现代社会，不这样做的话家庭就无法适应社会，所以家长们才会不惜一切去执行。然而，他们越是想去适应社会，孩子们受到的压迫就越是厉害。他们越是想让孩子独立，孩子就越容易依赖他们。所谓依赖，就是拒绝进行选择和决定，拒绝自己寻找答案，无法独自找到真实的自己，心灵被牢牢地套上枷锁。比如，我想喝这杯咖啡，但是，需要先获得别人的许可之后才能喝。就像说，我是既想喝咖啡，又不想征求别人的同意，但是不问别人就不能喝的话，心中被压抑的欲望就会越发膨胀。”

> 无法表露真实的自己，被迫戴上面具伪装出另一个样子生活下去，由此造成的痛苦才是万病之源。

“孩子只有沿着家长给他规划好的路线、言听计从才能成为优等生。但是，当他们上了初中、高中之后，这样的孩子凡事都循规蹈矩不懂变通，会被周围的人嫌弃，看作是无趣的人。虽然他们可能会被人推举当个班长、学生会主席之类的，但作为一个人来说可能会被孤立。而对于孩子自身来说，到了一定年龄后，当在外部的体验中碰壁，就会将目光转向自己。这样一来，他们势必会思考自己为什么会变成现在的样子，并将目光转向自己所处的亲子关系。他们本来就具有依赖性，心中充满了无法自己决定自己命运的痛苦和压抑的欲望，一旦看向亲子关系的目光和心中的积怨碰撞在一起，问题就开始浮出水面了。”

是说“你们为什么让我变成这样！”这样的不满情绪会爆发吗？

“比如说，让我们用拒食举个例子。孩子因为朋友无心的一句话而想要减肥，而家长却想让孩子吃饭，曾经十分听话的孩子这会儿却坚决反对，不听家长的话。如果在这样的家庭关系中，孩子在其他方面也开始反抗家长的话，心中积累已久的情绪就会像决堤的洪水一样倾泻而出，所以才会出现‘你们为什么让我变成这样！’的控诉。如果家庭里还存在父母不和或是离婚等其他问题，这些问题也是可能成为导火索的。”

无论通过何种途径，孩子都会通过重回真实的自我、保持真实的自我这种反抗的方式，来动摇家庭。

“在孩子的动摇中，如果全家人能够一起挺过这一阶段，他们也会迎来一次‘蜕变’。这个过程被称为家庭的重组，家长和孩子的价值观都会产生变化。只要家庭成员能够达成共识，认为别人的眼光其实无所谓，社会上的价值观也不那么重要，就能迎来希望的曙光。但实际上要实现这一目标简直是难上加难。可以说是太过于理想化了。因为在这之前，所有家庭成员都要做好被社会抛弃的心理准备。”

也就是说，所有家庭成员都被套上了价值观的枷锁，戴着虚伪的面具过着不属于自己的人生。是不是因此，“蜕变”正一年比一年变得更加困难了呢？

“是啊。昨天还有一家大公司的总经理来找我。他女儿今年二十三岁，患有过食症，正在我这里接受治疗。他家在本地是延续好多代的名门望族，在所有人眼中都是体面又幸福的一家人。然而，他心里却深怪自己的女儿为什么如此给自家丢人、抹黑，让我赶紧治好她，越快越好。但是，他越是催我治，我就越告诉他没有办法。因为现在出问题的不光是他女儿，他的其他子女也出现了问题。所以我毫不客气地对他说，您越是催我赶紧治，就越早看见地狱。我话音刚落，这位位高权重的父亲就哭了起来。他一边流泪一边告诉我，说他无论如何都舍弃不掉自己的执念，没有勇气摆脱社会上的价值观……每个人心中都有每个人的痛苦，就像被无数的枷锁五花大绑一样，动弹不得。”

被无数的枷锁五花大绑起来，这才是“地狱”。

“和妻子之间的男女关系、日本传统家族制度的残渣、学历社会的负担……压迫在他肩上的大山太多了。他原本希望女儿按照他规划好的路线长大，大学毕业，找个名门子弟结婚……现在就一味责怪女儿为什么要脱离社会的轨道，毁掉他辛辛苦苦攒起来的名望。”

我们失去了动物性的传承吗?

刚刚您讲的孩子们的心理状态，还有家长和孩子之间的关系，为什么近些年这些关系全都出现了恶化趋势，而且又呈现出相同的特征呢？我听说过这样一种假说，说是由于婴幼儿时期的母子关系存在问题而造成的。医生您怎么看？

“我们经常见到这样一幅场景，母亲目不转睛地看着怀里抱着的婴儿。确实，母亲注视孩子的时间是非常长的。一般来说，一个成人很难在这个距离下长时间地盯着同一个地方，他们很快就会把视线移走。但是，母亲和孩子之间却不受这一规律的束缚。母子之间正是通过这种注视，获得对人际距离的免疫。婴儿通过接受母亲目光的注视，体验人与人之间亲密接触的感觉，体验与人的肌肤接触。据说，对于成年人来说，关系亲密的人之间的距离保持二十五厘米最为合适。现在，我和您之间的距离有这么远，就说明……”

我们的关系是疏远的……

“没错。但是，婴儿和母亲之间的关系要亲密得多。我们在儿时经历了这样的过程，长大之后遇到所爱的人，才能突破人际距离走到一起，实现生殖功能。也就是说，母亲通过突破和孩子的人际距离，已经为孙子的诞生铺平了道路。孩子在母亲的怀抱中，享受着母亲的注视，在肌肤接触中体验到的感觉将会在他长大成人、生儿育女的准备中起到重要作用。但是，我认为现在人们在人际距离的免疫上的不足已经开始在各个方面产生了影响。当然，一个人的一生并非只由婴幼儿时期的经历决定，但我在治疗拒食症和过食症的过程中经常感到，很多病人在人生之初理应感受动物性的亲密抚触的时期，并没有充分地体验过类似接触。无论孩子还是大人，都在心中压抑着孤独，所以他们必须想办法将其克服，这本身就是一个痛苦的过程。”

患有心理疾病的孩子和家长，都在向我们倾诉着什么？

“原本孩子自出生起就会出于生理上的反射去依靠父母，婴儿身体的构造也十分适合哺乳。他们与生俱来就具备寻找母亲的乳房和喝奶这一原始反射。无论是肌肤的温度，还是皮肤的感触，还有柔软度、声音等一切身体的信号，都是发生在母亲和孩子之间的相互应答。孩子越是喝母乳，母乳的分泌也就越是旺盛，同时母亲的内分泌也会更加良好，从身心各个方面都会形成良性循环。在这个良性循环中，孩子体验了从内心产生期待，到期待得到满足的过程，会在心中构建出一个关爱自己的母亲形象。有一种学说认为，这是人际关系中最基础的信任关系的原型。然而在最近的临床诊断观察中，经常会见到无法建立这一动物性的身体、心理的良性循环，或是这一循环没有正常发挥作用的案例，甚至让人怀疑几代人之后我们人类是不是会发生本质的改变。有很多母亲不会拥抱孩子，不会缩短和孩子的距离，甚至觉得为孩子哺乳是很脏的事情。”

这样的例子很多吗？不抱孩子，那怎么办？

“虽然不拥抱孩子，但她们会去干涉孩子。她们心中确实是有孩子的，但没办法建立肌肤上的接触关系，于是会通过过度的干涉行为去弥补这一过程。”

这样会导致她们深陷泥沼不能自拔。

“孩子们本来需要无穷无尽的、无条件的爱，如果对爱的需求无法获得满足，产生了依赖性的性格，就会寻找其他事物去代替其所需的爱，并以此填补心中对爱的需求。如果发展到这一步，家长就会无穷无尽地给孩子提供他们所能提供的一切物质。有的家长跟我说，给孩子买了电子音乐合成器，还有给孩子买了三台电视机还配上了录像机，又买了三套高级音响什么的，前前后后花了三千多万日元，还说家里已经有两间屋子堆满了这些东西，完全进不去人了。他家女儿虽然已经到了该上大学的年龄，但她从初中起就患上拒食症，之后一直没有上学。他的女儿心中的空洞，已经到了再也无法填补的地步。最近，这种亲子关系的案例越来越多，让人非常不安。但是，对我们来说真正的问题还在后面。几乎所有病例，当我们顺藤摸瓜去剖析父母的心理状态的时候，都会发现其实病人的父母也是在寂寞中成长的。当父母们讲述自己经历的时候，几乎都会失声痛哭，说为什么没能更多地关爱孩子……”

> 他们需要直面的是，将寂寞的感情封存在内心的口袋里度过的虚假人生这一事实。然而他们只能从此出发……

“是的。只有让大人回到真实的自己，重新走上真实的人生才行。但是最重要的，是他们是否有能力做到这一点。”

上文中提到的《成瘾社会》中还有这样一节。

> 成瘾系统，是一种以成瘾者特有的行为模式为前提的系统。成瘾者试图控制他人，用以自我为中心的价值观去控制世界。通过力量控制自己，同时迫使他人屈服，进而控制整个大自然。然而今天，现代社会（西欧社会）的自我理想终于开始变得破绽百出。对于自身力量的信仰将胜者变为“努力成功”的俘虏，将败者变为寂寞和渴望的奴隶。在寂寞和渴望中产生了对酒精、药物、食物、性、赌博、购物的依赖症状。在此我们必须认识到，对于成功的执着同样是依赖症状的一种。

我们究竟想要做什么？想要度过怎样的人生？在我们尚未思考出结论时，我们自身中机械性的部分就已经擅自启动，和全家人一起按照“幸福家庭”的剧本表演着过家家一样的生活——这是一群追求和他人一致外表、和他人同等稳定的“趋同成瘾机器人”。隐藏在饱食泡沫时代背后的，就是这样一群时代囚徒颠沛流离的景象。

译后记

斋藤茂男是日本著名新闻记者，同时也是一名广为人知的纪实文学作家。熟悉日本电影的读者，可能还对日本著名导演木下惠介执导的《父亲啊，母亲啊!》记忆犹新。这部以青少年犯罪为题材的电影，就是改编自斋藤茂男的同名纪实文学作品。

斋藤茂男于一九二八年出生于日本首都东京，一九五二年毕业于庆应义塾大学，同年进入日本两大通信社之一的共同通讯社。在共同社工作期间，他成功发现刑事案件“菅生事件”的嫌疑人并抢先其他媒体进行了独家报道，轰动日本全国，并因此获得一九五八年首届日本记者会议奖。一九八三年，他多年来从事新闻报道工作的成就受到行业肯定，获得日本记者俱乐部奖。

记者的使命，是客观、真实、准确地报道，传达新闻事件的真相。然而在漫长的记者生涯中，他的目光却从未停留在新闻事件本身，而是着眼于新闻事件背后的当事人，从他们的感情、思想、内心世界剖析出深藏在日本社会背后的结构性问题。

然而想要做到如此深入的分析并非易事。在积累素材的过程中，不仅要查阅大量资料，还需要让采访对象彻底放下戒备、敞开心扉，甚至让他们将自己的私生活和盘托出。在这点上，他无疑获得了十二分的成功。无论是面对自动化浪潮洗礼下的劳动工人，还是少年暴走族，抑或是因丈夫忙于工作无心顾家而独守空闺的妻子，他都能作为一名成功的提问者和倾听者，引导出对方的心声。有读者评价他的著作说，阅读他的纪实文学，就像在观看一部用了偷拍手法拍摄的纪录片，仿佛可以窥视到受访者的私生活一般。

在以超人般的精力从事记者工作的同时，从一九七五年出版首部纪实文学作品《超大型企业和劳动者》，直到一九九九年因癌症去世，他共出版纪实文学、采访笔记等各种著作近三十部。其中，一九九三年至一九九四年间由岩波书店出版的十二本纪实文学作品集《日本世相》系列，不仅是他从二十世纪七十年代到九十年代记者生涯的集大成之作，同时也是一幅刻画了日本社会从经济高速增长时期直到泡沫经济破灭的真实写照。

这本《饱食穷民》即是纪实文学《日本世相》系列的作品之一。

虽然本书在国内出版距原作在日本上市有近二十五年的时间差，书中所述的不少事情也已经过去了三十多年甚至更久，但读过本书的读者一定会发现，如今发生在我们身边的一些社会现象和书中所述存在惊人的相似之处。

比如，日本当年盘踞在车站前的小微贷，如今早已将阵地转移到了手机和互联网上。日本当年红极一时的自我启发活动，如今也包装成精美的个人提升、企业培训课程粉墨登场，令许多企业管理层与普通白领趋之若鹜，不惜花高价去学习。从近来引发社会广泛关注的“996工作制”中，译者也仿佛看到了很多日本上班族日夜拼命工作的身影。

在著名搜索引擎搜索“进食障碍”等关键字，会得到多达数百万条结果。除了患者间进行交流的网络社区、讨论组，还有很多患者亲述经历的文章。译者在搜集相关资料、学习关于这一疾病的知识的过程中了解到，国内这一疾病的患者也以女性居多。

日本社会曾经历过的事情，如今有一些或原原本本，或改头换面，或多或少发生在我们自己的身上。

日语中有句谚语，叫“人の振り見て我が振り直せ”，意为要多看别人的行为举止，学习他人的优点，多多自省，提高修养。而中国的《旧唐书·魏征传》中的名句：“夫以铜为镜，可以正衣冠；以史为镜，可以知兴替；以人为镜，可以明得失。”在翻译处理中，这句日语谚语通常参照《旧唐书》的名句译作“以人为镜”。

对于我们来说，这本写于三十多年前的纪实文学不应是“隔岸观火”“事不关己”，而应是一面照出我们自己得与失的“明镜”，值得我们更好借鉴。

作者在本书的“追踪采访”章节的末尾处向每个读者抛出了一个值得深思的问题。

“我们究竟想要做什么？想要度过怎样的人生？”

书中的一个个事例看似纷杂，但其实都贯穿着同样的设问。

被眼前的欲望迷住双眼而深陷连环债务不能自拔的“佐地健一”们，在IT革命的洗礼中被机器同化的“村林恭平”们，在食欲和失衡的内心世界间痛苦挣扎的“寿美代”们……他们每个人都在饱食时代的驱赶下随波逐流。

在作者偷拍般的笔触下目睹一个个采访对象的人生跌宕后，译者不禁思考，人是否难逃终将被社会改变、迷失自己的命运呢？

宫崎骏导演的电影《千与千寻》中的无面男，在充满欲望的环境中失去了自我、任凭外力摆布，最后没有得到充实，仅留下了无尽的空虚。而只有拥有并坚持住自己信念的千寻和白龙，才在纷繁复杂的环境中成功找回了自己。

在这样一个汹涌前行的饱食时代，我们是否也需要偶尔停下匆忙的脚步，去思考自己的信念呢？

王晓夏

二〇一九年六月

HERMES

在古希腊神话中，赫耳墨斯是宙斯和迈亚的儿子，奥林波斯神们的信使，道路与边界之神，睡眠与梦想之神，亡灵的引导者，演说者、商人、小偷、旅者和牧人的保护神……

西方传统 经典与解释

Classici et commentarii

HERMES

伯纳德特集

张 辉◉主编

生活的悲剧与喜剧：

柏拉图的《斐勒布》

The Tragedy and Comedy of Life:

Plato's *Philebus*

［美］伯纳德特（Seth Benardete）◉著

郑海娟 译◉

华东师范大学出版社

华东师范大学出版社六点分社 策划

古典教育基金·“资龙”资助项目

“伯纳德特集”出版说明

与许多伟大天才具有相同的命运，伯纳德特（Seth Benardete，1932—2002）的重要性，在他身后才格外彰显；而随着时间的推移，他在思想史上的意义也将长久不可磨灭。

正像哈佛大学教授、著名哲学家曼斯菲尔德（H. Mansfield）在“悼词”中所说，作为一个古典学者，特别是作为一个杰出的哲学家，伯纳德特生前并不为知识界所普遍了解，他本人似乎对获得某种赫赫声名也并不感兴趣。但是，他又无疑是我们时代最有学问的人，同时也是最深刻的思想家（the most learned man alive，and the deepest thinker as well）。或者如另一位学者伯格（Ronna Burger）所言，他的一生，便是哲学式生活的楷模。

从1965年起，伯纳德特就在纽约大学（NYU）任教。在教书和研究的40年中，他几乎将全部精力都放在了对古希腊哲学和文学的研究与翻译上。逝世前一周，他还在为大家讲授柏拉图的《欧蒂德谟》（Euthydemus）——而这篇对话录，据说是仅剩的、少数他所没有讲授过的柏拉图对话录了。像他的伟大老师施特劳斯一样，他试图用那些“伟大的书”作为一面镜子，为平庸的现代世界，寻找到真正的、不可回避的对照；为实用而虚无的人生，提供另外一种生活的可能性。

而这一切是建立在严格而持久的学术苦修上的。伯纳德特对古代语言和古代文本天才的把握，甚至不得不使他的“宿敌”——美国形而上学学会会长罗森（Stanley Rosen）叹服。法国著名学者维达—那克（Pierre Vidal-Naquet）也认为，在这方面：“他堪获得荷马的英雄般的荣耀。”而伯纳德特涉足的广泛领域，更是当代学界少有人可以匹敌。1953 年完成关于柏拉图的《忒阿格斯》（*Theages*）的硕士论文、1955 年又完成关于荷马史诗的博士论文之后，他不仅翻译和疏解了埃斯库罗斯、索福克勒斯以及欧里庇得斯等人的戏剧；发表了关于赫西俄德、希罗多德的论文和专著；而且，还为几乎所有重要的柏拉图对话录——从《王制》、《会饮》到《法义》等等，在翻译基础上写了非常耐人寻味的评注。他对现有学科界限的超越，代表了一种学术和精神的高度，一种几乎难以企及的高度，历史、文学、哲学……诸多知识领域，在他的经典研究中精彩地融会贯通，而远非各自为政。

本系列从伯纳德特大量论文、专著和对话录中编选出 11 卷，向汉语知识界比较全面地介绍这位沉静而深刻的哲人的不朽思想。他对生活的悲剧与喜剧进行“情节论辩”的高超功力，他在体察“道德与哲学的修辞术”时所表现出的见微知著的惊人智慧，他与古代圣贤相遇并对话的奇特方式，以及他始终不渝的对美好生活的永恒追问，都将令拥有五千年文明的我们反躬自省。阅读伯纳德特，不仅会启发我们重新体认伟大的古代诗学传统，而且将对我们重新估量那些被现代学问与生活方式所遮蔽乃至毁坏的一切具有重要借鉴作用。

古典文明研究工作坊

西方典籍编译部戍组

2010 年 7 月

致阿兰·布鲁姆

ἐμνήσθην δ᾽ ὁσσάκις ἀμφότεροι

ἥλιον ἐν λέσχῃ κατεδύσαμεν

我记得,我们两人每每

相谈甚欢,逐日西沉

——第欧根尼·拉尔修《名哲言行录》卷九,17

ξὺν τῷ θεῷ πᾶς καὶ γελᾷ κὠδύρεται

每个人都跟神一起欢笑和痛哭

——索福克勒斯《埃阿斯》,383

目　录

前言

我讨论过柏拉图理解的美、正义与善，《生活的悲剧与喜剧》旨在为这一系列论述画上句号。《美的存在》(*The Being of the Beautiful*, Chicago, 1984)讨论美，针对的是《泰阿泰德》、《智术师》和《治邦者》；《苏格拉底的再次起航》(*Socrates' Second Sailing*, Chicago, 1989)讨论的是《理想国》，意图在同美、善的关系中定义正义。在《斐勒布》中，尽管初看起来美与善似乎不无关系，但苏格拉底通过总结各种善的等级秩序，最终还是用美取代了善(64e5-6)。正义显然不在《斐勒布》提出的议题内，但在某种意义上仍然可以认为，它存在于《斐勒布》的论辩当中。

柏拉图并没有简单地用哲学反对诗、用理性反衬激情；他让哲学侵入诗的疆域，把诗歌无可争议的领土据为己有。他半是争辩半是吹嘘地说，即便在诗做得最好的地方，哲学仍能更胜一筹。既然柏拉图和诗人们一样都是模仿者，那么哲学的优越性便不在于其话语的中立客观，而在于它必须能够比诗更会讲故事。诗的故事以基本的罪恶为中心，这些罪恶揭示出人之为人或城邦之为城邦都不容侵犯的东西。诗人们似乎想说，人的人性与人的社会性之间的界线无法清晰划定，因为他们指出，斯芬克斯之谜与俄狄浦斯(Oedipus)的乱伦、弑父联系在一起，并且照俄狄浦斯的所作所为来看，俄狄浦斯一定不能再做他自己。他的知识与他的存在不相称，如果他要带着罪恶活下去，就必须屏蔽整个世界。另一方面，柏拉图让苏格拉底提议建立一座俄狄浦斯们的城邦，就好像只要人仍然具备知识或对知识的爱，那么原则上就不存在什么让人一跨出去就丧失人性的界线。这样看来，人的心智同其身体之间的距离甚远，以致任何一种行为都无法规定人的限度。

因此，哲学与诗的对立昭然若揭。对哲学而言，作为人的人与作为政治动物的人之间有一种分歧，而诗歌否定这种分歧。苏格拉底用一个故事阐释了这种分歧，故事的结尾，罪恶在想象中停止，哲人成了王。表面上，这个故事似乎将人与城邦融为一体，故而与诗性智慧若合符契；可实际上，这个故事无异于宣称，尽管有无数多样的不同天性（nature），每种天性都在一种技艺中获得其认知的完满，但是，没有[一种]人类天性是生来统治的。凯撒（Caesar）、拿破仑（Napoléon）不是，奥古斯都（Augustus）和居鲁士（Cyrus）也不例外。惟有一种以哲学智慧为其完满形态的天性可以根据知识统治城邦，假如它愿意行使功能的话。通过讲述一个关于不可能的故事，苏格拉底胜过了诗人。恰恰是这个表明政治问题不可解决的故事一劳永逸地解决了政治问题。不过，在俄狄浦斯的故事中，无知或者承认天意不可知构成城邦和人的基础。就实际的城邦而言，柏拉图承认它的基础不可知，然而，他并不向神圣不可侵犯者退让良多，而是辩称，一切共同体施加给人的限制都是任意的，这反映了一条真理：人的天性完全是非任意的，人与城邦在各自趋于顶峰时分道扬镳。但事实上，城邦根本没有顶峰，它必然充满了妥协，原因恰恰在于人不只是政治动物。一旦灵魂被恰当地组织，正义作为灵魂的一种美德就会消失。因此，城邦永远不可能被恰当地组织，正义在城邦中出现，表明城邦本身必然存在缺陷。与此相应，苏格拉底把正义的人等同于哲人，因为哲人不统治城邦时，会专心做自己的事情。

柏拉图对诗的批评引发了一个论题：诗人们是否试图把城邦对此原则的体现绝对化，即只有在不能随心所欲时，人才成其为人。从维护这种体现的城邦角度看，它只会是神圣的，但从外来者的角度看，它只能是任意的。洞穴用人为的光代替了善的自然光，人为的光不能熄灭，自然光亦不准照进来。爬出洞穴（the ascent from the cave）不等于拔高洞穴（the ascent of the Cave）。

为了确定洞穴的本质，苏格拉底从知识的城邦开始谈起。任何人只要不具备一种技能就不得进入知识的城邦；但不服务于身体某种需要的技能不能获准[进入城邦]。知识的城邦阳光普照，只有城邦卫士们接受的是背光的教育。身体因多种多样的技艺获得满足，但灵魂是由一对伪技艺——音乐和体育——塑造的，它们不能满足灵魂的需要。在意见当中，一切都被高贵的谎言歪曲，而一旦灵魂沾染了意见，就会引出这样的问题：知识的城邦和意见的城邦是否能够合二为一？苏格拉底回答说，它们可以合二为一，前提是哲人帮助它们结合，因为只有哲人拥有知识，能够在城邦的阶级结构和政治教育强加给邦民的错误之外辨识他们的真正天性。哲人通过匡正城邦的不义展现自己的正义。然而，哲人仍然外在于城邦。城邦既不曾教他意见，也不曾教他哲学。那么，倘若哲人成为城邦的一部分，城邦就一定会区分教育路线的真假，并因而会在顶部拆除它自身曾在中途竭力构建的东西。用音乐教育士兵并不会自然而然导向哲学意义上的真正音乐。于是，哲学与真正城邦的诸种技艺结成联盟，致力于消除城邦警卫室的教条。士兵的天性不是哲人的天性，士兵的天性也不能在哲学中实现。灵魂中的谎言天然寄寓在士兵的灵魂中，如果不使其暴露以致败坏，就不可能将其连根铲除。这种败坏是不可避免的，因为就连这样的灵魂也会憎恶灵魂中的谎言，永远都不会满足于那种单凭自身就能给予生活目标的东西。

这里简要提到《理想国》，是为了暗示柏拉图对诗的批评存在于对洞穴本质的揭示当中，他没有虑及真正的城邦总是内在于洞穴并提供走出洞穴的道路。哲学仅凭自身就能对洞穴进行真实的描述，因为它始于洞穴中与光线关联之物，尽管这种关联微乎其微。《斐勒布》的一些内容可以拿来与《理想国》的论辩对读。苏格拉底还没有说明快乐和痛苦在灵魂中的混合物时，曾笼统地将它们称为“生活的悲剧和喜剧”，他描绘了快乐和痛苦在身体与灵魂中的七重状态。这七重说明相应于《理想国》的真正城邦，但有个更激进的结论：人的经验有无法纠正的错误，且灵魂知道并承认这一点，因为灵魂总是试图探知对它本身而言真正的善寓于何处。如此一来，苏格拉底便揭示了灵魂中一方尚未感染诗之魅惑的处女地，因为诗仅仅涉及灵魂的某些体验，而这些体验在起源上独立于身体。它们在悲剧和喜剧中获得了诗意的表达。在《理想国》中，苏格拉底希望找到某种比诗更高的东西去培养这些体验，但到了第十卷，他承认没有更高的东西：一个人想表达悲伤时，使用荷马的诗句远比发泄自己直接而混乱的绝望更好。《斐勒布》虽然批评诗，但并没有否认诗忠实于生活。它认为，诗的错误在于否定生活的善。诗固然展现生活，但无法拯救生活；相反，只有在诗未曾展现的地方，生活才值得一过。不过，苏格拉底认为，诗之所以揭示出生活的不可能性，其根基在于诗忽视身体和灵魂的生活；他为生活辩护，表明理智与经验的混合高于单个的理智或经验，诗的玄思模式脱离生活太远，以致无从察觉哲学的生活。

致 谢

感谢伯曼（Robert Berman），伯格（Ronna Burger），戴维斯（Michael Davis）以及韦图齐（Barbara Witucki），感谢他们协助审阅本书的翻译与义疏，并共同探讨我在理解《斐勒布》过程中出现的一些问题。

《斐勒布》

柏拉图　著　伯纳德特　译

斐勒布*

苏格拉底　普罗塔尔库斯(Protarchus)　斐勒布

苏格拉底:[11a] 普罗塔尔库斯,看清楚眼下你准备从斐勒布那里接过什么样的话题,①再想想我们这方坚持的又是什么,除非斐勒布的话与你的想法一致,②否则的话,你就得采取相反的立[11b] 场。你希望我们重新概括双方的论点吗?

普罗塔尔库斯:没错,那是自然。

苏格拉底:那好。斐勒布认为,对于一切动物而言,享乐(to enjoy),或者说快乐(pleasure)、喜悦(delight)③以及所有与此相类

---

* 文本内容基本上依据伯内特(Burnet)所编的版本,对原稿的解读则依据迪埃斯(Diès)的版本。其中与伯内特版本中存在较大出入的部分文中均已注明。译文中方括号内的文字或者为此前文字的替换义,或者为希腊原本所无、但为便于理解而不得不补足的内容。

① 斐勒布与普罗塔尔库斯二人身份不详。无论在任何时期的希腊,斐勒布(Philebus)一名都颇为少见,古希腊语中也未见该名。"斐勒布"意为"青年的有情人",苏格拉底在 16b,46b 和 53d 处对此都有暗示。

② 原文中所用短语 kata noun 直译为"符合心智(mind)"或"符合理性(reason)",但按照拉丁语的表达习惯,如果这一短语后面连接与格的人称代词,则其含义更接近于"根据你的(我的,他的)意愿"。比如在《会饮》中,尽管阿里斯托芬否认爱神与心智之间存在任何关联,但在发言即将结束时,他承认由于遇到自己真正的另一半是不大可能甚或绝无可能的,因此退而求其次便是获得一个 beloved kata noun [称心如意的情伴;1935c5 - 8]:倘若不仿照阿里斯托芬的例子,kata noun 这一词组就无法翻译。

③ 原文所用的三个意为"快乐"的词汇中,动词不定式 khairein [享乐] 在柏拉图的作品中相当常见(在柏拉图所有作品中出现了 122 次,在《斐勒布》中出现 (转下页注)

的表达都是［一种］善。[①] 我方的立场相反，即善并不是这些东西，而是慎思（to be thoughtful）、[②]思考（to think）、[③]回忆（to remember），与此相关的意见或正确的计算也比快乐更好、更可取，至少对于能够［11c］共同享有上述种种的一切事物而言是如此；而就现有的以及将有的一切事物来说，能够参与其中都是最为有益的。[④] 斐勒布，咱们俩难道不是这样说的吗？

斐勒布：无疑是这样的，苏格拉底。

苏格拉底：那么普罗塔尔库斯，你是否愿意接管这些话呢？

（接上页注）了 25 次）。Hēdonē［快乐］一词在《斐勒布》中出现了 244 次，而与之对应的动词 hēdesthai［感觉快乐］出现得次数较少（在《斐勒布》中出现了 15 次，在柏拉图的其他作品中出现了 28 次）。“Terpsis”［喜悦］出现次数最少，在《斐勒布》中出现了两次（除这里外，另一处见于 19c），在柏拉图的其他作品中也仅出现过两次（《斐德若》（*Phaedrus*）239a 和《礼法》（*Laws*）669d），与之对应的动词 terpein［感觉喜悦］在柏拉图的著作中出现了六次，其中一次在《斐勒布》中（47b）。我们知道，在亚里士多德《论题》［Topics］112b－26 处，普罗狄克斯（Prodicus）试图区分 khara［欢乐］、terpsis［喜悦］和 euphrosunē［欣快］；在《普罗泰戈拉》（*Protagoras*）337c 处，普罗狄克斯区分了“hēdesthai”和“euphrainesthai”，指出前者为身体的快乐，后者为思考和理解的快乐（荷马的用法参见拉塔茨（J. Latacz）《论荷马语言中“快乐”的词域》（*Zum Wortfeld “Freude” in der sprache Homers*），［Heidelberg，1967］）。

① “一种”加上括号是为了提醒读者注意，原文中的表达并不明确，既可以被理解为“善”，“一种善”，也可以理解为“好的”。由于对话刚刚开始，我们无疑更期待“善”（good）前面带有冠词 a，但去掉冠词也可以理解为随着普罗塔尔库斯代替斐勒布，原有的辩论被重构，张力也随之增强。

② Phronein 总是译为“理智的”（to be thoughtful），而与之同源的名词 phronēsis 总是译为“理智”（thought），而非“慎思”（thoughtfulness），因为后者易将词义导向亚里士多德关于审慎（prudence）以及实践智慧（practical wisdom）的讨论中去。在柏拉图那里，理论和实践没有截然分开，这和亚里士多德所用的词汇不同。

③ Noein 总是译为“思考”或“构思”，它对应的名词 nous 常译为“心智”（mind），仅在固定短语 kata noun 中例外。Noein 可以用来表示亚里士多德意义上的智力活动，但它并不仅限于表达最高层次的思考。

④ 这句话通常译为：“对所有那些现在和将来能够参与其中的人而言，这是一切事物中最有益的”；但是绍雷（P. Shorey）在“论斐勒布 11b-c”（见 *Classical Philology* 3［1908］，343）中指出，希腊人并不接受这种译法。

普罗塔尔库斯:接管是必然的,因为我们俊美的斐勒布没能成功处理分歧[限制],已经放弃了。[①]

苏格拉底:那么,无论如何都必须以这样或那样的方式把关于它们的真理探究到底了?

普罗塔尔库斯:[11d] 那是自然。

苏格拉底:那好,除此之外,我们还要达成进一步协定。

普罗塔尔库斯:什么协定?

苏格拉底:你我二人现在要分别试着说明,灵魂的哪种状态及倾向能够给所有人提供一种幸福的生活。是这样吗?

普罗塔尔库斯:的确如此。

苏格拉底:何况你们不是提出了快乐的状态和情形吗,我们这边则提出了理智?

普罗塔尔库斯:是这样。

苏格拉底:但是如果又出现了某种优于此二者的状态 [11e] 呢? 难道不该这样吗,如果发现这种状态更接近快乐,并且我们双方都输给了确定拥有这种状态[②]的生活,[12a] 那么快乐的生活也就胜过了理智的生活——?

普罗塔尔库斯:是的。

苏格拉底:但如果这种状态更接近理智,理智就胜过了快乐,那么快乐便被打败了。你们俩都同意这个协定吗? 还是你们有不同意见?

普罗塔尔库斯:至少我不反对。

---

① 此处对应的希腊语原文 apeirēkenai 是双关语,指"已经放弃了"或"已经累了",它和 apeiron [无限的] 呼应本篇对话末尾(67b)的 aperies [你不会放弃]。如果结合动词 eipien ["说"] 的本义,apeipein 在这里的意思应为"阐明自己的意图"。

② 此处所用的复数形式的指示代词既可以指给人生带来快乐的灵魂的 hexis [状态] 与 diathesis [倾向],也可以指快乐和理智;如果确指后者,那么这里实际上已经为普罗塔尔库斯后面所做的选择埋下了伏笔。

苏格拉底:斐勒布呢?你怎么说?

斐勒布:我嘛,我的意见是快乐完胜一切,我此刻这样认为,将来也不会变;但是普罗塔尔库斯,你可要自己拿主意。

普罗塔尔库斯:斐勒布,一旦你把辩论转交给我,你就无权干涉我和苏格拉底的协定了,不是吗?

斐勒布:[12b] 你说得对。事实上,我洗手不干了,让女神本人①做见证吧。

普罗塔尔库斯:我们也会一起做你的见证人,证明你的确说出了你说的那些话。但是回到我们的问题上吧,苏格拉底,接下来无论如何我们都要把问题探究到底,②斐勒布可以帮助我们,也可以自随其便。

苏格拉底:我们必须探究到底,就从这位女神开始吧。斐勒布说,尽管她被称为阿芙洛狄忒,但她真正的名字却是"快乐"。

普罗塔尔库斯:不错。

苏格拉底:[12c] 普罗塔尔库斯,关于诸神的名字,我自己的担忧超乎寻常,甚至远远超出了人类最强烈的恐惧。所以,提到阿芙洛狄忒,无论她钟情于哪种方式,我都会以这种方式称呼她。至于快乐嘛,我以为是桩复杂的事,就像我说过的那样,我们必须考察并思考快乐具有什么样的本质。在没有任何限定时,我们所说的"快乐"是某种统一体,但是快乐无疑会呈现为各种各样的形态(shape),并在一定意义上相互区别。比如,我们会说放纵无度[12d] 的人快乐;也会说节制的人因为节制而快乐;我们会说痴心

---

① Aphosioumai 这里意为"我洗手不干了",原词有两层意思;字面上的含义是"赎罪,(神和人)调解"或"使自身免受污染",但也可以指"做样子,敷衍了事",与短语 hosiou heneka [为了神的缘故] 的一般意义相近。Aphosioumai 的双重意义参见《斐多》(*Phaedo*)60c。

② 译文"把问题探究到底"暗示了原文中的双关语 peirometha perainein ["让我们试着把它探究到底"];但如此翻译很难体现 empeiria [经验] 和 peras [限度] 两个希腊词汇之间固有的关系。

妄想的傻瓜快乐，也会说理智的人因为理智而快乐。如果有人断言以上每种快乐都一模一样，那他绝对是个蠢材，难道不是吗？

普罗塔尔库斯：苏格拉底，原因在于，虽然这些快乐产生于相反的 pragmata［情境］，但它们本身却并不会彼此对立。快乐和快［12e］乐怎么会不一样呢？在一切 khrēmata［事物］当中，这一事物与其自身怎么可能不同呢？

苏格拉底：你这话就奇了！就好比 khrōma［颜色］和颜色一样没有区别。照这么说，作为整体的颜色的确没有任何区别，不过，我们都知道黑和白不仅不同，而且简直截然相反。同样，图形和图形也没有分别，所有的图形都属于一个大类，［13a］但就图形的不同类属而言，有些图形彼此相反，另一些则千差万别，类似的例子不胜枚举。所以千万不要相信这种话，它把所有截然相反的事物都归结为一。恐怕我们不久便会发现一些快乐和另一些快乐是截然相反的。

普罗塔尔库斯：也许吧，但这怎么会危及我们的讨论呢？

苏格拉底：因为尽管这些快乐各个不同，你却用一个名字统称它们：你说所有快乐的事物都是善。当然了，快乐的事物是快乐的，没有人反对这一点。按照我方的观点，虽然有些快乐为善，［13b］但大多数快乐都为恶，可你却一概称其为善。不过呢，要是逼你论证，你又会同意快乐和快乐是不同的。那么，在属恶的快乐与属善的快乐之间到底有什么相同之处，你非得用善来指称所有的快乐呢？

普罗塔尔库斯：你这是什么意思，苏格拉底？你认为一个人在确定了快乐即为善的立场后，还会认可你的观点吗，［13c］还听得进你那些有的快乐为善、有的快乐为恶的话吗？

苏格拉底：那好，至少你不反对快乐与快乐是不同的，有些甚至截然相反。

普罗塔尔库斯：没那回事，就它们都是快乐而言，它们之间没有差别。

苏格拉底:我们又回到原先的争论上来了,普罗塔尔库斯。我们又会说快乐和快乐并无不同,而是全都一样,还会说刚才那些例子也不能拿我们怎么样。如果我们非得这样说话,那就等于和[13d] 最浅薄之辈说的话没有两样,等于和那些爱争执的毛头小子一样冲动。

普罗塔尔库斯:你这话是什么意思?

苏格拉底:我是在模仿你的方法,给自己辩护,假设我能强词夺理地说:"完全不同的事物一定是完全相同的,"那么我的话也就正好是你刚才说的那些话了,然后我们俩都会显得又冲动、又幼稚,我们的论证就会沉入大海,一去不返[①]了。让我们还是把这艘辩论之舟掉头驶回去吧,那样的话,如果咱们两个都加把劲,说不定双方就能达成一致呢。

普罗塔尔库斯:[13e] 那你告诉我该怎么办。

苏格拉底:普罗塔尔库斯,我们假定你再次向我发问。

普罗塔尔库斯:问什么问题呢?

苏格拉底:问我:"世界上什么东西是善?"我在一开始提到并称之为善的思想、知识[②]、心智等诸如此类的所有事物,它们和你的论证不是境况相仿吗?

普罗塔尔库斯:此话怎讲?

苏格拉底:[14a] 一切知识都被认为是复数的,其中一些知

---

① "沉入大海,一去不返"在希腊语原文中是一句悲剧三音格的后半部分,故应系引文。《斐多》85d 西米亚(Simmias)曾拿辩论与船做比,在两者之间做过详细的参见。

② Epistēmē [知识] 也译作"科学",相对"tekhnē" [技艺] 而言,它通常隐含更高的精确度。柏拉图作品中的词汇很难让人把握,这表现为它们在《智术师》(*Sophists*)和《治邦者》(*Statesman*)中的分布情况:在《智术师》里,"技艺"一词出现了 62 次,"知识"出现了 14 次;但在《治邦者》里,"技艺"却出现了 94 次,"知识"出现了 59 次。

识和另一些知识不同;倘若本来可以证明某种知识与其他知识截然相反,但由于害怕承认这一点,我非要坚持说知识与知识绝不会不同,那么,我还有资格在这里发表意见吗? 那样一来,我们的论点就会像荒诞的故事一样消失得无影无踪[①],而我们自己却因搭乘非理智之舟而安然无恙。

普罗塔尔库斯:唔,不会的,但我们总归还是会安然无恙。不过,既然你的论点和我的论点将得到同等对待,那我就放心了[②]:让我们承认存在很多不同的快乐,同样也存在很多不同的知识吧。

苏格拉底:[14b] 那好,普罗塔尔库斯,我们不必掩盖你我论点的区别,就把它们摆在桌面上,放在我们中间好了。让我们大胆一些,通过某种方式加以考察,看看它们能否揭示出善的头衔到底应该授予快乐还是理智,抑或是第三者。因为我们的目标并不是要让我的提议获胜,或你的提议获胜,我们双方必须结成盟友,一起去探寻最真之物。

普罗塔尔库斯:我们确实必须这样做。

苏格拉底:[14c] 那好,让我们再用一个协定来巩固这个论点吧。

普罗塔尔库斯:什么论点?

苏格拉底:就是那个人人都备感困惑的论点,不管每个人的意愿如何。

普罗塔尔库斯:请再讲明白些。

苏格拉底:我说的这个论点刚才碰巧出现了,它不知怎地生来

---

① 在关于柏拉图作品的注释中,“荒诞的故事无影无踪”这条谚语有三种不同的解释。此处它用在那些不注意倾听别人谈话的人身上;在《泰阿泰德》164d 中,则指那些不给自己描述设定 peras[限制]的人;在《理想国》的结尾(621b),苏格拉底说:“这个故事灰飞烟灭”,普洛克拉斯(Proclus)将这句话解释为“故事灰飞烟灭”,意为这些故事所讲之事并不存在,说了等于没说。

② “让……放心”原词为 areskei,也可以译为“让……高兴”或“让……满意”。

就既令人惊讶，又叫人着迷，因为若说多就是一、一就是多，的确让人惊讶。无论任何人，只要他说多就是一或一就是多，就不难招致别人反对。

普罗塔尔库斯：你当真是这个意思？比如我生来本是一个人，可有人提到［14d］我普罗塔尔库斯时，他说“我”(me’s)同时有很多个，这个和那个截然相反，硬把同一个“我”说成既是高的又是矮的，既是胖的又是瘦的，如此不一而足？①

苏格拉底：普罗塔尔库斯，你道出了人们面对一与多关系时的普遍疑问，但实际上，人人都认为，这些疑问幼稚而肤浅，它们实实在在阻碍了我们的论点。如今无论谁都承认不应该在这些问题上纠缠，因为就连下面这类事情也是不应该做的：只要有人在言谈中把某人或某物［14e］分解成不同的部位或部分，并使对手承认，所谓“一”即是指所有这些部分，那他就可以取笑对手了，因为后者将不得不被迫说出这样骇人听闻的论点——“一就是多，就是无穷”，与此同时，“多就是一”。②

普罗塔尔库斯：但是，苏格拉底，关于这个论点，你的意思是还有什么不为人知、不被认可的东西吗？

---

① 比较《帕墨尼德》(*Parmenides*)129c-d，年轻的苏格拉底在初次阐明他的“理念理论”时说：“但如果有人说我既是一也是多，那该是多么不可思议，比如当他想证明我是多的时候，他会说我的右半边是一个，我的左半边是另一个，我的前半边是一个，后半边又是另一个，同样上半边是一个，后半边则是另一个——因为我具有多样性——当他想证明我是一的时候，他会说我们七个人在一块儿的时候，我最好还是代表我本人一个；这样他就能证明两个都正确吗？”

② 比较《智术师》251a-b：“当我们说到一个人，我们当然要列举在他本人之外许多附加的东西，赋予他肤色、外形、身高、缺点和优点，通过所有这些和其他许多东西，我们说他不仅是一个人，而且还是‘好’的等等。其他任何事情也一样，按照同样的话，我们把每个事物都设为一，然后又把它当作多来谈论，用许多名字称呼它……我想，正是从这个有利的观点出发，我们为年轻人和老年人中的后学者提供了一场娱乐，任何人都能立即参与进来并大唱反调——‘一就是多和多就是一的说法同样荒唐’。毫无疑问，他们乐意反对‘人是善’这种说法，因为善是善，人是人。”

苏格拉底:[15a] 我的孩子,我们刚才所谈的"一"是有生有灭之物,这种情况下,正如刚才所说的那样,这种"一"是不容置疑的。但是如果有人不这样理解"一",而是把人视为一,把牛视为一、把美视为一、把善视为一,并且在这些 henads [一] 和与之相类的事物身上投入过多热情,这种分歧倘若持续下去,就会出现争议。①

普罗塔尔库斯:怎么讲?

苏格拉底:[15b] 首先,我们是否必须假定存在这样一种 monads [单子];其次,就这些单子而言,尽管每一个都从不发生变化,不生不灭,但 [每一个] 又怎能确定无疑是这一个呢②;之后,在所有存在并且无限的事物中,我们是否必须确定 [一个单子] 分裂为不同的部分,把一看成多,或者视其为一个与自身分离的完整体——这才是最不可思议的事——[15c] 在一与多中它同时是一和同一个。普罗塔尔库斯,正是这种一与多的观点会把论证导向僵局、引入死胡同,除非我们能就这些观点完美地达成一致,只有这样,论证才会走上正途,畅通无阻。

普罗塔尔库斯:那么,苏格拉底,我们眼下不是该首先解决这

---

① 这段文字存在争议,为了使句子通顺可读,或者删掉若干文字——"对这些 henads [一] 及与之相关的种种存在大量的争议",或者将"spoudē" [热情] 改为副词。根据切尼斯《早期学院之谜》[*The Riddle of the Early Academy*, Berkeley, California, 1945], 39 - 42)中的观点,问题的难点在如何保存理念作为属(genus)的单一性,考虑到它有多种种类(species)。他暗示,斯珀西波斯(Speusippus)正是基于这种考虑才放弃理念转而投向数字(参见 Cherniss《亚里士多德对柏拉图及其学院的批评》[*Aristotle's Criticism of Plato and the Academy*, Baltimore, 1944], 54 - 60)。但真正的困难是,哲学数学家的单子与苏格拉底的单子之间存在分歧(参见 56d-e)。"Henads" [一] 或"monads" [单子] 的观念在柏拉图其他著作中并未出现(参见《斐多》101c, 105c)。

② 这段话及其阐释极富争议。以这里的译文为基础,本书后面的注释部分(见第十四节)提供了一种可能的解释,但是这里的三个问题常常被缩减改写为两个问题。摩尔(G. E. Moore)认为第二个问题显示出善是一切理念的和谐统一,并且这种统一能够为人所理解(伯利(Bury)的《斐勒布》第 215 页引用了摩尔的话)。

个问题吗?

苏格拉底:这正是我想说的。

普罗塔尔库斯:那好,那就让我们这里所有人在这一点上都和你达成一致吧;不过现在最好不要去打扰斐勒布,他已经歇手了[①]。

苏格拉底:[15d] 很好。面对这么多悬而未决的问题,我们该从哪里打响这场大会战呢?从这里开始怎样?

普罗塔尔库斯:哪里?

苏格拉底:我们十分确定,同一个事物在言语中既是一又是多,无论谈论的对象是什么,这一点都不会改变,过去和现在都是如此。这种现象不会终结,它并不是现在才出现的,照我看,它内在于我们,是一种"长生不老"[②]的言语经验(a deathless and ageless experience of [15e] speeches);年轻人初次品尝到它的滋味时,他会乐此不疲,满心以为发现了智慧的宝藏,快乐激发了他的热情[③],于是他快活地在辩论的双方颠来倒去,有时把它视为一统,捏合为一,有时又把它割裂成不同的部分。结果他自己首先陷入了茫然,然后又让身边[16a]的人陷入茫然。无论后者年纪长幼,还是与他平辈,甚或他的父母也包括在内,总之,所有听众无一幸免——甚至不仅仅是人,恐怕连动物都难逃此劫呢,因为他不会放过任何野蛮未开化之物,除非有人出来给他指点迷津。

---

① 普罗塔尔库斯的话关涉到一句谚语:"不要去打扰睡着的坏人",用于指唤醒对自身不利的坏人。他的话亦有可能暗示另一则谚语:"不要去改变不可改变之事",意指神圣之物不容干预,此处可能指斐勒布关于快乐的信念不容动摇。

② "长生不老"一说出自荷马,卡吕普索(Calypso)曾向奥德修斯(Odysseus)许下这样的诺言(《奥德赛》(*Odyssey*)5.136);它同样用来描述阿尔基诺斯(Alcinous)宫殿中的金狗银狗(《奥德赛》7.94);此外也见于柏拉图的《治邦者》(273e),用于描述造物主定期更新宇宙的行为。

③ 原文 puts a god in him/enthousiai 字面意思为"神灵附体";对应的形容词是 entheos [与神同在的];但无论动词还是形容词在英语中都可译为 enthusiasm [热情]。

普罗塔尔库斯:苏格拉底,请你留心我们这边的人数。我们都是年轻人,你这样指责我们,难道不怕我们和斐勒布一起围攻你吗?我们明白你的意思,如果有[16b]某种巧法或手段可以使我们的讨论避免误入歧途,如果有某种妙方能够让辩论更好地进行,那么就请你尽力而为,我们也会尽最大的努力跟随你,苏格拉底,我们现在进行的论辩可容不得小觑。

苏格拉底:孩子们,这的确不容小觑,斐勒布也是这样跟你们说的。然而,除了我一直钟爱的方法之外,并不存在也永远不会存在更好的方法,尽管它常常会弃我而去,置我于孤立无援的境地,让我不知所措、无路可走。

普罗塔尔库斯:是什么方法?尽管说吧。

苏格拉底:[16c]这方法说起来不难,用起来就没那么容易了。任何与技艺相关的事物都是通过它来发现并阐明的。想想我所指的这种方法吧。

普罗塔尔库斯:你就直说吧。

苏格拉底:在我眼中,它是诸神赐给人类的礼物,它和最灿烂的火种一道借助如普罗米修斯一般的神明之手来到人世,并通过我们的祖先以传说的方式薪火相传,因为古人比今人更高贵,更接近诸神。这个传说提到,"任何存在的事物都由一与多组成,它们生来就包含着有限和无限"。然后,古人又明确表示,[16d]既然任何事物都是根据这种秩序组合的,我们就必须将每种事物在各种状况下的情形确定为单一的相(idea)①,然后去寻找这种相——按他们的说法,既然相寓于事物当中,我们就一定能找到它——找到之后,我们还必须继续寻找二的[相](idea),然后接着寻找三

① Idea 全部译为"相"[look](仅有的一处例外已在文中注明),以区别于 eidos 一词(eidos 总是译为"种"[species])。两词各自的意义范围大致相同,idea 一词在词源上来自动词"id"(看,to see),eidos 说到底也来自于同样的源头,但与 eidos 相比,idea 与感觉、感官的关系更加紧密。

的相和其他数目的相，同样，我们还必须研究每一种相，直到我们发现原本单一的相既是一，又是无限的多，并且弄明白究竟有多少个这样的一；但在我们弄清一与无限之间存在的相的总数之前，[16e] 我们不会将无限的相（idea）应用于多，只有等到弄明白以后，我们才可以 khairei [放过] 所有的相，让每一个相都进入无限的序列①。此刻诸神把它传递给我们，正如我刚才谈到的，我们要按照这种方式考察、学习、相互教育。不过，今天的人类 [17a] ——我是说聪明人——却随随便便地对待一与多，在得到一之后马上直趋无限，这样做若不是太仓促，便是太简慢②，因为中间的东西被忽视了。而正是中间的东西造成了我们双方的分歧，让我们争吵不休。

普罗塔尔库斯：苏格拉底，我好像有点明白你的意思，但是我需要听你讲得更清楚一些。

苏格拉底：[17b] 普罗塔尔库斯，如果以字母为例，我的意思就很容易懂了，你不如用学习字母的方法去理解。

普罗塔尔库斯：怎么讲？

苏格拉底：毫无疑问，我们的声音，即通过嘴巴发出的每个人的声音，都既是一又是无限的多——

普罗塔尔库斯：那当然了。

苏格拉底：尽管如此，如果我们仅仅执其一端，要么认为声音是无限的多，要么认为声音是一，那么我们就还没有真正学会字

---

① 我们可以将这段文字与《智术师》中埃里亚客人的一段话（252b1－6）进行比照，《智术师》中的段落可以视为是对赫拉克利特 [Heracliteans] 和恩培多克勒 [Empedocleans] 哲学思想的修正："还有，一些人有时把一切事物都聚合在一起，有时又把它们分开，但无论他们把无限的事物归结为一还是把一分解成为无限，无论他们是否按照某种限制对事物进行划分与整合，也无论他们假定其交替发生还是持续发生——不管在哪一种情况下，只要没有混合，所有这些看法就都是毫无意义的。"

② Brakhuteron（太简慢，shorter）来自班德汉姆（Badham）对原稿中 braduteron（太缓慢，slower）一词的修订。

母。一个人要精通字母学(grammatic)[①],他就得掌握声音的数量和种类。

普罗塔尔库斯:不错。

苏格拉底:同样,我们每一个人也是这样学习音乐的。[②]

普罗塔尔库斯:怎么讲?

苏格拉底:[17c] 谈到音乐,毫无疑问,音乐中的声音同样也是一——

普罗塔尔库斯:当然了。

苏格拉底:我们是不是还得确定一个二,即低音与高音[③],此外还有一个三,即一致的音调?要不然怎么办呢?

普罗塔尔库斯:是的。

苏格拉底:如果你只知道上面三点,你还没有真正学会音乐,不过如果你连这三点都不知道,那可以说你对音乐一窍不通。

普罗塔尔库斯:是的,一窍不通。

苏格拉底:[17d] 但是,亲爱的朋友,当你掌握高音与低音之间的音程数量与类型、音程的边界,以及从中产生的 sustēmata [音阶] 数量——这是前人的发现,他们把这一过程命名为"harmoniai" [校音],并传给我们这些后来人——他们进而发现演奏时身体的运动也会发生同一种 pathē [变化](他们说,一旦用数字统计这些变化之后,就必须将它们命名为节奏和节拍),并同样把这些真知灼见传给了我们,我们就得按照这种方式对一与多进行考察——当你像这样掌握了音乐的音程和音阶,当你终于擅长

---

① "字母学"(grammtic)原文是 grammtikē,即读与写的方法。《泰阿泰德》(202e ff.)以字母为例阐述知识的元素是不可知的,但它们的组合及音标却是可知的;《智术师》(253a)用字母的例子说明开创一门包含五大属类的平行科学:存在、运动、静止、相同、相异。

② 比较《智术师》253b:"能够分辨出高低音是否混合的人难道不是音乐家吗?不通此道的人难道不是乐盲吗?"此外 253a 处也对字母进行了更加详尽的分析。

③ baru kai oxu [低音与高音] 原词也用于指原音的重音符与尖音符。

此道，也就是说，当你学会这样考察时，[17e] 你就能把握所有这一切，此时你才称得上对音乐有认识、有 emphrōn [见解]。不过，在任何一种情况下，只要每个具体事物的多以及内在于每个具体事物当中的多时时刻刻都是 apeiron [无限的]，你就总会变得粗心大意，显得不通事理、不讲逻辑、甚至连数数都不会，因为你的眼睛只盯着其他事物，却忽略了任何事物中都有数的存在。①

普罗塔尔库斯：斐勒布，至少在我看来，苏格拉底这番话说得实在漂亮。

斐勒布：[18a] 如果仅就这些话来说，我也同意你的看法，但是我想问，为什么要对我们说这样的话，这些话究竟是什么意思？

苏格拉底：普罗塔尔库斯，斐勒布刚才的问题非常恰当。

普罗塔尔库斯：的确如此，那就请你回答吧。

苏格拉底：我会的，但我首先要对刚才的话做一点补充。就好比如果有人领会了"一"，我们说他一定不能径直把目光转向无限，而是首先转向数字；同样，如果有人被迫从无限开始，那么他 [18b] 一定不能径直把目光转向一，而是必须首先理解每一个一中都包含着多，最后再抵达一，我们可以再次借用字母的例子加以说明。

普罗塔尔库斯：怎么讲？

---

① 这段话原文包含着一系列译文难以精确再现的双关语。"多"意同"apeiron" [无限]，该词在句中位于"你"之后，尽管这样不合句法，但却引申出 apeiron 的另一层含义——"没有经验的、不熟练的"，恰好可以与"你"匹配。为了传达出这层含义，我尝试着把 apeiron 译为"无限的"，把"apeiros [不成熟的] 思考"(inexperienced in thoughtfulness)译为"不够深思熟虑"(no end to thoughtlessness)。苏格拉底接着又使用 ellogimos [著名的] 一词指"拥有 logos [理性] 的人"，并用"enarithmos"一词指"会数 arithmos [数] 的人"而不是"举足轻重的人"。我用"既不通逻辑又无足轻重"(as inconsequent as inconsequential)来传达 ellogimos 所具有的双重含义，用"既不会数数又微不足道"(as incapable of counting as of being of any account)传达 enarithmos 的含义。《蒂迈欧》(*Timaeus*)55c7－8 采用一系列与此类似的双关语，讨论是否存在有限而非无限数量的宇宙。

苏格拉底：当某位神祇或某个具有神性的人（传说是埃及的图特[Theuth]）①察觉到声音的无限后，他最早认识到在这种无限中元音字母并不是只有一个，而是有好几个，接着他又发现了另一些字母，[18c] 尽管这些字母不构成正常的声音（sound），但它们仍然称得上是一种 phthoggos（杂音，noise），这些字母同样也具有一定数量②，接着他又区分出第三类字母，即我们今天所说的 aphōna [辅音字母]；然后他陆续区分出不发音的字母、清音字母，浊音字母以及居于清、浊音之间的字母，直到他掌握它们的数量，并将它们中的每一个及其整体命名为 stoikheion（元素，element）；他注意到，如果不通过全部的字母，就永远无法借由单个字母来理解它本身，因此，[18d] 他认为，"元素"是一种黏合剂。由于它既是一，而且又在某种意义上使全部字母归结为一，于是他四处宣扬，说这就是字母学的艺术，并把元素说成是囊括全部字母范围的一。③

斐勒布：普罗塔尔库斯，这些话我倒能听懂，不过这也只是比你之前的话更明白些而已。和刚才一样，我又得老调重弹了。

---

① 《斐德若》274c－275b 处，苏格拉底曾提到图特发明字母之后的事情，但该处图特被说成是一位神灵。古希腊时期一般认为埃及文字是象形文字，很少有文章像《斐勒布》这样承认埃及文字与语音相关。不过，需要说明的是，埃及文字并不书写元音。"Theios Anthrōpos [具有神性的人] 这个表达方式在希腊语中相当罕见，在柏拉图的著作中仅出现过两次（《米诺斯》[*Minos*] 318e9；《礼法》951b5；参见《伊庇诺米》（[*Epinomis*] 993c6）。

② 《泰阿泰德》203b："西格玛（即 σ，希腊字母表的第十八字母）属于 aphōna [清音]，它只是一种 psophos [声音]；它像舌头发出的嘶嘶声；贝塔（即 β，希腊字母表的第二个字母）也是一样，大多数字母都既不发声（phōnē），也不出音（sound）。"希腊字母中有七个元音（α，ε，η，ι，ο，υ，ω），八个半元音（ζ，λ，μ，ν，ξ，ρ，σ，ψ）和九个辅音（β，γ，δ，θ，κ，π，τ，φ，χ）。

③ "Epephthegxato"此处译为"四处宣扬"（noised it abroad）或"他宣称"，是为了提示该词与上文的 phthoggos（杂音，noise）一词之间的联系。比较《克拉底鲁》（*Cratylus*）424c："我们难道不是也要这样首先区分出 ta phōneenta [元音]，然后再逐个区分出其他种类的字母，比如 aphōna [清音字母] 和 aphthogga [哑音字母]——聪明人就是这样命名它们的——接着再区分出那些既非元音又非哑音的字母？"

苏格拉底:斐勒布,你是不是想说:“这些和我们所说的到底有什么关系”?

斐勒布:没错,这正是我和普罗塔尔库斯一直想要弄明白的。

苏格拉底:[18e] 你说你们一直想要弄明白,可实际上,你们想要的就近在眼前。

斐勒布:怎么讲?

苏格拉底:我们的讨论一开始难道不是关于理智和快乐吗?即在理智与快乐两者间应该选择哪一个?

斐勒布:的确如此。

苏格拉底:接着我们又说两者各自为一,对吗?

斐勒布:是的,没错。

苏格拉底:那么,先前的讨论要求我们做的,正是回答理智和快乐各自如何既是多又是一,[19a] 以及它们为何并不能径直抵达无限,而是首先需要在某个时期由一过渡为一定量的数。

普罗塔尔库斯:斐勒布,我不清楚他是怎样办到的,不过苏格拉底好像领着我们兜了一个大圈子,然后把我们丢进一个深奥而琐碎的问题里。想一想吧,你我二人中哪一个能回答眼前这个问题?我本来已经完全代替你加入到讨论中来了,但假如因为我不能回答,重新把这个 [19b] 任务委托给你,那该多有荒唐啊。不过我想,比这更荒唐的是我们两个都不能回答这个问题。好好想一想吧。我们该怎么办?照我看,苏格拉底现在向我们提的问题是:快乐是不是有很多种?有多少种?每一种又是怎样的?理智也面临着同样的质询。

苏格拉底:你说的一点不错,卡里阿斯[①]之子。前面的讨论告

① 卡里阿斯(Callias)是一个极为常见的名字,据此很难判断普罗塔尔库斯的父亲是谁。《普罗泰戈拉》(*Protagoras*)曾提到智术师们在卡里阿斯家中聚集,但我们很难证明他与此处的卡里阿斯是一个人。

诉我们，如果不能这样处理每一样事物，以及与之相似、同一乃至对立的事物，就一点儿用处也没有。

普罗塔尔库斯：［19c］似乎是这样的，苏格拉底。不过，尽管通晓万物对普通人来说的确是美事一桩，但认识自我却可以说是再次起航。[①] 究竟为什么现在要说这样的话呢？我来给你讲个明白。苏格拉底，是你把我们聚在一起，同你一道探讨人类所拥有的事物中什么东西最好。斐勒布说是快乐、喜悦、欢乐[②]，以及与此相关的所有事物；你反驳说最好的东西［19d］不是这些，而是那些我们常会欣然忆及的东西（这样说没错），我们把它们储存在记忆里细细品味。你似乎认为心智、知识、智力、技艺以及与此相关的所有事物都比快乐更好，也更应该被称为善，你又说人应该努力寻求这些东西，而不是其他东西。你我双方争执不下时，［19e］我们曾开玩笑威胁你说，“要是这些讨论不能到达一个令人满意的限度[③]，我们就不放你回家”。你同意了，留下来和我们讨论。那么现在，我们要像孩子一样对你说：“说出去的话，泼出去的水。”所以，回到我们现在讨论的问题上来吧，不要用你那种方式对待我们。

苏格拉底：你是说哪种方式？

普罗塔尔库斯：［20a］就是把我们丢进没有出路的困境（perplexity）里，并向我们发问，而对这些问题，我们目前尚且无法给出

① “再次起航”（a second sailing）原意为依靠自己的力量而不借助有利条件，指在航行时依靠划船的动力而不借助风力前行。这个短语在柏拉图的著作中还出现过两次，一次是在《斐多》（99c）中，苏格拉底谈到他从目的论的自然哲学转向了“理念（ideas）”；另一次是在《治邦者》（300c）中，文中提及应当依靠法律，而不是依赖在场的聪明人的智慧。

② “欢乐”对应的希腊语原词 khara 未见于柏拉图的其他著作，该词更常见于悲剧和喜剧中。

③ Peras hikanon［令人满意的限度］：普罗塔尔库斯此处对这个关键术语的非技术性应用似乎是早有预谋的（参考伯里对此处的解释）。苏格拉底在 30c 处也使用了这个词组。

满意而恰切的答案。一定不要认为,把我们逼到困境就意味着给当前讨论的问题画上了句号,如果我们不能完成任务,那么你就得来完成;这是你承诺过的。因此,请你自己继续思考,弄明白是否必须划分快乐和知识的种类,不过,如果你能够并且愿意用另外一种方法解决我们此刻的争执,这个问题也可以放过不提。

苏格拉底:[20b] 那好吧,既然你这么说,我这个可怜人就用不着再提心吊胆了,因为一听到你把"如果你愿意"说出口,所有的担忧都烟消云散了。另外,我想诸神之一已经恩赐给我们一种记忆。

普罗塔尔库斯:你这话是什么意思?什么记忆?

苏格拉底:在此之前,也许是在梦里,也许是在醒时,我曾听到过一些关于快乐与理智的话,现在这些话又回到我的脑海里了。这种论调认为,无论理智还是快乐,二者都不是善,此外还有第三种东西,它与二者不同,并且比二者 [20c] 更好。倘若这第三种东西能够在青天白日之下呈现在我们眼前,那么快乐就丧失了获胜的可能,因为善将被证明不再等同于快乐。不是吗?

普罗塔尔库斯:没错。

苏格拉底:照我看,我们现在已经不需要再就划分快乐的种类而争论了,不过随着讨论的深入,问题会越来越清楚。

普罗塔尔库斯:既然你说得这么动听,那就沿着这条路走到底吧。

苏格拉底:那好,先让我们就几个小问题达成更深入的一致吧。

普罗塔尔库斯:什么样的问题?

苏格拉底:[20d] 善的比例和份额必然是圆满而且完美的,还是既不圆满也不完美的?

普罗塔尔库斯:当然是一切事物中最圆满最完美的啦,苏格拉底。

苏格拉底:那这个问题呢?善是充分并且足够的吗?

普罗塔尔库斯:当然了,在这一点上它有别于其他一切事物。

苏格拉底:此外,我想,善还有一个特点是不容忽视的:一切认识善的事物都会寻求善、渴望善,并且想要捕捉善、获得善、恪守善,除了那些与善相关的东西以外,不去想任何别的东西。

普罗塔尔库斯:这是毋庸置疑的。

苏格拉底:[20e] 那就让我们将快乐的生活与理智的生活分开,分别对两者进行检视与判断吧。

普罗塔尔库斯:你的意思是?

苏格拉底:让快乐的生活不掺杂理智,并且让理智的生活不掺杂快乐,因为二者当中若有一个是善的[①],那么它将不需要其他任何事物的补充;反过来,二者中若有一个 [21a] 需要另一个,那么它对我们而言就一定不会是真实无误(really and truly)[②]的善。[③]

普罗塔尔库斯:怎么做呢?

苏格拉底:我来向你提问,以此检验它们吧。

普罗塔尔库斯:好,就这样做。

苏格拉底:那么我问你答。

普罗塔尔库斯:你问吧。

苏格拉底:普罗塔尔库斯,你愿意选择在最大的快乐中度过你的一生吗?

普罗塔尔库斯:为什么不呢?

---

① 另有抄本作:"二者中若有一个是善"。

② 通篇对话都使用"真实无误"一词翻译希腊单词"ontōs",该词为动词"是"(to be)的中性副词小品词形式,以此来区分对话中不时出现的副词"alēthōs",它通常被译为"真正的"(truly),有时也译为"确实地"(really)。

③ 参见亚里士多德《尼各马可伦理学》1172b28 - 34:"柏拉图通过这种论证证明善不是快乐,因为与 phronēsis [理智] 结合的生活才更有可能是快乐的生活,而如果两者的混合更好,那么快乐就不是善;显然,对于任何其他事物而言,只要能证明该事物与另一种本质上是善的事物结合在一起更相宜,那么它就不是善。"

苏格拉底:那么,当你圆满而完美地拥有快乐之后,你是否真的相信你还需要其他东西?

普罗塔尔库斯:绝对不会。

苏格拉底:[21b] 想一想理智、思考、推算以及与此相关的一切——你肯定不需要这些吗?

普罗塔尔库斯:为什么需要呢? 拥有快乐,我就拥有了一切。

苏格拉底:那么你将这样生活下去,并且终生享受最大的快乐,是这样吗?

普罗塔尔库斯:为什么不呢?

苏格拉底:但是,假如没有心智、记忆、知识以及真正的意见,那么对于你是否在享受快乐这个问题,你必然是懵懵懂懂的,因为你排除了任何一种理智。

普罗塔尔库斯:必然如此。

苏格拉底:[21c] 更进一步,倘若没有记忆,你必定连自己过去是否享受过快乐都不会记得,即便快乐在某个时刻降临,你也不会留下任何记忆。同样,如果没有真正的意见,你在享受快乐的时候就无法判断自己在享受快乐,而如果不会推算,你也就没法儿预计将来会不会快乐。你过的实际上不是人的日子,而是 [21d] 水母或介壳类海洋生物的日子。你认为是这样吗,抑或还有别的可能?

普罗塔尔库斯:怎么可能?

苏格拉底:我们真的可以选择这样一种生活吗?

普罗塔尔库斯:苏格拉底,你的话让我彻底无言以对。

苏格拉底:那好,不要松懈,也不要怯懦,接下来我们就对心智的生活做一番考察吧。

普罗塔尔库斯:你是指什么样的生活?

苏格拉底:同样,我们两个人中是否有人愿意选择拥有理智、心智、知识和记忆的生活,同时摒弃哪怕仅仅一丝一毫的快乐,

[21e] 或者一丝一毫的痛苦①,绝不沾染与此类相关的任何事物。②

普罗塔尔库斯:苏格拉底,这两种生活我都不想要,而且我想,任谁都不会想要。

苏格拉底:[22a] 那么将两者结合起来的生活你觉得怎样,普罗塔尔库斯?两者彼此混合,互为补充?

普罗塔尔库斯:你是说把快乐与心智、理智结合?

苏格拉底:是的,以及与之相类的事物。

普罗塔尔库斯:毫无疑问,任何人都宁愿选择这种两相结合的生活,而不愿只取其一。并且,不是说有的人会这样选择,有的人不这样选择,而是说所有人都将毫无例外地做出同样的选择。

苏格拉底:那么我们明白当前讨论所得出的结论了吗?

普罗塔尔库斯:[22b] 是的,当然了。共有三种可能的生活,其中前面两种都不充分,对于任何人或动物而言都是不足取的。

苏格拉底:那么,我们现在弄清楚了,至少前两种都不能称之为善,不然的话,它就该是充分而完美的,一切动植物都愿意选择它并终生以这种方式生活;如果我们中有人选择了其他选项,那他要么是出于无知,要么出于某种注定的不幸,才做出了与自己意愿相左的选择,背离了真正的选择的本质。

普罗塔尔库斯:至少看起来是这样的。

苏格拉底:[22c] 所以说,不应该把斐勒布的女神等同于善,至少这一点我们已经说充分了……

---

① 此处第一次出现 lupē [痛苦] 一词。该词在本篇中共出现 67 次,与之对应的动词 lupein/lupeisthai [使……痛苦/受……之苦] 出现了 21 次。

② 比较亚里士多德《尼各马可伦理学》117al-8:"正如没有人愿意选择终其一生秉持孩童的理智、从孩子们最引以为乐的事物中汲取快乐,更不会有人愿意选择在最粗鄙的事物中汲取快乐,因此,虽然很多事物不能予人快乐,我们还是会孜孜不倦地经营,比如视觉、记忆、知识和美德;这与快乐是否必然与它们伴生并无关系,因为即使它们不能产生快乐,我们也会照行不误。"

斐勒布:你的心智也不能等同于善,苏格拉底,它面临着同样的责难。

苏格拉底:是的,斐勒布,我的可能也不是善。但是,我认为纯粹、神圣的心智反对这种责难,它的情形有所不同。现在我虽然代表心智参加辩论,但我并不反对将两者结合起来的日常生活,我也不想为心智极力争夺冠军,可我们必须想一想,看看该把亚军授予谁。大[22d]概我们双方都会说自己代表的一方促成了上述日常生活,比如我会说导致这种生活的是心智,①而你会说是快乐。这样一来,尽管你们双方都不是善本身,但其中一方或许是善产生的原因。在这一点上,我要更坚决地同斐勒布争到底:既然这种相互结合的生活既是人们应当选择的,又是善的,那么不管促成这种生活的原因是什么,我都认定相比快乐而言,[22e]心智与它更为接近、更为相似。假如此言不虚,假如我们对我的心智尚存信任,那么我们决不能说快乐参与了冠军与亚军的争夺战,因为她怕是连季军都没有份儿呢。

普罗塔尔库斯:那好,苏格拉底,我看现在你得为快乐最终败下阵来负责,你的论证把她彻底击垮了,她在争夺桂冠的[23a]竞赛中得靠边站了。但是心智——我必须说——似乎获胜的指望也极其渺茫,因为那样一来,他就会面临同样的责难。可是,再来说说快乐吧,万一快乐连亚军都拿不到,那么她将会被爱她的人的唾弃,因为在后者眼中,她再也不像先前那样光鲜亮丽了。

苏格拉底:那又怎样?与其让她遭受一番最严苛、最穷追不舍的拷问,然后驳倒她,使她痛苦,还不如现在就把她打发走呢。

普罗塔尔库斯:你乱讲,苏格拉底。

苏格拉底:[23b]就因为我说使快乐痛苦,而你认为这是不

---

① aition[原因]一词派生的动词是 aitiaomai,此处译为“导致(claim responsibility)”。

可能的？[①]

普罗塔尔库斯：不单是这个，还因为你忘了如果不把讨论的这些问题说个一清二楚，我们谁也不会放你走。

苏格拉底：哎呀呀！[②] 普罗塔尔库斯，这是一个多么大的题目啊，而且眼下它看上去可真够棘手的。要代表心智争取亚军的位置，似乎还需要新的办法，还需要一些与以往论证不同的武器，尽管已有的也许仍然能派上用场。我们真要这样吗？

普罗塔尔库斯：当然。

苏格拉底：[23c] 那让我们先来小心谨慎地确定它的开端。

普罗塔尔库斯：你说的开端到底是什么意思？

苏格拉底：现在让我们把一切存在之物都分成两部分，不过，如果你愿意，还是[③]分成三部分为好。

普罗塔尔库斯：按照什么原则划分呢？

苏格拉底：我们可以从目前的讨论中择取一些要点。

普罗塔尔库斯：哪些要点？

苏格拉底：刚才无疑已经谈到，神向我们展示出存在之物的无限和有限。

普罗塔尔库斯：的确如此。

苏格拉底：[23d] 让我们据此把存在之物分为两类，并把由这两类混合而成的事物定为第三类。看来我真是一个可笑的人，竟会这样给事物分类，并用数字把它们编排在一起。

普罗塔尔库斯：为什么这样说呢，我的好先生？

---

① "普罗塔尔库斯说 ouden legeis [你乱讲] 时，是否已经意识到苏格拉底是在玩笑呢？我觉得应该没有；但此处苏格拉底开了一个善意的玩笑，下文中他自己点破了。"(参考伯里对此处的解释)

② Babai，此处表示惊讶。

③ "还是(rather)"一词对应的原文是 mallon，在后文中苏格拉底提到无限，即"较多与较少"时也用到该词。在 11e, 42a, 60e(两处)和 67b 中，mallon 也译作"宁愿"：它表达了选择的倾向。

苏格拉底:因为我又觉得还需要第四类。

普罗塔尔库斯:告诉我这第四类是什么。

苏格拉底:思考一下上述两类事物相互混合的原因是什么,然后将其作为一类,排在前面三类的后面。

普罗塔尔库斯:那你是不是还要找出把它们区别开来的原因,作为第五类确定下来?

苏格拉底:有这个可能,但眼下还不需要。后面一旦[23e]有这种需要,我又去找这第五类(go after a fifth)[①]的时候,你一定能原谅我吧?

普罗塔尔库斯:那当然。

苏格拉底:那好,从四类中区分出前面三类后,我们先来看前两类,一旦我们明白两类中的任何一类都是经过分裂而成为多,然后又各自汇集重新成为一,我们就会努力想象它们如何既是一又是多。

普罗塔尔库斯:你要是说得更直白一点,我说不定就能理解了。

苏格拉底:[24a]好吧,我刚才说的前两类指的是我之前说的无限与有限。我想试着解释无限在某种程度上是多,至于有限的一类,我们稍后再谈[②]。

普罗塔尔库斯:那就让它稍候片刻吧。

苏格拉底:那么现在请仔细思考,我要让你思考的这件事很难,也存在争议,但你仍然要思考。先拿"较热和较冷"来说吧,你是否注意到,这两个词的含义中没有限度,同样寓于事物之中的对

---

① 手稿原文意为"追求第五种生活","生命"一词要么被删掉了,要么被修订为biai[被迫]。

② 班德汉姆无疑注意到这里"有限的一类"(that with limit)在上文译作"拥有限度的一类"(that with limit),它所指称的对象是混合的一类,因此他将两处都用括号括了起来。

子“较多和较少”[①]也是一样，只要它们仍然寓于［24b］事物当中，就不允许为属类设定终点或让完满发生，因为当终点到来时，它们这个对子本身也就终结了。

普罗塔尔库斯：你说得一点儿不错。

苏格拉底：并且，我们总是说，“较多和较少”存在于“较热和较冷”当中。

普罗塔尔库斯：是的。

苏格拉底：那么，前面这些讨论告诉我们，这个对子总是没有尽头的[②]，作为无始无终的存在，它绝对会成为无限。

普罗塔尔库斯：是的，完全如此[③]，苏格拉底。

苏格拉底：［24c］嗯，说得好，我亲爱的普罗塔尔库斯；你理解

---

① Mallon te kai hētton［较多和较少］的表达在《斐勒布》中出现了七次（其中一次不带冠词，见 24e），但未见于柏拉图的其他著作。不过 mallon kai hētton（即缺少连词 te，连词在这里的作用是把两项连接成一个整体）另见于 24d，《普罗泰戈拉》356a 和《蒂迈欧》87a（亚里士多德的著作中也常见这一表达）。与此相对的 hētton kai mallon 见于 52c 处。波菲利（Porphyry）在讨论柏拉图的讲稿“论善”（on the good）时指出，“较多和较少”暂时等同于“不定对立项”（indeterminate dyad），有时也用“较大和较小”或“无限”代替。和“一”（the one）一起，“不定对立项”是一切存在物的原则（参见辛普里基乌斯（Simplicius）《亚里士多德〈物理学〉评注》［*in libros Aristotelis Physicorum commentaria*］3.4，pp. 453,25－455,11 ed. H. Diels［Berlin，1895］）. 在《物理学》192a6－25 处，亚里士多德区分了三个原理，并认为它们对于自然哲学而言是不可或缺的，它们是形式（eidos）、质料（matter）和缺乏（privation），而对于柏拉图主义者来说，这三个原理则是：理念（eidos）、大和小（参见切尼斯，《亚里士多德对柏拉图的批评》［*Aristotle's Criticism of Plato*］，84－92；也可参见《物理学》203a1－16 和《形而上学》987b20－26，亚里士多德在其中比较了毕达哥拉斯的无限和柏拉图的无限，认为前者是一，后者是大和小这一对子）。柏拉图主义的教义中也提到“一”与“不定对立项”是数的原理（参见亚里士多德《形而上学》1081a14－1082b37，1088a15－b13）。

② 此处的原文在语法上不大合乎规则，意在传达“总是”（always）一词的含混性，该词既可以指苏格拉底所说的内容，也可以指较多与较少。

③ Sphodra 一词不同于中性的“非常”（very much），根据它的意义范围，通篇译为“完全”（exactly），或译为“极度”（extremely）。该词在 14d 处译为“实实在在地”（strictly），算是一次例外。此外，当 sphodra 用作实词时，译为“强度”（intensity）（见 45c，45d）。

得很好并提醒我注意，你刚说的这个“完全”(exactly/extremely)若与其对立项“略微”(slightly)合在一起，就同较多与较少类似了。无论这样的对子出现在什么地方，都不会允许对子中的两个对立项表现为一个确定的量，这个对子总是在每种行为中植入更多的完全(more extreme)，而不是更多的略微(more slight)，或者相反，从而促成了较多与较少，消除了确定的量(the so much)。因为，正如我们刚才所说的，如果［24d］这个对子不消除确定的量，而是让确定的、可度量的量(the measured)占据较多与较少、完全与略微的位置，那么这些事物就会离开它们原来在对子中所处的位置。一旦“较冷”和“较热”的对子接纳了确定的量，它就不会再是比较冷或比较热了，因为“较热”和“较冷”都是不断向前发展、永不止息的，而确定的量却阻止这种发展。因此我们说，“较热”及其对立项会成为无限。

普罗塔尔库斯：［24e］看起来的确如此，苏格拉底。如你所说，这理解起来并不容易，不过，倘能将它一遍遍地重复陈述，那么提问的人和被问的人显然会达成充分一致。

苏格拉底：说得好，我们必须尝试这样做。现在，来看看我们是否能把这当作无限的本质(nature)的符号而接受下来，免得我们事事都要详加论说，在讨论上花的时间过长。

普罗塔尔库斯：你的意思是什么？

苏格拉底：为了和先前的讨论保持一致，假如你还记得——我们曾说我们不得不尽最大的努力把每件［25a］已经分崩离析的事物(everything splintered and split apart)重新集结在一起(bring toghether)，并赋予它某种单一的特质——我们必须把呈现在眼前的每件事物，即那些会变成较多与较少，接纳极端与略微、非常(the very much)的事物以及诸如此类的一切事物都归入无限这个属类之下，就好比把它们合而为一。

普罗塔尔库斯：我记得。

苏格拉底:有些事物不肯接纳上述种种,而只接纳与其完全相反的事物——首先是“等同和相等”(the equal and equality),其次是“双倍”(double),以及其他任何与[25b]数字或计量相关的事物——如果我们把这些都纳入有限,不是很妙的吗,你觉得呢?

普罗塔尔库斯:妙极了,苏格拉底。

苏格拉底:那就好。但是对于第三种,也就是有限与无限的混合,我们说它的相是怎样的呢?

普罗塔尔库斯:我想,你会照旧向我说明的。

苏格拉底:不,不是我,而是一位神灵,也就是说,如果众神中有一位肯垂聆我的祈祷的话。

普罗塔尔库斯:那就祈祷吧,也请仔细思考。

苏格拉底:我在思考。普罗塔尔库斯,我有这种印象,我觉得一位神灵刚刚向我们发出友好致意。

普罗塔尔库斯:[25c]你这话是什么意思,你有什么证据?

苏格拉底:我当然会解释的。但是现在请注意听。

普罗塔尔库斯:说吧。

苏格拉底:我们刚才的确谈到了“较冷”与“较热”,不是吗?

普罗塔尔库斯:是的。

苏格拉底:现在再加上“较干”和“较湿”、“较高”和“较矮”、“较快”和“较慢”、“较大”和“较小”,以及我们刚才提到的那些能够全体归入所有容纳“较多与较少”一类的事物。

普罗塔尔库斯:[25d]你是指无限的一类吗?

苏格拉底:是的。接下来,把它和其后的事物混合,也就是有限的产物(the offspring of the limit)。

普罗塔尔库斯:什么产物?

苏格拉底:就是我们目前还没有集结在一起的东西,尽管我们应该把它们集结在一起,就像把无限的产物集结为一一样,也应该把有限的产物集结为一。但是,如果把它们两个都放在一起,或许同样有效，那种产物也将变得更为清楚。[①]

普罗塔尔库斯：你是指哪种产物？如何变得清楚？

苏格拉底：就是等同和两倍的产物，以及其他种种产物，通过数的介入使这些互相矛盾的事物终止冲突，令它们彼此协调、相称合宜。[②]

普罗塔尔库斯：我明白了。照我理解，你的意思是说，如果你把这些事物混合，结果就是在每种情况下都会出现特定的生成物。

苏格拉底：没错，而且看样子我是对的。

普罗塔尔库斯：那好，你继续说吧。

苏格拉底：以疾病为例，这些事物的正确组合（right partnership）实际上会带来健康。

普罗塔尔库斯：［26a］必然如此。

苏格拉底：以声音为例，声音的高与低、快与慢是无限的，如果上述同样的事物同时介入其中，难道不会产生一个限度，从而极完

---

① 此处据伯内特（Burnet）的版本译出，但其中存在几个疑点。首先是 tauton drasei 是否应译为“会同样有效”；第二个问题更重要，即如果把分散的有限物与无限物集结在一起，有限的产物是否就能变得显而易见。笔者认为，有限物具有两种形式，一种以算术和几何的形式独立存在，另一种以混合物中的尺度及平均数的标准为存在形式。也许有人认为“集结在一起”（brought together）应该替换为杰克逊（Jackson）所用的“混合在一起”（mixed together），不过比较《智术师》251d 与 253c，我们会发现这两个短语之间的区别并不大。

② Summetra［相称合宜］是指被测量物与用来测量的尺度相互匹配，在这个意义上它的含义与 symmetrica［对称，该词见于 26a，64d，64e，65a，66b］相同。“尺度”（measure）一词对应的原词为 metron，它在 17d 出现时意为衡量音乐的标准——“节拍”，它在 56a 中也出现了两次，意思与此相近。Measure 做“标尺”的意思出现在 56b；该词也见于 25b（两次），26d，43c，52c 和 66a。“确定的、可度量的”（measured，metrion）字面意思为“有尺度之物”（that which has a measure），其本身并不包含“在尺度之内”（within measure）或“适度”（moderate）的意思，该词见于 24c［译者注：查原文，应为 24d］，32a，43c，52c，66a。“有尺度之物”（that in which there is measure）对应的希腊原文是 emmetron（26a，52c，52d，65d），“没有尺度之物”（what is without measure）出现在 52d 和 65d 两处。作为动词的“测量”（to measure，metreō）仅在 17d 出现过一次。

美、极圆满地使所有的音乐成为一个整体吗?[①]

普罗塔尔库斯:没错,说得妙。

苏格拉底:再举个例子,倘若[正确的组合]介入严寒与酷热之间,那么就会驱走过度和无限,产生出适宜[的温度],同时促生出相称合宜(the commensurate)。

普罗塔尔库斯:那当然了。

苏格拉底:[26b]从中也就能够推导出,当无限与有限的事物混合时,美的源泉就会向我们呈现,对吗?

普罗塔尔库斯:当然。

苏格拉底:当然了,我忽略了其他千千万万的事物,比如美、健康和力,以及我们灵魂的诸多美妙与完善之处。俊美的斐勒布,我觉得,你这位女神[②]看遍了万事的荒淫与邪恶,阅尽了人类对快乐和欲望的贪婪追求,注意到无论在快乐或享乐中都没有限度存在,于是便在人间设定了这一对有限度的对子:法律和秩序[26c]。尽管你会说女神急躁易怒,我却要说她是人类的保护者和救世主。你怎么看呢,普罗塔尔库斯?

普罗塔尔库斯:苏格拉底,实际上我觉得这与我的想法不谋而合。

苏格拉底:既然如此,我已经讲到的这三个,如果你懂我的意思——

普罗塔尔库斯:我想我懂。照我理解,你说的其一是指无限,其二是指存在之物中的有限,但我完全不明白你说的其三是指

---

① 在"无限的"后面,伯内特的版本作:"这些同样的事物难道不是的确存在的吗?它[即正确的组合]难道不会同时产生一个限度,从而使全部音乐极完美地成为一个整体吗?"

② "你这位女神"是对 hautē hē theos[这位女神]的翻译,虽然在翻译上可能有过度之嫌,但这里所用的指示代词与第二人称相关,因此所指的应是斐勒布的女神,既可能是阿芙洛狄忒,也可能是指斐勒布作为快乐的辩护人必然最在意的——法律与秩序的女神。笔者认为,就此处上下文而言,两位女神实际上并无不同。

什么。

苏格拉底:你真让我吃惊,大概因为这第三种所涉及的属类众多,把你弄糊涂了;不过,无限目下同样有众多属类,尽管如此,一旦它们被贴上标签、[26d] 打上印记,并归入"较多"或与之相反的属之下,它们就以单一的形式呈现了。

普罗塔尔库斯:不错。

苏格拉底:有限虽不具有众多的属,但它从来都不是单一的,我们并不会因此而苦恼。①

普罗塔尔库斯:怎么会呢?

苏格拉底:绝对不会。但当我把它们所有的产物确定为这一个,那么我所说的第三种就是:和有限一起从尺度中产生的 ousia [存在]。②

普罗塔尔库斯:我明白了。

苏格拉底:[26e] 关键是我们之前说过,除了这三种之外还需要考察第四种。这一考察要求我们共同进行。想一想,你是否认为一切事物的形成必然有其原因。

普罗塔尔库斯:我认为是这样的,因为假如没有原因,它们又怎能形成呢?

苏格拉底:除了措辞上的区别,制造者(maker)的本质与原因(cause)并没有什么不同,不是吗?制造者和原因难道不能合称为一吗?③

普罗塔尔库斯:的确。

---

① 这段话通常被修改为:"有限同样没有众多的属且在本质上又不是一,我们并不会因之而痛苦。"这种修改假定有限像无限一样被一体化了,但我们有理由认为情况并非如此。

② 此处是抄本 W 的文本。B 和 T 抄本中作:"从尺度中与有限一起被生产出来"。

③ 这里第二次出现"原因"和"制造者",两者均为中性(分别为 aition 和 poioun),但"原因"第一次出现时为阴性的 aitia。这强烈暗示出第一次提到"制造者"时词性应为阳性。

苏格拉底：[27a] 接下去，我们将会发现，就原因和制造者而言，被造之物与生成之物除了名称之外没有什么区别。[①] 你说呢？

普罗塔尔库斯：是这样。

苏格拉底：那么，制造者天然在先、被造物在后，难道不是这样吗？

普罗塔尔库斯：是的。

苏格拉底：因此，说到底，原因以及由原因产生的事物是不同的，两者不能划等号。

普罗塔尔库斯：那当然了。

苏格拉底：鉴于存在的事物以及促生出它们的事物已经分为三种——

普罗塔尔库斯：是的，没错。

苏格拉底：[27b] 而原因又是所有这些事物的缔造者，因此我们把原因当作第四种，不过前提是必须充分清楚它与以上三类不同。

普罗塔尔库斯：的确不同。

苏格拉底：既然我们明确区分了四种，为了便于记忆，就应该把它们按照顺序一一列举出来。

普罗塔尔库斯：那当然了。

苏格拉底：那好，我让无限排第一，让有限排第二，然后让两者混合之后的 ousia［产物］排第三；如果让混合 [27c] 与产生的原因排第四，我会不会犯错呢？

普罗塔尔库斯：怎么可能。

苏格拉底：那么，接下来我们该讨论什么呢？我们为什么会走

---

① 在希腊语中，通常会将“生成之物”(becoming)等同于制造物(a product of making)，因为“生成”［gignesthai，to become］经常用作“制造”［poiein，to make］的被动形态(参见《希琵阿斯前篇》297a)。

到这一步？我们想要做什么？难道不是这个问题:我们想弄明白亚军的位置是应该授予快乐还是理智。不是这样吗？

普罗塔尔库斯:是的,正是这样。

苏格拉底:经过这样的说明和区分后,我们不是就有可能更完美地做出孰是冠军孰是亚军的决定了吗？而这正是我们争论的原由。

普罗塔尔库斯:有可能。

苏格拉底:[27d] 那好。我们已经确定胜利属于混合了快乐与理智的生活——不是吗?

普罗塔尔库斯:是的。

苏格拉底:我们当然可以考察这种生活,它是什么样的,属于哪一类——

普罗塔尔库斯:的确。

苏格拉底:我想,我们该说它是第三类的一部分,因为第三类并非仅由两种事物组成,而是由所有受限制的无限之物组成;因此获胜的生活必然属于这一类。

普罗塔尔库斯:没错,说得很对。

苏格拉底:[27e] 好。不过,斐勒布,你那快乐而又不混杂的生活怎么样呢？它应该属于我们前面提到的哪一种？在你阐述观点之前,请先回答我下面的问题。

斐勒布:请讲。

苏格拉底:快乐与痛苦(pleasure and pain)[①]这个对子有限度

---

① “快乐与痛苦”(pleasure[s] and pain[s])在文中出现了 9 次(27e, 32c, 32d, 38b, 39d2 次, 42c2 次, 49a),每次出现时都以单连词“kai”连接;“痛苦与快乐”(pain[s] and pleasure[s])出现了 18 次,其中 17 次都以双连词“te kai”连接(参见注释 48),仅一次以单连词“kai”连接(42a)。在柏拉图的其他著作中,“痛苦与快乐”出现过 8 次,“快乐与痛苦”出现过 30 次,不过,以双连词“te kai”连接的“痛苦与快乐”及“快乐与痛苦”各出现过 7 次。

吗？或者作为一个对子，它们属于那种接纳较多与较少的事物吗？

斐勒布：是的，苏格拉底，实际上快乐除非天然地在数量上无限，否则它就不会是彻底的善。

苏格拉底：[28a] 同样，斐勒布，如果痛苦不是天性上无限的，它也不会是彻底的恶。那么，我们俩都不得不同意，无限之外的某些事物赋予了快乐部分的善。我会让你们把你们的对子归入无限之物的属下，但是普罗塔尔库斯和斐勒布，至于理智、知识和心智——如果我们现在把它们放在前述事物当中，我们难道不会犯下邪恶的罪过吗？眼下我们究竟是在正道上还是在歧路上，依我看，这风险可大着呢。

斐勒布：[28b] 苏格拉底，那是因为你把你的神看得太过庄严了。

苏格拉底：你也把你的女神看得太过庄严了，我的朋友。但问题还是得回答。

普罗塔尔库斯：斐勒布，你看，苏格拉底说得没错，我们必须得按他的话去做。

斐勒布：普罗塔尔库斯，你不是选择代表我发言吗？

普罗塔尔库斯：没错。不过，我现在快要糊涂了。苏格拉底，我请求你，请你做我们的代言人(mouthpiece)①，这样我们就不会彻头彻尾地错失目标(to miss the mark entirely)②，说出一些和你的主张背道而驰的话来。

苏格拉底：[28c] 我必须照你说的做，普罗塔尔库斯。你所吩咐的并非难事。但是刚才那些关于庄严神圣的话(照斐勒布的说法)真的把你弄糊涂了吗？当我问心智和知识属于哪一类时，我不

---

① “代言人”的原文是“prophētēs”，最初指神谕或神旨的传达者。

② “彻头彻尾地错失目标”意味着心智(mind，nous)陷入 anoia [失常] 或愚蠢的状态。

过是开玩笑。

普罗塔尔库斯：是的，苏格拉底，确实如此。

苏格拉底：可这很简单。聪明人在这一点上都会达成一致，承认对我们而言，心智才是天地之王，因为这实际上等于褒扬他们自己。也许他们所言不差。如果你愿意，我们就对这类事物进行更充分的考察吧。

普罗塔尔库斯：[28d] 如你所愿，苏格拉底，至于要花多长时间，不必顾虑我们的想法。我们不会因此心生抱怨。

苏格拉底：谢谢，你说得很好。让我们从下面的问题开始吧。

普罗塔尔库斯：什么问题？

苏格拉底：普罗塔尔库斯，我们认为一切事物或者所谓的万事万物究竟是由非理性和随机的力量——任意的偶然性——支配的呢，还是像前人一样认为它们始终是由心智以及某种惊人的思想安排并控制的？

普罗塔尔库斯：[28e] 苏格拉底，你的话让我吃惊。这两种情况可大不相同[①]。你刚提到的第一种可能性在我看来不值一哂，但要说心智安排和组织了一切事物，倒是和我们眼前的景象相称：宇宙、太阳、月亮、群星、整个［天空的］的运行轨道，我自己从来没有说过与之相反的观点，连想都没有想过。

苏格拉底：[29a] 那么，你是否希望我们承认前人的观点，和他们达成一致？一定不能认为，转述前人的观点是毫无风险的，当某个聪明人宣称世界不是我们所说的这样，而是混乱无序时，我们必须和前人一起承受风险、分担责难。

---

① 原文意为“不是一回事”(Nothing of the same things] 或者“不是这么回事”(It’s nothing of the kind)，但普罗塔尔库斯对第一种可能性持完全排斥的态度，照实翻译很难体现出来。“两种情况可大不相同”(They’re not of the same order)，这里真正想要传达的意思是“这完全不对头”(There is nothing the question)，可参见《希琵阿斯后篇》372b。

普罗塔尔库斯:我当然愿意了。

苏格拉底:那么好,请你注意现在正对我们发起进攻的言辞。

普罗塔尔库斯:请明示。

苏格拉底:此刻与一切生灵的身体本质相关的元素正在合成当中,我们当然看到有火、水、空气,还有那些在风暴里飘摇的人们大声疾呼的"陆地[土]",这些都是它的构成物。①

普罗塔尔库斯:[29b] 的确。就眼下的讨论来说,我们真的陷入混乱的风暴里了。

苏格拉底:那么,这些存在于我们之间的元素可以分别归为如下几类。

普罗塔尔库斯:哪几类?

苏格拉底:这些存在于我们之间的元素(它们寓于生灵的体内)每一种都是渺小、微不足道的,怎么样都不能说是没有缺陷,而且它们并不具备与其本质相称的力量。我们可以随手将其中一种元素作为例子,其他几种元素的情况也是一样。比如说,火无疑存在于我们周围,同样也存在于整个宇宙当中。

普罗塔尔库斯:那是当然。

苏格拉底:[29c] 我们身边的火是渺小、脆弱、微不足道的,但整个宇宙的火却因其巨大、美丽而令人惊骇,并且拥有一切与火之名相称的力量。

普罗塔尔库斯:你说得很对。

苏格拉底:那下面这个问题该怎么回答呢?宇宙之火是由我们身边的火滋养,并凭借其产生、增强的呢?还是反过来,存在于你我以及所有生灵身边的火全是从宇宙之火中得来并生成的呢?

---

① 苏格拉底没有直接列出四种元素,而是开玩笑般地提到第四种元素"土",他假托遭遇风暴的水手看到陆地后喊出"啊嗬,陆地!"这个玩笑在普罗塔尔库斯提到的井然有序的天空景象与我们熟悉的世间惨状之间建立起对照关系。

普罗塔尔库斯:这问题简直不值得回答。

苏格拉底:[29d] 没错。我想,在谈到土——存在于生灵周围的土和整个宇宙当中的土——时,你也会这样说,而且谈到我之前提到的所有其他元素时,你都会这样说。是吗?

普罗塔尔库斯:谁又能给出否定的回答同时确保自己的回答合情合理呢?

苏格拉底:恐怕谁也办不到。不过,随我继续看下一个问题。当我们提到的所有这些元素集结在一个整体当中时,我们难道不是把这个统一体命名为身体吗?

普罗塔尔库斯:当然了。

苏格拉底:[29e] 那么与此相同,我们接着来看称其为宇宙的事物。同理,它必然也有由同样的事物集结而成的体。

普罗塔尔库斯:你说得很对。

苏格拉底:那么,一般来说,这个属于我们的身体是从宇宙之体那里获得滋养呢,抑或宇宙之体以及它所具有的一切——我们刚才说到的它的所有元素——从我们的身体获得滋养呢?

普罗塔尔库斯:苏格拉底,这又是一个不值一提的问题。

苏格拉底:[30a] 那么下面这个问题呢? 它也真的不值一提吗? 不然的话,你又该怎么说?

普罗塔尔库斯:请直说。

苏格拉底:我们是否应该说,我们的身体拥有一个灵魂?

普罗塔尔库斯:显然是拥有灵魂的。

苏格拉底:我亲爱的普罗塔尔库斯,除非与我们的身体具有同样元素、而且在各方面都要美得多的宇宙的身体确确实实被赋予了灵魂,否则我们的身体又能从哪里获得灵魂呢?

普罗塔尔库斯:苏格拉底,显然不能从别处获得。

苏格拉底:[30b] 普罗塔尔库斯,这是因为这四类——有限、无限、有限与无限的结合,以及作为第四种而存在的原因——一方面为我们人类提供灵魂，并使身体运动，当身体出现问题时还为其提供药物；另一方面则把不同事物的不同组成部分放在一起治疗，它［们］在整体上被称为全方面的智慧。尽管同样一些事物存在于整个天空且布满天空的绝大部分，除此之外，它们美丽，纯净，然而它却没能在它们中创造出最美丽最荣耀事物的本质。①

普罗塔尔库斯：［30c］这种想法是完全不合理的。

苏格拉底：如果不能这么说，那我们最好和前面的观点一致，改说：在整个宇宙中存在着——我们已经说过很多次——一种广大的无限和一种令人满意的限度，而主宰于它们之上，规定和安排着年份、季节和月份的原因绝不是粗劣而肤浅的，而是完全配得上智慧和心智的称谓。

普罗塔尔库斯：你说得对，完全配得上。

苏格拉底：然而如果没有灵魂，智慧和心智这个对子会产生吗？②

普罗塔尔库斯：不，不会。

苏格拉底：［30d］那么你会说，由于原因的力量，宙斯的本性中拥有王者的灵魂和王者的心智，而不同的［神］则拥有不同的美好事物，尽管把每一种都说出来并非易事。

普罗塔尔库斯：是的，没错。

苏格拉底：那么，普罗塔尔库斯，不要认为我们讲的这些话是徒劳无益的，这些话能够佐证那些声称心智永远统治一切的

---

① 这段文字要么在“这四类”与“这”之间有语法错误，要么有明显的错格。苏格拉底在交谈时中断了自己原本想说的话，转到宇宙生灵作为我们灵魂的原因这个话题上来。事实上，在下面的谈话中，他就他本人的前苏格拉底宇宙论提出了另一种可能，由此可以得出，错格一说是成立的。

② 比较《智术师》249a6－7：“当我们说它们两个［心智与生命］存在于它当中，我们能否认它将它们放置在灵魂当中吗？”以及《蒂迈欧》30b1－4：“［造物主］经过思考发现，这些天然可见的事物中，没有一个无心智的造物整体看起来会比有心智的造物更美，并且心智不可能在灵魂以外的事物中呈现。”

前辈——

普罗塔尔库斯:是的,这是一种佐证。

苏格拉底:[30e] 因此它就给我自己的考察提供了一个答案,那便是:心智的确属于被称为万事万物的原因的属类;而我们已经把原因列为四大类别之一①。因此不消说,你已经明白我们的答案了。

普罗塔尔库斯:是的,现在我完全明白了,不过此前我并不知道你早就给出了答案。

苏格拉底:[31a] 普罗塔尔库斯,这是因为玩笑有时候会让我们适当放松,不至于太严肃。

普罗塔尔库斯:说得好。

苏格拉底:那么现在,我的朋友,我们已经弄清楚心智应该归入哪一个属类,以及它拥有什么样的力量——

普罗塔尔库斯:是的,当然。

苏格拉底:至于快乐的属类,我们之前也已经弄明白了。

普罗塔尔库斯:没错。

苏格拉底:我们要记住两个要点:心智与原因近似,几乎同归一个属类,而快乐本身则是无限的,隶属于无限这个属类。此外,无限自身不且永不具有开端、中间和结局。

普罗塔尔库斯:[31b] 记住了。这怎么可能忘呢?

苏格拉底:那么接下来要做的就是,无论快乐和心智何时产生,我们必须考察这个对子中的各项分别存在于何物当中,以及究

---

① 原稿和整个间接的传统(达马斯基乌斯(Damascius)和词典编者)所用文字均为令人费解的"genoustē",但迪埃斯将其改为 genous tis 一词。切尼斯在"战时有关柏拉图的部分出版物"["Some Wartime Publications Concerning Plato"](*American Journal of Philology* 68 [1947]:225-34)一文中指出,如果接受迪埃斯的改动,那么短语 nous esti genous tis 可以被再度分割为 nous esti ge nous tis(意为:心智是某种类型的心智),这样一来,苏格拉底在这段讨论中的玩笑的涵义就更加明显了。

竟是什么样的体验促使其产生。先来看快乐。既然我们前面首先检验并拷问的是快乐应归入哪个属类，那么这里我们也要先从考察快乐开始，而倘若离开痛苦，我们决不能充分地检验并拷问快乐。

普罗塔尔库斯：如果这是我们的必经之路，那就这样做吧。

苏格拉底：关于它们的产生，你的看法是否和我一样？

普罗塔尔库斯：[31c] 什么看法？

苏格拉底：在我看来，痛苦和快乐天然存在于共同的属（common genus）中。

普罗塔尔库斯：但是，亲爱的苏格拉底，你得提醒我们这"共同的"是什么。你是指前面提到的哪一类呢？

苏格拉底：你真让我吃惊，不过我会尽力说个明白。

普罗塔尔库斯：谢谢，你这话说得漂亮。

苏格拉底：好吧，让我们把"共同的"一词理解为我们前面说过的四大类中的第三类。

普罗塔尔库斯：你是说在无限和有限之后的那类？我想，你把健康与和谐也归入了这一类。

苏格拉底：[31d] 你这话说得对极了。不过，接下来你要特别留心，运用你的心智。

普罗塔尔库斯：请讲。

苏格拉底：那好，我要说的是当本质出现紊乱，我们这些生物内部的和谐消失时，痛苦也就随之产生了——

普罗塔尔库斯：你说得很有道理。

苏格拉底：正如——如果必须既简洁又迅速地对这些了不起的事物[1]进行说明——当本质重新复元，恢复到其本然状态，我们就必须说快乐产生了。

---

① Megistos［了不起的］一词在文中出现了十九次，但英译文仅在此处译为从格。

普罗塔尔库斯：[31e] 苏格拉底，尽管我想你说得没错，但我们还是更清楚地把这些问题说个明白吧。

苏格拉底：无疑最简单的方法是理解并思考通俗的、显而易见的事物。

普罗塔尔库斯：哪些呢？

苏格拉底：就比如说饥饿当然是一种紊乱、一种痛苦——

普罗塔尔库斯：是的。

苏格拉底：因此，吃对应于重新恢复饱足，就是一种快乐。[①]

普罗塔尔库斯：是的。

苏格拉底：[32a] 同样地，渴是一种损耗、一种痛苦，而用液体平息干渴的力量就是一种快乐；再比如令人窒息的炎热引起的非自然的分解与紊乱是一种痛苦，而自然地恢复及冷却则是一种快乐。

普罗塔尔库斯：是的，当然了。

苏格拉底：非自然地冷冻动物体液会造成痛苦的寒意，而自然地恢复、返回初始状态就是一种快乐。现在考虑一下，照你看，这种说法一般来说是不是可以度量的一，[32b] 不管哪些事物属于拥有灵魂的种类：正如我在前面所说的，拥有灵魂之物天然地由无限与有限[②]构成，当它被损耗时，损耗是痛苦的，但回归它们自身的存在——也就是恢复——则是一种快乐。

---

① 比较亚里士多德《尼各马可伦理学》1173b7－12："他们说痛苦是一种天生的匮乏，而快乐是一种新的补给；但这些是身体的感受。如果快乐是一种天然的补给，那么补给发生并产生快乐的场所就是身体；但通常人们不会这样想；因此补给本身不是快乐，但补给一旦发生，人就会感觉快乐。"

② 这是 peras［有限］一词最后一次在文中出现。Peras 一词在柏拉图的著作中总共出现了 39 次，其中《斐勒布》中有 22 次，它还曾以复合词 peratoeides（25d）的形式出现过一次。该词在其他著作中偶尔也会出现一两次，但《帕墨尼德篇》算是个例外，此书中该词出现了八次，而且全部集中在后半部分。在《斐勒布》中，当"动物"（animal）一词被"灵魂"与"身体"取而代之后，"有限"一词也就不再出现了。

普罗塔尔库斯：是这样。我想这个说法的确给人这种印象。

苏格拉底：那好，关于痛苦和快乐的诸种体验当中，我们是否可以把它作为一个痛苦和快乐的种类确定下来呢？

普罗塔尔库斯：确定下来吧。

苏格拉底：[32c] 那好，按照这些体验的预期，把它们确定为属于灵魂自身，在快乐之事发生以前预期之物应确定为快乐的，这有助于确立信心，在痛苦之事发生以前预期之物则应确定为令人恐惧的、痛苦的。

普罗塔尔库斯：的确，这是另一类快乐和痛苦，它与身体无关，属于灵魂自身，它是在预期中产生的。

苏格拉底：你理解得很对。我想，正是在这些关于痛苦和快乐的纯粹经验中（人们通常这样认为），当它们不加混淆地各自发生时，快乐的特性 [32d] 会一目了然，至少照我看是这样，作为整体的快乐这个属类要么会大受欢迎，要么我们必须转而欢迎前面提到的其他属类，但无论如何，在热和冷以及诸如此类的一切事物的问题上，我们仍然必须时而珍视并拥抱快乐和痛苦，时而排斥它们，因为尽管它们不是善，它们中的一部分有时也会带有诸善的本质。

普罗塔尔库斯：你说得很对。如果不解决眼下探讨的这个问题，一定会给后面造成困难。

苏格拉底：[32e] 那现在就让我们大致看一下吧。如果这种说法是真实无误（really and truly）的，也就是说动物在情况恶化时会产生痛苦，在复元时产生快乐，那么我们就要琢磨一下，当处于既未恶化又未恢复的状态时，每个动物的状况是怎样的。你思考这个问题时要格外注意，用你的心智说话。难道每个动物在这种时刻不都是必然既没有感受到痛苦，也没有感受到丝毫的快乐吗？

普罗塔尔库斯：是的，必然如此。

苏格拉底：[33a] 所以这应该算是我们谈到的第三种状态，它不同于感觉快乐或痛苦的状态，对吗？

普罗塔尔库斯：的确。

苏格拉底：那好，努力记住这第三种状态，因为要想对快乐做出评价，很大程度上取决于能否记住这一点。不过，如果你愿意，我们先来解决一些和它有关的小问题吧。

普罗塔尔库斯：哪些小问题？

苏格拉底：你知道，对于选择了理智生活的人来说，任何事物都不能阻挡他过这种生活。

普罗塔尔库斯：[33b] 你是指既不享受快乐也不沉溺于痛苦？

苏格拉底：是的。因为前面我们在比较不同的生活时已经明确说过：选择理性、理智生活的人一定不会拥有快乐，无论是大的快乐还是小的快乐。

普罗塔尔库斯：我们的确这样说过。

苏格拉底：因此，倘若此言不虚，他的生活从一开始就是这样的，要说这是在所有生活中最神圣的一种，可能也并不为过。

普罗塔尔库斯：无论如何，诸神不可能感觉快乐，反之，也不可能感觉痛苦。

苏格拉底：当然不可能，这两种感情中的任何一种发生在他们身上都不合适。但说真的——虽然必要的话我们会对心智再次考察，但倘若不能把冠军授予心智，至少 [33c] 该把亚军的称号授予它。

普罗塔尔库斯：你说的很对。

苏格拉底：还有其他种类的快乐，也就是我们所说的属于灵魂的快乐，它完全是在记忆中产生的。

普罗塔尔库斯：怎么产生的？

苏格拉底：看来我们首先必须研究记忆（memory）。记忆到底是什么？在讨论记忆之前，很可能我们应该先研究感觉（sensation），这样与它们相关的事物才会通过某种方式向我们显现。

普罗塔尔库斯：[33d] 你这话是什么意思？

苏格拉底：首先要确定的是，我们每时每刻的身体经验中有一部分仅仅止于身体，不能触及灵魂，灵魂也不受其影响，但是还有一些体验能够穿透身体和灵魂，并在两者之间形成一种规律的共振，这种共振对于身体和灵魂来说既是独特的，又是共同的。

普罗塔尔库斯：就照你说的定吧。

苏格拉底：那么，如果说我们的灵魂对那些没有穿透身体和灵魂的经验 lanthanein [毫无察觉]，对那些穿透它们的经验则并非 lanthanein [毫无察觉]，这样说难道不是十分正确吗？

普罗塔尔库斯：[33e] 当然。

苏格拉底：那好，不要以为我说的处在 lelēnthenai [无所察觉] 的状态是指 lēthē [遗忘]，因为遗忘是记忆的退场，而在我们目前讨论的内容中记忆还没有出场。谈论一件此时不存在且过去未曾存在之物的消失，这是不合常理的，不是吗？

普罗塔尔库斯：那当然。

苏格拉底：那好，我们就换些名字吧。

普罗塔尔库斯：怎么换？

苏格拉底：[34a] 当"灵魂处在无所察觉的状态"，即当它不受身体振动的影响波及时，把你唤作"lēthē" [遗忘] 的事物改称为"anaisthēsia" [无感] 就可以了。

普罗塔尔库斯：我明白了。

苏格拉底：而那在单一体验中，在灵魂和身体联合运动中共同发生的，若你把这种运动命名为"感觉"，你的表达并没有错。

普罗塔尔库斯：你说的很对。

苏格拉底：那么，我们现在弄明白什么可以称为感觉了吗？

普罗塔尔库斯:当然。

苏格拉底:那好,如果有人把记忆称为保存感觉,那么至少照我看,这样说是正确的。

普罗塔尔库斯:[34b]是的,非常正确。

苏格拉底:通常,在提到追忆(recollection)时,我们要表达的意思与记忆是不同的,不是吗?

普罗塔尔库斯:有这个可能。

苏格拉底:这两者之间的不同难道不是这样的吗?

普罗塔尔库斯:什么样?

苏格拉底:我们所说的灵魂"追忆"某事是指灵魂不与身体一道,而是独自尽可能地回想它和身体在一起时所体验到的事物。不是吗?

普罗塔尔库斯:是的,当然。

苏格拉底:更进一步,当灵魂失去了一种记忆——或是关于某种[34c]感觉的记忆,或是关于某种知识的记忆,灵魂独自在自身范围内上下求索这种记忆,这也被我们称为"追忆"。①

普罗塔尔库斯:你说的对。

苏格拉底:那么,到底为什么要说这些呢?就是为了这个。

普罗塔尔库斯:为了什么?

苏格拉底:为了使我们在某种意义上尽可能清晰、准确地把握与身体无关的灵魂的快乐和欲望。快乐和欲望两者似乎都需要借此以某种方式得到阐明。

普罗塔尔库斯:那好,苏格拉底,让我们就这个问题继续讨论吧。

---

① 抄本中在句尾还有"和记忆"(and memories)的字样。《斐多》73d5－74a1 描述了三种追忆:第一种是人看到某物时忆及它物,尤其在此人已经将该物遗忘了一段时间后;第二种是人看到某物的画像后忆及它物;第三种是人看到某物的画像忆及画像所反映的事物。

苏格拉底：[34d] 看起来，要想考察快乐的发生和它的各种形态(shape)[①]，必然要费不少唇舌，因为现在我们似乎将不得不先从欲望开始。欲望到底是什么？它从哪里来？

普罗塔尔库斯：那好，让我们思考吧，这不会造成任何损失。

苏格拉底：不，不对，普罗塔尔库斯，至少会失去一些东西：一旦找到正在寻找之物，我们就会失去对这些事物的困惑。

普罗塔尔库斯：你说得真妙！那就让我们试着讨论接下来的问题吧。

苏格拉底：[34e] 我们刚才不是说过饥饿、口渴以及其他种种都是某种欲望吗？

普罗塔尔库斯：的确如此。

苏格拉底：当我们用一个名字来称呼如此多的互不相同的事物时，我们所看重的究竟是它们的哪种共性？

普罗塔尔库斯：苏格拉底，以宙斯的名义，这个问题可不容易回答，不过我们仍然得回答。

苏格拉底：那就让我们重新开始，从同样的事物再来一遍。

普罗塔尔库斯：从哪里开始？

苏格拉底：我们有时会说："他渴"，没错吧？

普罗塔尔库斯：当然。

苏格拉底：这就是说："他匮乏"。

普罗塔尔库斯：那当然了。

苏格拉底：那么口渴真的是一种欲望吗？

普罗塔尔库斯：是的，关于饮水的欲望。

苏格拉底：[35a] 究竟是饮水的欲望还是通过饮水而获得补足的欲望？

普罗塔尔库斯：呃，我想，是补足的欲望。

---

① Morphē [形态] 一词在 12c 处曾经出现过，但未见于《斐勒布》其他部分。

苏格拉底:那么,无论谁在匮乏时似乎都渴望他正在体验到的事物的反面,也就是说,匮乏时,他希望获得补足。

普罗塔尔库斯:显然如此。

苏格拉底:本来就匮乏的人[①]会怎样呢?他该如何同补足发生关系呢?假如他现在不曾体验、过去也从未体验过满足,他该求助于感觉还是该求助于记忆?

普罗塔尔库斯:都不行。

苏格拉底:[35b]但我们得说,作为一个有欲望的人,他仍然渴望某种东西。

普罗塔尔库斯:那当然。

苏格拉底:那么,说到底,他所渴望的正是他未曾体验过的东西。渴意味着匮乏,他期望获得满足。

普罗塔尔库斯:是的。

苏格拉底:那么,说到底,口渴当中必定有某种东西以某种方式同补足关联。

普罗塔尔库斯:必定如此。

苏格拉底:这个东西不可能是身体,因为身体正处在匮乏当中。

普罗塔尔库斯:没错。

苏格拉底:[35c]那么最后,唯一可能与补足相关的非灵魂莫属,而且灵魂显然是通过记忆才同补足发生关联的,否则它还能通过什么呢?

普罗塔尔库斯:几乎不可能通过别的。

苏格拉底:那么你明白上述讨论得出什么样的结果了吗?

普罗塔尔库斯:什么结果?

---

① 这个短语经常被译为"初次[感知]匮乏的人"(the one who is empty for the first time)。

苏格拉底:我们的讨论说明,欲望不属于身体。

普罗塔尔库斯:怎么会这样?

苏格拉底:因为我们的讨论揭示出,任何动物的努力都是为了追求与其自身体验相反的状态。

普罗塔尔库斯:的确如此。

苏格拉底:这种朝着与自身体验相反的方向努力的冲动证明,存在着一种与当下体验相反的记忆。

普罗塔尔库斯:当然。

苏格拉底:[35d] 那么,我们的讨论证明,正是记忆引导我们追求渴望之物,揭示出动物的冲动、欲望以及原始动机在整体上都属于灵魂。

普罗塔尔库斯:很对。

苏格拉底:我们的讨论证明,我们的身体是不能体验渴、饥饿等等的。

普罗塔尔库斯:没错。

苏格拉底:让我们再就这些问题做进一步思考。在我看来,我们的讨论表明,某种生活的样式和我们谈到的这些事情息息相关——

普罗塔尔库斯:[35e] 什么事情? 你指的是哪种生活?

苏格拉底:我们每一个人处在补足与匮乏,处在与动物的健康及衰亡相关的一切时,都会体验到时而痛苦、时而快乐等等不断变化的感觉。

普罗塔尔库斯:是这样的。

苏格拉底:当一个人处在中间状态时会怎样?

普罗塔尔库斯:什么"中间状态"?

苏格拉底:经历痛苦时,他回忆起快乐的事物,并且回忆起快乐的事情发生时,他将不再痛苦,但他此时并没有真正获得补足。那么此刻的状态该怎么理解呢? 我们要承认他处在中间 [36a]

状态还是要否认他处在中间状态呢？

普罗塔尔库斯：我们当然要承认了。

苏格拉底：从总体上说，他此时在痛苦当中，还是在快乐当中呢？

普罗塔尔库斯：以宙斯的名义，他绝不是快乐的，他所体验到的是某种双倍的痛苦：他的身体经受痛苦，他的灵魂也因为期待而痛苦。

苏格拉底：普罗塔尔库斯，你说“双倍痛苦”是什么意思？[36b]我们在匮乏之际，难道不是有时热切期盼未来的补足，有时又正好相反，不抱任何补足的期望？

普罗塔尔库斯：的确。

苏格拉底：那么，难道你不认为，在他渴望获得补足时，他因回忆而喜悦，然而同时又因匮乏而痛苦？①

普罗塔尔库斯：必然如此。

苏格拉底：也就是说，在这种时刻，人会同时感到痛苦和快乐，其他动物也是一样。

普罗塔尔库斯：很有可能。

苏格拉底：那么，当他处在匮乏当中，又没有获得补足的希望时会怎样呢？这种时候不就会［36c］产生双倍的痛苦了吗？这是否就是你刚才注意到的，［此时的痛苦］翻了一番？②

普罗塔尔库斯：没错，苏格拉底。

苏格拉底：那么，就让我们对那些体验进行如下考察吧。

普罗塔尔库斯：该怎么做呢？

苏格拉底：我们能说这些痛苦和快乐真实或虚假吗？或者说

---

① 在本句的最后一个从句中，原稿意为“在这些时刻”(at these times)，但班德汉姆删去了“时刻”(times)一词。

② Singly double 即没有限定的双倍，这是苏格拉底就“双倍”(double, diploun)和“简单的”(simply, haplos)两词所做的文字游戏。

部分真实,部分虚假?

普罗塔尔库斯:可是,苏格拉底,快乐或痛苦怎么会是虚假的呢?

苏格拉底:可是,普罗塔尔库斯,恐惧有对错吗?期望有正误吗?意见有真假吗?

普罗塔尔库斯:[36d] 当然,我得承认意见是有正误的,但其他几个我不这样认为。

苏格拉底:什么?看来我们要进行的论证可不简单。

普罗塔尔库斯:你说得对。

苏格拉底:呃,和我们之前的讨论相比,这里的论证是否适当,身为彼人之子[①],你得仔细考虑考虑。

普罗塔尔库斯:也许吧。

苏格拉底:那么,我们必须放弃所有其他不适当的论证。[②]

普罗塔尔库斯:你说得对。

苏格拉底:[36e] 那么,告诉我。刚才提到的难题仍然让我感到好奇。你怎么看这个问题呢?快乐是虚假的吗,存在真实的快乐吗?[③]

普罗塔尔库斯:是的,怎么会这样呢?

---

① 这个称呼可以有三种含义:首先从字面上是指普罗塔尔库斯为已故的父亲卡里阿斯之子;其次指为斐勒布之子;第三指为高尔吉亚之子,意在戏仿高尔吉亚所谓的既能详尽地阐述又能简短截说。其中第一种可能性似乎更容易接受。

② "放弃"(to dismiss, khairein)字面意为"享受"(to enjoy),由于 khairein 一词更多地用在道别的场合,较少用于打招呼的场合,因此逐渐带有了"再会"的意思。在此处以及 16e,苏格拉底不断地把无限与快乐联系在一起;参见 59b 及第 93 页注释。

③ 苏格拉底并没有直接说出普罗塔尔库斯的问题——"有些快乐是真实的,有些快乐是虚假的吗?",而是省掉了小品词 men,这样普罗塔尔库斯的问题似乎变成了是否所有的快乐都是虚假的,然后再问真实的快乐是否存在。这是柏拉图惯用的手法,意在指出真正的症结所在(比较《智术师》248a)。在《斐勒布》66c 处,再次出现了省略 men 的情况。

苏格拉底:那么照你说,无论是在睡梦里还是在清醒时,无论是在疯狂中还是错乱时,没有人会想象他自己正在享受快乐而实际上毫不快乐,或者想象自己忍受痛苦而实际上绝不痛苦吗?[①]

普罗塔尔库斯:苏格拉底,我们谁都不会否认这一点。

苏格拉底:那么这种看法真的正确吗?我们是否应该考察这样说是对还是错?

普罗塔尔库斯:要我说,我们必须得考察。

苏格拉底:[37a] 那就让我们更明确地界定和区分刚才提到的关于快乐和意见的说法。对我们来说,有持有意见这么一回事吗?

普罗塔尔库斯:有。

苏格拉底:有享受快乐这么一回事吗?

普罗塔尔库斯:有。

苏格拉底:那么就有持有意见者了?

普罗塔尔库斯:当然有了。

苏格拉底:也就有享受快乐者在享受快乐了?

普罗塔尔库斯:是的,也有。

苏格拉底:对于持有意见者而言,无论其所持意见正当与否,至少都无改于其真真正正持有意见这一事实。对吗?

普罗塔尔库斯:[37b] 怎么可能改变呢?

苏格拉底:那么同理,对于享受快乐者而言,无论其是否正当地享受快乐,至少都将无改于其真真正正享受快乐这一事实了?

普罗塔尔库斯:是的,这样说也对。

苏格拉底:那么,既然这两个——享受快乐和持有意见——都

---

① 比较《泰阿泰德》(157e-158a),泰阿泰德一经接受普罗泰戈拉的相对主义后,以梦和疯狂来说明错误感知的简单例子就把他难住了。

可以说是"真真正正地",究竟为什么我们通常[①]认为意见有真假之分,而快乐却只能为真呢?我们是不是必须要对这个问题进行考察?

普罗塔尔库斯:必须得考察。

苏格拉底:[37c] 你是说我们必须考察这个问题:既然意见有真假之别,那么意见不但会产生,而且每种意见都有其特定的属性——

普罗塔尔库斯:是的。

苏格拉底:此外,无论其他事物的属性如何,快乐和痛苦总是不具有特定属性,快乐和痛苦只是快乐和痛苦,是不是这样?我们是否也必须就此达成一致?

普罗塔尔库斯:显然是这样。

苏格拉底:但起码不难发现的是,其实这个对子也具有特定的属性,因为不久前我们还提到过,痛苦和快乐各自都能变大变小,甚至发展到极端的程度。

普罗塔尔库斯:[37d] 的确如此。

苏格拉底:普罗塔尔库斯,假如把邪恶纳入对意见和快乐的讨论,我们会说意见变得邪恶,快乐也变得邪恶。

普罗塔尔库斯:当然可以这样说,苏格拉底。

苏格拉底:但是如果把正确与错误纳入到讨论当中呢?假如一个意见真实无误,我们难道不应该说它是正确的意见吗?快乐不也是一样吗?

普罗塔尔库斯:必然如此。

苏格拉底:[37e] 如果持有意见之物是错误的,我们不是一定会说这个意见出错了、不真实,或说其所持意见有误吗?

---

① "通常"(usual)对应的原文是动词 philei,除了这里的习惯语用法外,该词还有"成为朋友"或"喜爱"的意思。

普罗塔尔库斯:不然又怎样呢?

苏格拉底:那接下来呢?如果我们发现某种痛苦是不真实的,因为产生痛苦的对象犯了错,或者相反,我们发现了快乐是虚假的,那是不是还应该把“真实的”、“好的”或其他此类令名美誉授予给它?

普罗塔尔库斯:呃,要说快乐虚假,那是不可能的。

苏格拉底:但是,快乐看起来常常伴随错误的意见,而不是正确的意见产生。

普罗塔尔库斯:[38a]那当然。苏格拉底,在这种情况下,我们会说意见是不真实的,但没有人会说快乐本身是虚假的。

苏格拉底:好吧,普罗塔尔库斯,你这会儿正在为快乐的言语争辩。

普罗塔尔库斯:不,绝对不是,我只是把自己听到的话说出来。

苏格拉底:我的朋友,对我们来说,与正确意见和知识伴生的快乐,同那些通常与错误意见和无知伴生的快乐没有任何区别吗?

普罗塔尔库斯:[38b]不管怎么说,这种区别可不小。

苏格拉底:那就让我们看一看两者的区别吧。

普罗塔尔库斯:还请你在前面引路。

苏格拉底:好吧,我要引你朝下面这个方向走。

普罗塔尔库斯:什么方向?

苏格拉底:我们说有错误的意见,那么,除此之外还有正确的意见吗?

普罗塔尔库斯:有。

苏格拉底:我们刚才说过,快乐和痛苦往往分别同正确、错误的意见伴生。

普罗塔尔库斯:没错。

苏格拉底:意见以及尝试在多种意见[①]中做出决定的企图都是通过记忆和感觉产生的,难道不是吗?

普罗塔尔库斯:[38c] 的确。

苏格拉底:那么,我们不是相信,必然要处理以下几种情况吗?

普罗塔尔库斯:什么?

苏格拉底:一个人在看远处模糊的物象时,常常会想要确定他所看到的物体到底是什么,你说是吗?

普罗塔尔库斯:我得说是这样的。

苏格拉底:那么接下来他会不会给自己提这样一个问题?

普罗塔尔库斯:什么问题?

苏格拉底:[38d]"树底下、石头旁的那个影子到底是什么?"无论什么时候,一旦他看到类似的东西,他都会这样问自己,你说呢?

普罗塔尔库斯:那自然了。

苏格拉底:然后呢,他会自言自语地说:"那是一个人",就好像在回答问题一样,而这个回答又碰巧符合事实的真相,有这种可能吗?

普罗塔尔库斯:当然。

苏格拉底:他是否也有可能弄错,把看到的东西当成是牧羊人的杰作,说那是尊"塑像"?

普罗塔尔库斯:是的,当然有可能。

苏格拉底:[38e] 如果他身边还有其他人,那么他也许会把心里默想的话告诉旁边的人,用有声的言语把这些内容再说一遍,而这样一来,我们前面称作意见的事物就变成了言说(speech),

---

① "在多种意见中做出决定"(to decide among opinions)在原文中是 diadoxazein,该词未见于柏拉图的其他著作及古希腊其他作者的著作,但它似乎以 dieidenai 和 diadokimazein 为原型,前者意为"通过辨别而认识"(to know by distinguishing),后者意为"通过检验而辨别"(to distinguish by testing)。

对吗?[①]

普罗塔尔库斯:当然了。

苏格拉底:有时候,他只是孤身一人,他会独自在心里不断思考这件事,花很长一段时间费心琢磨。

普罗塔尔库斯:是的,当然。

苏格拉底:那会怎样呢?关于这件事你的看法的确与我一致吗?

普罗塔尔库斯:怎么说?

苏格拉底:我觉得,在这样的时刻,我们的灵魂就像一本书。

普罗塔尔库斯:为什么?

苏格拉底:[39a] 在我看来,当记忆与感觉同时发生时,那些涉及到记忆与感觉的经验就仿佛我们灵魂中的言语,它们在这种时刻与书写酷似。每当这种经验写下正确的事物时,其结果就是在我们身上形成正确的意见和正确的言语,每当我们内心这位秘书写下错误的事物,其结果就是形成错误的意见及言语。

普罗塔尔库斯:[39b] 我想,必然是这样的,我会把这作为公理来接受。

苏格拉底:那么,同样也要接受在这种时刻出现在我们灵魂中的另一位艺术家。

普罗塔尔库斯:另一位艺术家是谁?

苏格拉底:一位画家[②],他跟在记录我们言语的秘书[③]之后,把事物的形象刻画在灵魂中。

---

① 参见《智术师》263d-264a 关于思想、意见和言说的定义。

② "画家"(painter] 对应的原词为 zōgraphos,意为"动物画家",但词首的 zō-来源于 zōon,意为"图画"。

③ "秘书"(secretary, grammatistēs)一词在上文中用来翻译 grammateus,该词与动词"写"(graphō)同源。

普罗塔尔库斯:画家起什么作用,什么时候起作用?

苏格拉底:[39c] 当一个人从视觉和其他感觉中抽取出意见和言说,并以某种方式在自己内心中发现了那些曾经形成意见和言说的事物的图像时。我们身上不是都发生过这种情况吗?

普罗塔尔库斯:没错,确实是这样。

苏格拉底:正确的意见和言说是正确的,错误的意见和言说是错误的,难道不是吗?

普罗塔尔库斯:那是自然。

苏格拉底:如果我们到目前为止还没犯错,那就继续讨论下面这个问题吧。

普罗塔尔库斯:什么问题?

苏格拉底:我们提到的这些情况只同现在和过去相关,却同将来无关吗?

普罗塔尔库斯:不,不是的,它适用于任何时间。

苏格拉底:[39d] 前面不是说过吗?灵魂的快乐和痛苦发生在身体的痛苦和快乐之前,它是最先产生的,这样一来,对我们来说,预想中的未来的快乐和痛苦就是存在的,对吗?

普罗塔尔库斯:十分正确。

苏格拉底:[39e] 那么,我们前面提到过,在内心中形成的书写[字母]与绘画是适用于过去和现在的,但对于将来,它们就不适用吗?

普罗塔尔库斯:不,它们确实适用。

苏格拉底:你说“确实适用”,意思是所有这些都是指向未来的希望,而我们同样在整个生活中都充满希望吗?

普罗塔尔库斯:是的,毫无疑问。

苏格拉底:那好,除了刚才那些,你还要回答下面的问题。

普罗塔尔库斯:什么问题?

苏格拉底:[40a] 一个正直、虔诚、纯粹的好人,难道不是更亲近诸神吗?[①]

普罗塔尔库斯:那当然了。

苏格拉底:那么,一个十恶不赦的人难道不是恰恰相反吗?

普罗塔尔库斯:当然。

苏格拉底:而且,正如我们刚才说过的,每个人都充满了希望,是吗?

普罗塔尔库斯:为什么不呢?

苏格拉底:更进一步,在我们每个人心里都有可以名之为"希望"的言语了?

普罗塔尔库斯:是的。

苏格拉底:那也有描画出的景象了?就像一个人时常看到黄金成堆涌向自己,快乐也是这样铺天盖地、源源不断地涌来吗?尤其是当他瞥见自己的形象出现在眼前的图画中,他会感到极度的快乐吗?

普罗塔尔库斯:[40b] 为什么不呢?

苏格拉底:那么,我们是不是可以说,善良的人由于和诸神亲近,因此他们心中的绘画[书写]大部分是真实的,邪恶的人则与之相反?我们可以这样说吗?

普罗塔尔库斯:确实可以这样说。

苏格拉底:那么,对于邪恶的人来说,快乐也会呈现在他们描画的图景中,但却无疑是虚假的。

普罗塔尔库斯:当然了。

苏格拉底:因此,坏人常常为虚假的快乐欣喜,而好人却因真

---

① "彻底"(in all ways, pantōs)同"与诸神亲近"放在一起,在苏格拉底下面一句话中,和"彻底"相对应的副词"绝对"(absolutely, pantapasin)也与"邪恶的"放在一起,因此,保持这种结构上的对称是较稳妥的办法。需要引起注意的是,如果篇幅分布准确无误,那么此处苏格拉底与普罗塔尔库斯的一问一答正好位于整篇对话的中心。

实的快乐喜悦。

普罗塔尔库斯：必然如此。

苏格拉底：[40c] 那么，根据目前的讨论，人类的灵魂中存在着虚假的快乐，然而它们是对真实快乐的模仿，会导致更可笑的结果，痛苦也与此类似。

普罗塔尔库斯：的确存在。

苏格拉底：那么，你是否同意，对于持有意见的人来说，他的的确确持有意见，但有时候 [这些意见] 却无关乎现在、过去或未来的事物？

普罗塔尔库斯：当然。

苏格拉底：[40d] 我想，你也会同意，这些事物在这种时刻不但会产生错误的意见，还会产生错误地持有意见这一事实。不是吗？

普罗塔尔库斯：是的。

苏格拉底：那么接下来呢？当涉及到预想中的欢乐，过去的欢乐和现在的欢乐时，我们难道不是要把相应的条件还原给痛苦和快乐——未来、过去及现在的乌有之物吗？[①]

普罗塔尔库斯：怎么讲？

苏格拉底：无论以任何方式感觉快乐，人总是可以真真正正地感受快乐，然而有时候，让人快乐的并不是现有之物，或过去之物，而经常是那些永远不会发生的事物。

普罗塔尔库斯：[40e] 必然是这样的，苏格拉底。

苏格拉底：那么，同样这句话——"所有这类事物有时是虚假的"——适用于恐惧、愤怒等时刻吗？

普罗塔尔库斯：是的，当然了。

---

① 在希腊语原文中，"未来、过去及现在的乌有之物"为"这些事物"，后者在语法上受"相对应的条件"支配。"当涉及到……现在的欢乐时"则为"在那些事物里"。

苏格拉底:那么,要想证明邪恶的①意见是邪恶的,除了它们是错误的这一点之外,还有别的办法吗?

普罗塔尔库斯:没有别的办法。

苏格拉底:我想,除了根据一种快乐是错误的这一点之外,我们也没有其他方法认定这种快乐是邪恶的。

普罗塔尔库斯:[41a] 不,不对,苏格拉底,实际情况和你所说的恰好相反。我们很少说快乐和痛苦之所以邪恶是因为近乎错误,而会说因为它们与其他更严重的恶同时发生。

苏格拉底:那好,如果我们两个都同意,我们可以稍后再谈这些恶的快乐,它们之所以邪恶是由于那[更严重的]邪恶。但是我们必须讨论错误的[41b]快乐,它们的数量很多,而且经常以不同的方式存在或出现于我们身上,这对我们后面将要做出的一连串决定都很有帮助。

普罗塔尔库斯:要是这样的话,我们当然要讨论了。

苏格拉底:好吧,普罗塔尔库斯,至少照我看是这样,只要我们还承认这种看法,就必须对其进行检验。

普罗塔尔库斯:妙极了。

苏格拉底:那让我们开始吧,就像职业拳击手一样,同这个论点面对面地斗上一场。

普罗塔尔库斯:我们开始吧。

苏格拉底:[41c] 好,如果你还记得,我们在前面的讨论中曾提到,每当所谓的欲望在我们身体当中时,身体就会同灵魂分离,被它本身的体验攫住。

普罗塔尔库斯:我记得,前面说过。

---

① 原稿中在"邪恶的意见"后面还有"及善良的[意见]",相应地苏格拉底可能在"是虚假的"后面将加上"或真实的",但这样的省略似乎不可能,因此较为稳妥的办法是把"及善良的"删掉。

苏格拉底:灵魂不是渴望与身体相反的状况吗？身体不是借由体验来提供痛苦或快乐吗?

普罗塔尔库斯:是这样。

苏格拉底:那么再来看看在这些体验中发生了什么吧。

普罗塔尔库斯:请讲。

苏格拉底:[41d] 那好,每当这类状况发生时,痛苦和快乐就会同时并存,并像我们前面阐明的那样,这些彼此对立的感觉[即快乐和痛苦]会相伴而生。

普罗塔尔库斯:至少看起来是这样的。

苏格拉底:还有一点我们在前面不是已经谈过、而且达成共识了吗?

普罗塔尔库斯:哪一点?

苏格拉底:痛苦和快乐这个对子中的每一项都容纳较多与较少,它们都属于无限的事物。

普罗塔尔库斯:是这么说过,可那又怎样?

苏格拉底:对这些事物准确做出判断的意义何在?

普罗塔尔库斯:[41e] 你是说在何时、如何做出判断?

苏格拉底:当我们怀着对它们下判断的愿望时,这种情况下,我们会需要在它们之间准确做出判断,将痛苦与快乐比较、痛苦与痛苦比较、快乐与快乐比较,然后通过这一系列比较确定它们哪一个更大,哪一个更小,哪一个更强烈或不那么强烈。

普罗塔尔库斯:嗯,是这样的,这种时候我们会希望做出判断。

苏格拉底:[42a] 那么接下来呢？拿视觉来说,从过远或过近的距离观察事物的大小都会失真,形成错误的意见,而类似的情况在痛苦和快乐的问题上竟然不会发生吗?

普罗塔尔库斯:会的,苏格拉底,只会有过之而无不及。

苏格拉底:那么这和我们不久前讲的刚好相反。

普罗塔尔库斯:此话怎讲?

苏格拉底：当那些或正确或错误的意见产生时，它们同样会影响痛苦和快乐以及与之伴生的体验——

普罗塔尔库斯：[42b] 说得对。

苏格拉底：但现在快乐和痛苦分别同它们的对立面比较，由于我们从过远或过近的距离观察它们即时的变化，而且还将它们放在一块儿，于是，和痛苦相比，快乐显得更大、更强烈了，或者反之，痛苦显得更剧烈了，因为其参照物是快乐。

普罗塔尔库斯：必然如此。

苏格拉底：[42c] 那么，当你去除痛苦或快乐各自比原样或大或小的部分［实际上这部分并非多余或不足］后，你不能说它显得更真实了，你也不能说快乐和痛苦扩展出的部分是真实的。

普罗塔尔库斯：没错。

苏格拉底：那好，接下来，我们看看按下面的方式是否能够发现存在于生灵身上的快乐，其虚假程度比我们刚才谈到的有过之而无不及。

普罗塔尔库斯：你指的是哪一种？打算怎么办？

苏格拉底：[42d] 人们确实常说，当某物的本然由于聚散、盈虚、消长而解体时，痛苦(pains)、苦楚(sufferings)、不幸(distresses)[①]等诸如此类的事物都会作为结果而产生。

普罗塔尔库斯：是的，人们经常这样说。

苏格拉底：那么，反过来，当某物复元为其本然状态时，我们会把这种复元当作快乐。

普罗塔尔库斯：不错。

苏格拉底：但是，如果对于身体而言，这些事情从未发生，且与

---

① 这里出现了三个词，其中第一个词 lupē［痛苦］在《斐勒布》及柏拉图的其他著作中最为常见；第二个词 algēdōn［苦楚］在《斐勒布》中出现了七次(31d，32e，35e，41c，42Dd，52a［两次］)；最后一个词 odunē［不幸］在本书中仅出现两次(此处及 51a)，不过它在《斐德诺》中出现了五次。

我们无关，那又会怎样呢？

普罗塔尔库斯：什么时候会发生这种情况，苏格拉底？

苏格拉底：［42e］普罗塔尔库斯，你现在的问题可没有问到点子上。

普罗塔尔库斯：为什么？

苏格拉底：因为你没能阻止我再一次向你提出我的问题。

普罗塔尔库斯：什么问题？

苏格拉底：我得说，不管这类事情是否发生，我们从中必然会得出什么结论呢？

普罗塔尔库斯：你是说如果身体在这两种情况下［分解及复元］都丝毫不受影响？

苏格拉底：没错。

普罗塔尔库斯：苏格拉底，至少有一点是清楚的：在这种状态下既不会有痛苦也不会有快乐。

苏格拉底：［43a］说得妙。但我猜你真正的意思是，诸如此类的某些事情必然会发生在我们身上，因为就像聪明人说的那样，一切事物都是忽上忽下地［混乱无序地］波动。

普罗塔尔库斯：他们的确这样说，一般来看，这种说法不无道理。

苏格拉底：怎么会没道理？他们不都是些大人物吗？但我想抽身而退，避开这个向我们猛扑过来的论点。我想朝这个方向逃走，你跟我一起走。

普罗塔尔库斯：朝哪个方向？请明示。

苏格拉底：［43b］嗯，我们要对他们说："就算是这样吧"。但是，你［普罗塔尔库斯］需要回答：就拥有灵魂的动物的体验来说，体验者总是能够意识到被体验之物吗？我们能意识到自己的生长以及其他类似的体验吗，还是正好相反？

普罗塔尔库斯：当然正好相反了。我们几乎完全无法意识到这种事情。

苏格拉底：那么，我们前面说“变化的上下起伏产生了痛苦和快乐”，这种表述并不好。

普罗塔尔库斯：当然不好。

苏格拉底：[43c] 按下面的方法会表述得更好，也更不容易被人攻击。

普罗塔尔库斯：什么方法？

苏格拉底：“大的变化会让我们感到快乐和痛苦，中等变化和小变化则完全没有影响”。

普罗塔尔库斯：这种说法的确比之前的说法更准确，苏格拉底。

苏格拉底：如果是这样，那么就会再次出现我们前面提到的那种生活。

普罗塔尔库斯：哪种生活？

苏格拉底：我们说过的既不痛苦也无欢乐[①]可言的生活。

普罗塔尔库斯：你说得很对。

苏格拉底：[43d] 在这个基础上，我们可以归纳出三种生活：快乐的生活、痛苦的生活和既不快乐也不痛苦的生活。[②] 或许你

---

① “欢乐”对应的 Kharmonai(joys)经常出现在悲剧诗(tragic poetry)当中，该词未见于柏拉图的著作它处。

② 这里的讨论可以参照《理想国》583c - 584b，尤其是 584a4 - b6：“因此，不痛苦便是快乐，不快乐便是痛苦，这种想法怎么可能正确呢？’‘决不可能。’‘因此，这不是真实的快乐和痛苦，’我说，‘正如与痛苦进行比较的快乐以及与快乐进行比较的痛苦都是平静，这些快乐的幻相(phantasmata)和真正的快乐无关，它们只是一种魅惑’。‘至少讨论可以说明这一点，’他说。‘那么，’我说，‘请你看看那种不是在痛苦之后产生的快乐，免得使你现在相信快乐就是痛苦的止息，痛苦就是快乐的止息。’‘我该往哪儿看呢？’他问，‘你是指哪种快乐？’‘这样的快乐很多，’我说，‘不过如果你愿意想一想和嗅觉有关的快乐，就很容易弄清楚了。这种快乐是突然出现的，一下子很强烈，它们产生之前没有痛苦，止息之后也不会留下痛苦。”

有别的看法?

普罗塔尔库斯:没有别的看法,三种生活没错儿。

苏格拉底:那么,没有痛苦便永远都不等同于快乐了?

普罗塔尔库斯:怎么能等同呢?

苏格拉底:好的。假如现在你听到有人说:"全无痛苦地度过一生就是最快乐的事"①,你该怎样理解这个人的话呢?

普罗塔尔库斯:我觉得,他的意思是没有痛苦就是快乐。

苏格拉底:[43e] 那么,就同你所希望的任意三种东西一样,我们这里的三种事物也可以用更动听的名字命名,比如第一种叫金子,第二种叫银子,第三种则非金非银。

普罗塔尔库斯:就这么命名吧。

苏格拉底:那么,如果我们说非金非银要么是金要么是银,可能吗?

普罗塔尔库斯:呃,这怎么可能?

苏格拉底:因此,根据正确的言说,若把中间状态的生活说成是快乐或痛苦的生活,只要有人持此意见,其意见就不可能正确;只要有人这样言说,其言语就不可能正确。

普罗塔尔库斯:是的,绝不可能。

苏格拉底:[44a] 我的伙伴,尽管如此,我们还是知道[意识到],人们就是这样描述并言说的。

普罗塔尔库斯:的确。

苏格拉底:那么对他们而言,确信不痛苦就等于享受快乐吗?

普罗塔尔库斯:起码他们是这样说的。

苏格拉底:这样的话,他们必然相信这种时候自己是在享受快乐,否则他们绝不会这么说。

---

① 这是整篇对话中唯一一次出现"快乐"即 pleasant 的最高级。"痛苦"即 painful 的最高级未见于整篇对话中。

普罗塔尔库斯:大概吧。

苏格拉底:无论如何,如果不痛苦和享受快乐二者在本质上是两回事,那么这些人关于其快乐的描述就是错误的。

普罗塔尔库斯:是的,我们已经证明二者本质上不是一回事。

苏格拉底:[44b] 我们是要依照前面的方法把生活分为三种,还是只分成两种呢? 既然痛苦对人类来说是一种恶,而从痛苦中解脱出来,善的状态本身就可以称为快乐。

普罗塔尔库斯:我们究竟为什么要向自己提出这样的问题呢,苏格拉底? 我不明白。

苏格拉底:普罗塔尔库斯,那是因为你不明白,在这里,哪些人才是斐勒布真真正正的敌人。

普罗塔尔库斯:你说的敌人是哪些人?

苏格拉底:据说但凡涉及到关于本质的事物,他们都是非常敏锐的,[①]而且他们完全否认快乐的存在。

普罗塔尔库斯:那在他们眼中,快乐是什么?

苏格拉底:[44c] 他们认为,斐勒布等人所谓的快乐只不过是逃离痛苦。

普罗塔尔库斯:苏格拉底,你是建议我们附和他们的观点吗? 还是有别的想法?

苏格拉底:不要附和,但我建议把他们看成占卜者,他们不是靠技艺占卜,而是靠一种厌恶,但他们厌恶的对象并非卑劣之物。让他们深恶痛绝的是快乐的力量,而且这一感觉根深蒂固,他们坚持说快乐的力量是不正当的,因此这种力量的吸引力并不能算作快乐,而是一种魅惑(enchantment)。一旦 [44d] 你同样考察过

① "敏锐"(clever)在这里的意思可能为"令人生畏的"(terrifying),"关于本质的事物"(the thing about nature)在这里的意思与任何宇宙论无关,而是指这些人自身的天性;因此这句话可以译为"据说他们的天性令人惊讶"。

他们厌恶的其他方面,[①]你就会明白。然后我要告诉你我认为什么是真正的快乐,这样做的目的是,等我们经过这两个回合讨论,对快乐的力量加以检验后,我们就可以把它们并列在一起做出决定了。

普罗塔尔库斯:你说得对。

苏格拉底:那么,就让我们把他们当作同盟,跟随他们的脚步将其反感之物一探究竟吧。我想他们应该会这样说:"如果我们想要[44e]弄清楚一种事物的本质,比如坚硬之物的本质,那么为了更好地[②]理解,我们是应该心无旁骛地专注于最坚硬的事物呢,还是应该专注于硬度微不足道的事物?"普罗塔尔库斯,你必须像回答我的问题一样回答这些脾气暴躁者的问题。

普罗塔尔库斯:是的,当然了。我会回答,我们必须关注硬度最高的事物。

苏格拉底:[45a]那么,要想弄清楚快乐的种属、本质,我们应该留意的就不是微不足道的快乐,而是所谓最显著、最极致的快乐。

普罗塔尔库斯:任何人都会赞同你的意见。

苏格拉底:那么,那些近在咫尺,并且最大、最强烈的快乐不是

---

① "Duskherasmata"[反感,revulsions]一词很生僻,似乎只有柏拉图用过;至少柏吕克斯(Pollux)不赞成使用该词(《术语表》[*Onomasticon*] 3. 133)。Duskhereia 一词通常用来表示 aporia[混乱的状态],duskherasmata 一词可能是痛苦和思想的结合体,译为"反胃"(stomach-turning difficulties)可能有些过,但意思稍可比拟。我同意绍菲尔德(M. Schofield)在《柏拉图〈斐勒布〉44a 及以下的 hoi duskhereis 是谁?》(["Who were hoi duskhereis in Plato Philebus44a ff? "] *Museum Helveticum* 28(1971):2－20)一文中对 duskherēs 和 duskhereia 的解释,前者特指食物难以消化的感觉,后者则指"厌恶"(revulsion)或"反感"(disgust),参照 66e 意思会更加清楚。但与绍菲尔德的看法不同,我不认为苏格拉底在这里指的是斯珀西波斯(Speusippus)。

② "更好地"译自希腊语 mallon,当该词与动词"看"或"理解"连用时意同"更好地",54a 处的用法与此处相同。

我们通常说的身体的快乐吗?

普罗塔尔库斯:当然是。

苏格拉底:身体的快乐在哪里更大或会变得更大呢,是在病人那里,还是在健康人那里?当心,不要匆匆忙忙走上歧路。我们[45b]可能会说是在健康人那里。

普罗塔尔库斯:有可能。

苏格拉底:那么,如果在快乐产生之前的欲望最为强烈,那么,随后到来的快乐难道不也会超乎其他一切快乐吗?

普罗塔尔库斯:是的,没错。

苏格拉底:发高烧的人和饱受病痛折磨的人呢,难道他们不是更渴、颤抖得更厉害,他们通过身体体验到的种种苦痛难道不是比健康人更强烈么?他们生活中的渴求不是更强烈吗,当他们获得满足时不是会感受到更大的快乐吗?或者我们不该这样说?

普罗塔尔库斯:是的,当然了,看起来的确如你所说。

苏格拉底:[45c]那么接下去呢?我们能不能这样说:倘若一个人想要观察最大的快乐,就必须去考察病人而不是健康人,这样说正确吗?你一定不要以为,我心里就是这样想的,不要以为,我问你的是重症病人是否比健康人更开心;你要知道,我在探求快乐的强度,以及在每种情况下,快乐的密集程度分别是怎样的。我们必须想象快乐拥有什么样的本质,还有那些完全否认快乐存在的人是怎样言说快乐的。

普罗塔尔库斯:[45d]好吧,我会听从你的指引。

苏格拉底:普罗塔尔库斯,要不了多久你就能为我引路了。请回答:你是在放荡的生活中看到更大的快乐呢,还是在节制的生活中看到更大的快乐——我的意思不是说快乐在数量上更多,而是说在强度上更大、更密集?请你想一想再回答。

普罗塔尔库斯:嗯,我明白你的意思,我知道这两种表述虽然失之毫厘,但实际上[45e]谬以千里。“凡事切勿过度”这句谚语全方位约束有节制的人,有节制的人也恪守这则箴言;愚蠢、傲慢的人却在极度快乐的驱使下丧心病狂,变得声名狼藉、粗鲁无礼。[①]

苏格拉底:妙极了。如果是这样,那么最大的快乐和最大的痛苦显然会发生在属恶的灵与肉那里,而不会发生在美德那里。

普罗塔尔库斯:是的,当然了。

苏格拉底:那么,我们应该从这些所谓最大的快乐中挑选一部分,考察它们如何成为了最大的快乐。

普罗塔尔库斯:[46a] 是得这样做。

苏格拉底:那么,我们先来考察下列几类疾病的快乐,看看它们是怎么一回事。

普罗塔尔库斯:什么样的疾病?

苏格拉底:那些不体面的疾病所带来的快乐,它让我们羞于启齿。

普罗塔尔库斯:什么样的快乐?

苏格拉底:比如通过抓挠而止住瘙痒所产生的快乐,以及诸如此类不需要特别治疗就能痊愈的疾患。哦,天神啊!当这种事情发生在我们身上时,我们感受到的究竟是快乐还是痛苦呢?

普罗塔尔库斯:苏格拉底,不管这么说,这似乎是在一种混合物中发生的恶。

苏格拉底:[46b] 我提出这个问题并不仅仅是由于斐勒布的缘故,普罗塔尔库斯,假如没有这些快乐以及与此相关的快乐,假如它们没有进入我们的视线,我们几乎不可能彻底解决眼下的问题。

普罗塔尔库斯:那么,我们必须进攻与这些快乐相关的快乐。

苏格拉底:你是说混合物中的快乐?

---

① Periboētoi 有两重意思,其被动式意为"被人议论",该词偶尔也以主动式出现,意为"四处喊叫"。

普罗塔尔库斯:毫无疑问。

苏格拉底:[46c] 那好,一部分混合物与身体相关,存在于身体当中;另一部分属于灵魂,存在于灵魂当中。接下来我们会发现灵与肉的痛苦与快乐混杂在一起,它们的混合物有时被称为快乐,有时被称为痛苦。

普罗塔尔库斯:什么意思?

苏格拉底:当一个人同时体验到复元和损耗两种截然相反的感觉时,比如在寒冷中感受到暖意,或在暑热中感受到清凉,我想他会希求顾此而舍彼——通常用来形容这种混合状态的表述是"苦涩的甜蜜"(bittersweet)①,[46d] 这种混杂的状态不但很难排解,还会引发暴躁和不安。

普罗塔尔库斯:这话说得很对。

苏格拉底:在这些混合物中,一部分所含快乐与痛苦的数量相当,另一部分所含快乐与痛苦数量的不等,难道不是这样吗?

普罗塔尔库斯:当然。

苏格拉底:那让我们来看看那些痛苦大于快乐的混合吧,这些痛苦是我们前面说过的瘙痒的痛苦,还有刺痛、悸动的痛苦,当身体内部在灼烧或发炎时,通过摩擦或抓挠解决不了问题,但是一个人可以让炎症扩展到 [46e] 皮肤表层,然后让其持续发生接触火及其对立物,由于自身状态持续发生改变,整个人完全昏头昏脑,有时会感到无可名状的快乐,当体外事物与体内疾患的作用相反时,痛苦和快乐又会彼此掺杂②,结果就是,这个人忽而快乐,忽而痛苦——这通过对融合之物的暴力拆解或对分散之物的强力融合

① 萨福残篇 130,2 称爱神为"甜蜜的痛楚"(sweet-bitter,glukupikros),但苏格拉底这里使用的希腊形容词 pikroglukus [苦涩的甜蜜] 现在已经废弃不用。

② 此处 kerannumi [掺杂] 在文中第一次出现,它与 meignum [混合] 不同,前者主要用来指稳定的混合物,尤其是水和酒的混合物;后者则指任何形式的混合,甚至包括格斗和性交。从 61c 开始,kerannumi 一词在文中用得越来越多。

而实现——它们就这样［47a］把痛苦和快乐并排摆在一起了。[①]

普罗塔尔库斯：不错。

苏格拉底：接下来，当混合物中的快乐占优势时，痛苦就会暗中作祟，让人瘙痒难忍，带来微弱的（slightly）[②]痛感，然而随着快乐大肆涌来，人的精神为之一振，有时甚至会雀跃不已，在这当中又漫不经心地穿插进十足的沮丧和大声咒骂，于是就促生出瞬息万变的神态，复杂多样的表情和不计其数的叹息。

普罗塔尔库斯：［47b］的确如此。

苏格拉底：我的伙伴，在这样的快乐中体会到的喜悦会让一个人喊出："我要［快乐］死了"，别人看到了同样也会这么说。[③] 实际上，那些不加节制、不动脑筋的人必然会一直追求这种快乐，把它们说成是最大的快乐，并且认为在这种快乐里终其一生的人是最幸福的。

普罗塔尔库斯：苏格拉底，从很多人的观点来看，你的推论都是正确无疑的。

苏格拉底：［47c］是的，普罗塔尔库斯，但是我只处理了与身体的寻常感受相关的快乐，即当体表与体内的感受相互掺杂时的快乐。但是当灵魂与身体的表现相反，即身体快乐、灵魂痛苦，或者身体痛苦、灵魂快乐，此时二者就会结合，成为一个复合体。尽管我们在前面说过，人在匮乏时会渴望补足，这种希望能给他带去

---

① 这段话是有问题的，尽管总体意思清楚，细节却并非无懈可击。阅读这段话时可以参照《斐德若》251c 中苏格拉底关于灵魂长出翅膀的描述："此时整个灵魂灼烧起来，猛烈地悸动着，这种感觉就像牙齿开始生长时那样，牙龈周边发炎、疼痛。一个人的灵魂萌生出翅膀的感觉与此类似，灵魂在长翅膀时也会体验到灼热、焦躁和刺痛。"

② 这是 ērema［微弱/略微］一词在整篇对话中第四次即最后一次出现，苏格拉底最初将该词作为 sphodra［非常］的对立项使用。

③ 比较菲勒特鲁斯（Philetaerus）残篇 7（考克［Kock］）："最快乐的死法是在做爱时死去，据说弗米修斯（Phormisius）就是这样死的。"

快乐，即便他眼下正因为匮乏而［47d］痛苦，但那时我们仍然未曾证明下面这一点："当灵魂与身体在所有这些难以形容的时刻发生冲突时，就会同时产生痛苦和快乐的单一混合物。"

普罗塔尔库斯：你说得可能很对。

苏格拉底：那好，现在还剩下一种痛苦和快乐的混合体。

普罗塔尔库斯：你是说哪一种？

苏格拉底：我是说仅由灵魂构成的共同复合体。

普罗塔尔库斯：此话怎讲？

苏格拉底：［47e］愤怒、恐惧、渴望、哀歌①、爱欲、好胜、羡嫉［嫉妒］②等等——你能不把它们看作灵魂本身的某种痛苦吗？

普罗塔尔库斯：的确如此。

苏格拉底：我们会发现，它们充满了不可名状的快乐，难道不是吗？我们是不是必须要回忆：

"愤怒使聪明的人陷入暴戾，
它进入人们的心胸比蜂蜜还甘甜。"③

---

① "哀歌"(dirge, thrēnos)出现在这里显得相当怪异，因为它的含义并不是悲伤，而是指用音乐表达悲伤。penthos［哀恸］也许可以用来指没有歌声的悲伤，但该词几乎仅在最常规的意义上表达悲伤，而且它并不能传达哀悼者灵魂的任何情况，就像希罗多德(Herodotus)让克罗伊索斯(Croesus)在长达两年的时间内 en penthei megalōi katēsto［处在巨大的悲哀中］(1. 46. 1)，而从未反思过他的不幸(参见1. 86)。在《礼法》700b，雅典来的客人将 thrēnos 描述为一种歌曲，它与向神唱的颂歌及祈祷相对。

② 在亚里士多德的《修辞学》(1387b22 - 1388b28)第二册第十章和十一章中，亚里士多德对羡嫉(envy, phthonos)和好胜(emulation, zēlos)进行了精确的区分，两者差别主要是：好胜的痛苦在于别人的好运不是自己的，羡嫉的痛苦在于别人的好运只是别人的。然而，需要指出的是，早期的文献中并不存在这种区别，zēlotupia 后来变成专指性方面的嫉妒(参见《会饮》213d，苏格拉底曾用 zēlotupōn 和 phthonōn 二词来描述他和阿尔喀比亚德［Alcibiades］之间的情欲关系)。

③ 引自《伊利亚特》18. 108 - 109 阿喀琉斯对他的母亲忒提斯(Thetis)所说的话。原稿在引言第一行中添加了"怒火冲天"(in fits of anger and rage)的字样，荷马原文中无此词。

此外，在悲哀和期待中，快乐是不是混杂着痛苦？

普罗塔尔库斯：不错，这些事情发生时的确如此。

苏格拉底：[48a] 你还记得看悲剧时的情形吗，人们一边哭一边感到快乐？

普罗塔尔库斯：当然。

苏格拉底：你是否知道，在观看喜剧时，我们的灵魂同样存在着痛苦和快乐的混合？

普罗塔尔库斯：不，我觉得这很难理解。

苏格拉底：[48b] 普罗塔尔库斯，这是因为，要理解这种感受在悲剧和喜剧中同样存在，并非一件易事。

普罗塔尔库斯：我看来确实如此。

苏格拉底：事情越是模糊，我们越是要努力去把握它，这样一来，人们也许就能更容易理解痛苦和快乐在其他情况下同样相互混杂了。

普罗塔尔库斯：请讲。

苏格拉底：你知道，有"羡嫉"这个词，我们刚刚提到过，你是不是把它看成为某种灵魂的痛苦？不然还能怎样？

普罗塔尔库斯：你说得对。

苏格拉底：但我们还是会发现，羡嫉会从旁人的恶行中汲取快乐。

普罗塔尔库斯：[48c] 的确如此。

苏格拉底：进一步说，无知[①]不是好事，这种状态我们称之为愚昧。

普罗塔尔库斯：当然了。

---

① 无论在此处还是在后文中，原稿用词都不是"无知"(ignorance，agnoia)而是"愚蠢"(folly，anoia)，尽管后者更近于"愚昧(fatuousness)"一词，但却不能自然导向苏格拉底将对自我的无知(self-ignorant)说成 hoi agnoountes hautous。

苏格拉底:接下来,以此为基础,我们来看看滑稽,弄清它的本质是什么。

普罗塔尔库斯:请讲。

苏格拉底:有一种状态尽管在一般意义上可以称之为"邪恶",但它和德尔斐神庙的箴言完全相反,属于彻头彻尾的邪恶。。

普罗塔尔库斯:苏格拉底,你是说"认识你自己"吗?

苏格拉底:[48d] 是的。很清楚,这句话的反面如果写下来就是:"万万不可认识你自己"。

普罗塔尔库斯:当然。

苏格拉底:普罗塔尔库斯,现在你来试着把它分成三类。

普罗塔尔库斯:什么?我办不到。

苏格拉底:你的意思是现在必须由我自己来分?

普罗塔尔库斯:对,不仅如此,我还要央求你这么做呢。

苏格拉底:那些不自知的人难道不是分别通过以下三种方式体验到这种感受的吗?

普罗塔尔库斯:怎么讲?

苏格拉底:[48e] 首先,在财富方面,他们认为自己比实际拥有的财富[①]更富有。

普罗塔尔库斯:起码很多人都有这种感觉。

苏格拉底:不过,更多的人认为他们比真实的自己更高、更美丽,而且身体各个方面也都更优越。

普罗塔尔库斯:的确。

苏格拉底:但我想,在第三种方式上出问题的人是最多的,也就是在灵魂的感受上,这些人认为自己拥有更高的美德,尽管实际上并非如此。

普罗塔尔库斯:的的确确。

---

① 在希腊语中,"财富"(wealth,ousia)一词同样也指"存在"(being)。

苏格拉底：［49a］说到美德，绝大多数人不都声称自己拥有并且恪守智慧的美德吗？但实际上他们拥有的不过是沾沾自喜和虚假的智慧。

普罗塔尔库斯：毫无疑问。

苏格拉底：尽管我们可以说上面每一种做法都属于恶——

普罗塔尔库斯：确实。

苏格拉底：但是普罗塔尔库斯，我们仍然必须对此做进一步的区分，把它分成两种，等我们弄清楚了这种孩子气的①羡嫉，我们就会明白快乐和痛苦的一种奇异的混合体。

普罗塔尔库斯：分成两种，怎么分？②

苏格拉底：［49b］这就和人一样，我想，所有那些错误认识自己的人都可以分为两类，一类是有力量、有勇气的，另一类则正好相反，难道不是必然如此吗？

普罗塔尔库斯：必然如此。

苏格拉底：那就这样分。弱小的一类被人嘲笑，而且没有能力还击，你要说他们这类人可笑滑稽，那当然是不错的；至于有能力还击的一类，你要说他们［49c］强壮、可怕、可恶，那无疑也是非常正确的。强者的无知是可恨、可恶［可耻］的，因为它无论以何种形式出现都会危及旁人；而在我们眼中，弱者的无知却命中注定具有滑稽的特性。

普罗塔尔库斯：你说得很对，但我还是不明白快乐和痛苦在其中究竟怎样混合。

---

① "孩子气的羡嫉"(the envy of boyish fun)对应的希腊语是 paidikos phthonos。形容词 paidikos 既可以翻译成"孩子气的"(boyish)，也可以翻译成"好玩的"(playful)；说羡嫉"好玩"是指它在阿里斯托芬喜剧中的呈现形式，而在这些喜剧中它无疑也具有孩子气。

② 伯内特说 T 抄本把这句话归在苏格拉底名下，这样从 49a7 到 49b4 都是苏格拉底说的话。但是迪埃斯说三种抄本(BTW)都把这句话归在普罗塔尔库斯名下。

苏格拉底:那好,首先来看羡嫉的力量[意义]。

普罗塔尔库斯:请讲。

苏格拉底:[49d] 毫无疑问,它是某种不公正的痛苦和快乐。

普罗塔尔库斯:这是必然的。

苏格拉底:虽然,因为敌人的不幸而快乐既不是不公正的,也不等同于羡嫉——①

普罗塔尔库斯:当然了。

苏格拉底:但是,若看到朋友的不幸时,不觉得痛苦,只觉得快乐,这难道不是不公正的吗?

普罗塔尔库斯:当然。

苏格拉底:我们前面不是说过无知对任何人而言都是不好的吗?

普罗塔尔库斯:对。

苏格拉底:既然这里的三种形式——对朋友要小聪明,自忖外表光鲜,以及我们刚才讨论过的种种错误做法——在脆弱时都是滑稽的,在强大时都是可恶的,那么当一个人只对朋友如此,[49e] 且从不危及旁人时,我们能不能断定其情形是滑稽可笑的呢?

普罗塔尔库斯:当然。

苏格拉底:我们不是同意,无知就其本身而言是不好的吗?

普罗塔尔库斯:的确如此。

苏格拉底:在嘲笑无知时,我们是快乐还是痛苦呢?

普罗塔尔库斯:[50a] 显然是快乐的。

苏格拉底:我们不是说过,羡嫉使人对朋友的不幸感到快乐吗?

普罗塔尔库斯:必然如此。

苏格拉底:所以说,这些论证表明,当我们嘲笑朋友的荒谬时,

---

① 比较《奥德赛》22.411-412(奥德修斯对约克利亚[Eurycleia]说:)"乳娘啊,你纵然欣喜莫张声!须知为杀人称庆,理不该应。"

我们的快乐中掺杂着羡嫉，也就是说，快乐中掺杂着痛苦，因为我们之前一致认为羡嫉是灵魂的种种痛苦之一，而笑是一种快乐的表现，两者在这样的时刻同时发生。

普罗塔尔库斯：没错。

苏格拉底：[50b] 这些论述现在向我们揭示出，无论是在哀歌还是在悲剧[①]中，不，不止是在戏剧中，而且是在整个生活的悲剧与喜剧[②]中，痛苦总是和快乐掺杂在一起。

普罗塔尔库斯：苏格拉底，谁都不能不同意你的话，哪怕你的对手一心想和你对着干。

苏格拉底：[50c] 另外，我们前面列举了愤怒、渴望、哀歌、恐惧、爱欲、好胜、羡嫉等等，并说我们会在这些感受中发现处于混合状态的痛苦与快乐，不是吗？

普罗塔尔库斯：是的。

苏格拉底：那么，现在我们彻底检验过的只是那些同哀歌、羡嫉和愤怒相关的一切，你明白吗？

普罗塔尔库斯：当然明白。

苏格拉底：所以余下的还有不少？

普罗塔尔库斯：确实。

---

① 赫曼（Hermann）在后面加上“和喜剧”的字样，很多编者都沿袭他的做法。但实际上在《理想国》394b5 中只提到了“悲剧”——尽管赫维顿（Herwerden）建议把“喜剧”添加进去，但并不是所有的编者都同意——此处是否应该这样添加值得商榷，尤其是如果参照苏格拉底对喜剧的解释，“哀歌”实际上可以代替“喜剧”及其他与痛苦相关的常见歌咏。

② 就目前已知而言，以悲剧和喜剧描述人生本身的特性，这里还是第一次。据我所知，这种特殊的表达从未扩展到其他的诗歌形式。柏拉图的《礼法》间接提到了这种特殊的表达。雅典来客询问：如果举办一场比赛，让所有艺人同台竞技，谁会拔得头筹？他认为，在孩子们眼中，冠军属于演木偶戏的人；在年轻人眼中，冠军属于喜剧诗人；不过大多数人还是更喜欢悲剧。但他并没有说悲剧诗人是冠军（658a-d）。同样，在《拉凯斯》（*Laches*，183a2－b2）中，拉凯斯奇怪的论述暗示出雅典人最喜欢体验悲剧。

苏格拉底:照你看,我究竟为什么要专门指给你快乐和痛苦在喜剧中的混合呢?难道不是为了证明,至少在恐惧、爱恋[①]和其他各项那里,[50d] 发现这种混合并非难事吗?一旦你将这一点把握了、领会了,你就会放我走,这样一来,我就不必在这里喋喋不休了。你只要把握一般的原则,即无论是没有灵魂的身体,还是没有身体的灵魂,抑或是灵魂和身体加在一起,它们都充满了与痛苦掺杂在一起的快乐,不是吗?现在你说,你是放我走呢,还是要让我一直讲到半夜?当然,我想,我只要随便说上一句:明天我再向你们说明所有这些问题,[50e] 就能轻轻松松地离开,不过,眼下考虑到斐勒布的意见,我还是继续处理剩下的部分吧。

普罗塔尔库斯:谢谢你,苏格拉底,你说得很妙,请按照你的意愿把剩余的问题都解决掉吧。

苏格拉底:那好,了解混合的快乐之后,我们自然必须去了解未曾混合的快乐,这是不可避免的。

普罗塔尔库斯:[51a] 妙极了。

苏格拉底:我要试着改变一下方法,为你做出说明。由于这样那样的原因,那些人——我是指那些把一切快乐都说成是痛苦的止息的人——很难令我信服,但正如前面说过的,我要用他们作证人,证明某些体验虽然被认为是快乐,但实际上并非如此,同时证明另外一些快乐虽然看似浩瀚无边,但其实它们已经和痛苦发生作用,并且混为一团了,它们是巨大苦难的间歇,随之而来的将是灵魂与身体的混乱。

普罗塔尔库斯:[51b] 可是,苏格拉底,该把哪些快乐当作真正的快乐呢?人们能做出正确的判断吗?

---

① 参见欧里庇得斯《希波吕托斯》(*Hippolytus*)347-349:“淮德拉(Phaedra):人们究竟是怎么称呼爱的?奶妈:孩子,爱既是极乐也是痛苦。淮德拉:那么我必是只尝过二者之一。”

苏格拉底:真正的快乐是由美丽的颜色、形状、大多数气味、声音等等产生的快乐,简而言之,即一切极微小的、在获得无痛的满足时传达出的、可以感受的快乐。

普罗塔尔库斯:苏格拉底,那我们究竟该怎样理解它们?

苏格拉底: [51c] 呃,这话没说明白,我当然会解释清楚。我想说的是,尽管很多人都认为形状之美就是动物或某些绘画的美,但实际上并非如此。我们的论辩表明,形状之美——希望你不要误解,我指的是直的、圆的东西——由车床、直尺、直角尺打造出的平面或立体物。我要说这些事物与众不同,它们之所以美丽与其他事物无关,而是自己天生如此,由此产生的快乐是它们自身所特有的,和挠痒的快乐截然不同。此外,颜色的美也是一样,嗯,现在 [51d] 你弄明白了吗? 有什么问题?

普罗塔尔库斯:苏格拉底,我努力想弄明白,但你也还得努力把话说得更清楚些。

苏格拉底:我是说,纯净的歌吟出自圆润、嘹亮的嗓音,但这些声音的美是自在、自为的,与其他声音无关,由此产生的快乐也专为它们所有。

普罗塔尔库斯:没错。

苏格拉底: [51e] 但说到嗅觉,尽管它不像之前的快乐那样神圣,但事实上,痛苦同样并不必然和嗅觉混合在一起,虽然这实际上偶尔也会发生。我要把嗅觉的快乐看作它们[①]的对应物。如果你明白,就该意识到我们现在谈的快乐分为两种。

普罗塔尔库斯:我明白。

---

① "它们"指上述所有不带有痛苦的感官快乐。比较《蒂迈欧》66d1-8:嗅觉没有种类的不同。气味从整体上说具有不确定性,吸入任何一种气味都会改变嗅觉的种类归属。我们的嗅觉神经对于土和水而言过窄,对于火和气而言则又太宽,因此我们无法感知它们的气味,但当物体变潮、腐烂、融化或冒烟时,嗅觉就能发生作用了。蒂迈欧认为,气味的纯粹的快乐植根于无限以及较多与较少。

苏格拉底：［52a］那让我们再加上学习的快乐，假如在我们眼中，这样的快乐并不包含如饥似渴的求学之苦以及最初渴求知识的痛苦。[①]

普罗塔尔库斯：嗯，我同意。

苏格拉底：那么，倘若饱学之士由于遗忘而使自己所学的知识受损，你在这样的损失中会看到痛苦吗？

普罗塔尔库斯：［52b］至少本质上不会，不过，若仔细思量这种体验，那么每个人在受损时都会因需要而痛苦。

苏格拉底：但是，有福的人呵，至少眼下，我们想要一探究竟的只是本然的体验，仔细思量是不在考虑范围之内的。

普罗塔尔库斯：你说得不假(true)。那好，在学习时，我们无论怎样都不会因为遗忘(forgetfulness)而痛苦。[②]

苏格拉底：好的，我们得说学习的快乐没有混合痛苦，它们只属于极少数人，而大多数人却与之无缘。

普罗塔尔库斯：当然，我们是得这样说。

苏格拉底：［52c］现在我们已经把纯粹的快乐和不纯粹的快乐(如此称呼它们毫不为过)仔细区分开了，随后我们还要说强烈的快乐“不可度量”，反之其他的快乐则“可以度量”，难道不是吗？接下来，不管那些巨大、强烈的快乐是否经常出现，我们认为它们都属于我们所说的无限的事物，以及在我们身体和灵魂中游荡的较少与较多[③]，其他快乐则属于可度量的［52d］事物，对吗？

---

① 对知识“如饥似渴”(hunger and thirst for knowledge)在英语表达中颇为常见，但在希腊语和拉丁语中却极少见(参见亚里士多德《论天》［*De Caelo*］291a27)。

② 普罗塔尔库斯有意无意地影射“正确(true)”和“健忘(forgetfulness)”两词对应的希腊语词汇 alēthē 和 lēthē 互为反义词。

③ 这里是整篇对话中最后一次提到“apeiron”［无限］以及“较多与较少”，但唯有这次“较多与较少”以“较少与较多”的形式出现(参见 55d)。在后面的对话中，“无限”以及“较多与较少”被“生成之物”(becoming)代替，其对立项为“存在之物”(being］。

普罗塔尔库斯:你说得很对,苏格拉底。

苏格拉底:那好,接下来我们得继续考察它们的其他方面。

普罗塔尔库斯:什么意思?

苏格拉底:相对真理而言,它们是怎样的呢?[我是说,] 是纯粹、洁净,还是强烈、巨大而充分呢?①

普罗塔尔库斯:你这样问是什么意思?

苏格拉底:[52e] 普罗塔尔库斯,我想对快乐和知识不遗余力地加以检验,看看二者是否一部分是纯粹的,另一部分是不纯粹的,以期获得它们的纯粹形式,并进而接受判断②,让我、让你、让这里所有人都可以做出决定。

普罗塔尔库斯:好极了。

苏格拉底:好,那就这样思考我们所说的所有纯粹的类属吧。首先,我们要从中挑选一个,对其进行检验。

普罗塔尔库斯:[53a] 那么,我们该挑选哪一个呢?

苏格拉底:如果你愿意,我们先来看看作为纯粹类属的白色。

普罗塔尔库斯:当然了,就这么办。

苏格拉底:白色之纯粹是什么样呢?是数量最多、范围最大,还是最没有掺杂,白色中不曾加入其他任何颜色?③

普罗塔尔库斯:显然是最不受其他颜色污染的。

苏格拉底:[53b] 不错。那么,普罗塔尔库斯,它也是最真实的吗?我们认为一切白色中最美的白色是最纯粹的,而不是范围最大、数量最多的,对吗?

---

① 在抄本中,"充分"(the adequate)位于"大"(big)之后,但杰克逊(Jackson)和伯利认为该词应置于"纯粹、洁净"(the pure and uncontaminated)之后,如此一来双方就会各有三个词。这虽然看起来不错,但根据 62a-b,就真理而言,"充分"不能属于"纯粹"一类。

② 班德汉姆认为应该用 krasin [掺杂] 替换 krisin [判断] (参见 n. 125)。

③ 这里采用了班德汉姆的修订。原稿作"其中没有其他任何颜色的成分。"

普罗塔尔库斯:是的,非常正确。

苏格拉底:那么,如果我们说一块小而纯粹的白色比一块大而混杂的白色更白、更美,同时也更真实,我们的话就绝非妄言了。

普罗塔尔库斯:是的,非常正确。

苏格拉底:那么接下来呢?为了讨论快乐,类似的例子我们当然不需要太多,据此我们已经很清楚了,哪怕只是小小的、些微的快乐,[53c]只要它不沾染痛苦,终究会比在数量和范围上都占优势的快乐更快乐、更真实,也更美丽。①

普罗塔尔库斯:的确如此,有这个例子就够了。

苏格拉底:那么下面这个问题呢?我们不是曾听人说"快乐总是生成,而并非 ousia[存在]"吗?少不了会有聪明人给我们列举证据说明这句话准确无误,对这些人我们是应该好好感谢的。

普罗塔尔库斯:为什么?

苏格拉底:[53d]亲爱的普罗塔尔库斯,只需对这一点进行追问,我就能为你把它探究到底。②

普罗塔尔库斯:请尽管提问吧。

苏格拉底:有没有这样一双事物,其中一个自在自为,另一个则总是渴望别的事物?

普罗塔尔库斯:什么意思,你指的是哪双事物?

苏格拉底:其中一个生来永恒庄严③,另一个难以与之比肩。

普罗塔尔库斯:说得再明白些。

---

① 苏格拉底在"在数量和范围上都占优势"后面省略了"混杂的"一词。这里或者理解为上文"混杂的"白色的平行结构,或者理解为"在数量上和范围上都占优势"的表达本身就意味着快乐当中混合着痛苦。

② "到底"(limit)对应的希腊语动词 perainein(源于 peras)在这里最后一次出现,此前它总共出现过七次(11c,12b,20c,33a,47b,50c,52b)。每次该动词都只用于某个论点,从未用于具体的事物,这种限制在柏拉图的著作中普遍存在,但偶尔也会有例外(参见《美诺》76a,《蒂迈欧》39d)。

③ 在《智术师》249a 中,"庄严"(semnon)用来形容没有生命与心智的智性存在。

苏格拉底：我们肯定见过一位美丽的、善良的情伴(beloved)[①]，旁边站着他那富于男子气概的有情人，对吗？

普罗塔尔库斯：的确。

苏格拉底：[53e] 那好，比照着这一对儿，你在所有名为存在的事物中找出两件不同的事物来吧。

普罗塔尔库斯：我必须再重复第三遍吗？苏格拉底，把你的意思说得明白点。

苏格拉底：普罗塔尔库斯，这其实一点也不复杂，不过这场论证在戏弄我们俩，它说："一个总是以一种存在之物为目的，另一个呢，凡是以某物为目的而生成的始终以它为目的而生成。"

普罗塔尔库斯：尽管有点难，但我还是可以理解，因为人们经常这么说。

苏格拉底：[54a] 不过，我的孩子，随着讨论的深入，我们很快就能更加清楚了。

普罗塔尔库斯：当然。

苏格拉底：让我们来看另外两个东西。

普罗塔尔库斯：哪两个？

苏格拉底：对万事万物而言，发生是一回事，存在是另一回事。

普罗塔尔库斯：我同意，就拿存在和发生来说吧。

苏格拉底：很好。在它们两者当中，谁是谁的目的？我们该说发生以存在为目的，还是存在以发生为目的？

普罗塔尔库斯：你这会儿问我被称为存在的事物，也即存在本身，是否是以发生为目的的？

苏格拉底：正是。

---

① "有情人"对应的希腊语"ta paidika"是一个中性复数实词，其字面意思为"男孩的那些事儿"(the things of the boy)，但这一表达有时也用来指女孩的(事)。该词通常指单个的有情人，有时也可以用作复数。在苏格拉底所举的例子中，它既可以是单数也可以是复数，但我认为这里仅限于指同性关系。

普罗塔尔库斯：[54b] 天啊！你问我的问题是不是这个："说吧，普罗塔尔库斯，你认为造船是以船为目的，而不是船以造船为目的吗？"①

苏格拉底：正是此意，普罗塔尔库斯。

普罗塔尔库斯：那么，你为什么不自己回答呢，苏格拉底？

苏格拉底：我当然可以回答，但你也要参与讨论。

普罗塔尔库斯：当然。

苏格拉底：[54c] 好了，我要说，药物、各种器械、各种工具的应用都以发生为目的，而每种不同的发生之所以发生则是以一些不同的个体存在为目的的，全部的发生是以全部的存在为目的的。

普罗塔尔库斯：是的，非常清楚。

苏格拉底：那么，如果把快乐看作一个开端的话，它必然会以某种存在为目的而变化、生成，难道不是吗？

普罗塔尔库斯：当然了。

苏格拉底：进一步而言，如果有一样东西是所有生成之物的目的，即所有生成之物都以它为目的生成，那么它便是善的一部分；而以某物为目的的生成之物则不能算作是善的一部分，我的顶顶好人儿②。

普罗塔尔库斯：必然如此。

苏格拉底：[54d] 那么，倘若快乐是一种生成，我们就不应该

---

① 在抄本中，从"是不是这个……"开始到下一个问题结束的部分都是苏格拉底的话，但班德汉姆将其稍作修改，把"legō，ō Protarkhe"[我说，普罗塔尔库斯] 改成了"leg，ō Protarkhe"[说吧，普罗塔尔库斯]，把它归给了普罗塔尔库斯。亚里士多德的《尼各马可伦理学》[EN 1152b12－15] 曾间接提到这一点："一般而言，快乐被认为是不好的，因为每种快乐都是一种本质的可感知的发生，发生和目的是不相干的，正如盖房子与房子是不相干的。"

② "顶顶好人儿"对应的希腊语是 ariste，是"善"(good)一词最高级的呼格。苏格拉底试图让普罗塔尔库斯回答关于善的问题，而后者认为这个问题显而易见，苏格拉底是明知故问，然后紧接着苏格拉底就在对话中用上了这个称呼。那么，在对话当中，到底谁是善的一方呢？普罗塔尔库斯的一本正经令苏格拉底相形见绌了吗？

把它归入善的类别，它应该拥有与善不同的命运和处境，这样做没错吧？

普罗塔尔库斯：是的，非常正确。

苏格拉底：那么，正像我在一开始时说过的那样，我们必须感激那些把快乐说成是生成之物的人，快乐是一种生成，不是存在之物，要是有人把快乐视为善，那他显然会遭到聪明人的嘲笑。

普罗塔尔库斯：的确。

苏格拉底：[54e] 当那些人在生成之物中寻求完成与终结时，同样会遭到这个聪明人的嘲笑。

普罗塔尔库斯：什么意思，你是说哪些人？

苏格拉底：一切从饥渴等烦恼中获得满足的人——生成变化的过程会使全部这些问题得到满足——都会由于生成而快乐，因为生成本身就是一种快乐，这些人会说除非让他们体验饥渴以及其他所有与此类似的状态，否则他们宁愿去死。

普罗塔尔库斯：[55a] 起码他们看上去确实如此。

苏格拉底：我们不是说衰亡是生成的反面么？

普罗塔尔库斯：必然如此。

苏格拉底：那么，选择这种生活的人就等于选择了衰亡和生成，错过了第三种生活，在后一种生活里既没有欢乐也没有痛苦，只有尽可能纯粹的理性。

普罗塔尔库斯：苏格拉底，假如有人说快乐是善，那么这将会导致极不理智的后果。

苏格拉底：极不理智，尤其当我们以下面的方法继续讨论时。

普罗塔尔库斯：什么方法？

苏格拉底：[55b] 认为善与美只存在于灵魂当中，而与身体以及其他许多事物无缘；认为只有快乐才是善，其他由灵魂规定为善的事物，比如勇猛、克制、理智，都不是善——这类想法怎么可能合乎理智呢？此外，当一个人不感到快乐，只感到痛苦时，怎么能硬说他痛苦时就是恶的呢？实际上他可能是最善良的人。当一个人享受强烈的快乐时，怎么能凭他快乐的程度而说他拥有［55c］过人的美德呢？[①]

普罗塔尔库斯：苏格拉底，这些看法实在荒唐。

苏格拉底：因此，我们不要企图对快乐做彻底的考察，对心智与知识的考察显然就更加有限了。我们还是大大方方地把它们摆在台面上来检验，看看是不是有些部分变质了，等到我们发现它们本性中最纯粹的东西后，就可以用它们最真实的部分（快乐的部分也包括在内）进行一般的判断了。[②]

普罗塔尔库斯：不错。

苏格拉底：［55d］我相信，对我们而言，数学能力一部分来自天赋，另一部分则来自教育、培养。[③] 不然怎样呢？

普罗塔尔库斯：是这样。

---

① 《高尔吉亚》498d-e有一段与此相似的话："苏格拉底：你是说善之所以为善是因为存在善的事物，恶之所以为恶是因为存在恶的事物？并且，快乐是善的事物，痛苦是恶的，不是吗？卡利克勒斯：是的。苏格拉底：那么，对于享受快乐的人来说，在享受快乐时，善——即是说快乐——是在那里的，不是吗？卡利克勒斯：当然。苏格拉底：那么，当善在那里时，那些享受快乐的人就是善的，不是吗？卡利克勒斯：是的。苏格拉底：那么，对于痛苦的人来说，恶的事物——即是说痛苦——也是在那里的，不是吗？卡利克勒斯：是在那里的。苏格拉底：但你说恶之所以为恶是因为存在恶的事物，你还要坚持这么说吗？卡利克勒斯：是的。苏格拉底：就是说无论谁只要快乐就是善的，只要痛苦就是恶的？卡利克勒斯：当然。苏格拉底：同样，人们感受［的快乐或痛苦］越强烈，实现［善或恶］的程度也就更高；人们［感受的快乐或痛苦］越微弱，［善或恶］的程度就越低；人们［感受的快乐或痛苦］的程度相仿，［善或恶］的程度也就相仿，是吗？卡利克勒斯：是的。苏格拉底：你是说理性的人与不理性的人、懦夫和勇者快乐和痛苦的程度相仿，或者懦夫所感受到还更强烈些，不是吗？卡利克勒斯：是的。"

② 施莱尔马赫(Schleiermacher)建议用"掺杂"(blending，krasin)替换"判断"(judgement，krisin)。

③ 苏格拉底这里似乎是就狭义上的"学习"(learnings，mathēmata)也即"数学"而言。因为mathēmata在广义上可以指任何一门科学，但并非每门科学都需要通过教育和培养以获得精准的知识。

苏格拉底：那好，我们先来看手工艺，假如其中一部分较多依靠知识，另一部分较少依靠知识，我们必定认为前者更纯粹，后者则不那么纯粹。

普罗塔尔库斯：必定如此。

苏格拉底：那好，我们是不是必须得把主要技艺从各种工艺中区分出来？

普罗塔尔库斯：哪些技艺，怎么分？

苏格拉底：[55e] 比如说，如果把数字、度量和称重的技艺从所有技艺中划分出来，那么各种技艺余下的内容实际上就没有价值了。

普罗塔尔库斯：的确没有价值。

苏格拉底：无论如何，进行这样的区分后，余下的便只是推测、感官的经验活动以及凭借估测(guesswork)能力获得的一些窍门——很多人也把 [56a] 这叫做技艺——而它们的本领是在实践中磨炼出来的。[①]

普罗塔尔库斯：你说得分毫不差。

苏格拉底：毫无疑问，首先，吹笛子就需要这样的本领，因为它靠的不是度量，而是在实践中估测揣摩，使音节协调一致，所有的音乐都是这样，[②]通过估测去把握每一根弦在颤动时的幅度，因此这里面混杂着大量不确定的因素，稳固、确定的成分少之又少。

普罗塔尔库斯：非常正确。

苏格拉底：[56b] 进而我们会发现，医药、农业、航海和军队

---

① 《高尔吉亚》463a 实际上是苏格拉底第一次描述修辞术："高尔吉亚，在我看来，它不是巧妙的实践与活动，它表现为勇猛的灵魂擅长估测，天生就能与人打成一片，我把它的主要部分叫做奉承。"

② 这里采用的文本经过了伯利的重新整理，抄本中"吹笛子"和"音乐"的位置是颠倒的。泊斯特(Post)将 aulētikē 即"吹笛子"读解为"和声学"(harmonics, harmonikē)，并维持抄本的词序不变。

指挥都是同样一种技艺。

普罗塔尔库斯:当然。

苏格拉底:但我想,由于木工需要很高的精确度,它在测量上最费功夫,用到的工具也最多,这就使它比很多技艺更讲究技巧。

普罗塔尔库斯:在哪方面更讲究技巧?

苏格拉底:[56c] 我想,造船、盖房以及其他许多木工活计都会用到直尺、车床、圆规、准绳和构思精巧的卡尺。①

普罗塔尔库斯:当然,苏格拉底,你说得对。

苏格拉底:那好,让我们把所谓技艺分成两类:一种和音乐相关,操作时对精确度的要求不高,另一种则和木工相关,对精确度的要求较高。

普罗塔尔库斯:就这么办。

苏格拉底:我们刚才提到,后者是最为精确的。

普罗塔尔库斯:你似乎是指数学和你刚才提到的与数学相关的技艺。

苏格拉底:[56d] 是的,当然了。但是,普罗塔尔库斯,我们必须把这些技艺也分成两类,难道不是吗?你说呢?

普罗塔尔库斯:你是说分成哪两类?

苏格拉底:首先,我们必须说普通人的数学与哲人的数学不同,难道不是吗?

普罗塔尔库斯:根据什么差异来判定一种数学与另一种数学不同呢?

苏格拉底:这差异可不容小觑,普罗塔尔库斯。有些和数字打交道的人无疑会统计不同单子的数目,比如说两支 [56e] 军队、两头牛,所有事物中最小或最大的两个,另一些人却不肯这样做,他们只

---

① "卡尺"(caliper)根据手稿中 prosagōgion 一词推测而来,《苏达辞典》(Suda)为其所下的定义"一种矫直木头的工具"可能是错误的。

在能确定一万个单子中的每一个都与其他相同时才这样统计。

普罗塔尔库斯:你这话说得不错。对那些和数字打交道的人来说,这个区别可不小,把不同的单子计数为二是有道理的。

苏格拉底:那好,做木工活儿和经商时会用到计算和测量的技艺,它们与哲学训练中的几何［57a］和计算有什么不同吗?我们该说它们各自为一呢,还是该说它们互不相同?

普罗塔尔库斯:如果我还赞成前面提到的区别,我就得说它们是不同的两个。

苏格拉底:对。你明白我们为什么要谈这些事情了吗?

普罗塔尔库斯:大概知道,但我还是希望你能直接把答案说出来。

苏格拉底:那好,在我看来,正像我们开始谈到的那样,通过这场讨论我们试图在知识中寻找快乐的对应物,这就需要思考［57b］这样一个问题:"一种知识是否比另一种知识更纯粹,正如一种快乐比另一种快乐更纯粹?"

普罗塔尔库斯:很清楚,讨论正是因此才展开的。

苏格拉底:那么接下来呢?虽然在前面的讨论中,我们发现不同的技艺处理不同的事物,并在明晰性上有高低之分,因而相互区别——

普罗塔尔库斯:是的。

苏格拉底:不过,我们的论证表明,技艺具有双重性。首先,我们在概念上把它视为［57c］一,但接着呢,又把它视为二,并去探询哪一个更明晰、更纯粹,哲人和非哲人的技艺哪一个更精确,难道不是吗?①

① 参见亚里士多德《后分析篇》(*Posterior Analytics*)78b39－79a2:"有些科学近乎具有双重性,比如'星象学'既关乎数学又关乎航行,'和声学'既关乎数学又关乎声学"。

普罗塔尔库斯:我想,这样说再恰当不过了。

苏格拉底:那么,普罗塔尔库斯,我们该怎么回答呢?

普罗塔尔库斯:苏格拉底,关于知识的明晰性,我们已经论证了两者间存在重大的不同。

苏格拉底:那就更加容易回答了,对吗?

普罗塔尔库斯:当然。我们可以这样说:和其他所有技艺相比,这些技艺有着很大的不同,其中与真真正正的哲学[57d]冲动相关的部分[和其他技艺]的不同更是超乎想象,这里的不同体现在度量和数字的精确性与真实性上。

苏格拉底:你说得不错,据此,我们应该满怀信心地回应那些反对我们论证的聪明人——

普罗塔尔库斯:怎么回应?

苏格拉底:"存在着两种算术、两种度量,以及同一类别下不同的技艺,虽然每种技艺只有一个名字,但它们都具有这样的二元性。"

普罗塔尔库斯:[57e]苏格拉底,就让我们这样回答他们吧——你说他们聪明绝顶,那可得祝他们好运了。

苏格拉底:那我们能说这些技艺是格外精确的知识吗?

普罗塔尔库斯:是的,当然了。

苏格拉底:呃,普罗塔尔库斯,对话的力量会阻止我们先于对话本身而对任何其他事物做出判断。

普罗塔尔库斯:那我们该怎么说呢?

苏格拉底:[58a]很显然。任何人都知道现在所谈的是什么。我想,每个人都相信最真实的理解关系到存在之物、"真实无误"①

---

① 短语"真实无误"(the really and truly)放在这里似乎不通,常见的做法或者将其删除,或者在后面加上"存在"(being),即"真实无误的存在"。但这里苏格拉底似乎是想对存在、存在的感受以及永恒存在加以区分。

和永恒存在之物，就连那些心智不全的人也不例外。那你呢，普罗塔尔库斯？你将怎样区别？

普罗塔尔库斯：呃，苏格拉底，我以前常听高尔吉亚反复强调修辞术（the knowledge of persuading）和所有其他[58b] 技艺大不相同——他说，它不费吹灰之力，就能使一切自愿臣服，并且它是目前为止一切技艺中最好的技艺①——但眼下，我不想跟你或跟他争论。

苏格拉底：我觉得你本来打算说"争锋"，话说了一半，因为不好意思而中途改口。②

普罗塔尔库斯：随你吧，你这样想也可以。③

苏格拉底：那么，你不能很好地理解我，难道责任反而在我吗？

普罗塔尔库斯：理解什么？

苏格拉底：[58c] 我亲爱的普罗塔尔库斯，我并不是在寻找一门技艺或一门知识，它超乎其他一切技艺或知识之上，最伟大、最好、对我们也最有益。事实上，我们探寻的是哪一门技艺或哪种知识最关注明晰性、准确性和最真的真实性，哪怕它很小，小也有小的优点。你看，如果你说高尔吉亚的技艺对人类用处最大，高尔吉

---

① 普罗塔尔库斯关于高尔吉亚修辞术的描述同《高尔吉亚》中珀洛斯（Polus）与高尔吉亚的话非常接近。珀洛斯说修辞术是一切技艺中最好、最美的技艺（448c7－9）；高尔吉亚说修辞学家让其他所有艺术家臣服（452e5－8），并且修辞实际上控制了一切力量，使它们成为自己的附属（456a7）。

② 苏格拉底这里的"争锋"（cross swords] 对应希腊语 tithesthai hoopla，其含义有"与……搏斗"（拿起准备好的武器），"投降"（放下手中的武器），或者"放松"（武器放在身旁）。"中途改口"（left it in the lurch）对应的原文是双关语 apolipein，既指"开小差"，又指"不予考虑"。

③ 需要注意的是，上一句中，苏格拉底表达他对普罗塔尔库斯的意愿的看法时，所用动词的希腊语原文是 boulesthai，而在本句中，普罗塔尔库斯表达他对苏格拉底的观念的看法时，所用动词是 dokein。在《高尔吉亚》（467b ff.）中，苏格拉底对 boulesthai 和 dokein 两词进行了细致的区分，指出前者是理性的构思，而后者是任意的幻想。因此，这两个动词反映出理性和快乐的差异。

亚绝对不会对你怀有敌意，但你还是把我刚才提到的技艺当成是用处最大的吧——正如我前面提到的［58d］白色一样，即使是一小块纯粹的白色，由于它最真实，那么在这一点上它便超过了大片白色及其他颜色。现在，我们已经精确地[①]思考过这个问题，并且进行了充分的深思熟虑，我们考虑的不是知识的任何益处，也和声望名誉无关，我们考虑的是灵魂是否具有某种力量，使我们天然地热爱真，并甘愿为真付出一切。经过彻底的考察后，我们现在是否能够宣称，心智与理性中纯粹的部分在最高程度上拥有这种力量，还是说我们必须继续寻找其他更权威的力量。

普罗塔尔库斯：［58e］让我想想，我觉得，不大可能另有一种知识或技艺比它拥有更多的真。

苏格拉底：当你这样说时，你是不是在想："很多技艺，以及所有那些为了掌握这些技艺而［59a］辛苦努力的人难道不是首先会用到意见，并尽力探索与意见有关的事物吗？"因此，即使他相信自己在探究本质，但你知道，他实际上终其一生都在探索与这个宇宙相关的事物：它是如何产生的，它如何作为受动者(patient)存在，如何作为行动者(agent)存在。[②] 我们可以这样说吗，不然还能怎样？

普罗塔尔库斯：正是这样。

苏格拉底：那么，我们任何人那样做时所承受的辛苦，便与永恒存在的事物无关，而只关乎那些正在生成、将要生成及已经生成

---

① "精确地"(exactly)原文是 sphodra，即较多与较少的符号。在柏拉图著作它处，"思考"一词 dianoeisthai(thinking)从未与 sphodra 连用(参见《泰阿泰德》162d2－5)；但在 32e 处，常用语 prosekhein noun［"注意"，或字面意思"运用你的心智"］和 sphodra 连用，在柏拉图的其他著作中，这一搭配出现了五次。

② 在《智术师》(247e)中，埃利亚来客建议用力量定义存在，存在之物要么是行动者，要么是受动者，任何能够施动或受动于它物的物体都是存在的，哪怕此物甚微或者只是一次性的。与存在就是身体存在的观点相比，存在作为一种力的说法是一种进步，但是这种说法在后文中(248c-e)遭到"种的朋友"［the friends of the species］驳斥。

的事物。对吗?

普罗塔尔库斯:非常正确。

苏格拉底:[59b] 那么,既然这些事物过去不曾、将来不会、现在也未处于同样的状态,我们能说从中必然会产生最精确的真理吗?

普罗塔尔库斯:怎么可能?

苏格拉底:那么,我们又怎么能从不确定的事物中获得任何确定呢?

普罗塔尔库斯:我想,绝无可能。

苏格拉底:任何与之相关的心智或知识同样不可能拥有最真的真实。

普罗塔尔库斯:无论如何都不可能。

苏格拉底:至于你这个小可怜儿,还有我、高尔吉亚和斐勒布,我们必然会说"解脱了!"然后全体解散[①],不过,作为这场论争的证人,我们要证实以下内容。

普罗塔尔库斯:[59c] 什么内容?

苏格拉底:"我们必须得说,确定、纯粹、真实以及所谓的完全纯洁,或者所有与之紧密相关的事物,它们总是处在同一种状态,也不与他物混合。我们必须得说,其他任何事物都是次等的、继发的。"

普罗塔尔库斯:对极了。

苏格拉底:那么,在这种情况下,将最美丽的名字授予最美丽的事物不是最恰当的吗?

普罗塔尔库斯:的确。

苏格拉底:[59d] 那么,心智和理性不正是最荣耀的名字吗?

---

① Sukhna khairein ean(解脱了,Good riddance!)是常用客套话 polla khairein ean 的变体,后者的字面意思为"允许有大量的欢乐",但它常用于表示弃若敝履:存在的科学之纯粹性尚容不得人类插足,更不要说思想和快乐的混合了。

普罗塔尔库斯:正是。

苏格拉底:这些名字是恰如其分的吗?当把它们应用于真实无误的存在物的理智与反省时,能够达到最大的精确度吗?

普罗塔尔库斯:是的,当然了。

苏格拉底:除此之外,我本来予以考察的正是这些名字,而不是其他名字,对吗?

普罗塔尔库斯:那是当然了,苏格拉底。

苏格拉底:[59e] 很好。现在,回到理智和快乐上来,眼下它们就摆在我们面前,而我们则仿佛成了手艺人,必须用它们或在它们中间创造出点什么来,以期实现两者的混合,这样形容从言辞上讲还是挺妙的嘛。

普罗塔尔库斯:确实挺妙。

苏格拉底:那么接下来,我们不是应该试着把它们混合起来吗?

普罗塔尔库斯:那是自然。

苏格拉底:在开始之前,先把这一点解释清楚,以便引起我们的注意,这样做不是更恰当吗?

普罗塔尔库斯:哪一点?

苏格拉底:我们在前面也曾提过,但这条谚语在此处 [60a] 仍然有效:说话应瞻前顾后,美言不怕一而再、再而三地重复。①

普罗塔尔库斯:那当然。

苏格拉底:那好,以宙斯之名!我想我们之前所说的话可以按下面的方式进行表述:

普罗塔尔库斯:什么方式?

---

① 这条谚语在柏拉图的其他著作中也曾出现过,但形式稍有不同,如"美好的事物重说或重做两遍三遍也不为过"(《高尔吉亚》498e),"美好的事物有资格重复两三遍"(《礼法》956e)。《高尔吉亚》的相关注释文字说明这句言语来自恩培多克勒 fr. 25,"必要时,值得把话说上两遍。"索福克勒斯的《菲罗克忒忒斯》(*Philoctetes*)1238 为:"anapolein [一而再、再而三] 地斟酌字句".

苏格拉底：斐勒布说，快乐是一切生灵的正当目的，每个生灵都应该以快乐为目的，而且快乐对于一切而言都是善，如果把“善”和“快乐”像一个组合那样严格确定下来，二者实际上是一个东西，拥有［60b］一种本质；不过，苏格拉底说，它们不是一个，而是两个，善与快乐分别有着不同的名字，它们各自的本质也互不相同，但理性则是善的构成部分，因此它比快乐的等级更高。普罗塔尔库斯，我们之前和现在不都是这样说的吗？

普罗塔尔库斯：确实。[①]

苏格拉底：此外，我们之前和现在都同意下面一点。

普罗塔尔库斯：［60c］哪一点？

苏格拉底：在这方面，善的本质与其他任何事物都是不同的。

普罗塔尔库斯：在什么方面？

苏格拉底：无论面向任何生灵，它都会以完全的方式呈现，绝无例外的可能，它不需要任何其他事物，拥有绝对的完满。难道不是这样吗？

普罗塔尔库斯：是的，的确如此。

苏格拉底：我们不是通过讨论，将快乐和理性分别放入每个人的生活中进行过检验吗？在进行检验时，快乐中不掺杂理性，理性中同样也不带一丁点儿快乐。

普罗塔尔库斯：是这样的。

苏格拉底：［60d］随后，我们发现，人会因为仅仅拥有快乐或理性而获得满足吗？

普罗塔尔库斯：怎么可能？

苏格拉底：不过，假如我们此前曾误入歧途，那此刻再随便找一个人来重新探讨这个问题吧，让他把它论说得更正确。让他先把记

---

① 这里是副词 sphodra 最后一次在本篇对话中出现，该词总共出现了二十八次，相关的形容词 sphodros 出现了八次。

忆、理性、知识以及真正的判断确定为同属一类[理念],然后再让他思考:是否真的有人宁愿选择拥有或获得上述事物之外的任何事物?快乐就更不要说了,因为,无论这快乐是不是最大、最强烈,他都不能真正说自己在享受快乐,他[60e]甚至无法了解他本人的感受,同样,这种感受也不会在他那里留下片刻记忆。接下来,再让他按同样的方式检验理性,看看是否有人宁愿选择拥有毫无快乐——哪怕是转瞬即逝的快乐——的理性,而不是选择附带某些快乐的理性,抑或宁愿选择没有理性的快乐,而不是选择附带某些理性的快乐。

普罗塔尔库斯:苏格拉底,这是不可能的,至少这个问题不需要再次重复。

苏格拉底:[61a]那么,无论快乐还是理性,它们各自都不是完美的,都不是人人向往的,也都不是绝对的善,难道不是吗?

普罗塔尔库斯:怎么能说是呢?

苏格拉底:那么,就像我们前面所说的那样,为了弄清楚该把亚军授予给谁,我们必须对善进行清晰明确的把握,或至少实现某种程度的把握。

普罗塔尔库斯:你说得非常正确。

苏格拉底:我们不是走上通向善的道路了吗?

普罗塔尔库斯:哪条道路?

苏格拉底:[61b]这条道路:假设一个人想找另一个人,首先要做的是询问后者居住地所在的位置,正确掌握他住在哪里,这一点对于找到这个人而言非常重要。①

---

① 关于家的观念可以参见《希琵阿斯前篇》(*Hippias Maior* 304d3 - 8)的结尾,该处苏格拉底在对话中把自己分成两个:一个是希琵阿斯能与之交谈的苏格拉底,另一个是希琵阿斯不能与之交谈的苏格拉底,苏格拉底向希琵阿斯谈到总是反驳他的人怎样攻击他:“他在血缘上和我最接近,并和我住在同一处,所以当我回到自己的家,他听到我说这些话,就指责我竟敢谈论这些美丽的事,问我是不是不知羞耻,因为显然我甚至不了解美究竟是什么。”

普罗塔尔库斯:当然。

苏格拉底:因此,我们的讨论从一开始就说明,不要在不曾混合的生活当中寻找善,而要去混合的生活中寻找。

普罗塔尔库斯:是的,当然。

苏格拉底:相比其他事物而言,在美妙混合的事物中不是更有希望获得我们要找的东西吗?

普罗塔尔库斯:是的,的确更有希望。

苏格拉底:[61c] 那么,普罗塔尔库斯,当把快乐和理性掺杂在一起时,我们还是向诸神祈祷吧,向狄奥尼索斯、赫淮斯托斯(Hephaestus)以及所有掌管掺杂一职的神灵祈祷。

普罗塔尔库斯:是的,必然如此。

苏格拉底:看哪!我们眼前仿佛有泉源奔流,我们成了斟酒的人——也许有人会把快乐之泉比作蜜,把冷静、清醒的理性之泉比作无味而健康的水——我们必须努力,尽可能地把它们美妙地混合在一起。①

普罗塔尔库斯:当然了。

苏格拉底:[61d] 那么现在,如果我们最终把每种快乐和每种理性都混合在一起,是不是就能接近完美地混合了?②

普罗塔尔库斯:有可能。

苏格拉底:但这并不保险,我想我应该说明我的观点,即怎样才能在风险较小的情况下完成混合。

普罗塔尔库斯:请明示。

---

① 蜜和水是献给复仇女神、乌拉诺斯之女阿芙洛狄忒(Uranian Aphrodite)及其他神灵的祭品,复仇女神见索福克勒斯的《俄狄浦斯在科洛诺斯》(*Oedipus at Colonus*)481。

② 科纳留斯(Cornarius)认为,科隆纸草纸抄本中是 poteron 而不是原稿中的 proteron,这意味着在提出问题的同时给出了可能的答案,根据原稿,本句或可译为:"立刻来吧:如果我们混合每一种……"(参见 K 抄本)

苏格拉底:此前我们已经达成一致,我们认为,正如一种真正的快乐比另一种快乐的程度更高[①],一种技艺也就会比另一种技艺更精确。

普罗塔尔库斯:当然。

苏格拉底:此外,知识和知识也是不同的,一种知识不关注其他任何事物,只关注有生有灭[61e]之物,另一种知识不关注有生有灭之物,只关注永恒不变之物。若按真实的程度去考察它们,我们认为后者比前者更真实。

普罗塔尔库斯:是的,当然了,的确如此。

苏格拉底:如果我们首先把它们各自最真实的部分混合在一起,看看它们在这种掺杂状态下能否足以为我们有效提供最满意的生活,结果会怎样呢?我们还会不会需要其他与此不同的事物呢?

普罗塔尔库斯:[62a]至少在我看来,我们应该这样做。

苏格拉底:假定某人对正义本身考虑得十分周全,当他思考正义是什么时,他描述出自己的思考过程,而且,他常以同样的方式思考所有存在之物。

普罗塔尔库斯:就这样假定吧。

苏格拉底:如果他能记述神圣的范畴和领域,却对属人的领域以及[62b]我们面前的这些范畴一无所知,他盖房子时便将[神圣的]范畴和所有其他工具以同样的标准使用[②],他的知识能说是足够的吗?

普罗塔尔库斯:苏格拉底,如果我们只关注神圣的知识,那么我们的精神状态就会显得滑稽可笑。

---

① 施莱尔马赫推测,科隆纸草纸抄本中是 alēthēs[正确的],而不是原稿中的 alēthōs[正确地]。如果保留副词,则本句可译为:"(一种快乐)比一种快乐更正确"。

② 这里的文字有些难度,分句"他在盖房子时……"可能应该读作:"他在盖房子和其他很多事情上都使用同样的[适用于神圣形状及图形的]直尺和圆圈"。

苏格拉底：你说什么？你的意思难道真是要我们必须在其中插入平凡的事物，并且把错误的绘制直线与圆形的技艺掺杂进来，哪怕它是不稳定、不纯粹的？

普罗塔尔库斯：无论任何时候，只要我们想找到回家的路，就必须如此。

苏格拉底：［62c］那么也要把音乐添加进去吗？我们不久前还说它不够纯粹、充满了臆测与模仿？①

普罗塔尔库斯：至少在我看来是必须的，只要我们的生活还成其为生活。

苏格拉底：那么，你是不是愿意看到我像个看门人一样，这位看门人顶不住一大帮人的推挤，完全败下阵来，结果便是门户大开，各种各样的知识像洪水一样涌来，不完善的［知识］和纯粹的知识就此混合在一起，是这样吗？

普罗塔尔库斯：［62d］苏格拉底，人一经掌握了第一流的知识，再接纳其他任何知识又有何难呢，这一点我无论如何想不通。

苏格拉底：所以我就该让它们都涌进荷马那诗意的“幽谷的交汇处”。②

普罗塔尔库斯：是的，当然了。

苏格拉底：好吧，现在它们涌过来了。我们必须再次返回快乐的源泉。若按我们一开始计划的那样，把真正的快乐与痛苦的恰当部分混合起来，已经证明是行不通的了。但是，由于我们对［62e］任何一种知识都很满意，因此我们把它们安排在快乐的前

---

① 这里 mimēsis［模仿］一词暗合 55e 的 eikazein，后者在该处虽译为“推测”（conjecture），但字面意思却是“使相像”。

② Misgagkeia（《伊利亚特》4. 453）即“幽谷的交汇处”实际上是一种独特的希腊语构词法，起首的音节来源于 meignumi［混合］的旧式现在时词根。该词更常见的复合词形式是 m(e)ixo—。

面先放进来。

普罗塔尔库斯:你说得很对。

苏格拉底:那么,现在该是讨论快乐的时候了:我们必须同样把所有的快乐全体接受下来吗?还是首先接受那些真实的快乐?

普罗塔尔库斯:至少为了安全起见,先把真实的快乐放进来才是当务之急。

苏格拉底:那就放它们进来吧。可是接下来呢?如果有些快乐是必要的、不可缺少的,那么我们也应该像对待知识那样,把它们也混合起来,难道不是吗?

普罗塔尔库斯:最起码,对必要的快乐无疑应该这样做。

苏格拉底:[63a] 前面提到,人穷其一生掌握各种技艺是无害而有益的,那么我们现在能不能说快乐也是一样的?倘若在我们的一生中,享受任何一种快乐同样有益或至少无害,我们就必须把它们全部掺杂在一起。

普罗塔尔库斯:关于这一点我们该怎样说?又该怎么做呢?

苏格拉底:普罗塔尔库斯,我们不应该问自己,而应该去问快乐和痛苦本身,要像这样对它们提出疑问——

普罗塔尔库斯:[63b] 怎样?

苏格拉底:"亲爱的朋友,不管我们是否必须称你们为快乐或者其他某个名字,你们会选择和任何一种理性共处吗,还是会远离理性?"我想它们必然会做出如下回答。

普罗塔尔库斯:怎样回答?

苏格拉底:就像前面说过的,"每个属类耽于各自的纯粹性而[63c] 独自存在、彼此之间互不支持,这几乎是不可能的,也没有任何益处。我们相信,在一切属类中,和知识同室共处会是最好的,拥有了关于我们自身以及其他一切事物的知识,就会实现最大可能的完美和圆满。”①

普罗塔尔库斯：我们得说：“你答得妙极了”。

苏格拉底：不错。那么，随后我们必须向心智和理性提问。应该这样问：“你们还需要快乐加入到这种掺杂中来吗？”它们可能会反问，“什么样的快乐？”②

普罗塔尔库斯：有这个可能。

苏格拉底：[63d] 然后我们会说：“除了那些真正的快乐，你们还需要最大、最强烈的快乐和你们同居一室吗？”它们大概会这样回答：“怎么会呢，苏格拉底？既然后者不但扰乱我们所栖息的灵魂，使其饱受狂乱之苦(travils of franzy)③，给我们设置成千上万的障碍，而且还会招来粗心大意，把健忘传染给我们，妨碍我们的 [63e] 存在，并彻底毁掉我们的大部分后裔。不过，至于你说的那些真正、纯粹的快乐，我们会把它们当作自己人，和它们同住一室，此外还有那些健康、节制的快乐，一般来说，还可以加上所有那些像女神一样的快乐，它们从来不离美德左右，是后者忠实的随从。但是，倘若一个人在某个混合物中看到一种极其美妙的、绝少内在冲突的混合与掺杂，并想要从中了解 [64a] 人甚至一切事物的本然的善，以及这种善所呈现的相 [理念]，那么，此时若还把那些与粗疏等诸种恶习伴生的快乐同心智混合在一起，就绝对是一桩荒唐事。”我们是不是应该说，通过这样的陈述，心智代表它自

---

① 范·赫斯登(Van Heusde)建议把 kai autēn hautēn hēmōn 读作 kai au tēn autēn hēmōn，这样一来，后一个分句就变成了“拥有关于其他一切事物的知识，且我们每个人都拥有关于自身的知识。”

② 如果没有下文中苏格拉底所做的回答，这个问题也可以理解为一句愤怒的反问：“快乐？你是什么意思？”斯塔尔鲍姆(Stallbaum)、巴雷(Paley)和阿派尔特(Apelt)即采纳了这种读法。

③ 此处的 manikas ōdinas [狂乱之苦] 系迪埃斯对原稿“狂乱的快乐”[manikas hēdonas] 所作的修订。伯内特删掉了“快乐”一词，并将 manikas 改作 manias [一阵阵的疯狂]。

身,同时也代表记忆和正确意见发言,细致充分地给出了回答?

普罗塔尔库斯:绝对如此。

苏格拉底:但还有一点非常必要,否则任何一件事物都不可能存在。

普罗塔尔库斯:[64b] 哪一点?

苏格拉底:任何事物只要不与真实混合,就永远不可能真正地存在,即使它在生成后也不会存在。

普罗塔尔库斯:怎么可能?

苏格拉底:的确不可能。但你和斐勒布也许会说,这种掺杂还需要其他更多东西。就我而言,当前的论说仿佛产生了某种无形的秩序,它一定会美妙地主宰拥有灵魂的身体。

普罗塔尔库斯:苏格拉底,我和你的意见一致。

苏格拉底:[64c] 那么,是不是可以说,我们现在正伫立在善的居所的门廊上?这样说是不是有可能正确?①

普罗塔尔库斯:至少我认为正确。

苏格拉底:那么,照我们理解,这种混合物中最有价值的成分究竟是什么呢?正是在这一成分的作用下,该混合物才向我们所有人都表现出友好、亲切的倾向。弄清楚这一点后,我们会继续考察它是否在总体上呈现为某种组织结构,使它在本质上更接近、更类似快乐或理智。

普罗塔尔库斯:[64d] 不错,这对我们做出判断极为有用。

苏格拉底:然而,至少就每种混合物而言,要弄清楚一种混合物是否拥有极大价值或毫无价值的原因,其实并不困难。

普罗塔尔库斯:此话怎讲?

苏格拉底:无疑任何人都知道这一点。

---

① 这里采用的是班德汉姆的文本,伯内特对此表示赞同。但如果根据原稿,本句应为:"我们现在正站在善的门廊以及善的居所。"

普罗塔尔库斯：知道什么？

苏格拉底：如果没有尺度、比例，任何一种掺杂方式都必然会毁掉参与混合之物，而且首先还会毁［64e］掉它自己，因为这甚至不能算是一种掺杂，而只是一堆不可掺杂的大杂烩（mishmash），每时每刻都向其所属物表明它是真正的废物（smashup）。①

普罗塔尔库斯：非常正确。

苏格拉底：现在善的力量［意义］离开了我们，进入到美的本质当中，因为整齐有度（measuredness）、匀称（commensuration）在任何地方都被视为美和美德。

普罗塔尔库斯：是的，当然了。

苏格拉底：此外，我们在前面曾说过，真理经由掺杂与它们混合在一起。

普罗塔尔库斯：是的，没错。

苏格拉底：［65a］那么，如果不能凭借一种相［理念］去寻觅善的踪迹，我们实际上还可以通过三样东西来把握它：美、匀称和真理，我们可以光明正大地向混合物中的事物索要这三样东西，就仿佛三者已经合而为一，并且由于这个"一"是善的，因此它所属的混合物也不例外。

普罗塔尔库斯：是的，非常正确。

苏格拉底：［65b］那么，普罗塔尔库斯，现在任何人都能胜任法官一职，为我们就快乐与理性的问题做出仲裁，即二者当中哪一个更接近最高的善，哪一个在人类和诸神的眼中更有价值？

---

① "大杂烩"（mishmash）和"废物"（smashup）对应的原文 krasis sumpephorēmenē 和 sumphora 具有双关性。Sumpephorēmenē 用作动词，意为"杂乱地堆在一起"；sumphora 用作名词，通常用来指不幸，做动词时，其字面含义为"把……放在一起"，做名词时，其字面含义则是"巧合、凑巧"。英文译文 Mishmash 和 smashup 也能够传达出原文中固有的韵律。W 抄本中用 sumpephurmenē［揉成一团］代替 sumpephorēmenē，这种区别在译文中很难体现。

普罗塔尔库斯:显然是这样的,但我们还是要把这一层说明白,这样比较好。

苏格拉底:好吧,普罗塔尔库斯,让我们来依次判断这三样东西同快乐与理性的关系到底是怎样的,因为我们必须确定三者中的每一个究竟更接近快乐,还是更接近理性。

普罗塔尔库斯:你是说美、真理和匀称?

苏格拉底:[65c] 是的,普罗塔尔库斯,现在我们先来看真理,当你把握真理之后,就去观察这三样东西:心智、真理和快乐,你要多花些时间自己琢磨,然后再回答是快乐更接近真理,还是心智更接近真理。

普罗塔尔库斯:哪需要花什么时间?我想,它们俩的区别可大着呢。快乐是一切事物中最失真的,像传说的那样,在性的快乐中——一般认为这是最大的快乐——即使假意发誓也会得到 [65d] 诸神的原谅,仿佛快乐是不懂事的孩子,不具备最起码的心智。相反,心智是最真实的,它与真理要么相同,要么最接近。

苏格拉底:那好,接下来用同样的方式来思考整齐有度,究竟快乐更整齐有度呢,还是理性更整齐有度?

普罗塔尔库斯:你让我思考的这个问题也不难。我想,任何存在之物无疑都不会比快乐和极度的愉悦更无度,同样,任何一件存在之物都不会比心智和知识更有度。

苏格拉底:[65e] 你说得很妙,但我们还要用同样的方式处理第三样东西。对我们而言,到底是心智拥有的美多于快乐,故此心智比快乐更美呢,还是恰好相反?

普罗塔尔库斯:呃,苏格拉底,至少对理性和心智而言,无论是在现实中还是在睡梦里,从未有人认为它们在任何意义上,以任何方式变成、成为或将要成为丑陋的 [可鄙的] ——

苏格拉底:不错。

普罗塔尔库斯:至于快乐,还有接近极乐的快乐,每当我们看到一个人享受无论什么快乐时，[66a] 由于我们看到的要么是个中的荒谬，要么是其中伴生的最无耻的东西，我们自己就会感到羞耻，竭尽全力地掩盖它们，眼不见为净，而且由于这些事情是见不得光的，我们把所有这类事情都留到夜深人寂时再做。

苏格拉底：所以，普罗塔尔库斯，你要让信使传递消息，向你的听众做出如下说明吗？在各个层面，你都得宣称快乐不是第一追求物，甚至不是第二追求物。但就第一追求物而言，我们应该注意到每个人都已经做出了喜人的选择——尺度、整齐有度、恰当等等。①

普罗塔尔库斯：就目前的讨论而言，至少看起来如此。

苏格拉底：[66b] 第二追求物包括匀称与美，完美和充足，以及同属这个大家族的其他成员。

普罗塔尔库斯：至少看起来如此。

苏格拉底：那么，我敢说，如果你把心智和理性放在第三的位置上，你就不会和真理产生巨大的分歧。

普罗塔尔库斯：有可能。

苏格拉底：[66c] 那么，排在第四位的应该是属于灵魂的事物——知识、技艺和正确意见的表达，难道不是吗？这第四名（连同前三名）不是比快乐更接近善吗？

普罗塔尔库斯：有可能。

苏格拉底：那接下来，根据快乐就是无痛苦这一定义，我们把快乐放在第五名的位置上，我们说属于灵魂的快乐是纯粹的，与知

---

① 在三种主要抄本当中，这段文字都颇为费解，不过 W 抄本的页眉处提供了一种奇特却可以理解的读法，迪埃斯的版本予以采纳，我的翻译也据此而来。如果不用 W 抄本的 tina ēdion，换用 BTW 抄本的 tin aidion [某种永恒] ——假如 W 抄本的页眉注释正确，看上去只是 e 的发音的问题——那么必须从一个较晚的抄本中补上“phusin” [本质] 一词，于是这段话的翻译就变成了：“但是我们应该注意，某些永恒的本质已经在尺度、适度、适时等诸如此类的事物近旁选择了第一追求物”。这似乎就过于晦涩了。

识为伴,另外一些快乐则与感觉为伴。①

普罗塔尔库斯:有可能。

苏格拉底:"歌的世界止于第六代,"俄耳甫斯(Orpheus)如是说②,我们对孰优孰劣的判断也应该到此为止。那么,除了给讨论[66d] 画上句号(give a head)③,我们就没什么可做的了。

普罗塔尔库斯:必须如此。

苏格拉底:那好,第三次向上主致敬④,让我们作证,把说过的话再检查一遍。

普罗塔尔库斯:哪些话?

苏格拉底:斐勒布把完整的、完全的快乐看作善。

普罗塔尔库斯:我明白了,苏格拉底,你刚才说"第三次"的意思是我们应该重新开始,再来一遍。

苏格拉底:[66e] 没错。接下来听下面的。我细想刚才说过的话,斐勒布还有其他很多人的言论令我厌恶、反感,于是我说心智至少比快乐更高一等,对人类的生活而言也更有益。

普罗塔尔库斯:的确如此。

苏格拉底:但是,考虑到还有很多其他事物,我又说如果我们发现任何比二者更好的事物,我会和心智一起对抗快乐,奋力争夺亚军的荣誉,而快乐怕是连亚军也拿不到。

普罗塔尔库斯:[67a] 你的确这样说过。

---

① 柏拉图在这里又一次省略了小品词 men(见第 51 页注释③),这暗示出与知识为伴的快乐未必有别于与感觉为伴的快乐。

② 根据 M. L. West(《俄耳甫斯的诗》[*The Orphic's Poems*, Oxford,1983],118),此处的六代分别指(1)夜神;(2)乌拉诺斯(Uranos)和该亚(Ge,大地女神);(3)海洋之神(Oceanus)与特提斯(Tethys);(4)福耳库斯(Phorkys),克洛诺斯(Kronos),瑞亚(Rhea)等;(5)宙斯、赫拉等;(6)除此之外的每一个人。

③ 这里的"to give a head"似乎是常用表达"to put the head on the tale"的变化形式,意思是结束一个故事或一段话。

④ 第三杯酒献给 sotērō[救世者]宙斯,第三次通常被认为是幸运的,事情会在这一次顺利成就。

苏格拉底:此后,我们发现,它们二者当中的任意一个都不能胜任亚军的角色。

普罗塔尔库斯:非常正确。

苏格拉底:接下去的讨论,心智和快乐都被完全拒之门外,你知道,由于二者都不是自足的,都不具备充足和完满的能力,因此我们认定,无论快乐还是心智,二者至少都不是善自身。

普罗塔尔库斯:非常正确。

苏格拉底:但是,就在我们发现另外第三种事物比二者更胜一筹时,我们也随之发现,心智天生就与获胜者的相[理念]更为和谐接近,其程度远胜快乐百倍。

普罗塔尔库斯:的确。

苏格拉底:于是,与我们做出的判断一致,论证结果表明,快乐的力量排在第五位。不是吗?

普罗塔尔库斯:是的。

苏格拉底:[67b] 快乐的力量不是第一位的,尽管牛马之类牲畜,以及所有其他动物都一味追求享乐,宣称快乐是第一位。很多人竟然会相信这些动物,就像占卜者有时依靠鸟群占卜一样,他们断定,谈到良善的生活,快乐才是最强大、最好的,他们把动物的erōtes[欲求]当成权威的证明,却不肯相信言语的欲求(desires of Speeches),哪怕这些言语出自贤明的缪斯。

普罗塔尔库斯:苏格拉底,现在我们所有人都认为你的话非常正确。

苏格拉底:那你们可以放我走了吗?

普罗塔尔库斯:苏格拉底,还剩下一个小问题,你绝不会比我们先放弃,也绝不会半途而废①,我来提醒你还有那些事情要做。

---

① 关于此处的双关表达请参见第5页注释①。

《斐勒布》义疏

伯纳德特　疏

一、生活的悲剧与喜剧

每一段话、每一个故事都必然既有开端也有结尾，不管说话人、讲故事者是否曾在结尾说："但那是另一个故事了"，也不管他是否曾在开头暗示这个开端并不是真正的开端，以及他刻意打断了统一的因果关系链，从而有意无意地促使我们幻想一种并不存在的更大的自由（参见《奥德赛》1.10；色诺芬《希腊史》1.1.1，7.5.27）。就柏拉图的《斐勒布》而言，在文章开篇，苏格拉底与斐勒布的讨论早已开始，在文章结尾，苏格拉底同普罗塔尔库斯的讨论尚未结束，因为文中提到普罗塔尔库斯希望苏格拉底解决余下的一个小问题，并确信苏格拉底绝对不会比自己更早放弃。文中用来形容苏格拉底不会感觉疲倦的动词是 apeipon，其字面意思有二，一为"阐明"（to declare），一为"拒绝"（to refuse）。这是因为，当前缀 apo-与动词合并时，既可以强化动词的词义，也可以抵消动词的词义，而此处的动词是 eipon［我说］。不定过去时 apeipon 的将来时是 aperō，完成时是 apeirēka。在《斐勒布》结尾，普罗塔尔库斯用该词的将来时（apereis）表明苏格拉底尚未感觉疲倦，而在开头，普罗塔尔库斯则用该词的完成时（apeirēken，11c8）描述彼时的斐勒布："我们俊美的斐勒布已经放弃了"或"我们俊美的斐勒布已经累了"。在词形上，apeipon 的将来时和完成时酷似 apeiron

[无限]一词。在《斐勒布》中，苏格拉底展开论述了两条原理：peras[有限]和apeiron[无限]，而该篇对话的形式本身似乎就是对这两条原理的诠释。文中记录的对话是有限的例证，而那些缺失的部分，即起先苏格拉底和斐勒布之间的对话，以及后来苏格拉底和普罗塔尔库斯之间的对话，则是无限的例证。然而，从某个方面来说，关于无限的例证并非真正有效，因为无论对话的首尾两端延伸至何处，始终都会有一个开端和一个结尾。这样看来，无限不过是源于我们的无知，我们可以想象，在柏拉图那里，情况并非如此，无论他的思想，还是他的作品，都是有始有终、长度有限的。[1]不过，就本篇结尾而言，柏拉图必须区分开普罗塔尔库斯满意的长度与柏拉图本人或苏格拉底满意的长度。至于开篇，无论斐勒布和苏格拉底从哪一点开始讨论，这场讨论都是由特定的情境引起的，而这些情境要么是绝对的，要么是相对的。如果是绝对的，那么在这场讨论之前必定有另一场讨论，使得这个开端成为本篇的开端；如果是相对的，那么本篇的开端就相当于给一段不确定的长度强加上一种限制。

这样一段不确定的长度也可以说是apeiron[无限的]。苏格拉底把此种不确定性称为“较多与较少”(mallon te kai hētton)，并以此来描述apeiron[无限]的特征(24a9)。考察无头无尾的《斐勒布》，我们会发现，“较多和/或较少”以另一种方式在其中发挥作用。假如我们根据《斐勒布》开篇给出的暗示，重构苏格拉底和斐勒布讨论的起点，这一重构或许会告诉我们对话可能的最短长度，但却无法告诉我们其实际长度。因为重构只与论证相关，并不能还原苏格拉底和斐勒布事实上所说的话。相对于我们确定的最短长度而言，他们实际所说的话或长或短，既不须遍涉文中全部

---

① 参见斯坦哈特(K. Steinhart)，《柏拉图的〈斐勒布〉导读》(*Prolegomena ad Platonis Philebum*, Nürnburg, 1853)，页14–15。

的讨论，也大可所有的讨论一应俱全。至于斐勒布和苏格拉底的讨论，我们可以设想它实际上非常之长，长到足以令斐勒布厌倦，也可以设想它徒劳无功，以致斐勒布虽尚有余力但仍决定放弃。无论如何，在这场讨论过程中存在着一个“较多与较少”，我们试图跨越它的任何努力都将付诸东流。于是，我们不得不思考：首尾全无的《斐勒布》是否表现了哲学的某些本质，即哲学活动不可能有严格确定的开端或终点，尽管哲人总是在临近哲学真正开端的某处开始讨论，又几乎总是在尚未给每个提出的问题找出完满答案时戛然而止。哲人的死亡或早衰也会迫使其中断个人追寻，但这并不影响哲学本身无穷无尽的生命（参照《斐多》89b4 - c1）。

《斐勒布》的形式提出了这样一个问题：哲学的真正开端是否存在，倘若存在，这个开端究竟是什么？根据《斐勒布》的讨论，我们可以说哲学必然有两个开端，一个是宇宙论（cosmology）的开端，另一个是人类的开端。宇宙论的开端并非从一开始就是哲学的，它的前身寄寓于神话，正是从神话当中，理性的反思或漫长或猝然地获得了解放。古代诗人关于事物本质及其原因的论说可以算作关于宇宙论的最初思考，荷马曾说，海洋是万物之源（genesis），这种观念在泰勒斯（Thales）和赫拉克勒斯（Heraclitus）那里获得了更为精确的表述（《泰阿泰德》152e2 - 8）。然而，即使我们说泰勒斯和赫拉克勒斯延续了荷马和赫西俄德（Hesiod）的观念，仍然没有理由认为荷马和赫西俄德就是这种观念的首创者。因此，在这个意义上，哲学的开端是不确定的开端，它既不能以确切的日期标识，也无法用专门的论证重构。据此，我们可以说，没有开头的《斐勒布》承认了哲学理解自身的困难。在《斐勒布》里，苏格拉底简短的宇宙论将我们带回到希腊哲学中已知最早的相关思考中去，我们很难从中准确指出哪些元素是毕达哥拉斯学派的（Pythagorean），哪些是恩培多克勒学派的（Empedoclean），也很难从中区分出哪些是不同于这两个学派的新鲜元素。

然而,《斐勒布》中似乎的确存在具有苏格拉底特色的东西,即所有的宇宙论思想显然都从属于人性之善(the human good)的问题。这种从属状况会让我们把苏格拉底和前苏格拉底哲学分道扬镳的时刻确定为《斐勒布》开篇的起点,在这个时刻,苏格拉底转向了“理念”(ideas),从而走出了他在处理目的论自然哲学问题时遭遇的僵局(《斐多》96a6-100a8)。毋庸置疑,这一转向同样没有确切的日期,但至少我们知道,它一定发生在苏格拉底对因果关系问题以及他所面临的数学难题进行过一番思考之后。如果我们说,哲学有两个开端,一个将诗人和哲人联系在一起,同时又将他们分开,另一个将哲人和苏格拉底联系在一起,同时又将他们分开,并使苏格拉底和诗人重新结合,那么,《斐勒布》缺失的开端似乎就恰好体现了这两个开端从融汇为一到截然两分的那个特殊时刻。如果我们考虑到对自然的哲学发现与作为善的快乐之间的关系,这个时刻便可以得到更加准确地界定(参《法义》886a8-b2)[①]。人们一经发现,意见和知识之间存在着根本差异,并且权威意见构成政治共同体的法律和行为准则,就必然会认为,强加于人的法律系统在变成人的第二天性之前注定给人造成痛苦,而摆脱它们的束缚将给人带来快乐,随之而来的结论就是:没有法律约束的生活是快乐的生活。因此,快乐即善——这似乎正是思辨哲学从天空转向人事后得出的第一条推论。《斐勒布》开篇的叙述发生之前,斐勒布和苏格拉底讨论时,很可能斐勒布的观点就和这条推论一致,而苏格拉底则完全否认这条推论的合理性。苏格拉底大概注意到,快乐即善的结论是以法律的束缚为反证得出的,而一旦没有法律,快乐将要么不复存在,要么变为漠然。这样推测、重构《斐勒布》开篇之前那段讨论的开端,大大有助于我们解释为什么在《斐

① 参见施特劳斯,《自然权利与历史》(*Natural Right and History*, Chicago, 1953),页108-109。

勒布》中从未出现过 polis［城邦］一词，而 nomos［法律］一词也仅出现过一次(26b9)。在《斐勒布》中，一切道德都摆脱了束缚，无论最终求证出的人性之善到底是什么，它都不体现为任何社会美德。在人性之善的核心那里，绝对没有正义的立足之地(62a2－b4;《理想国》335c4)。[①]

柏拉图将苏格拉底置于两难困境：苏格拉底要反驳快乐，却不得把他在政治哲学中的发现用作武器。如果说这里的苏格拉底两手被反身捆住，可能多少有些夸大其词，但他的确不是那个我们无比熟悉的苏格拉底。《斐勒布》中的苏格拉底之所以显得奇怪，还因为这样一个事实：苏格拉底在开篇提出“理念”，随后就把它抛之脑后，反而代之以毕达哥拉斯学派关于有限和无限的原理。苏格拉底在对话中陈述这些原理，然而，对话的形式本身却似乎背离了它们。因为，倘若对话以其形式上的无限体现了哲学自身，那么这种形式上的无限和论述上的无限并不一致，而快乐以及苏格拉底所反感的一切事物都归属于论述中的无限。如果我们不去急于区分善的无限和恶的无限，不去急于判定哲学属于其中哪一种，我们就必须承认，柏拉图把苏格拉底放在了一个尴尬的位置上。苏格拉底不得不用别人的原理为自己着手的事情辩护：尽管快乐的行事方式与此一致，他仍然要把快乐当成批判的对象。可以说，苏格拉底摆脱柏拉图束缚的过程，就构成了《斐勒布》展开讨论的过程。

在《斐勒布》结尾，普罗塔尔库斯仍未获得满足，这无疑反映出任何真正哲学问题都具有不可终结的特质，然而，它并不能体现人性之善问题的真实状态，因为如果哲人确信哲学之善就是人性之善，那么这个问题就一定是可终结的。《斐勒布》中的论述必然会

---

① 关于快乐和心智的论争和美德并不相关，因为美德只在论及快乐的上下文中(45d3－e4,63e4－6)才被提及，比如虔诚(39e10)。参见波斯特(E. Poste)，《柏拉图的〈斐勒布〉》(*The Philebus of Plato*, Oxford, 1860)，页 ix。

导向一个确定的结尾(perasthēnai,11c9),同时又面向其他一切敞开。在这个意义上,《斐勒布》是唯一一篇完整的对话,它揭示出其他各篇完整对话的不完整性。无限的辩证法从人性之善这个确定的点向外延伸开去。快乐通过一种与哲学酷似的方式合并有限和无限,并借此模仿哲学,于是,现在我们明白了,在《斐勒布》中,为什么快乐会成为理性的对手。快乐也有一种形式,或者不如说它有一种双重的形式,我想,这正是苏格拉底所说的"整个生活的悲剧与喜剧"(50b3)。我们可以把快乐在形式上的这种分裂理解为一种征兆,它昭示出快乐不足以成为人性之善,但我们刚才已经承认,生活的悲剧与喜剧是生活的真理,而这暗示,如果用哲学代替悲剧与喜剧,其代价将是丧失关于属人生活的真理。真正的悖论在于,哲学宣称它对属人生活是有益的,同时它却不能忠实于属人生活的真理。《斐勒布》至少告诉我们,悲剧与喜剧的混合物并不简单,其中包含着哲学之善和生活之真。哲学本身必须既是喜剧与悲剧之真,又是属人生活之善。

二、苏格拉底、普罗塔尔库斯和斐勒布

(11a1－12c4)

《斐勒布》开篇第一句话中，苏格拉底以一个词组概括了他必须解决的难题。苏格拉底问普罗塔尔库斯是否要接管斐勒布的论点，并告诉普罗塔尔库斯，如果他不认为苏格拉底的论点 kata noun，他就得站在与之相反的立场上。Kata noun 是柏拉图常用的词组(在其著作中出现了二十五次)，但却未见于别处。这个词组的本义是“符合心智”或“符合理性”，但通常情况下，尤其是同与格的人称代词一起出现时，其意为“符合某人的意愿”或“符合某人的喜好”。这样看来，这个短语的含义本身即是快乐与理智的混合，但从历史角度来看，这一短语的含义应该与理性相关，因为其字面义就是其本义，直到在阿里斯托芬(Aristophanes)那里它才获得第二种含义，并从此丧失了最初的意义(《骑士》499，549)。在一定意义上，该短语具有的两层含义从未同时并存，因为该短语的产生时代与其获得第二种含义的时代相距甚远，任何一个希腊人都不可能同时生活在这两个时代，不过，说话人仍然可以语带双关，在表达这个短语的第二种含义时捎带上它的原义。苏格拉底此处似乎就是这样做的，他给普罗塔尔库斯出了一道难题，可是后者并没有觉察。当然，作为一个土生土长的希腊人，普罗塔尔库斯不可能注意到这点。按照苏格拉底的意思，假如普罗塔尔库斯选

择斐勒布的论题，那就意味着这个论题符合他的喜好或者与他的理性一致；假如普罗塔尔库斯觉得这个论题合理，那么他就必须运用心智为快乐辩护；假如普罗塔尔库斯仅仅只是喜欢这个论题，那么他就不能列举理由为其辩论。反过来说，如果普罗塔尔库斯更倾向苏格拉底的论题，但却认为斐勒布的论题更合理，那么他或者要为自己反感的论题辩护，或者就得像亚里士多德笔下的欧多克索斯（Eudoxus）一样，尽管对快乐的魅力无动于衷，却不由自主地为快乐辩护（《尼各马可伦理学》1172b15－18）。

Kata noun 这个词组本身似乎暗示我们，早在哲学以及任何与哲学相关的事物产生之前，每个希腊人都把理性放在最高的位置，只是伴随着哲学的出现，快乐才取代了心智的位置。根据苏格拉底的观点，理性在某种意义上从一开始就是存在的，但倘若理性最初只是在日常语言中被随意表达，等到它在语言中存在很久之后，才以理性之名而得到确认，那就值得注意了。我们当然可以假定，在希腊语中刚刚出现 nous 一词时，就有了 kata noun 这个词组，但是 nous 本身也曾发生意义的变迁，其含义并不仅仅等同于"智力"（intellect），因此，kata noun 最开始的含义不是"理性地"（rationally），而是更近于"感觉地"（sensibly）。苏格拉底一开始就主张理智比快乐更高级，所谓的高级无外乎审慎和慎思，因此，kata noun 的一生（译案：指理性地度过一生）似乎就能充分表达苏格拉底的论题，但这里的"充分"有一个前提，即必须按照字面意思将 nous 理解为"心智"，这要么是该词的原义，要么是它的后阿那克萨哥拉（post-anaxagorean）涵义。根据对这一词组的通俗理解，"kata noun 的一生"是指"随心所欲的一生"，这样一来，苏格拉底的论题就将败在斐勒布的论题之下，kata noun 的意思也就等同于荷马所谓的 kata thumon（《伊利亚特》1. 136）或希罗多德的 katathumios（5. 39. 1）。任何人都向往 thumos［激情］与 nous［智力］合二为一的生活。Kata noun 的第二层含义中暗含着一种危险，它会将人类生活的理性稀释至零，那样一来，苏格拉底对心智的辩护就完全失去了意义。普罗塔尔库斯后来同意，他想要快乐与理智的混合，他所选择的似乎就是存在于 kata noun 词组中的那种混合，如同以任意比例混合的蜜水，这种混合并不决定人性之善是什么，但它能调剂每个人的生活。

苏格拉底看似给普罗塔尔库斯提供了一个机会，使他有可能结束苏格拉底和斐勒布此前的争论，因为如果普罗塔尔库斯认为苏格拉底的论题更符合自己的喜好，那么讨论自然会划上句号。但是，苏格拉底并没有真正提供这样一个机会，因为远在《斐勒布》文中的讨论开始之前，普罗塔尔库斯已经受托接管了斐勒布的论题。而一旦接手，普罗塔尔库斯就不大可能自食其言，当然，如果他突然改弦易张，宣布放弃支持斐勒布的论题，那会更完美地符合快乐的原则。苏格拉底以为自己的话可能已经把普罗塔尔库斯争取过来了，如果普罗塔尔库斯宣称苏格拉底的主题更合乎他的喜好，那么最起码他会选择第三种，即混合的生活。果真如此的话，普罗塔尔库斯实际上已经提前预知了《斐勒布》前面 140 行对话，并且选择了介于水母、牡蛎与诸神之间的生活（21c1 - e4）。那样一来，我们就错过了《斐勒布》中最难的部分——单子的三重问题（the triple problem of the monads）和具象分析（Eidetic analysis）——一与多的问题一方面显示在抽象的单子中，另一方面又显示在一切技艺与知识中，然而这个问题对于解决人性之善的问题究竟有何帮助，却并非那么一目了然。实际上，假如普罗塔尔库斯预先选择了混合的生活，那么，将各种快乐和理智一一列举出来，进而检验它们各自所具有的善——这一切都会变得毫无必要。

因此，苏格拉底在《斐勒布》的开端滑入了另一个开端，由于普罗塔尔库斯坚持自己的立场，便只有先花些时间论证，才能返回另一个开端。不管将一个开端嵌入另一个开端究竟意味着什么，这篇对话的开端还是向我们显示出：无论是苏格拉底的论题，还是斐勒布的论题,两者都缺少一个清晰的界定。尽管苏格拉底把两种立场摆在互相对立的位置上,但正如他指出的,斐勒布的论题并不表示快乐就是双方寻求的善,快乐甚至不比其他事物更好,它仅仅还过得去,或者说仅对一切动物而言是一种善。苏格拉底的论题也同样不够明确。虽然他提出 noei/phronein [思考] 比快乐更好,但细察他添加到思考当中的内容,即便我们可以勉强接受"正确的意见"和"真实的计算",恐怕也很难同意把"记忆"(memnēsthai)一并列入这张清单,那多少会显得有些怪异。斐勒布的"一切动物"和苏格拉底的"能够共同享有上述种种的一切事物"之间的不同也许道出了感性和理性的不同,斐勒布的论题提倡感觉的生活,苏格拉底的论题则提倡理性的生活。但是,无论记忆的内容是某个思想或感觉,苏格拉底径直把记忆拉到自己的阵营,这就暗示,经验也属于理性的生活。经验(Empeiria)在柏拉图的其他著作中是与快乐和感觉联系在一起的(55e5-56a1,《高尔吉亚》462c3-7),但在希腊语中,这个词与限制或有限(peras)有关,尤其是因为缺乏经验者(apeiros)这个词与表示无限或无穷的希腊词(译案:指 apeiron)很难区分。斐勒布声称,他坚持认为快乐高于一切,但又说他不会干涉普罗塔尔库斯和苏格拉底之间可能达成的任何一致或不一致的意见,实际上,斐勒布话音未落,普罗塔尔库斯就接连用到"感受"和"限度"两个观念:peirometha perainein(12b6)。他说:"无论如何我们都要把问题探究到底。"感受限度即探究界限,斐勒布因为 apeirēkenai [疲倦],无法通过自己的努力得出结论,这使他永远禁锢在他的教条主义、他的无限当中,而苏格拉底和普罗塔尔库斯在论证中的感受则使他们最终有机会进入有限。于是,感性和理性分别体现了斐勒布和苏格拉底的论题,而在感性与理性的直接差异中隐藏着无限与有限的差异:无限是盲目的,有限则不断试错。苏格拉底不但支持纯粹的思考,也支持为了思考而付出的努力。他提到能够 metalabein /metaskhein [参与] 思考之人，暗示他们的参与不完全，思考也不完整。不完善的思考与完善的思考都是思考。

在斐勒布和苏格拉底分别列出的关于善的事物的清单上，最明显的区别是斐勒布给出了三个词——享乐、快乐和喜悦——这三个词之间的区别对他的论题来说似乎无关紧要，而苏格拉底给出的三个动词——思考(to think)、慎思(to be thoughtful)和回忆(to remember)——则表现出他想在自己论题的核心周围聚集更多东西。随后，他补充进“正确的意见”和“真实的计算”，这似乎意味着他并不欢迎不正确或虚假的意见以及不真实的计算，尽管纳入记忆就近乎于纳入了错误，至少是纳入了真理之路上的反复试错。另一方面，正确的意见似乎只对某些人而言是一种善，这些人能借助知识判断出他人的意见是正确意见。离开了其他人，任何人恐怕都无法认识自己的意见正确与否(《高尔吉亚》454d4)。苏格拉底并没有说，拥有自知之明是思考之所以为善的先决条件，同样，当斐勒布提到一切动物都享有快乐的善时，他也没有说，意识到快乐是快乐之所以为善的先决条件。虽然对感受做出客观判断比对思考做出客观判断更加令人费解，但斐勒布也必须从外部对快乐做出判断。当然，斐勒布的意思或许是，他注意到一切动物都追求快乐，同时他用苏格拉底式的方式暗示，任何动物都不会渴望伤害自身之物(参见亚里士多德《尼各马可伦理学》1153b25－32)。那么，苏格拉底的论题是对应于此，进而指出任何能够思考的存在都不会渴望错误的事物吗？他是想表明他自己同样已经注意到，一切思考的存在都是为了自身利益而追求真理吗？如果我们以这样的方式看待这两个论题，斐勒布的推论似乎就比苏格拉底的推论更为合理，因为我们很难证明费马定理的证明对证明者而言有任何益处，更不用说那些穷其一生努力求证却以失败告终的人了。我们不能不注意到，苏格拉底在这里根本没有提到技艺和知识，二者的中性色彩极其显著，很难说它们天然地拥有善。

苏格拉底和斐勒布之间的争执必须得到解决。苏格拉底说："无论如何都必须以这样那样的方式(或"在这个那个点上"，pēi)把关于它们的真理探究到底。"副词 pēi 作为限度给真理添加了一抹不确定性，它暗示出，至少在有限的对话中，代表无限的较多与较少一直存在着。副词 pēi 预示了《斐勒布》那并非真正结尾的结尾(66a6)，它在真理占据的有限中为非真理开辟了一处可供栖居的空间(62b5-9)。假如《斐勒布》最终解决了苏格拉底和斐勒布之间的争执，那么它所触及的真理可能会是人性之善的真理，而不是快乐或理智的真理。无论如何，苏格拉底区分了"关于它们"的真理的不确定性和人性之善的问题：普罗塔尔库斯和苏格拉底必须各自证明，灵魂的某种状态和倾向能够为所有人提供一种快乐的生活(11d4-6)。苏格拉底把他和斐勒布曾经面对的问题缩小了，置换为他和普罗塔尔库斯将要面对的问题。关于快乐和理智的真理包括：快乐和理智分别是什么，它们各自有什么益处；而关于理智的真理则包括：理智不能使人感觉幸福，理智本身不能导向属人的生活。对快乐进行检验时，必须首先把它与它所寄寓的动物本性分开，尽管这种做法未必可行，但我们还是不得不做出这种检验，因为只有这样，才能确定快乐不会因为不能使人幸福而输给理智。当我们处于某些与快乐无关的情境中时，必然会排斥快乐。于是，苏格拉底提出了三个问题：1. 有关快乐和理智的真理——它们分别是什么；2. 快乐和理智哪个更好；3. 快乐和理智哪个能给属人的生活带来幸福。《斐勒布》或许还没有把前两个问题彻底弄明白，就直接动手解决第三个问题了。但是，尚未回答实质(quiddity)的问题，就先去回答属性(quality)的问题，这似乎和苏格拉底的方式大相径庭，尽管我们知道，至少在《斐勒布》中，苏格拉底还没有开始对理智或快乐进行大胆的具象分析，就已经把混合的生活确定为善了。混合的生活看上去不过是人人皆有的生活，普罗塔尔库斯对这种生活的选择表明了属人的生活存在限制，而这种限制阻碍人们真正理解关于属人生活组成成分的真理。在副词pēi里面,似乎隐含着人性的、太人性的东西。

苏格拉底和普罗塔尔库斯对各自需要证明的内容达成了一致,但关于这一点,还有两个问题是我们需要提出的。思考是我们的行为,而快乐是我们的感受,从这一点上说,理智和快乐似乎不是同类,无法对二者加以比较,判断孰优孰劣。假设存在着一种快乐的生活,那么我们必然谋划并准备过上这种生活,而这准备本身既可能快乐也可能不快乐(60a8 - 9)。如果这个过程是快乐的,那么实现快乐的生活就没有意义,因为在追求欢乐的过程中获得的欢乐足以令我们满足。然而,如果准备过程伴随着不幸,我们就必须计算承受的痛苦和尚未体验到的快乐生活究竟孰大孰小,并且很可能就此放弃不可预知的欢乐,把它当作一种幻觉。也许就像苏格拉底口中那些弃绝快乐者所相信的,快乐只有在一个人当下不满足、不舒适的反衬下才看似为一种善。因此,快乐可能是一套更加不易察觉的矛盾说辞,其程度较"野蛮"更甚,这样一来,快乐似乎就和理智站在了同样的位置。

接下来是另一个问题。不管快乐和理智有多大差异,苏格拉底认为两者都是灵魂的一种状态,都具有给属人生活带来幸福的动力。此处苏格拉底对身体(body)未置一词。假设任何经身体到达灵魂之物都极大地促成了快乐的生活所呈现的样态,为了论证的方便,再假定任何源自灵魂的事物都不构成快乐的生活,那么我们就会怀疑一个人是否渴望这样的生活,因为在这种生活中,灵魂只是感受的受动者。反之,同样为了论述的方便,我们假设理智的生活只存在于源自灵魂的事物当中,灵魂就将不是任何感受的受动者,而始终是一个施动者。在这两种极端情况之外,苏格拉底之所以不谈身体,似乎是为了引起人们关注它在每种生活中的地位。为了身体给予灵魂的东西而让灵魂服从于身体是错误的,远远不如为了灵魂给予身体和灵魂的东西而让身体服从于灵魂。也许有人会提出这样一种看法:灵魂对身体的支配是中性的,它既可以属于理智的生活,也可以属于快乐的生活——这种看法好像站不住脚,不过灵魂对身体的支配有可能属于另一种生活,即苏格拉底所谓的第三种生活,引导这种生活的既不是快乐,也不是理智,而是所谓的亚里士多德的伦理德性(moral virtue)。

苏格拉底需要论证快乐和理智与人类幸福是否相关,针对这一点,我们提出了上面两个问题,这两个问题实际上等同于苏格拉底后来让普罗塔尔库斯所做的选择:究竟是选择只有快乐的生活,还是选择只有理智的生活。苏格拉底置换他和普罗塔尔库斯将要处理的问题之后,本来可以直接让普罗塔尔库斯做选择,但他没有那样做。苏格拉底给出的这道选择题具有决定性意义,它似乎能够跳过之前的任何铺垫,在终极意义上结束整场论述,[①]我把它称作"爆发式论述"(burstlike argument),苏格拉底本人则称它是一切论证中最充分的一种(67a2)。爆发式论述通常令人难以捉摸,它们很少或完全不依赖于产生时的特定背景。因此,当苏格拉底向泰阿泰德指出,陪审员的正确决定反映了真正的意见与知识之间的区别,我们禁不住纳罕他为什么首先要忙着进行一连串难度更高的论述,然后才切入到这个几乎具有决定意义的问题(《泰阿泰德》201a4 - c7)。可以说,《斐勒布》的开端再次暗示出一条捷径,它径直通向这里提出的问题。这个问题的复杂性也许超乎我们想象,它的基础很可能存在于形而上学的思考当中。表面上看,这似乎不大可能。相反,这就好像《斐勒布》的行文动机最初由纯粹的心智掌握,而心智同快乐的搏斗只能通过某种迂回的方式展开,直到后面,那个熟悉的苏格拉底才终于回到我们身边,并不得

① 比较伯纳德特(S. Benardete),《苏格拉底的再次起航》(*Socrates' Second Sailing*, Chicago, 1989),页 4 - 5。达马斯基乌斯(Damascius)在《〈斐勒布〉讲义 7》(*Lectures on the Philebus* 7)中将爆发式论述称为"自动活塞"(autopiston),这种论证本身就带有确定的判断;"自动活塞"这个术语常用来指称不证自明的公理。

不格外费了一番功夫，才最终返回他那惯常的起点。一个目空一切的苏格拉底如此小心翼翼地处理快乐这个浅显的话题，这似乎不像是柏拉图笔下的苏格拉底，而更像是亚里士多德笔下的苏格拉底。然而刚刚和斐勒布结束辩论的苏格拉底显然并不是一个形而上学者；苏格拉底出人意料地改变了讨论，这让斐勒布和普罗塔尔库斯一样困惑不已。那么，会不会是普罗塔尔库斯决定了论述的最初形态？此刻我们对普罗塔尔库斯几乎一无所知。如果采用更保险的做法，我们会把《斐勒布》之所以有这样一个开端归结为三种可能的原因：苏格拉底在快乐中看到了形而上学的维度，而我们并没有意识到这个维度；苏格拉底一时忘怀，从比眼前的问题超出许多的高度为理智辩护；或者由于普罗塔尔库斯向苏格拉底挑战，结果迫使苏格拉底采取了一种有别于常态的立场。对于其中任何一种或几种原因的混合，大概我们都需要详加说明，但此刻我们必须先回到第三种生活方式上。

当涉及到“快乐”、“快乐的”或“理智”、“理智的”时，名词与形容词的所指差别巨大。对大多数人而言，“快乐生活”(a life of pleasure)意味着“醇酒、美人与歌”，而“快乐的生活”(a pleasant life)则可能是任何一种生活。[①] “快乐的生活”带有主观性，如果一个人说自己的生活是“快乐的”，其他任何人都不能提出异议或加以否认，假如有人试图说服他放弃这种想法，那绝对是不明智的。然而，“快乐生活”却似乎必须符合一定的标准，每个人都认为自己有权评判一种生活是不是快乐生活。同样，“理智生活”(a life of thought)的意义范围也相对狭窄，而“理智的生活”(a thoughtful life)则与“快乐的生活”一样涵盖了多种可能，两者的不同之处仅仅在于我们认

① 比较迪埃斯的《斐勒布》(*Philèbe*, Paris, 1941)，页 lxxxix：“在 hēdion [更快乐的] 和 hēdeōs [快乐地] 两个词语中，‘快乐’含义中的负面因素逐渐弱化以致不复存在，从而使之成为某种客套话，负面因素在其中根本不能或几乎不能实现，看到这些，我们终于可以安心了。”迪埃斯这段话是对 66a 的解读。

为自己能够评判一种生活是不是“理智的”。根据苏格拉底的描述，第三种生活既可能更近于快乐，也可能更近于理智，因此它不但可以是“快乐的生活”，而且也可以是“理智的生活”。在很大程度上，“快乐的生活”囊括的范围可能会同“理智的生活”囊括的范围重合。既然一种生活可以有两种名称，那么这也许暗示，无论快乐还是理智，它们对于善的生活而言都不具有决定意义。在苏格拉底的构想中，很显然，第三种生活之所以优越，其原因要么在于快乐，要么在于理智。道德或政治似乎能够塑造一种生活，使其既不必完全倚重快乐，也不必完全倚重理智。宗教生活或艺术生活是否同样既不带有快乐的色彩，也不带有理智的色彩呢？这个问题我们原本可以放过不提。不过，无论游叙弗伦（Euthyphro）、阿里斯托芬还是阿伽通（Agathon），苏格拉底都相当熟悉，而且他们也都对后者构成了某种挑战，既然如此，我们就必须思考这个问题。

苏格拉底和普罗塔尔库斯达成了进一步协定，即如果快乐和理智的生活都输给了第三种生活，那么就要在快乐和理智之间决定胜负。这使得斐勒布声明，不管论证的结果怎样，他坚持认为胜利属于快乐。快乐比任何论证都更强大，它是一种巨大的力量，即使从未体验过快乐，斐勒布也自信它一定会令自己折服。接下来的事情就顺理成章了，当普罗塔尔库斯不容分说地岔开了斐勒布的话之后，斐勒布吁请“女神本人”做见证，并表示自己洗手不干了。如果按照字面意思理解，后一个表达通常伴随某种宗教净化仪式（aphosioumai）。既然斐勒布在这里如此轻松地将宗教用语脱口而出，那就说明大写的“快乐”（Pleasure）远远高于对快乐的体验。[①] 当然我们可以说，斐勒布只是在开玩笑，但就其本身而言，他一定相信快乐是战无不胜的，倘若他事先知道自己必然会

① 班德汉姆提到，在阿提卡作家那里，aphosioumai 一词始终兼具两种含义，分别是“免除某种宗教义务”和“服从某种宗教仪式”。

输,但依然照说不误,那么这里所涉及到的就决不仅仅是道德问题了。斐勒布许诺不干涉苏格拉底和普罗塔尔库斯得出的结论,要遵守这一诺言,他所需要的就不仅仅是作为感受的快乐,他必然也需要作为女神的快乐,不过我们知道,如若这位女神就是阿芙洛狄忒本人,那么即便斐勒布违背诺言,也不会受到惩罚(参照 65c5－7)。斐勒布对快乐的定位模棱两可,对心智的定位也是一样。根据班德汉姆(Badham)的翻译,斐勒布告诉普罗塔尔库斯是:“你应该按照你的意愿去做,”但如果按照字面意思,这句话的意思则变成了:“你应自己去认识”(autos gnōsei,参《高尔吉亚》505c9)。同样一句话,如果按字面意思理解,斐勒布就是在告诉普罗塔尔库斯,尽管他本人所依据的只是意见,普罗塔尔库斯却会获得知识;不过,如果普罗塔尔库斯照日常表达习惯去理解,那么斐勒布这句话不过是一切全凭普罗塔尔库斯做主。因此,斐勒布的 autos gnōsei 与苏格拉底的 kata noun 构成呼应,这个短语把自由和知识松散地混合在一起,正如 kata noun 把快乐和心智混合在一起一样。从表达习惯上看,autos gnōsei 与大写的快乐完全相容,不会带给普罗塔尔库斯过多的压力或痛苦。我们不能不再次注意到,当议题以斐勒布与苏格拉底、苏格拉底与普罗塔尔库斯、普罗塔尔库斯与斐勒布的对话形式呈现时,较之同样的议题由三人用各自的话语陈述时远为微妙。他们说出的话语几乎总是遮蔽他们秉持的意见,这种遮蔽让人不禁怀疑:如果仅仅是为了把 logos [逻各斯] 和 dialogos [字面意为“经由逻各斯”,即“对话”] 置于同一框架内,苏格拉底也许并不需要经过这段漫长的形而上学序言,才让普罗塔尔库斯选择混合的生活。在本篇对话论述的所有议题中,快乐这个议题对清晰表达的要求可能是最高的。苏格拉底捕捉到普罗塔尔库斯信口说出的 kai sphodra ge [完全如此],并把它当作较多与较少的一个典型符号(24b9－c3),他的做法将大大佐证此处的看法。

斐勒布的立场似乎把对宗教净化仪式(aphosioumai)的弱化同对阿芙洛狄忒本质的认识联系在了一起。在《奥德赛》中,至少有一处,阿芙洛狄忒似乎仅仅代表性的快乐。奥德修斯把求婚者们屠杀殆尽后,让忒勒马科斯(Telemachus)杀死那些曾和求婚者发生关系的女奴:“把她们全都杀光,使其忘却床上的情爱(Aphrodite),这帮贱货,偷偷地睡在求婚人身旁!”(22.443-45)在惩罚的语境下,阿芙洛狄忒已经丧失“金色阿芙洛狄忒给予可爱礼物”——帕里斯(Paris)面对赫克托耳(Hector)的责难,为自己辩护时所用语(《伊利亚特》3.64)——时具有的全部魅力。因此,正如 kata noun 和 autos gnōsei 不能完全脱离其字面意义一样,如果斐勒布对阿芙洛狄忒的描述并没有完全失却阿芙洛狄忒的本义,那么他等于是说快乐的核心就是性的快乐,而且,普罗塔尔库斯和苏格拉底无论如何都不可能改变他这个想法。事实上,我们倾向于相信,普罗塔尔库斯之所以拒绝缺少感觉的理智生活并断定任何人都不会选择这种生活,大概是因为绝大多数人都不肯为眼前任何其他东西而放弃性欲。因此,当听到普罗塔尔库斯用最激烈的言辞谴责性的快乐时(65c5-66a3),我们一定颇感意外,并由此推断,普罗塔尔库斯之所以会被斐勒布的观点吸引,原因绝不会是金色的阿芙洛狄忒。然而,对斐勒布而言,当他宣称快乐对于一切动物而言都是善时,他指的极有可能就是性的快乐,因为他很可能在此前的辩论当中说过:无论就个体还是集体而言,这种快乐都是一种善,并且也是唯一不会给任意一方带来麻烦的利他行为。人在做这种事时,几乎完全不需要动脑筋。

那么,究竟是什么促使普罗塔尔库斯和斐勒布站在一起?为了避免惹恼普罗塔尔库斯,斐勒布事先声明,讨论的结果完全由前者决定,尽管如此,普罗塔尔库斯仍然认为斐勒布干扰了自己的判断,并为之光火。这说明,对普罗塔尔库斯而言,快乐意味着自由,也就是和自己喜欢的人一起做自己喜欢做的事,任何人都不得预先设限。但是，普罗塔尔库斯的自由实际上有一个前提，即行使这种自由首先必须接管辩论。普罗塔尔库斯对任何人同自己达成的任何协议都非常看重。他要求苏格拉底恪守诺言，时而开玩笑威胁不放他回家，时而又孩子气地说许下的承诺收不回（19b6－20a5）。因此，当普罗塔尔库斯在后文表示他熟知高尔吉亚（Gorgias）传授的最高技艺（译案：指修辞术）时，我们就不觉得奇怪了，高尔吉亚不但教给学生个人自由，还教给他们支配其他人的自由（《高尔吉亚》452d5－8）。卡利克勒斯（Callicles）告诉我们，从自由滑入快乐实际上并不难，但普罗塔尔库斯的自由缺少政治维度，这使它一方面变得更容易，另一方面也同快乐脱节。如果快乐的确以性的快乐为核心，并以自由为其意义范畴，那么快乐的统一体就不会是立即明白可见的。我们或许可以把斐勒布和普罗塔尔库斯各自对快乐的理解分别概括为"令人兴奋之物"与"令人幸福之物"，但性的快乐在深度与密度上相当复杂，这些词组本身的含义不够鲜明，很难充分传达。不过，倘使考虑到高尔吉亚学说的政治背景，那么斐勒布的阿芙洛狄忒同敏感暴躁的普罗塔尔库斯之所以能够站在一起，原因可能正在于不受法律约束的自由。斐勒布虽然做出从讨论中抽身而退的样子，但通过召唤女神本人，他已经给快乐赋予了核心及意义范围。一方面，阿芙洛狄忒从金色的阿芙洛狄忒引申到性的快乐；另一方面 aphosioumai［免除/服从宗教仪式］从有原则地摆脱某种宗教或世俗义务引申到程序化的彬彬有礼与彼拉多（Pontius Pilate，译案：即下令把耶稣钉死在十字架上的古罗马统治者）式的冷漠。任何宗教团体都以信仰和仪式覆盖这一范围内的全部，就此我们可以得出：任何一种信仰都有崇拜仪式，任何一种崇拜仪式都有信仰，斐勒布和普罗塔尔库斯分别代表着两种分歧巨大的立场，其中每一种都涉及到法律与不受法律约束的自由之间的关系。如果我们不把 aphosioumai 去神圣化，或者不把阿芙洛狄忒世俗化，而是仍然将其奉为一位女神，就会出现某种在法律限制内的宗教；但是倘若我们取 aphosioumai 的通俗含义，或者接受苏格拉底把斐勒布的女神等同于快乐的看法，那么伴随此一理解就会产生脱离一切法律限制的自由，而这种自由已经接近普罗塔尔库斯准备为其辩护的快乐之善。

苏格拉底提到阿芙洛狄忒，这不能不让我们联想到爱神爱若斯（Eros），尤其是因为苏格拉底在本篇对话结尾将动物的爱欲与哲学的爱欲放在一起对照（67b5－7）。在《会饮》中，厄里克希马库斯（Eryximachus）引用斐德若（Phaedrus）的话说明，爱若斯在诗文中从未获得过人们的赞美，在场其他人均未对此表示异议，这说明爱若斯与曾多次获得赞美的阿芙洛狄忒是不同的。与爱若斯相比，阿芙洛狄忒和性的关系似乎更为密切，因为在希腊语中，aphrodisia 常用来指性的快乐，erōtika 则不具有此意。纵观《会饮》全篇，这一理解限于厄里克希马库斯和苏格拉底，两人对爱欲表现出一种知识般的兴趣（177d8，186c6）。假如斐勒布呼唤爱若斯神作见证，而苏格拉底说，根据斐勒布的意思，爱若斯的真正名字是快乐，那么苏格拉底会招来阿里斯托芬的反对，因为阿里斯托芬明确否认快乐是爱欲的核心（《会饮》192c4－d2）。然而，如果说“爱欲”既可以指动物的强烈性欲，也可以指哲学的欲望，那么“阿芙洛狄忒”的意义范围也同样宽泛，可以说，“金色的”就代表“阿芙洛狄忒”被译为“快乐”之后流失的一切。更准确地说，“金色的”离不开诗人对阿芙洛狄忒的再现或理解，但经过斐勒布的简化后，苏格拉底所面对的就不再是诗歌了，相比之下，在《会饮》中，阿里斯托芬和阿伽通的话使苏格拉底直接面对诗歌发言。在《斐勒布》中，苏格拉底的第一个任务是恢复快乐在意义上的多样性，这是因为，虽然诗人们会不假思索地认同这种多样性，但普罗塔尔库斯否定这一点，以便维护斐勒布把阿芙洛狄忒奉为女神的做法。

普罗塔尔库斯并不关心究竟哪些问题会促使斐勒布再度插手，他只是不想让后者干涉接下来的讨论。斐勒布在俗称为阿芙洛狄忒的女神与她最真实的名字“快乐”之间进行了区分，但就像苏格拉底所理解的那样，普罗塔尔库斯并不希望这种区分影响论证。更准确地说，斐勒布所指的这位女神是否存在，她的名字是否为阿芙洛狄忒或曰快乐，对于这些问题，后面的讨论并不会一一考察。也就是说，苏格拉底和普罗塔尔库斯并不会考虑是否存在这样一位神，抑或人们为什么会相信存在这样一位神。苏格拉底只用一句客套话就把阿芙洛狄忒打发了——“无论她钟情于(philon)哪种方式，我都会以这种方式称呼她”，这个句子的扩展形式中包含表示欢乐和喜悦的动词(khairein)。在《克拉底鲁》(*Cratylus*)中，苏格拉底告诉赫谟根尼(Hermogenes)，谈到诸神的名字时，最好的方式是说我们对诸神一无所知，无论是诸神本尊还是他们的名字，无论他们怎样称呼他们自己，我们同样都一无所知；次好的方式是遵守祈祷时的规定，按照他们乐于接受的名字去称呼他们(khairousin onomazomenoi，400d6－401a1)。根据宗教律条，人的话语要服从于诸神的快乐。诸神的存在独立于人，他们可以自由决定各自的名字。自由的快乐是神所特有的属性。任何人的第一个名字都是别人命名的，人甚至无法自主决定此类最基本的个人属性。这样看来，如果普罗塔尔库斯的愿望——不受一切束缚的自由——是无法实现的，那么我们或许就能理解，当斐勒布暗示他还有可能施加影响时，普罗塔尔库斯为什么会显得颇不耐烦。可以说，普罗塔尔库斯把斐勒布晾在一边，为的是让自己站在起点和开始，不给求证过程附加任何限制。简单说，普罗塔尔库斯希望实现他的名字所具有的寓意，因为他的名字本身就由“起点”(prōton)和“开始”(arkhē)两词连缀而成。不过，与普罗塔尔库斯相比，我们更接近这种不设限的自由状态，因为《斐勒布》的开端对我们而言就是不设限的。

苏格拉底声称他本人要比斐勒布谨慎得多。他告诉普罗塔尔库斯，当提到诸神的名字时，他的恐惧不在属人的层面，而是超出了(pera)最强烈的恐惧。pera 让我们联想到 peras 即限度,这个词的意思是“在边界的另一侧”,就此处而言,边界是指人类的恐惧。人类的恐惧为人类特有,当且仅当众神都不为其设限时,它才是一种限度[①]。无论人类最大的恐惧是什么,无论它是否与死亡或背弃自我相关,诸神——如果他们的确是神——就总是能扩展人类所恐惧的事物的范围。这样一来,苏格拉底质疑了普罗塔尔库斯这一要求的有效性,即是否可能不让斐勒布的女神干扰他们的论证。尽管快乐一旦从大写的快乐转向世俗的快乐,就不再有任何神圣之物附着其上,苏格拉底仍然怀疑快乐能否被限制在人类的范围之内。一位神可能置身于某些恐惧中,就同样可能置身于快乐中。倘若诗人们所讲的故事不假,阿芙洛狄忒和三位复仇女神(Furies)同是在克洛诺斯(Cronus)把乌拉诺斯(Uranus)阉割后从后者的生殖器中诞生的,那么爱的女神也就是复仇女神。

① 索福克勒斯在《安提戈涅》的合唱部分提到,如果人拒绝诸神给人施加的限制,那么就再也没有比人更可怕(deinoteron)的了(332-75)。

三、一与多(1)

(12c4 - 14b8)

在希腊语中,用一个分词附加情感动词的限定形式是构成情感动词的最常见方式之一,但这种方式不见于《斐勒布》(参 54e4 - 5)。混合的生活似乎应该由这种附加构成,然而,在本篇对话中从未有人提及“享受思考的快乐”(khairō phronōn)。事实上,限定动词加分词的构成形式完美地体现了有限与无限在属人生活中的混合。为了说明他所了解的快乐的复杂性,苏格拉底约略提到了这种构词法,但是普罗塔尔库斯立刻表示了最强烈的抗议。苏格拉底举出了两组四个例子:

A1. 放纵的人享受快乐。

A2. 节制者(sōphronōn)以节制本身为乐。

B1. 愚蠢的人享受快乐,并满脑袋愚妄的意见和希望。

B2. 理智者(phronōn)以理智本身为乐。

这立刻让我们想到两个问题。尽管节制(sōphronein)包含理智(phronōn),但苏格拉底还是将二者区分开来;因此,假如它们都属于有限,那么不管它们在多大程度上重合,它们都不完全属于有限的同一个部分(参见色诺芬《回忆苏格拉底》3.9.4;《居鲁士的教育》3.1.17)。放纵者与愚蠢者的关系亦然:放纵者不一定满脑袋愚妄的意见和希望。但更重要的区别在于:理智与节制的快乐是由其行为决定的，但放纵和愚蠢的快乐同任何既不放纵又不愚蠢的事无关。于是，苏格拉底以区分附加的快乐与非附加的快乐开始。我们说放纵的人自得其乐，但卡利克勒斯至少在推崇放纵的生活时，却唯独对任何一项具体的快乐只字未提，并被迫接受了苏格拉底所举的抓痒的例子(《高尔吉亚》494c6 - d6)。放纵者不能从他们所处的状态中获得快乐，因为从定义上看，这种人并不能识别自身所处的状态，否则他们就不是放纵无度而是放纵有度了。愚蠢的人以活在梦幻当中为乐，并在那里搭建海市蜃楼，但是愚蠢的人似乎不大可能因为自己的愚蠢而喜悦，因为那样一来，他们就有了自知之明，不再是蠢人了。犯傻是聪明人享有的特权，供其偶一为之。

于是，从某种程度上说，苏格拉底已经给普罗塔尔库斯提供了一种摒弃理智的快乐生活，但是他并没有把这种生活表述为一个可选可不选的选项，而是将其表述为这样一种状态：无论它是善还是恶，都不能用对待其对立面的方式等而视之。苏格拉底区分了伴生和非伴生的快乐，但这种区分在现实中却未必有效，因为当一个人不能从某件事物中获得快乐时，他绝不会感觉快乐。尽管这样说不会招致苏格拉底的反对，但是，非伴生的快乐仍然有可能是快乐主义的一种假定，它与阿芙洛狄忒一样脱离日常经验。苏格拉底坚持认为快乐的形态多种多样，它虽在言语中是单一的，但却具有天然的多样性，不管苏格拉底所做的语法区分是否符合事实，他所坚持的都不大可能发生；他的观点依旧是不能把快乐从其伴生的事物中抽离开来。快乐从来不会捷足先登。

如果我们选择的任何事物都必然具有“这让我快乐”的形式，如果对我们而言，快乐就是善，那么生活的结构将会诡异地呈现为自由漂浮的形态，就好像它是这样一种生活，摆脱了将其称为快乐生活的判断一样。普罗塔尔库斯显然愿意接受这种看法。他认为，尽管 pragmata［事物］即每个人的行为都是相互对立的，但他们的快乐却并无不同。他提到,在一切 khrēmata [事物] 当中,任何事物与其本身的相似度都不会超过快乐与快乐的相似度。因而,普罗塔尔库斯提议在 khrēmata [事物] 与 pragmata [事物] 之间进行一种区分①。快乐是一回事(khrēma);有感觉、有理智、愚蠢、放纵则是另一回事(pragmata)。它们在行动的层面上相互对立,在经验层面上彼此统一。苏格拉底举出的第一个反例似乎强化了普罗塔尔库斯的观点:他承认颜色和颜色相似,正如形状和形状相似一样,但是我们都知道,白色与黑色并非略有不同,而是完全相反。快乐似乎不能说是一种颜色,它更像是视觉本身,尽管一个人看到的颜色五彩斑斓,但他调用的却只是视觉,同样,一个人会由于这样那样的原因快乐,而无论什么原因,他都是快乐的。假如普罗塔尔库斯这样为自己辩护,那么他将不得不承认,他在每个人的快乐中看到的那种普遍性并不是人人都曾感受过的快乐。即便每个人都说"我很高兴",而普罗塔尔库斯把这当作快乐与快乐最为相似的一个证据,如果他忠于本人的经验,那么不可否认的事实是,每个人每次都会低声补充:"我很高兴做了……"或者"我很高兴有……"。普罗塔尔库斯暗示的 khrēmata [事物] 与 pragmata [事物] 之间的分野,正如我们常说的柏拉图的理念与参与其中的多样性之间的区别,或者,如果不去预测对话会朝着哪个方向前进,这种分野就如同阿芙洛狄忒(Aphrodite)和 aphrodisia [性的快乐] 之间的区别。虽然性的快乐多种多样,但不管一种和另一种在何种程度上对立,都无改于阿芙洛狄忒本人是统一体这个事实。崇拜者们大可用各种各样的名字去称呼他们尊崇的女神,尽管这些名字与他们心目中的女神毫无关系。看起来,普罗塔尔库

① 普罗塔哥拉(Protagoras)说"人是一切事物 [khrēmata] 的尺度",这句话中的"事物"在《泰阿泰德》中被视为存在,在《克拉底鲁》中则被视为 pragmata,意为"我们直接使用或我们关心的事物"(《克拉底鲁》385e4 - 386a4;《泰阿泰德》152a2 - c6)。

斯似乎并没有像他认为或希望的那样摆脱斐勒布及其女神的束缚。快乐主义是理想主义的一种滑稽变体。

关于把快乐从其伴随物中抽离的问题，普罗塔尔库斯也可以通过另一种方式提出反对，这种方式不需遨游九天，只需体贴世情，深入到任意个体对快乐的感受当中，进入普通生理学的范畴——只要快乐存在，就离不开普通生理学。正如没有光，就没有任何颜色，无论节制的人还是愚蠢的人是否感到愉悦，他们身体中的体液或化学物质在某种程度上都是固定不变的。但这些必要条件却很难说与快乐等同，它们更像是原快乐（protopleasures），为了让我们能够说出“我很高兴”，它们总是不得不被“这事”“那事”触发。至于苏格拉底本人关于某些快乐的生理学是否能避免这种困境，暂时还不是我们要考虑的问题。

当涉及到属放纵者和愚蠢者快乐的非伴生性，与属节制者和理智者快乐的伴生性之间的区别时，苏格拉底的表述方式直接关涉善的问题。如果我们把放纵者叫做追求快乐者，那么我们会说他不能拥有节制的快乐。因此，所谓“追求快乐者”并非是没有限制的。当追求属善的快乐时，这种追求预先规定了要寻找的快乐是什么样的。此外，普罗塔尔库斯说快乐没有偏向性时，他是指但凡人能够从中享受快乐的生活便是快乐的生活，即使追求快乐者的生活只是其中一种。也就是说，快乐是有区别的，追求快乐者的快乐与其他所有人的快乐不同，这种差异升级为一种对立，虽然其他所有人感受到的快乐与追求快乐者感受到的快乐一模一样。

统一的类属下包含着对立及差异的部分，为了说明这一点，苏格拉底列举了颜色和形状两个例子。这两个例子和普罗塔尔库斯对快乐的理解不同，普罗塔尔库斯依据的原则似乎来自于数字。每个数字都包含许多个一，其中每个一都与其他任何的一相同。数字五可以指五个女人，也可以指五块石头，但这并不会改变数字五，也不会让一个五当中的每个一与另一个五当中的每个一相互区别。快乐也具有同样的模式,不同的快乐可以在数量上不同,或在密度及持续时间上有别,但除此之外它们都一模一样,智者的快乐与愚人的快乐之间的区别相当于五个女人与五块石头的区别。任何快乐主义的计算法都必须如此假定,并构想出一架可以称量快乐的天平。如此一来,苏格拉底和普罗塔尔库斯就卷入一场关于类构造(class formation)的争论,普罗塔尔库斯不假思索地把原发性单子的称号颁给了阿芙洛狄忒或曰快乐,苏格拉底则建议小心谨慎,并质疑这样一种算法是否适用于快乐。苏格拉底接下来的提议让人倍感困惑。颜色除了可以分为对比色、补充色之外,还应当在色调、密度和明暗度等方面区分。不同颜色之间既会有连续性又会出现断裂,就图形而言也是一样,拿圆形来说,它既是多边形的极端形式,又是正方形的反面。图形也可以像数字那样区分:几何学家的图形同我们看到或制作的图形是不同的。如果我们把这些模型应用到快乐的问题上,苏格拉底一定会拒绝,并说任何衡量快乐的尺度都会使快乐不再成其为快乐,此外,把快乐放在天平上以判断它是否属善,这样做是毫无道理的。如果将苏格拉底的两个例子和他本人在《美诺》(75b9-11)中对图形的定义放在一起,并把它们应用到理智与快乐相混合的生活当中,我们将会获得更多启示。苏格拉底在那里给出的定义是:“诸存在物中,唯有图形总是紧跟在颜色之后”。或许理智赋予生活以形状,而快乐则为生活增添各种各样的密度、色调和明暗度。在任何情况下,追求快乐者的生活都是徒劳的,就如追求没有形状的颜色一样。

普罗塔尔库斯最初拒绝接受快乐与快乐不同、彼此对立,也拒绝接受快乐有善恶之别。但后来我们发现,他之所以拒绝主要并不是因为他钟爱原来的论题,而是因为他担心,万一自己承认了某些快乐相互区别,或者某些快乐为恶,而苏格拉底却能保证理智安然无恙,那样一来,苏格拉底就会占优势。当苏格拉底承认在知识当中有不同、有对立之后,普罗塔尔库斯立刻爽快地承认快乐也是如此。普罗塔尔库斯渴望的是让快乐获胜，或至少不要输，但他对快乐本身并不是那么感兴趣。不管快乐是否合格，他都希望能占得上风。吸引普罗塔尔库斯参与这场辩论的，是高尔吉亚修辞术所看重之物，即个人的自由以及支配他人的自由。如果不考虑生活的政治维度，普罗塔尔库斯应该是典型的荣誉爱好者，他只想凌驾于其他事物之上，看它们败下阵来。普罗塔尔库斯是离水之鱼。他之所以让人觉得难以捉摸，大概是因为他加入论辩的理由很奇怪。如果快乐主义者斐勒布袖手旁观，而代表他参与辩论的挑战者又动机不纯，那么理智似乎的确占了便宜。当然，快乐女神自己对此丝毫不感兴趣。她从来都不缺乏沉默的追随者。

苏格拉底向普罗塔尔库斯做出让步，承认一些知识和另一些知识不同，甚至完全相反，这个让步在一定意义上并不是普罗塔尔库斯所理解的让步。如果我们回到最初的争论，用“享乐”(to be pleased)和“思考”(to think)代表斐勒布和苏格拉底的不同，那么当苏格拉底把思考的内容限定为正确的意见和真实的计算时，他实际上已经舍弃了其余大部分内容。从苏格拉底的角度上说，“快乐是善”是错误的意见，他很难将其视为一条好意见。除非我们说，当一个人错误地计算或提出不正确的意见时，他并没有真正思考，否则苏格拉底为之辩护的人类理智似乎就所剩无几，甚至荡然无存了。在新一轮的阐述中，苏格拉底引入了起初被他忽略的知识(13e4,9)，承认知识中也存在对立，而这终于使普罗塔尔库斯放弃了成见，但是，知识中的对立并不像正确意见与错误意见之对立那样一目了然。埃里亚的客人尝试区分政治学与其他知识的差异(《治邦者》258c3－8)，但这些差异并不构成对立。唯一例外的是苏格拉底的悖论——“关于无知的知识”，它足以同其他技艺与知识对立。这种知识不仅必须通过每一种可靠、真正的知识自我检验，而且必须通过每一种相关的意见自我检验。快乐是善就是一种相关的意见，在此意义上，对于苏格拉底的知识而言，这个意见是好的。凡是为斐勒布的立场提供支持的意见与真理，都会支持苏格拉底追问下去。斐勒布从辩论中抽身而退，原因可能正是他不自觉地承认了取胜无望；至于普罗塔尔库斯，一旦不再坚持快乐的同质性，他就不得不放弃拥护快乐的立场，和苏格拉底结盟，一道去寻找真理。早在苏格拉底让普罗塔尔库斯接受混合的生活之前，第三种生活已浮出水面。此时普罗塔尔库斯的好斗精神终于可以派上用场，用以对付真理的全部敌人了。内在于哲学自身的教条主义与怀疑主义的对立马上就要被克服了。

四、一与多(2)

(14c1 - 15c9)

论辩接下来的三个阶段是这样的。一与多的问题表现为多种多样的形式。于是,针对这些问题,苏格拉底提出了我称之为"具象分析"(eidetic analysis)的方法,并以音乐和字母的发明为例说明。最后,苏格拉底引入善的标准,据此普罗塔尔库斯选择了混合的生活,拒绝了快乐的生活和理智的生活。引入善是为了将具象分析应用于快乐和理智,不过,在我称之为"尺度理论"(measure theory)的论证失败后,具象分析似乎又以某种形式恢复了。前面两个阶段已经令人费解了,除此之外,还有另一个难解之谜:这两个阶段之间的关系是什么,也就是说,具象分析对于解决单子的问题究竟有什么帮助。具象分析之所以会被引入这场论辩,原因可能是为了警示苏格拉底不要过早从俗常的(vulgar)一与多问题转向正确的(true)问题。这不仅意味着让普罗塔尔库斯放慢速度,因为我们知道他最初曾想不惜一切代价维护快乐的统一性,同时也意味着让苏格拉底放慢速度,因为他此时还远远没有给理念打好基础。无论如何,在苏格拉底提到的三个难点中,第二个难点包含理念的问题,但这个问题尚未得到明确阐释,笺注者也尚未就此达成共识;实际上,为了让这段话简单易懂,经常会有人对原文的文字稍事修改。不管怎样,单子的问题的确在极大程度上决定着理智的生活。然而,苏格拉底将理智的生活归结为什么样的善,却并不依赖于单子问题的解决。也许反过来就对了,只有当单子问题不可解决时,理智的生活才是善。以无限为特征的快乐也许只是理智的幻影;每个人都选择混合的生活,拒绝诸神麻木的生活,这也许才是哲学的选择。

一与多的问题像个好辩者一样闯进苏格拉底和普罗塔尔库斯的讨论。尽管苏格拉底适时的让步避免了讨论陷入僵局,但他并不愿意就此罢休,为了摆脱困境,他转向了善。他提到,言语中的一与多让每个人都感到困惑,不管人们是否愿意面对这个问题。随着事情的发展,我们此时也许更倾向于认为引发这个问题的不是普罗塔尔库斯,而是苏格拉底和斐勒布。两人从一开始就将快乐和理智当成二来讨论,但普罗塔尔库斯的选择却让二重新回到一,所有人过的生活都是一,不管他们承认与否。行动上的一和言语中的一与多构成了冲突,这个问题似乎比快乐和理智中的一中之多、多中之一更深奥,也更复杂。本篇对话花了一些时间去讨论它们起初的所在,以及从何时开始它们从未再度分开,这暗示生活本身与关于生活的言语格格不入,如果我们随着苏格拉底一起偏离正题,这种格格不入就无法避免。言语中始终存在一种理论的偏见,它总是倾向于拆解整体、分解混合物及复合体。苏格拉底暗示,对言语这是自然的,因而对人之为人也是一样。这样看来,普罗塔尔库斯对统一性的坚持似乎就成为一种必要的矫正,它克服了苏格拉底和斐勒布提出的那种不可靠的二元性,尽管普罗塔尔库斯只是在快乐中找到了错位的统一。普罗塔尔库斯迅速认识到他本人就是天然的一,任何言语都可以使这个一成倍增加或者将其分解拆散(14c11-d3)。

尽管苏格拉底把普罗塔尔库斯的一与多视为一派胡言,但是,通过用一个"我"(me)反对许多个"我",用生成反对存在,用本然反对假定,普罗塔尔库斯就能提出质疑——别人谈到他时,为什么不能说他既善且恶,同时又免于自相矛盾?如果快乐真的是阿芙洛狄忒,那么,不管人们把多少不同与对立归到她的名下,她照样处之泰然。无论是普罗塔尔库斯还是阿芙洛狄忒,人对自我的认同看起来的确是在抗拒言语的分裂,假如一个人想谈论生活的善,那么他需要区分它实际上的统一与它偶然属性的多样。事实上,苏格拉底后来指出,如果把快乐当作唯一的善,那么一个善人在痛苦时就不再是善的了(55b1 - c1)。因此,普罗塔尔库斯通过他的例子暗示,在人的问题上,难点在于“善”与“恶”是否和“高”与“矮”一样同为谓项,或者“我”(I)这个天然统一体中是否必然包括善,善是否是使“我”(me)成其为一的原因。通过他自身的“(多个)我”,普罗塔尔库斯在不经意间发现了善的因果关系问题。然而,普罗塔尔库斯希望做自己的主人,既不受斐勒布的庇护,也不被苏格拉底轻视,这个愿望似乎指向他本身的统一,这种统一独立于善而存在,但当普罗塔尔库斯需要在牡蛎和天神的生活之间做出选择时,他选择了自己本来就有的生活。他发现无论身为何物,他都是善的。

苏格拉底告诉普罗塔尔库斯,实际上人人都同意搁置言语中的一与多这类俗常的奇迹(vulgar miracles),普罗塔尔库斯举出的包含对立谓项的例子就是其中之一,不过,人们在言语中也会把每件事物分解为不同的部分,各个部分之间虽然并不包含对立,但仍会逼迫人们说出不合逻辑的话:一既是多又是无限,而多仅仅是一。普罗塔尔库斯没有要求苏格拉底举例说明这类不合逻辑的话,但我们禁不住猜想,苏格拉底的具象分析很可能就是举例说明,在普罗塔尔库斯的天然统一与存在的单子之间有一条中间道路。我们不由联想到关于一与多的最显著的例子,这个例子与人性之善的问题直接相关,即人必然可以分为身体与灵魂,然而,尽管存在这样的区分,人同时仍然必须是统一体(《法义》644c4)。普罗塔尔库斯提到了他天生就是一,却没有提到他也注定是二,而他很可能正是从这个二当中产生的。苏格拉底针对这个问题开了一个处方，在他看来，要想解决灵与肉的问题，办法就是练习垂死和死亡(《斐多》67d4－10)。这个处方似乎让灵魂掌管身体与灵魂的分离，最终实现死亡，因此哲人的生活即归灵魂掌管。在这个意义上，具象分析等同于哲学的生活。在学习如何死亡的过程中度过一生，这同苏格拉底本人的行为相去不远。

只要不涉及混合的生活，在作为一的普罗塔尔库斯和作为一的人之间就不难找到中间区域，一当普罗塔尔库斯选择了混合的生活，这种生活的统一性就提出了无数有待分析的问题。如果这种混合是完全同质的，那么其中任何部分都与其他部分一模一样，不过，一旦把它放在理智的显微镜下，就会发现微粒般的理智悬浮在一团感情当中，它们只靠经验而凝聚在一起，而相对于分离的真相来说，经验的观点只能是虚假的。苏格拉底的具象分析显然是用来解决这个问题的，但是，尽管斐勒布的女神不受这个问题以及其他所有一与多的问题影响，她还是不得不受单子问题影响。无论她是阿芙洛狄忒还是快乐女神，她似乎都是不生不灭的一。苏格拉底已经提出这样的问题：我们是否必须像斐勒布一样认定她真是一？她如何被理解为内在于无限存在物之中的一？她会分解并变成多吗？或者——这看来好像没有可能——她会侧身进入一与多之列吗？苏格拉底提出的第二个问题令人费解：斐勒布的女神或任何其他假定的单子怎样能同时既是一又不生不灭？这个问题并不需要阐明，因为苏格拉底后来在《斐勒布》中解释了他此时的考虑。眼下，需要格外注意的是，普罗塔尔库斯情愿搁置这一系列问题，从而无限推迟了他对己方论题的辩护，也无限推迟了苏格拉底对善的说明，而苏格拉底此前已经承诺要充分阐述这个问题(19d6－e5)。也就是说，普罗塔尔库斯并不认为单子问题漫漶无解，所以才没有把它从人性之善的问题中区分出来，尽管解决单子问题殊为不易，但仍得能够让人在其规则下存活。《斐勒布》的结构反映出重要(the important)与紧要(the urgent)之间的区别，然而，普罗塔尔库斯并不了解这种区别。苏格拉底不得不极力推崇重要，认为它应该占据首要地位，并声称如果一个人不能对所有的一与多、相似与区别、同与异进行具象分析，那他就一无是处，普罗塔尔库斯这才醒悟过来，区分了全知之美与自我认识的再次起航(19b5－c3)。看起来，快乐主义如此接近于被视为源自某种整体性沉思的直接演绎，以致于只有本体论问题的无限性才能让普罗塔尔库斯清醒。理念把普罗塔尔库斯重新带回大地，在这一过程中，普罗塔尔库斯依托的前苏格拉底哲学背景得到了无比清晰的呈现[①]。

普罗塔尔库斯为所有人代言，强烈要求苏格拉底终结理念的论述，但他把斐勒布排除在外，认为最好不要打扰他，就像不要打扰睡着的恶人一样。然而，正是斐勒布首先把对话重新拉回当下的问题(18a1－2,18d3－5)。假如在我们前面提到的那些问题中，善占据了首要位置，那么斐勒布那顽固的教条主义是否就是挥之不去的恶呢？苏格拉底不费吹灰之力就挑动了普罗塔尔库斯的好奇心，若不是斐勒布突然叫停，这种好奇心可能会一发不可收拾。当普罗塔尔库斯对斐勒布说，他认为苏格拉底关于音乐技艺的论述实在漂亮，斐勒布开始清醒了。尽管普罗塔尔库斯不希望斐勒布限制自己的自由，但他不能不被他的热情感染，并恳求后者发表意见。普罗塔尔库斯要求斐勒布参与进来，重要从此刻起开始转向了紧要。通过与他人交流自己的快乐和理智，人性之善的转向得以成功实现。

---

① 当苏格拉底讲述他自己的再次起航时，他说他厌倦了或放弃了对存在之物的检验；他使用的“厌倦”一词语带双关地暗示出“无限”(《斐多》99d5－6)。

五、一与多(3):具象分析

(15d1－17a15)

通过反思我们关于言语(speech,logoi)的经验(experience,pathos),苏格拉底继续推进一与多的争论。苏格拉底把言语本身(hoi logoi autoi)与我们内在关于言语的"长生不老"的经验区分开来,他的语言让我们联想到人谈论神以及神圣体验的方式。苏格拉底在这里指的可能是爱若斯(Eros)或阿芙洛狄忒。"长生不老"(deathless and ageless)是史诗惯用的语言,荷马用它去形容为阿尔基诺斯守卫宫殿的金狗银狗,卡吕普索也曾向奥德修斯许下这样的诺言(《奥德赛》7.94,237;参《治邦者》273e3－4)。接着,苏格拉底先从理智和快乐的某种混合谈起,他说,每个年轻人只要品尝到这种混合的滋味,就会因快乐而发狂,或按其字面含义理解,即体验欢乐时有如"神灵附体"(enthousian)。快乐和理智的初次混合并不意味着一方对另一方的稀释,而是双方全力参与,因为年轻人不仅调用了全部的逻各斯(logos),同时也在狂热中变得不能自已。快乐和理智的混合物既完整又强大,但它并不是善。虽然普罗塔尔库斯警告说,在场的年轻人在数量上占据绝对优势,苏格拉底不该对所有这些人不屑一顾,但就连普罗塔尔库斯本人也承认,这一混合物过于激烈,应该让此类突变与波动远离逻各斯(logos),温和地开展。在本篇对话开始时,快乐和理智就已相互对立,行文至此,普罗塔尔库斯又提出要求,要把快乐和理智区分开来。他让苏格拉底从两者在经验中的先在结合谈起,再回到它们的对立。比起本篇对话的开端而言,我们现在反而更接近[真正的]开端了。

苏格拉底将年轻人的经验作为讨论的起点,如此一来,在以逻辑难题为开端,以无所不包的形而上学问题为结尾的首尾之间,他又穿插进心理学。通过惟妙惟肖地刻画年轻人的形象,苏格拉底说明了通常还需要用到哪些东西,才能以令人满意的方式解答他对这个问题的第二次阐述,即灵魂的哪种状态使人幸福。他给出了单子问题的一种变体,其中神圣体验似乎包含着更棘手的问题。神灵赋体意味着某位神灵同他本人完全分开,依附在我们身上。就那些年轻人来说,他们的热情富有感染力,影响着每一个人,但他们自己就是这股热情的第一批受害者——他们陷入了茫然(aporia)。要对付这些看起来最是棘手的难题,他们全无办法(aporoi)。他们缺少关于限度(peras)的经验(empeiria)。于是,在狂热的茫然中,他们颠来倒去,辗转往复,把所有事物统合成一,再把它们割裂拆散。他们既分解又合并。他们的行为与苏格拉底无异,而后者也同样时常陷入茫然。苏格拉底促使他们更加清醒地对待日常行为,但这并不等于传授给他们一种方法。要想在哲学的第一经验与作为一种知识的辩证法之间划出一条明确的分界线,那是不大可能办到的。苏格拉底仍然可以和年轻人对话。

苏格拉底钟爱他的方法。他并不是归家的旅人,怂恿别人出门旅行,自己反而留在家中。他说这种方法很容易阐明,但用起来非常难。它之所以明白易懂,显然是因为任何与现有技艺相关的事物都已经借助它变得一目了然,而并非因为它施展技艺使相关事物得到清晰展现,否则的话,它本身就成了一种技艺。普罗塔尔库斯和斐勒布两人并不十分清楚苏格拉底的方法,因为无论从技艺中援引多少先例,都不会比技艺本身更能说明问题。与技艺相比,这种方法存在两方面的缺陷:它不被善所引导,并且它不能提供原因说明(《高尔吉亚》465a2－5)。苏格拉底用一个故事代替了原因说明,故事内容涉及这种方法的起源以及传说中的第一原理,但更多则与其古老的运行程序有关。由于苏格拉底的同代人无视这些程序,未能保持适宜的速度,结果便不能把握中间的区域。苏格拉底在谈论辩证法时,仿佛它是远古神授的法则,如今只剩他一个人恪守。苏格拉底从未将谈话或对话(dialegesthai)与其精巧形式即辩证法(dialektikē)区分开来,他似乎暗示这一法则不过是人类的言语,其中既有区隔又有沟通,他将其名为学习与教育(16e4),这个法则引导他前进(《克拉底鲁》388b10－11)。苏格拉底对该方法所做的说明让我们回想起前文中那些关于一与多的不当言辞,它们曾给苏格拉底和普罗塔尔库斯带来烦恼。不过,苏格拉底在这里强调的是计数而不是言说,尽管此处的计数并不完全等同于算术[①]。程序确定数字,数字却不能控制程序。我们并不清楚程序到底是什么。埃里亚的客人用他称为“平均值的标准”(the measure of the mean)去控制数字,他暗示,倘若缺少这种标准,算术就必然会变成无法计数的多(《治邦者》283b11－284b2)。节制与勇气是两种美德,但节制不会归入“较慢”一类,同样,果敢也不会归入“较快”一类,因为那样一来,美德的单一性就不再是节制与果敢这个对子,而是表现为各种各样的量值(速度、密度、方位等等)的连续统一体,其中每个点上都可以随意停顿,从而实现相应的对照。于是,在苏格拉底的同代人看来,美德或许与普罗塔尔库斯的快乐具有同样的特点:它本质上要么是一个单子,要么对我们而言是一个经验变量。也就是说,苏格拉底的方法之所以容易说明却难以应用,原因很可能并不是相对值的数字与标准,而是朴

---

① 比较伽达默尔(H.-G. Gadamer),《柏拉图的辩证伦理》(*Platos Dialektische Ethik*,Leipzig,1931),97－98。

素的平均值的标准。

苏格拉底的方法是诸神赐给人类的礼物，它和灿烂的火种一起神秘地降临人间，古人以传说(phēmē)的方式将其传诸后世：任何据称存在的事物都来自现有的一与多，其中又包含着同源的有限和无限。这些措辞暗示出，古老的故事不但区分了据称存在的事物和存在的事物，而且区分了构成我们所谈之物的一与多，以及天然存在于我们所谈之物中的有限与无限。正如每一个多都不是无限，每一个有限也都不是一。这个传说要求人们把一与有限、多与无限区分开。苏格拉底的同时代人没能做到这一点，他们错把构成当作了天生固有。这两者截然不同，而如何阐明这种不同，则是苏格拉底在介绍程序规则时肩负的一项重任。我们首先要假定一种单一的相(idea)，然后再去寻找这个相(23e3－6)。我们不要把逻辑上必然的开端当作真正的开端。在假定、寻找、找到的过程中，这个一不断变换着位置，因而它变成了一定的多，其中每一个我们都可以放诸无限。于是，无限就和一的多种形式紧密联系起来，而有限却没有同多发生联系。在这四个术语中，只有有限不曾列在苏格拉底的处方里，实际上，它直到后面很晚才再度出现(23c10)，苏格拉底试图揭示出它固有的本质，结果却失败了(25d2－7)。由此可以推测，正因为有限既包括平均值的标准，又包括算数的标准，它才会对一种独一无二的特征格外抗拒。苏格拉底的方法之所以不能成为一种技艺，就是因为有限从中作梗。

一几乎和有限一样神秘。它一开始是以两种形式出现的：假定的一和发现的一；如果假定一个二，而程序要求必须限定原始数字，那么结果会是四；同样，如果假定一个二，而程序容许其他可能性，那么结果会是三、二或一。一里面潜藏着某个问题，这通过两点内容显示出来。当苏格拉底引入真正的单子问题时，他并没有说要对假定的单子——一个人、一头牛、一种善——进行置换，以便假定之后，经过寻找会发现另一个单子。假如这两个单子总是或者哪怕仅在一种情况下完全相同,那就真的不可思议了(57b9 - c1)。一的另一个神秘之处,是一旦从一当中寻获数字之后,苏格拉底就不再论及它的状态了。在一的尽头发现数字不会否定开始时的一,我们并不了解多种形式的一:它是否有属于自己的结构?在一呈现为多种形式的过程中,那些最初把多和一紧密联系在一起的事物是否会安然无恙?除此之外,这里关于假定的一的认识起初是未加检验的,到最后也不会予以检验。无论如何,普罗塔尔库斯表示,如果我们想找到回家的路,就不能不顾一开始犯下的错误(62b5 - 9)。

在表述过程中,苏格拉底的话从古人转向诸神,古人比我们更高贵,更接近神,传说就是他们留给我们的遗产,苏格拉底的方法正是以传说为基础的,而诸神呢,苏格拉底总结说,诸神留传给我们互相教育与学习的方法(16c7,e3)。如果把诸神当作古人,并且认为古人首先把诸神传给我们,我们难免会认为,苏格拉底要求我们把诸神本身作为讨论的起点和寻求的对象。斐勒布无疑就是这样做的,他从阿芙洛狄忒开始,发现了大写的快乐。苏格拉底同样从正义神出发,发现了政治哲学,从爱若斯出发,发现了他的爱欲艺术(erotic art)(《会饮》197a3 - b3)。斐勒布的程序与苏格拉底的程序不同,这体现在一个重要方面:斐勒布没能超越快乐到达快乐的知识。虽然苏格拉底本人曾向普罗泰戈拉提到过这种知识(《普罗泰戈拉》356c5 - 357b6),《斐勒布》也进一步明确了它的轮廓,但是普罗塔尔库斯并不愿意超越斐勒布的快乐。无论如何,此处苏格拉底的建议似乎是,要么我们在诸神那里看到的只是各种技艺的名字(缪斯是音乐,狄奥尼索斯是悲剧和喜剧),要么诸神身上仍有悬而未决的问题。吞食子嗣的克洛诺斯(Kronos)那里存在时间(khronos)问题,这并不是一个新鲜的观点。

六、音符与字母

(17a6 - 20b3)

苏格拉底通过两个例子解释他所谓的方法。① 这两个例子都源于 phōnē [声音],一个有关人类的言语,另一个则有关音乐的音调。用同一个词指称两种不同类的声音,这种用法多少有些违规逾矩,苏格拉底这样做是想吸引听众关注广义的 phōnē [声音] 以及从中产生的一种专门的声学,它包括许多部分,字母学和音乐仅各占其一。在苏格拉底的表述中,言语的 phōnē [声音] 已经不同于音乐的 phōnē [声音]。文中没有提到两者合而为一的情况,比如歌唱,而按照阿里斯托克塞努斯(Aristoxenus)的观点,歌唱和言说的区别在于,歌唱时声音会出现各种停顿,而言说时声音是连续的(《和声原理》[*elementa harmonica*] 1.8 - 9)。因此,从一定意义上说,苏格拉底是从 phōnē [声音] 的一开始,这个一先于字母学和音乐的一。但字母学的一和音乐的一并不在同一个层面上:尽管口中发出的声音既是一也是无限,它先在于任何科学知识,但音乐中的声音只相对这种技艺本身而言是一(17c1)。需要注意的是,普罗塔尔库斯可能需要通过正规的教育才能了解哪些

① 参见高斯林(J. C. B. Gosling),《柏拉图〈斐勒布〉》(*Plato Philebus*, Oxford, 1975), 165 - 181。

声音不具有音乐特征，但他早在入学之前就已经知道哪些声音不属于希腊语或雅典方言。相应地，普罗塔尔库斯只有在学习了乐声的三种音调后，才能辨识出任何乐音在发声时的无限，而他还没有学过拼写、阅读，就已经能认识到他自己和其他任何人语音中的一和无限。苏格拉底讨论音乐时没有提到无限，而是强调高低音符的数量及音程的区间，他未曾指出，任何具体的声音都不能不是无限的，而音阶的数学结构却讲求精确的度量，两者之间存在差异(《理想国》530e7-531b4)。只有当苏格拉底将时间(节奏)和节拍纳入到对音乐的讨论后，他才提到身体动作的无限(17d4;56a3-7)。苏格拉底将字母学和音乐放在一起，这样做容易引发对立：一方面，在听说一种语言时获得的初始印象与发音的无限相关；另一方面，在最基本的音乐学习中一开始接触到的却是数的确定性。在言语中，我们从无限开始，进而延伸到数，而在音乐中，我们从数开始，进而延伸到无限(18a7-b3)。这种方向的差异带来的结果是乐声的一不是置换的一(a displaced one)，与我们起初的一不同；而一旦读写教育把我们已经知道的内容传授给我们后，言语的一就会发生置换。

苏格拉底用的一系列双关语让我们明白，enthousios［狂热］之徒之所以被有 emphrōn［智识］之辈取代，原因正在数字上面。Apeiron［无限］本身会导致经验的缺乏(apeiros)，而 arithmos［数］却能成就 enarithmos［有分量的人］、ellogimos［不容忽视的人］。做到心中有数，就会成为举足轻重的人物。苏格拉底狡猾地指出，数不但使人谦虚，还使人骄傲。这样一来，苏格拉底就削弱了他一开始引入的朴素毕达哥拉斯主义，对该主义而言，这些双关语是基本的真理，人的和谐是对音乐和声的简单置换。于是，苏格拉底将他支持的理智描述为具有数和尺度的特性，并赋予快乐不可测量、不可计数的特性。然而，理智和快乐这种特征上的对立似乎并不成立，因为存在着两种音乐：一种有助于抑制并消除无限，另一种却把快乐的无限拉回音乐本身，后者关注的是在音乐结构与灵魂的反应——音乐模仿并调动的快乐与痛苦——两者之间建立联系(《会饮》187c5－d4;《理想国》400b1)。尽管吕底亚调式和多利安调式(The Lydian and Doric modes)在数学上具有相同的次序，但二者在如何安排四弦琴的音程问题上却有很大区别，而音程的区别导致了音阶的区别。无论音乐的调式是像多利安调那样庄严肃穆，还是像吕底亚调那样催人泪下，我们体验它们的基础都建立在秩序井然的系统之上。因此，音乐的算法就以两种方式进入灵魂：一方面，它是可以使我们成为音乐家的知识，另一方面，它又可以表现并影响我们的情感，即从放纵、愚蠢到节制、理智，并持续发生变化的情感。关于音乐的完整知识同样也是关于快乐的知识，但是，即便它能够解释我们所体验、所知道的事物的原因，它相对于善而言仍然是中性的。

音乐如何把快乐和理智联系起来，并提出混合的生活的问题，这在苏格拉底的双关语中已经表现得相当明显了。普罗塔尔库斯立刻领会到这一点，转身征求斐勒布的同意。斐勒布并未完全沉迷于苏格拉底的话，他还没有忘记当下的问题。他的适时提醒让苏格拉底回想起平均值的标准，不过，尽管苏格拉底承认斐勒布的干预非常正确，但在回到原来的问题之前，他还是先举了另一个例子，以此来说明无限的算数化，这个例子就是字母表的发现。这里苏格拉底所关注的并不是人如何学会读写，而是字母学折射出的原始的洞察力。这种洞察力似乎和单子问题直接相关。字母表的发现者本人——假如他真是一个 theios anthrōpos [具有神性的人]——就是种类共享或混合的例子，其中既有有情人认为自己体验到的事物，又有与其等量的理智。不管怎么说，在字母表中，真正令人惊叹的重大发现是：某些本身无声的东西在口头表达的言语中是出声的。埃及的图特(Theuth)或其他某个人区分了一个类别，其中每个元素总是与该元素发音时的音节不同。如果一种语言有五个元音：a，e，i，o，u，那么，我们似乎通常会把这些元音组成五个单独的符号 ta，te，ti，to，tu，而不是在五个音节中甄别构成声音的过程中与元音不同的事物。在辩证法传说中的第一原理内，苏格拉底已经谈到这种区别，但我们那时并不明白苏格拉底提到的是单子；单子就像辅音一样，可以说它们同时既在声音之内，又在声音之外。这样一来，我们就会得到混合生活的第二种模式：快乐就像元音，它持续的时间和音调不受限制，理智就像辅音，它给生活这道元音之溪施加限制，理智在本质上是无情的。也就是说，神的心智是 t，苏格拉底的心智是 to，而斐勒布则只是欢乐(joy)的元音 iou。

按照苏格拉底的说法，图特是从 phōnē［声音］的无限开始的。图特不得不搁置他要考察的语言的统一性，同时搁置这种语言特有的词态与句法，而集中去关注它的声音。如果我们假定这种语言是希腊语，首先就要把元音归为一类。之所以这样做，要么是因为它们出现的时间最早，要么是因为它们本身既是元音又是声音，从而被赋予了 phōnē［声音］一词的形容词形式：ta phōneenta，意为“发声的”。在古希腊语中，甚至有四个元音除了其发音之外就没有其他名字(epsilon，upsilon，omicron，omega，《克拉底鲁》393d8)。把元音作为一个类别确定下来，显然比彻底区分所有元音来得重要。图特将 e 和 o 区分为长音和短音，将 alpha，iota 和 upsilon 的长短音合并。他也认识到某些元音的声音可以通过合并另外两个元音而实现，即便像 upsilon 和带有 iota 下标的 upsilon 相同的发音，双元音的标志也能提醒读者留意词形上的不同。因此，确立一系列不大完整、失去某些区分的元音仍是可行的，这些区分不仅仅是为了学习和书写上的简便而生造出来的。音乐系统或许就不会这样不加区别了。

其次，图特注意到，三者中第二种并不属于 phōnē［声音］，而是属于 phthoggos［杂音］。图特指出了 phthoggos［杂音］和

phōnē［声音］的区别，但这种区别在字母学之外鲜为人知。半元音集合的 phthoggos［杂音］是一个替换术语，它代替了 phōnē［声音］，使 phōnē［声音］成为任何元音的声音，并保留了该词本来的意义，即用来标示一种语言的统一及无限。Phōnē［声音］既是整体又是部分，尽管作为部分而言，它的发现位于整体的发现之后，但这一发现显示出，作为部分的 phōnē［声音］决定了其整体特征的辨识度。第三类单独被称为字母类（a species/eidos of letters），它们要么是 aphōna［不发音］，要么是辅音①。它们本身被认为是不发音的，只有和元音一起时才充当辅助发音的辅音。在第一轮中，图特只将声音划分为三类，并强调每一类中元素的数量是可以计数的；在第二轮中，他认识到半元音位于元音和辅音之间，并对其做出双重描述（它们既是 aphtogga 又是 aphōna，意为既无杂音又无声），然后，他开始在每个集合内部划分，不过我们注意到，这种区分并不精细。他没有说明声调重音（the pitch accent），而这个术语无疑会在某种形式上进一步消除不确定性，从而在言语和音乐之间建立联系，因为这个词组既指“重音”，又指“音调”（tonos）。图特并不热衷于在每一类内部做出更为精确的区分，这体现在他不加区分地用同样的名字“stoikheion”即“元素”称呼每个字母，似乎那些直接构成声音的音与那些不直接构成声音的音之间的区别已经不再重要。只要辅音和元音的差异在字母表中保存下来，原子论者就无论如何不会使用同一个词 stoikheion［元素］去指称所有的元素，也不会用原子的结构去对应词汇。图特注意到，我们从来不会把 grammata［字母］分开，单个地学习——任何辅音都不能独自构成意义。他指出，在某种程

---

① 值得注意的是，我们对辅音的命名乃是根据它在音节中的功能，而柏拉图则是根据其本来面目去称呼它，在后期希腊语中，辅音的另一个名字是 sumphonōn（参见 Simplicious《亚里士多德〈物理学〉评注》［*in pysicorum Aristotelis commentaria*］1227，28－30 Diels）。

度上，元素是唯一的粘合剂，它使所有字母结合为一，相应地，我们可以用一种专门的知识即 grammatikē［字母学］来统称它们。于是，借助字母的粘合剂，grammatikē［字母学］作为一种语言(phōnē)的新统一体开始发挥作用。然而，人在说话时声音难免会出现片刻的异常，同时每种方言里也经常会有声音的变体，字母表的同一性遮蔽了蕴含在这些情况中的真正的无限。字母学听任所有这一切进入无限，它本身不对其施加更多的限制①。事实上，正如苏格拉底在这里指出的，字母学并不会把元素重组为单词与言语(《智术师》252e9－253a12)。它是纯分析性的，不能直接应用于关于整体的知识，因为关于整体的知识必然会提出这样的问题：究竟是什么使一种快乐或理智的生活成为一个整体。就此而言，只有音乐才会同等重视元素和结构。然而，字母学的确拓宽了我们从音乐中获得的观念——具象分析是纯数学的。与其自身的差异相比，计数这些种类及其特有的元素并不是那么重要。任何评判声音的标准都无法检验辅音，它仿佛是一条线上的一个点——一个界点，而不是线的一部分。

至少在字母问题上，具象分析获得了两个重要结果，其一是宏观的，其二是微观的。第一个结果是 eidē［种属］比任何种属内部的元素都更自然。元音的集合并不由集合中的任意元音所决定。这个集合包括一系列含有元音的声音的统一体，每种语言都从中选择一定数量的元音。这些选择或囊括整个音域可能有的全部变

① 在《和声原理》［*Elementa Harmonica*］(达·里奥斯，da Rios)中，阿里斯托克塞努斯(Aristoxenus)关于音乐的一段论述值得参考。他谈到一个称作 likhanos［食指］的音符时说："我们不但要说每个属里有不止一个 likhanos［食指］，而且还要补充说它们在数量上是无限的"(1.26)。此外还有："因此很显然，尽管量值发生变化，属却保持原样，因为当量值尚未变为某个特定的点时，属就不会发生改变，而是保持原样；只要属不变，那么 dunameis［音效］很可能就会维持原样"(2.49)。比较 3.69："只有当音乐中的每一个元素都是有限的，我们才会为了技巧的缘故而将各个元素安置、排序，但如果它是无限的，我们就无能为力了。"

音，或略过一些变音，只在相当狭窄的音域范围内挑选极少的元音。一种语言可能会把一个音域分成两个或更多元音，另一种语言却可能不做区分，认为这个音域中只有一个元音。如果自然的种属和约定俗成的元素之间的区别可以在宇宙论中找到其对应物，那么自然的种属内就会存在一般的结构，使得每个种属中任何粒子的数目必然是任意的，哪怕任何一组特定的“元音”所包括的元音数目都是确定的。这样一来，如果选中的一组元音与另一类“辅音”组合在一起，那么或者在既定的领域内不会发生某些可能的组合——比如音节 bdi 不会出现在任何希腊语单词的开头，或者在任何既定的领域内所有可能的组合都会实现。倘若前一种假设有效，并且这一既定领域相比其构成成分所受限制更多，我们要么认为我们的元素本来如此——理性的元素与自然的元素不符——要么认为存在着某种宇宙论的常数，它拒绝接受某些组合。就这点而言，我们只能猜测苏格拉底的宇宙论的常数是善。

具象分析的第二种结果在于它抑制了无限。打个比方来看，假设普罗塔尔库斯分毫不差地遵照《斐勒布》为他设计的台词发言，那么普罗塔尔库斯就不再出现在书写的形式中，这便是 grammatikē［字母学］对无限的驱除。普罗塔尔库斯携带其本身特有的声波纹在柏拉图的书写中消失了，但他在说话时仍是一个自然的统一体，正是这种个性在言说过程中不断增殖。即便在作为言语模仿形式的书写中，普罗塔尔库斯的话不会被缩减，纸页上写下的普罗塔尔库斯的声音仍然已经丧失了其无限性，只有大声读出那些归在他名下的句子时，我们才会用自己的声音为其赋值①。如果将快乐比作个体声音的无限，那么也会有一种快乐的

---

① 几年前有这样一则澳大利亚啤酒电视广告，其魅力或说服力似乎仅仅在于用澳大利亚口音说出“Good day”。演员的台词本应是：“此时你会说‘Good day’”，但由于他是澳大利亚人，因此他不假思索地说成了“Gdday”。

文法，快乐的元素和语言的元素一样独特，但它们同样只有在规则之外才是快乐的：希腊语中的 iou 既可以代表高强音的痛苦，又可以代表抑扬音调的快乐。因此，相对苏格拉底和普罗塔尔库斯的讨论而言，斐勒布的沉默是一种长久不变的谴责——“你们之所以忽视我，是因为你们不能使我进入逻各斯，而你们之所以不能使我进入逻各斯，是因为我早已身在其中”——快乐永远不会指责使其为善的事物，也不会指责普罗塔尔库斯或其他任何人固守之物①。那么，既然无限似乎天然就是快乐的家园，而音乐或字母的知识都不能保持无限，苏格拉底便无异于在以具象分析处理快乐的道路上设置了一重障碍。他本人提名的竞争者［理智］由于具有一般的结构，故此与快乐的分歧更甚。这样一来，通过摆脱具象分析的控制，快乐似乎仍然能够同善关联，理智则分解为多种中性的技艺与知识，从而险些与善断绝关系（58b9－c4）。普罗塔尔库斯随后一概否定了这两种可能性，从而避免了苏格拉底的辩证法可能带来的危机。

一旦声音被分成两种，并进而表现为两种知识——音乐和字母学——我们就必然会对它们的重新组合发生兴趣。诗人为乐曲填词时会怎样呢？竖琴手一边弹琴一边唱歌，无论是用琴声配合歌词还是用歌词配合琴声，他都需要同时解读一种节奏的知识和一种文字的知识。两种声音相互补充，甚至相互丰富，通过主要音符和

---

① 比较普鲁斯特（Proust）《追忆似水年华：女逃亡者》（*À la recherche du temps perdu：La fugitive*，Bibliothèque de la Pléiade，Paris，1954），3：573－74：“我两次弄错姓氏，一次是把‘德·奥什维尔’误记成了‘德·埃博什维尔’，一次是把‘福什维尔’错弄成了‘埃博什维尔’，这双重谬误本身并没有什么了不起。我们错就错在向别人介绍事物是按照它们的本来面目，介绍姓名是按它们原来的写法，介绍某人则按相片和心理学所给的一成不变的概念，而实际上我们感知到的通常远非如此。我们七颠八倒地看世界、听世界、设想世界……这种永存的谬误恰恰就是‘生活’，其千变万化的形式不仅表现在听觉世界和视觉世界，还表现在社交世界、情感世界、历史世界等等。”

文字消除双重泛音。歌唱艺术从属于一种新的知识——kitharōdia［弦歌］，在音乐与言语分离的情况下，这种知识似乎比我们能够想到的任何事物都更加接近快乐和理智的混合体。当普罗塔尔库斯断言音乐是使我们的生活成其为生活的必要前提(62c1－4)，他心中念及的就是歌唱艺术吗？在歌唱艺术中，快乐的言语被分割成韵律的形状，快乐由此成为理智的一部分，而理智同样也将音乐的声音所产生的秩序赋予快乐。但在歌唱艺术中，不同的属性相互配合并交换，这并不能让我们更加轻松地确定究竟是什么使快乐和理智的混合体成其为善。以拥有这一结构为目的生活是背离生活吗？“他们在演唱我们的歌”，这句话似乎暗示出，歌唱不但能以带有个性色彩的方式加以体验，而且还能作为生活的形式体验，因此人选择的并不是他过的生活，而是这种生活的幻影。

关于苏格拉底所举的音乐和字母两个例子，斐勒布更能理解后者，但他仍然和之前一样弄不清楚列举这些例子的意图。他并不知道，苏格拉底将要从快乐和理智的多种形式中分别抽取出一个元素，然后借由具象分析探究双方余下的快乐和理智的混合体。苏格拉底的确试图从人性之善中提取出自省的快乐之外的元素，以及快乐的理智之外的元素。套用字母表的例子，我们可以说快乐和理智都是辅音，两者放在一起不能发音，但是考虑到人的位置处在神与兽之间，也许更准确的说法是，无理智的快乐是一种声音，但这种声音任何人既发不出、也听不到；无快乐的理智为人的言语铺平了道路，但它并不与任何口头表达一致①。于是，苏格拉

① 比较绍勒姆(G. G. Scholem)，《论卡巴拉及其象征意义》［*On the Kabbalah and its Symbolism*］(New York，1965)，30："(孟德尔拉比［Rabbi Mendel］认为，)在希伯来文十诫第一诫的开头，以色列人首先听到的是 aleph，即 anokhi(I，我)一词的首字母 aleph……在希伯来语中，对于以元音开头的词汇而言，辅音 aleph 代表的只是喉部发音的位置。因此可以说，aleph 能指示所有清晰发音的源头……aleph 的声音近乎于无，它是对所有可以听见的声音的准备，但是它本身并不传达任何确定的、具体的意义。"

底用善来划分人类理智与快乐的范围,可他这样做时并没有直接把它和具象分析联系在一起。相反,他表示,既然想到了第三种生活的善,那么现在他就可以搁置具象分析所招致的问题。然而,如果我们不听从他的指挥,继续考察具象分析,我们立刻会发现,苏格拉底借助混合体回到了生活的一与无限,如若换成图特,后者必然会在混合体中发现元素。斐勒布不能理解苏格拉底那辩证式的分析方法目的何在,普罗塔尔库斯则清楚地发现,自己需要处理的任务无比重大,因为苏格拉底和斐勒布起初都没有注意到,首先必然要考虑生活的一与多,以致他们都没有意识到,快乐和理智的一与多其实是一种错误的假设。于是,无论苏格拉底理智的一,还是斐勒布快乐的一,它们都不能在一个关乎类与元素的系统中得到清晰表达。在这个意义上,当苏格拉底试图使单一的快乐增殖时,普罗塔尔库斯的拒绝是正确的。正如他曾经阐明的,他的快乐是一,但它不是为了人而存在,并且它也不是善。这里普罗塔尔库斯第一次试图解决单子问题,不过他未能说明单子的实质。

苏格拉底显然跑题了,在这个过程中,他清除了快乐和理智的一,却没有否认快乐和理智的系列在混合中仍然是二,以及二者分别接受具象分析。这两个系列是如何区分的,它们在哪里汇合,它们中的某个元素或一些元素是否为善,这些都是有待解决的问题。它们比普罗塔尔库斯注意到的问题更复杂,因为普罗塔尔库斯还没看到多种多样的快乐和理智已经彼此混合在一起。他此时仍然相信快乐和理智的多是有待解决的议题(19b3),然而苏格拉底通过具象分析说明,正是这一问题的解决才引出真正的议题,确定了真正的起点。普罗塔尔库斯此时发觉自己处境尴尬。他承认,既然自己已经代替了斐勒布,现在反而向后者求援,这未免有些荒唐——我们不妨回想他之前对待后者的态度曾是多么尖刻,不过,他安慰自己说,更荒唐的是他们两人都不能回答苏格拉底的问题:理智和快乐如何各自既是一又是多。普罗塔尔库斯自觉尴尬,而苏格拉底充分利用了这一点。他说,如果一个人不能同样处理具体的问题,那他就毫无价值。普罗塔尔库斯只担心自己是否显得可笑,苏格拉底却将所有人一概贬抑,这两种反应并不影响他们对善的生活的选择。否则的话,普罗塔尔库斯就会立即放弃他对"有趣的生活"(the fun life)的辩护,不惜一切代价避免成为笑料(65e10);苏格拉底就会被迫声明,只有他自己一人是有价值的(吊诡的是:他承认在使用辩证法时常常会感到无助),或者否定人类获得幸福的可能性。如果普罗塔尔库斯和苏格拉底都不能从批评作为部分或整体的人类当中得出任何结论,具象分析的问题就会以一种古怪的角度向生活发出质询。人的无知不会解决善的生活的问题,它只能告诉我们生活是一出喜剧,以及生活没有价值。倘若人的价值并不等同于其生活中的善,那么我们不禁猜测,苏格拉底是否已经预料到他将会让普罗塔尔库斯选择一种生活。普罗塔尔库斯不愿接受任何一种未曾混合的生活,这势必导致否定此处所用的标准:在具象分析中,诸神的全知并不影响我们对生活的判断。至于至善的生活在拥有价值的同时是否依然有趣,则已经是另一个问题了。

普罗塔尔库斯迅速捕捉到,全知之美与苏格拉底此前承诺过的认识人性之善的第二次起航之间存在区别。他区分了美和善。美是否在场并不会影响人类的所有物是否为善。尽管从某种意义上说,美是公众所尊重的特性,但无论快乐主义者还是哲人都不会把善看作美。他们所做的一切虽无可厚非,但他们的生活从根本上说并不引人注目,他们所珍视的事物并没有构成一种重要的公共观点。于是,普罗塔尔库斯此时再次面对苏格拉底口出威胁,就有点出人意料了,他提醒苏格拉底说,自己这方面人数众多,而且他们曾发话说,如果苏格拉底不能使这场争论达到令人满意的限度,就不放他回家。制造 aporia [麻烦] 并非普罗塔尔库斯所愿,相反,他想要的是一个 peras [限度]。人性之善确定了这篇对话的限度，同时，［普罗塔尔库斯］半是严肃半是玩笑的口吻意欲强化这一限度。面对苏格拉底关于快乐和理智的种类的问题，普罗塔尔库斯曾感到无助，苏格拉底把问题推及一切事物又进一步放大了这种无助感。不过，当普罗塔尔库斯恢复平静，并且忆及苏格拉底提到过有待解决的限定性问题，他的无助感遂得以缓解。他用苏格拉底的承诺去束缚后者，感觉自己更有底气了。为了摆脱无能为力的状态，他用了一种孩子气的评判方式。他戏谑地抢占苏格拉底的上风，从中我们还是能够瞥见另一种既非快乐又非理智的生活。自从普罗塔尔库斯自愿替代斐勒布以来，他就不得不为这种生活代言。

普罗塔尔库斯不愿相信：目前的问题将以绝对的困境而 telos［告终］。他同样不愿相信，生活的 telos［完满］也存在于困境当中。他眼中的生活不是具象分析的生活。他再次吁请苏格拉底信守承诺，但他补充了一个条件——"如果你愿意"，这个条件减轻了苏格拉底的担忧。苏格拉底自称普罗塔尔库斯的威胁吓坏了"我这个可怜人"(ton eme)，这种夸张的修辞反衬出他承认自己需要普罗塔尔库斯不经意间提供的自由。苏格拉底之所以自感无能为力，不外乎两个原因：一是他不能完成对任何事物的具象分析，二是他在普罗塔尔库斯及其同伙面前感到胆怯。无知是人的上限，外界的胁迫则是人的下限。普罗塔尔库斯坚持要求苏格拉底履行承诺，但他使用的客套话——"如果你愿意"——足以令苏格拉底摆脱这种难堪的境地。不过，普罗塔尔库斯这样说只是为了避免苏格拉底觉得自己以势压人，这实际上同官员用"请"字开头发出指令一样。这种玩笑般的、半真半假的胁迫超越了正常的界限，正如苏格拉底此前对人类的贬抑同样超越了正常的界限，而无论是普罗塔尔库斯还是苏格拉底，他们都从这类逾越常规的行为中获得了安慰，缓解了恐惧。苏格拉底回忆起来，他曾在梦中或醒时听说另有一种可以称为善的事物，而且它比理智或快乐两者更好。

只要能够证明这第三种事物是善，我们就不必再纠结于我们的无知。如此一来，问题也会最终得到解决，虽然我们仍不清楚什么是善，更不用说此外的种种。于是，接下来的内容以辩证的形式、同时也是问答的形式展开。在这场讨论中，具象分析的问题把讨论引入了僵局，但这个僵局通过人性之善轻而易举地打破了。具象分析的问题让苏格拉底认识到，由于过快地确立了理智和快乐这两个一，结果两者人性的成分都被剥离了；同时，如果说此前的苏格拉底曾因他自己的无知和普罗塔尔库斯孩子气的霸道而自甘渺小，那么现在的苏格拉底已经恢复到正常状态。随之而来的结果是，苏格拉底意识到，他知道某种东西与困境绝缘，于是他感受到了作为善的快乐，尽管只是通过反证得出的。他体验到了人性之善为何物（至少最开始如此）——不受诸神及其他人约束的自由——接下来，他就要让普罗塔尔库斯做出同样的选择了。

七、善

(20b4-23b6)

苏格拉底列出了三条衡量善的标准:完美或圆满、自足以及值得选择。善是永不缺乏,任何事物都于善无补,甚而它们都一心追慕并寻求善。前两条标准把完整性和范围放在一起。一个完美的片刻可能并不充分。苏格拉底哲学一般认为人人都渴望善,但第三条标准包含的内容已经远远超出了这种常见的观点,因为此处苏格拉底考虑的并不是追求表面上的善。这里的善必须得到充分的认识,从而伴随善的完成而产生的一切事物也值得关切。这种对善的限制似乎指明了普罗塔尔库斯必须面对的理智实验。在追求最大的快乐时,他不得不放弃所有与心智相关的事物;相应地,如果他带着惯常的知觉继续这种追求,就不能如愿以偿地获得无理智的快乐。他不得不从一开始就放弃一切与目的无关之物。同样,他不能将不带感情的理智作为目标,也不能在逐渐远离快乐时仍能自得其乐。假如没有这种限制,快乐主义者就会把表面上的善偷偷掺进真正的善,而知者(knower)则会在接近死亡以至垂死的片刻微笑,进而大笑。

完美无缺的善必定是真正的(ontōs)善。只有当善被认为是真正的善时,它才是真正的善,这里一个不可缺少的前提是人必然立意追求善,这似乎是很清楚的。然而,苏格拉底却逐一列举出,倘若普罗塔尔库斯假定快乐即善，他将会错过哪些东西，苏格拉底区分了两种情况，其中一种是他［普罗塔尔库斯］不知道自己是否正在享受快乐，另一种则是他即使在快乐时也无法判断自己是否正在享受快乐，因为他没有真正的意见。进行这种区分看起来是不可能的，除非我们可以说：一个人并不知道他自己拥有真正的善，但他正确地相信自己的确拥有这种善，假如这不会给他带来任何改变，那么就他的幸福而言，必须承认对真正的善做出的错误判断不会带来任何改变，因为无论判断正确与否，下判断者甚至无法判断双方在善的问题上是否存在分歧。这样看来，关于善的知识和拥有善总是共时地发生。这一知识必然会强有力地证明，它就是真正的善。除此之外，不会再有任何证据证明它是不完满的、不充分的。但是，普罗塔尔库斯并不明白苏格拉底让他选择享受最大的快乐的用意：普罗塔尔库斯可能误以为自己曾享受过最大的快乐，这是很糟糕的。快乐不可能是一个人在睡梦中拥有的善。当苏格拉底宣称快乐主义者普罗塔尔库斯不得拥有理智时，他既没有说后者不得拥有关于未来快乐的错误估计，也没有说后者不得拥有关于往日快乐的错误记忆。苏格拉底让普罗塔尔库斯在不可更改的错误中越陷越深。尽管普罗塔尔库斯后来极力否认快乐有真假之别，但原则上他接受想象的快乐不能成为善。贺拉斯曾讲过阿尔戈斯人（Argive）的故事，这个人坐在空荡荡的剧院里，自以为听到了悲剧演员动人的声音，快活地大鼓其掌。在生活中，他道德高尚，是一个好邻居、好主人，并且善待妻子，总是能够宽容弄坏东西的仆人。但是，当亲戚们纠正他的毛病、让他恢复正常后，他却愤怒地大喊："你们害苦了我，朋友们；你们若是想救一个人，就不该从他身上摒除快乐，也不该用暴力驱除那最令他愉快的精神错乱"（《诗札》［*Epistle*］2.2.128－40）。贺拉斯也许是在暗示，正像这个阿尔戈斯人陶醉于虚幻的声音一样，道德也植根于虚幻，因此阿尔戈斯人的幻觉并不影响他履行自己的职责，但他知道一旦治愈后，过去的错乱一去不复返，他就只能为生活中那些无法失而复得之物深深惋惜。快乐和理智的对立是最为严苛的，它涤荡了两者之间的兽性或神性，同样也驱逐了贺拉斯笔下阿尔戈斯人所代表的可能性。“它会让你不能自已”是一种诱惑，它既教人放任，又不许人放任，它和“我宁愿死”一样吊诡。

苏格拉底的理智实验让普罗塔尔库斯无言以对。他哑口无言，刹那间体验到他曾经期冀的永恒状态。他发现自己不喜欢这种状态。理智使快乐丧失了魅力，然而令人惊讶的是，将理智逐出赛场的并非快乐中的善，而是痛苦中的善。苏格拉底描绘弃绝感情的心智生活时，第一次提到痛苦(21e1)；而倘若普罗塔尔库斯不知道什么是快乐，他就不会渴望快乐；同样，如果他不能忍受痛苦，他也就不会渴望心智。以心智冲淡快乐并不会带来任何痛苦，以快乐冲淡理智却会带来痛苦。如果切实可行(the feasible)是善的标准，那么普罗塔尔库斯对痛苦的接受就更容易理解，但我们不能同时既是水母，又是牡蛎，既用后者的介壳保护我们免遭任何不快，又以前者的敏感［去感受］每一刻短暂的快乐，同样我们也不可能成为对万事万物了若指掌的神灵。更进一步，倘若普罗塔尔库斯把他渴望的最大快乐与爱欲(参见 65e9 - 66a3)联系起来，那么快乐与痛苦在爱欲中并存［的状态］足以表明他不该鲁莽地舍弃理智；但普罗塔尔库斯似乎是个过于正经的人，爱欲经验对他而言可能不是那么重要。于是，我们不禁怀疑，照普罗塔尔库斯看，理智和痛苦是否应该一起归入某种悲剧性。在索福克勒斯的《俄狄浦斯在科洛诺斯》(*Oedipus at Colonus*)中，合唱队唱道：最好是不要降生于世，退而求其次则是在年纪轻轻、无知无识时夭亡，因为活得愈久愈有可能沾染恶习，从而疏远于善(1224 - 38)。普罗塔尔库斯真能坚定地支持快乐，从而逃脱理智的悲剧吗？他坦承，苏格拉底的理智实验令他不知所措了。

苏格拉底的第三种生活不是快乐与理智的简单混合，按照他第一次明确提到它时所说的，它是快乐的生活与理智的生活的混合体。它既是二者之和，又是二者中的任何一方（sun-amphoteros）。[①] 苏格拉底并没有明确指出，这两种生活（双方互不牵制）究竟是混合的，还是各自妥协，也没有指出，导向无意识的快乐以及要求灵魂弃绝身体的理智都被排除在外。倘若［二者中］任何一方需要通过妥协来为另一方腾出空间，快乐这方就占了上风；因为混合物一旦生成，那么尽管一个人可能会清楚了解自己的快乐，但他是否真正知道以及是否进行了正确的计算，就不是那么一目了然了。在这个混合物中，苏格拉底从普罗塔尔库斯那盲目的快乐中拿走的东西仍然缺席。于是，普罗塔尔库斯将面临一种诱惑，诱使他放弃快乐而去选择一个混合物，在这个混合物中，一切令快乐显得魅力十足的东西都不见了。这种两相结合的生活所提供的只能是不断试错。从另一方面来说，倘若任何东西都不会消失不见，那么快乐和理智的单子不但没有把人从兽与神之间区分开来，而且还把兽与神融合在一起，使人消失不见了。诗人信奉的神灵们可能就代表这样一种混合。相应地，万一这种情况真的发生，普罗塔尔库斯的选择依旧不会被可行性问题制约。苏格拉底规定，完全而充分的（complete and adequate）生活只属于配得上这种生活的存在，此时他的确再次引入了可行性问题，而他的规定似乎又通过选择把我们既有的生活交还给了我们。然而，普罗塔尔库斯心中所想的可能仍然是我们无法获得的生活（参 61d1－3）。那么，这样一种生活可以称之为善吗？我们不得不考虑苏格拉底的

---

① 混合物是否是一种与其组成部分不同的种类——这个问题与古代音乐理论相似；波菲利（Porphyry）评注托勒密（Ptolemy）的《和音》［*Harmonica* 35，32－36，33，ed. Düring］时引用阿里安（Aelian）的话说："就仿佛有人用大量蜂蜜和大量的酒调制蜂蜜酒，当把等量的蜂蜜与酒均匀混合时，一种混合物，即第三种东西就出现了，它既不是酒也不是蜜。因此当一个高音与一个低音同时弹响，它们听起来是一种混合音，每一种声音都不再表现它自身，我们听到的既非高音又非低音，而是第三种声音在回响，它就叫做谐和音。"

原则,尤其是《理想国》中的相关论述:任何不可能之物都绝不是善。这条原则是宇宙论的常数,它实际上否定了具象分析提出的超乎现实之外的元素结合。在普罗塔尔库斯那里,这条原则表现为他接受痛苦为善的生活之构成部分。

弄清下面这一点似乎非常重要:在这一混合的生活中,普罗塔尔库斯青睐之物与苏格拉底青睐之物的区别是什么;至于我们每个人又分别从中拣选了什么,那就更值得一探究竟。斐勒布同样不得不将他的阿芙洛狄忒限定在这种混合生活的范围内。混合的生活能满足每个人,同时又不强迫任何人。它既可以是极其理性的,又可以是极其快乐的,而不会遇到任何障碍。回到字母的例子,我们每个人都可以任意选择一种语言,无论这种语言的发音多么独特,只要其元音及辅音不超过人类发音的能力范围就行。接下来,我们是否可以依此类推:如果一个人选择了吸气音和刺耳的摩擦音,那么他就不能选择其他元素;至于任何字母都会带来一种独一无二的结构,这个结构以后将会给它带来束缚,则已经是另外一个问题。但看起来有一点是十分清楚的:我们的选择不能是国际音标表,从而为自己收集每一种混合的生活。实际上,苏格拉底的下一个问题——究竟是心智还是快乐使得两者的混合物为善——指出了这种可能,即混合的生活只是一种生活,而不是它看起来包含的不可胜数的各种各样生活;正如苏格拉底所说,只是出于无知或某种不幸的必然,一个人才会在不了解混合的生活或不知道自己正在过这种生活的情况下有意地选择混合的生活。

通过对混合生活的讨论,快乐受到重创,理智却仅负了点儿轻伤。讨论还没有开始,苏格拉底就下结论说,如果第三种生活获胜,快乐就输掉了比赛,却只字未提理智也同样应当宣告失败。不仅如此,他还通过一些细节逐步建构起盲目的快乐生活,以便让普罗塔尔库斯明白他究竟拒绝了什么,但与此同时,苏格拉底并没有刻画出弃绝感情的心智生活是什么样子。这种不公平的处理方式显然惹恼了斐勒布,于是,当苏格拉底提到一定不能把斐勒布的女神等同于善,尚未言及心智,斐勒布就打断他说:“你的心智也不能等同于善,苏格拉底,它面临着同样的责难”(22c3-4)。苏格拉底争辩说:“是的,斐勒布,我的可能也不是善。但是,我认为纯粹、神圣的心智反对这种责难,它的情形有所不同。”当斐勒布说“你的心智”时,他指的是苏格拉底所代言的心智,苏格拉底却按字面意义理解这个词,否认胜过快乐的第三种生活也将胜过真正的东西,即神圣的心智。苏格拉底似乎在提倡一种姿态,而这种姿态连他自己都不会选择,他暗示:选择弃绝感情的心智符合善的标准,不管这种生活属于动物还是植物。然而,除非存在没有感情的追求和欲望,否则诸神将不可能选择并了解他们自身生活之外的任何其他生活(参见达马斯基乌斯[Damascius]《斐勒布讲稿》[*Lectures on the Philebus*] 86)。无论如何,苏格拉底不允许在他自己的心智和诸神的心智之间设置任何阻隔。他看似不介意第三种生活把他的心智打败,但这种失败并不会波及其他所有人的心智。苏格拉底口中的“我的心智”让我们想起他说过的“我这个可怜人”,还有普罗塔尔库斯曾论及的自我的天然统一。它给心智打上了个人的烙印,就像每个人都会自动给自己的快乐打上个人的烙印。倘若心智仅仅是个人的,那么,kata noun 必然从理智滑向了快乐,这样一来,当普罗塔尔库斯选择了混合的生活,苏格拉底将怎样选择呢?苏格拉底会 kata noun[根据理智]选择成为他自己吗?“一旦认识了自己,成为你所是的你”,品达如是说(《皮托凯歌》[*Pythian*] 2.72)。

苏格拉底再一次引入了诸神的问题。他所说的“斐勒布的女神”指的应该是“斐勒布为之代言的女神”,但是,倘若“我的心智”具有苏格拉底所赋予的重要性,那么,斐勒布的女神要么是斐勒布私自供奉的神灵,要么是他自己的快乐。进一步而言,为了与“斐勒布的女神”匹配,苏格拉底的心智也可以说成是“苏格拉底的神”,如此一来,他[苏格拉底]所推崇的神就将是他自己的 daimonion［神］，一尊极其私人化的神。他的 daimonion［神］拥有不容置疑的理性，因为无论遇到什么麻烦，苏格拉底似乎总能秉持理性。奇怪的是，这和普罗塔尔库斯对混合生活的选择相似——这个选择不过使普罗塔尔库斯睁大了眼睛，看清他当下所处的状况。那么，也许任何人都不曾选择一种生活，因为一个人不能单凭理智决定他会怎样体验他选择拥有的那些体验。普罗米修斯选择承受痛苦，但他并不清楚痛苦会对他产生何种影响。尽管他表现得顽强不屈，最终他仍然同宙斯达成了和解。苏格拉底可以选择哲学的生活，却不能选择苏格拉底的哲学生活，因为后一种生活是在他沿着这个方向前进并成为善的过程中逐渐成形的。

苏格拉底谈到心智也会败下阵来，原因是苏格拉底的心智——无论是在斐勒布的意义上还是他自己的意义上——存在于混合的生活当中，因此，当混合的生活获胜时，心智并不会输掉比赛，只有当它不是混合物中善的原因或者不与这一原因相近时，它才会输。与此相反，斐勒布的女神却被打败了——她是超越人性的——但苏格拉底的心智并不永远正确，这个心智是苏格拉底在一开始所提倡的心智的翻版，它带有缺陷，而原初那个版本则和斐勒布说的女神一样，不能属于混合的生活。那么，苏格拉底现在提出的、导致了混合生活的心智是哪种心智呢？当苏格拉底第一次提到原因时，无论“原因”一词具有什么样的含义，心智或快乐都可以是混合生活的原因（22d1－4），但当他再次表述这个问题时，他却坚称使混合的生活为善的原因更接近心智，更远离快乐，倘若现在大家对他的心智还有一星半点的信任，那么快乐甚至连第三都排不上（22d4－e3）。于是，“原因”应该指的是“善的原因”。心智的一部分出现在混合物中，并使它成为善，但是如果心智本身既不是善，也不是一个原因，那么这部分［使混合的生活为善的］内容就不可能是心智。要么在混合物之外另有一种心智导致了混合物的出现，我们并不通过自己的心智来调节我们的生活，使其为善，要么心智导致心智和快乐的混合中出现了某种善，而这种善是心智在参与混合前不曾具有的。通过与其他事物结合，心智变成了有瑕疵的心智，并令人惊讶地成了善。因此，关于心智至少存在三种可能性：(1)认为心智会在辩论中拔得头筹的论点还在起作用；(2)另一种心智导致了混合物的善，这种心智不同于混合物中的心智。(3)心智和混合物中的非心智发生作用，成为一种原因并导向善。如果第三种可能性得到确认，那么，倘若坚决支持心智的人考察它所导向的善，他们就会认定纯粹的心智更为优越，但同时他们因某些他们不知道的条件焦躁，没有这些条件，心智不能成为善。

当苏格拉底提议角逐第二名的桂冠时，普罗塔尔库斯的答复是高度意象化的。他说，快乐跌倒在地，四脚朝天，仿佛眼下的论证让她大吃一惊。她在比赛中大败而归，心智则凭借其判断力放弃了竞赛(否则他同样会一败涂地)。万一快乐连第二名都评不上，那么她将在她的爱人们眼中颜面扫地，她的美丽也会在他们面前消失殆尽。这番阐释虽然略微夸大了普罗塔尔库斯的话的力量，却不尽失实。苏格拉底接过普罗塔尔库斯的话题，又向前推进一步。他问：是不是最好把她打发走，以免她因遭受最严酷的折磨而受苦。普罗塔尔库斯回答："你乱讲，苏格拉底"，易言之，"你这话等于没说"。苏格拉底追问，是否因为他刚才说过让快乐痛苦，而这是不可能的。普罗塔尔库斯总结苏格拉底的论点，把快乐说成是一个愚蠢的美人，而心智则拥有判断力，快乐输掉了比赛，假如她被震坏的不只是脑子，那么她将会魅力尽失。苏格拉底狡猾地影射狄俄墨得斯(Diomedes)打伤阿芙洛狄忒的故事："她尖叫一声"以及"带着钻心的疼痛"(《伊利亚特》5. 343,352)，但普罗塔尔库斯仍旧和他划清了界限。普罗塔尔库斯在富有深意的言语上施加了界线，这个界线的另一面是诗人敬奉的神灵们。普罗塔尔库斯接受明喻，不接受暗喻。他暗示，他所说的一切都可以被重新改述，他语言中的全部活力会渐渐枯竭，但却不受损失，然而这并不能解决“让快乐痛苦”的难题。不过，这句话的意思很容易解释，如果说混合物中的快乐在很大程度上和痛苦并存（参见31c2－3），而且除非痛苦与快乐并列第二，否则快乐不能占据第二名的位置，如同苏格拉底将他的心智在混合物中打散，使其不再是一个整体，而是有缺陷的心智。无论如何，普罗塔尔库斯详细阐述的意象强调，《斐勒布》的语言在很大程度上混合了诗歌与散文，它似乎在邀请读者像普罗塔尔库斯那样去审查这种语言的夸张性，并将其带回某种理性的秩序之下。也许我们不禁要说，《斐勒布》本身就具有内在的无限，而不是仅仅在开头与结尾两端体现无限，作为辩证法的爱好者，我们［从这篇对话中］得到了一条无限的溪流，发现了它的种和元素。眼下的例子中，普罗塔尔库斯的语言让我们注意到某些通常容易忽视的事物。热爱快乐的人一致认为快乐不仅仅是一种善，而且是某种杰出、伟大的事物，普罗塔尔库斯并不是这些人中的一员。阿芙洛狄忒或许是美的，但一份快乐怎么会是美呢？（参见《希琵阿斯前篇》299a8）普罗塔尔库斯一定已经觉察到，假如快乐只能排到第四或第五名，那么混合物中就一定不会只有痛苦和快乐。于是，善的三重标准并不足以规定善，倘若在混合的生活中对心智和快乐的简单排名业已失效，那么，善也一定具有复杂的结构，如同心智或快乐一样。后文，苏格拉底将承认美部分来自于善（64e5－6）。当普罗塔尔库斯提到热爱快乐的人时，美第一次在文中出现。

普罗塔尔库斯认为苏格拉底乱讲的原因有二：苏格拉底不可能让快乐痛苦，而且他不能不把讨论进行到底。普罗塔尔库斯不会放苏格拉底走，理智也不会允许苏格拉底让快乐受苦。于是，这段话中的“不可能”（to adunaton）具有两重涵义。苏格拉底讨论快乐时不是完全自由的。他在对话中、在逻辑上均受到限制。他不能想说什么就说什么，什么时候停止讨论也不由他做主。无论说话还是行动，苏格拉底都不得随意任性。完全打败快乐后，苏格拉底才刚显露出不受心智束缚的神色，很快他就被告知，不管诗人们怎么说，这样的自由是不可能的，并且对方还提醒说，他无权结束讨论。普罗塔尔库斯当然在说谎。苏格拉底的确必须继续讨论，但这种压力只存在于言语当中。苏格拉底实际上是自由的，他可以在任何时间放弃。那么，一旦理智让他感觉痛苦，他就真的可以信口胡说吗？苏格拉底马上要投入到对混合的分析当中，而这种混合的结构方式大概并没有为胡说和选择留下多少空间。

八、尺度理论

(23b6 - 27c2)

普罗塔尔库斯认为这一部分理解起来非常困难，我们也有同感。苏格拉底的话变得十分晦涩，任何校订工作都无法帮助我们完全厘清。苏格拉底一开始对其中的难度供认不讳。他的话一方面与他之前关于具象分析的描述相同，一方面又采用新的武器，奋力为心智争取第二名的位子。晦涩似乎就来自于这部分新的内容。其中最引人注目的是对原因的看法，无论在对具象分析的总体描述中，还是在音乐和字母学的两个例子中，都不曾有过相关论述。由于苏格拉底不再从据称存在之物谈起，而是直接从一切存在之物谈起(16c9，23c4)，原因就自然而然地在这里出现了。这里并不是从关于存在的言语、意见的思考转向关于存在本身的思考，不需要普罗塔尔库斯和苏格拉底费心寻找，存在本身此刻就呈现在他们面前。因此，苏格拉底最初一定采用了前苏格拉底的方式，就好像他还不知道目的论自然哲学是行不通的(或者说他本人不能借其达到目的)，还不知道在言语中检验存在者们并不逊于在行为中检验存在者们(《斐多》99e6 - 100a3)。但是，一个已经清楚阐明了理念问题的苏格拉底不可能是前苏格拉底。那么，他为什么要伪装呢？难道是因为心智不能获得显然的胜利，他只好退回前苏格拉底吗？讨论进行到这里，快乐和理智的单子都已经被驱逐出局，原本可以开始对人性进行具象分析，但实际上取而代之的却是关于数字和尺度的讨论，完全不去统计存在的种类。使用存在与生成很难区分当下存在着的一切存在之物。于是心智就成了这碗有待查验的存在之羹的原因，同时它又有本领让自己不掉进羹里。心智以退为进，从而获得了胜利。它现在成了它所外在的某物的善之原因。倘若苏格拉底径直转向快乐和理智的混合，那他就不会发现不受非心智影响的心智，心智也就永远不会毫无争议地获胜。于是，苏格拉底在排斥思考的混合中安排了一些同心智接近的事物——数字和尺度，并让心智本身置身其外。他放弃了理智的生活，同时为心智赢回一分。

苏格拉底一开始有些游移不定(23c4－5)。他提议把目前混为一体的一切存在之物一分为二，然后又立刻纠正自己，提议将其一分为三，[他使用的措辞是：]“如果你愿意。”这样普罗塔尔库斯就获得了他曾经应允苏格拉底的那种自由：除非自愿，否则他不必履行自己的承诺(20a7－b3)。苏格拉底纠正自己的话时颇费踌躇，说明关于这三大类有着不同的理解：一方面，我们可以把一切现存之物视为一个整体，当作一类，然后再把它分成两类；另一方面，我们也可以把有限和无限视为两类存在之物(根据神的指引)，然后把两者的混合当作第三类。[①] 由无限和有限构成的第三类并不等于作为整体的一切存在之物，后者既是一也是无限，我们对其特征尚不了解。实际上，苏格拉底重新认可存在与生成的区别后，他几乎承认了无限就是“这个宇宙”(58e5－59b9)的特征，但那时无限这个词已经不再出现于文中了(52c6)。

---

① 比较亚里士多德《论产生和毁灭》(*On Generation and Corruption*)330b16－19：“那些认为有三［部分］的人与认为有两［部分］的人并无不同，就像柏拉图做的区分一样；因为他把混合物作为了中间之物；那些将其视为两部分的人与视为三部分的人意思其实相差无几，只不过前者把中间物分成了两部分，后者则把中间物视为一体。”

作为总体的一切存在之物构成了一个集合。根据苏格拉底的说法，无论在数量上是多还是少，它们都是无限的；但是，尽管不受限度的约束，但它们就是一切存在之物，除此之外别无它物。正如苏格拉底谈到的，若要对它们进行区分，就得在言语上加以分别。苏格拉底并没有演示怎样才能做到这一点，同样也没有演示怎样才能在事实上把它们分开。在言语上不加区分，却假定已经区分了；在事实上不存在区分，也就没有理由把分开的部分再度合并。除非言语中有原因自明的生成之物，正如在事实中有生成之物一样，否则存在之物仍会是一个整体。苏格拉底根据神对有限和无限的说明，把它们视为两类，同时把这两类的混合当作第三类。若照字面理解苏格拉底的话，第三类便是由另外两类组成的，而不是由另外两类的所属部分组成的，但是“有限”的类别不能和“无限”的类别混合，就像“辅音”的类别不能与“元音”的类别混合一样。虽然音节中存在辅音和元音的混杂，但辅音和元音仍然是截然不同的两类。以字母表为基础，一方面，我们将不得不再度对人类言语的源头及其字母形式的表征进行区分，另一方面，字母在书写中的重新组合产生出第三个大类，它并不等同于我们一开始提到的声音，它或许是一个平行的宇宙，好比我们在想象中把过去、现在、将来的一切被发声的事物都记录在一幅宇宙的卷轴上，或者，无论什么被写下来的都潜在地属于原初的无限，不管它什么时候被发音。这个模型向我们展示了以下几点：

1. 宇宙的本来面目；
2. 宇宙包含的种类；
3. 由其种类所规定的宇宙的结构。

若想弄清楚这一结构的成因，就不得不回到字母表，我们注意到，如果原初的无限的原因存在争议，那么答案必然与动力因(efficient cause)相关，语音学家会尝试判断不同的发声器官在发出每个音时所起的作用。但是如果我们的问题和书写有关，拿《斐勒布》来说,它的动力因和质料因(material cause)就将不得不由心智填补,也就是柏拉图在亲笔书写或者由秘书代为誊写文字时,所思所想的内容。

苏格拉底此时承认,除了神所昭示的两类之外,他还需要其他的种类,倘若混合物与无限并无不同,它就可以算作第三类,倘若混合物作为确定的一类不能等同于所有未曾区分、混成一团的存在物,那么它可以算作第四类。无论怎样排序,它都不能跻身于神所昭示的存在物之间。苏格拉底将其称为"属"(genus),而不是次一级的"种"(eidos);能够解释某种生成之物(genesis)的正是原因之属。苏格拉底承认,通过"种的划分"(kat'eidē)和"列举"(katarithmoumenos)进行分类是十分荒谬的。其荒谬之处不仅在于统计不够准确,还在于统计本身。已经完成分类的数目必然要通过心智加以统计,但苏格拉底要求心智充当两类混合物的原因,并要求用于区分和统计的心智不能合二为一。[①] 苏格拉底在对话中使用的心智一定是构成有限的种类之要素的原因,但它不能自相矛盾,把自己曾经拆解的东西又组合起来。普罗塔尔库斯问苏格拉底是否需要把分类的动力看作第五类,这个问题无疑与苏格拉底适才所做的区分相关。苏格拉底说他现在不需要,之所以不需要,是因为他刚刚使用过它,毋庸在四类之外增加新的种类。无论如何,苏格拉底已经通过他的行为证实,在原因的属内,心智不能作为整体而存在。

苏格拉底接着提议逐一考察最初设置的两个类别(23e3-6)。有限和无限都要发生变化,由一个变成两个。至于另外两类是否也要经历相似的变化,苏格拉底没有说,但他实际上早已对混合的一类做了[类似的]置换。苏格拉底的提议应该包括两部分,因

---

① 参里德(C. Ritter),《论〈斐勒布〉》[Bemerkungen zur *Philebos*],*Philologos* 15(1903):527.

为他在开始时说:“首先我们来”(prōton men),似乎接下来还会有其次,而“其次”事实上再也未曾出现。对两个类别的重新阐明令苏格拉底的“其次”要么变得多余,要么不再可能:为原因或心智的统一寻找理由只能是徒劳的。不过,就连苏格拉底提议的第一部分也含糊不清。为了考察三类中的两类,他们首先从四个属类中区分出三个。为什么他们先要从四类中区分出三类,然后再考察三类中的两类呢?我们只能猜测,第三类,即苏格拉底所称的“有限度的”(what is with the limit)一类并不是有限的类别,而是混合的类别,它必然是有限度的。不过,混合中同样存在无限,我们并不清楚为什么必须把有限的标签贴在混合的类别上。无论如何,苏格拉底此时承认有限和无限都是多,它们以某种方式内在地分裂、散开,苏格拉底和普罗塔尔库斯发现其多重性后不得不再度将它们集合为一,并用心智去理解,它们各自如何既是一,又是多。苏格拉底此时承认,心智不但统一,而且多样,但是不管心智在言语中是否能实现这一点,它实际上是无法做到的,无论它如何分裂、合并,它实际上都与混合前一模一样。

普罗塔尔库斯不大理解苏格拉底的提议,假如苏格拉底此时重新回到具象分析,而这种分析又毗邻那些携带着前苏格拉底属性的事物,那无疑是令人费解的。我们不禁怀疑:这一节之所以如此晦涩,原因可能并不在于[其间]新旧哲学的混合,比如在《蒂迈欧》中,我们发现,毕达哥拉斯和恩培多克勒的哲学与苏格拉底—柏拉图的哲学同样令人不安地相互碰撞。苏格拉底那时的问题是,如何在言语中动态地呈现至善的城邦,为了把他的城邦放在一个确定的地点和时间,该问题涉及到广义的空间和时间的本质。这让我们联想到苏格拉底眼下的问题,此刻,在假定前苏格拉底式的简单宇宙论后,具象分析第二次浮出水面。当苏格拉底重新开始谈到原因的问题时,前苏格拉底宇宙论又再度冒头,不过眼下他暂时回落到自己本来的立场。看起来,他的立场似乎从未完全摆脱其成因而获得自由。它永远是再次起航,永远是一段漫长的返乡之旅。

借由苏格拉底对无限的描述,再次起航的次要特征(secondary character)立即得以彰显。苏格拉底想要指出无限的多,并极力主张把有限的事物先搁置一旁。在对话中,他把有限特有的标志运用到有限上,因为无限中没有等待(24d4)。他们首先转向了本质上不能等待他们的事物,但苏格拉底并不以为意。即使当普罗塔尔库斯用表示肯定的副词"确实"(indeed,mala)强调说,较多与较少总是存在于较热与较冷当中——苏格拉底刚刚使用了这个词的比较级"较多"(more, mallon),苏格拉底仍然装作这仿佛是一个毫无意义的巧合。但是当普罗塔尔库斯确认,并用较为强烈的语气"kai sphodra ge"[完全如此]——强调较多与较少 atelē[无穷无尽]是绝对的无限,这时苏格拉底才接过话头,说 sphodra[完全]与其反面 ērema[略微]同较多与较少具有同样的力量或 dunamis[意义]。对话体有助于论辩的展开:它拓宽了无限的类目,这样一来它所涉及的内容就不再仅限于比较级,因为后者不过是它的一个子集,此外它还包括一切与强度相关的副词,无论这些副词描述的对象是冷热,还是言语、理智(参见 58d2)。普罗塔尔库斯通过 mala[确实]和 sphodra[完全]表达的无限来自我们话语中的常用语词库,它们是这一语词库的构成元素。它们道出了我们在论辩中体验到、却不能精确甄别的事物。它们在对话体中大量涌现,但倘若柏拉图写的是专题论文(treatise),它们就会销声匿迹。论文排斥自反性,它不承认我们能够体验其推理过程。①

① 参见格里芬(J. Griffin),"荷马语词与演说家"[Homeric Words and Speakers],《希腊研究杂志》[*Journal of Hellenic Studies*]106(1986):45-46,这篇文章论述在荷马的作品中,言语受到 mala[确实]的限制。在亚里士多德的全部著作中,"宙斯作证!"(By Zeus! nē Dia)这类赌咒发誓的话仅出现两次,而且全部出现在《政治学》(*Politics*)中,亚里士多德为民主和寡头政治的意义激辩之时。只有在这种时刻,亚里士多德才会提高嗓门。

此外，在 ērema［略微］与 sphodra［完全］的对子中，苏格拉底让我们注意这个事实：尽管在对于量的体验上，冷与热几乎没有差别，但在言语中却并非如此：无论谁在肯定别人的话时都不会说"是的，略微如此"［kai ērema ge］。Éema［略微］在对话中起不到什么作用；它在话语中的功能仅限于叙述，比如我们温和地作答或在舞台旁白时才会这样说。[①] 这样看来，对话具有强度，却缺少与之相对的温和(dialogic mildness)。不过，并不是所有的语言都这样；我们的语言中有"哼"(h'm)，但它仅适用于口头交谈。这些表达缺乏一致性，无论其原因为何，我们都会注意到 kai sphodra ge［完全如此］从未在对话中受到限度的制约。它所表达的事物转瞬即逝，很难获得即时的确定，而且我们相信，在讨论结尾平静宣布"Q. E. D"［"证明完毕"］时，它并不能起作用。这句话从普罗塔尔库斯那里脱口而出，他本人可能根本不清楚为什么要这样说。这是在心智的界限内自发的对无限的表达。[②]

一旦芜杂的无限获准进入论辩，我们就必然会注意普罗塔尔库斯所说的"alēthestata"［最真实］，当苏格拉底最初发现内在于较冷与较热中的较多与较少时，普罗塔尔库斯曾这样表达自己毫无异议。普罗塔尔库斯对事实的肯定本来属于不带感情的心智范畴，但他用的却是最高级，属于他所偏好的混合的范畴，因为在他看来，真理和最高级是密不可分的。面对混合，普罗塔尔库斯的回答不是"是的"，而是"是的！"没有了无限，普罗塔尔库斯所做的任何选择似乎都显得无动于衷。这里的"！"看起来不需要花力气就能去掉，而努力保存它好像也没有多大意义。但这种情况不可能

---

① 参见《克拉底鲁》399e4；《普罗泰戈拉》333e5；《斐多》84d8；埃斯库罗斯的《奠酒人》(*Choephoroe*)46；欧里庇得斯的《赫卡柏》(*Hecuba*)1024；《俄瑞斯忒斯》(*Orestes*)671。

② 假如我们注意到在《高尔吉亚》中，单是在卡利克勒斯(Callicles)的回答里，sphodra［完全］就出现了七次，我们应该能够判断 sphodra［完全］这一表达是很常见的。

发生,因为柏拉图采取了对话的形式。这些表达传递出的体验中有某种东西,它们不但可以用于快乐和痛苦,也可以用于理智,因此它们建立了一个由统一体构成的混杂区域,其中理智和快乐绑缚在一起,从而使无限的属类合并为一,大部分的生活即由此构成。与身体和灵魂有关的事物同样隶属于无限,“较冷与较热”作为无限的标志是极易误导人的。因此,倘若心智遍布于无限的类目当中,而无限也贯穿于心智当中,那么苏格拉底所考察的第一类就从第四类或者说原因那类中攻城掠地,夺取了一些地盘。在定义无限的过程中,苏格拉底提纯了心智。[①]

“较热”与“较冷”大概不承认限度,因为不管一个物体有多么冷,和其他事物相比,它仍有可能是热的(反之亦然),任何物体都既比较热又比较冷,相互对立的两面同时并存。最热的事物在天平的一端,最冷的事物在天平的另一端,但是,任何居于两者之间的事物都具有双重特征,很难简单地判定。然而,苏格拉底却继续说下去,似乎存在着一种“确定”(so much)的温度,较多与较少很难在其中并存。这里有两个问题必须提出来:“确定”附属于温度吗?当尺度不再起作用时,“确定”就会消失,而我们的尺度只有在某种错误的边界内才是正确的。即便温度是严格确定的,我们的尺度中仍然有较多与较少;不过,没有波动的温度恰恰有悖于生成的本质(参见 43a3),若从生成来看,居于尽头的端点是否是确定无误的,这一点尚值得怀疑。在这个意义上,较多与较少永远不会输给“确定”。接下来是第二个问题。把普罗塔尔库斯所说的 sphodra [完全] 收归己用之前,苏格拉底提到,较多与较少总是存在于较热与较冷当中,他运用插入语“phamen” [我们说] 保证说

① Kai mala alēthēs [很对] 这一表达在柏拉图的作品中出现过四次——《斐勒布》(29c4,46d3)出现了两次,《欧蒂德谟》(*Euthydemus*)307b2 出现过一次,《礼法》810d7 出现了一次——在其他古典作家那里则从未出现过。这些段落似乎有一个共同之处,即它们都突然认可了凡俗或平庸(参见《厄庇诺米斯》980d5)。

话内容的真实性。但是，紧接着他却说："那么，前面这些讨论告诉我们［逻各斯显示出］，这个对子总是没有 telos［尽头］的。"正是针对这句话，普罗塔尔库斯方才回答：kai sphodra ge［完全如此］。"总是"在这里究竟体现了话语的恒常不变的特征呢，还是照旧表明较多与较少是无穷无尽的呢？[①] 普罗塔尔库斯回答 kai sphodra ge［完全如此］，意在指出：尽管无穷无尽总属于较多与较少，但它也属于逻各斯；或者更确切地说，它总是属于较多与较少，因为逻各斯始终要求较多与较少在它自身中呈现。言语并不仅仅承认较多与较少，它还能表达其自身对较多与较少的吸纳。这句话博得了普罗塔尔库斯的赞许，它把存在和生成合并为一："这个对子［较多与较少］作为没有尽头、没有终点的存在（being），绝对会成为（becomes/is becoming）无限。"存在与生成在言语中毫不费力地混合在一起，这可能是普罗塔尔库斯说 kai sphodra ge［完全如此］的原因。

较多与较少在生成过程中产生出不完善的存在，这给论辩造成一个极大的影响。通过把混合的生活确定为完善的、充分的人性之善，普罗塔尔库斯等于把不完善当作了后者的构成部分，在日常生活中，不完善可能还是它最大的构成部分。完全的善当中充斥着不完善。卡吕普索要求奥德修斯做出选择，要么和她一起长生不老，要么回到家中，回到韶华已逝的佩内洛普（Penelope）身边，与其说普罗塔尔库斯选择了家，不如说他选择了回家的旅程。苏格拉底把 telos［终点］说成是 teleutē［结局］，也即死亡的委婉语，意在指出普罗塔尔库斯选择混合的生活便是选择了生，对我们而言，卡吕普索的提议似乎会让人变得像赫淮斯托斯（Hephaes-

---

① 参见亚里士多德《修辞术》1407b14－18 节选的赫拉克利特的残篇，因为其中的"总是"（always）既能用来修饰逻各斯，表现其总是真实的，也可以用来形容人的无知，表现人总是不能把事物放在一起并彼此分享。

tus)的金狗银狗一样,它们守卫着阿尔基诺斯的宫殿,长生不老。卡利克勒斯反对苏格拉底赞美无欲无求的生活,他认为那只适合死人和石头,在这个意义上他是正确的,但他和斐勒布(27e7－9)一样,相信单靠快乐就能补足不完善的标准,而这是错误的。本节一开始,苏格拉底就用请求的语气对普罗塔尔库斯说"如果你愿意",这显示了较多与较少如何深深地浸润在理智当中。实际上,当苏格拉底意识到应该将一切存在之物分成三类而非两类时,他改口说:"不过,如果你愿意,mallon [还是] 分成三部分为好"(23c5)。杂音(noise)即使在言语中也依然存在。当苏格拉底发现,为了代表心智而战,他面临的论辩将会漫长而艰涩时,他大喊"Babai [哎呀呀]!"(23b5)"Babai"是一种杂音,这不禁让我们联想到 barbaros [蛮夷] 一词中同样有对 ba 这个音节的重复。[①] 心智强加给苏格拉底的这份任务暂时剥夺了他自己的语言。他开始语无伦次,不再能用希腊语武装自己,为心智的战争出征了。当普罗塔尔库斯发现,选择没有心智的快乐不可能时,他只不过丧失了发言的力量。

我们生活在与声音对等的层面上,而非逻各斯的层面。我们发明的很多双关语都植根于声音,而不在其字母形式中。莎士比亚的《凯撒》开篇借用"脚底"(sole)与"灵魂"(soul)的谐音而语涉双关。那么,选择混合的生活是不是就意味着选择双关语?从声音中浮现的意义以及存在于声音中的意义是不是能够反映出我们心中的期冀?双关是经过压缩的隐喻。它把两个相异的事物等同起来。它暗示出,被逻各斯分开的事物偶然联系在一起。事物的本质偶然泄露给理性。Oidai pous [跛脚的俄狄浦斯] 是 oide pou [颇晓方向之人]。身体和心智要么彼此联系,要么合而为一,彼

① 参见尚特兰(P. Chantraine),《希腊语词源辞典》[*Dictionnaire étymologique de la langue grecque*] (Paris, 1968), s. v.

此相同。因此,双关语贯穿《斐勒布》全篇,它们以声音的形式悬附于有限与无限的原则之上——试验与体验(trial and experience),无力与无辜(tiredness and innocence)——此刻,双关语更能反映出的似乎不是普罗塔尔库斯接受了哪些论证,而是他的选择真正意味着什么。不过,有了双关语,苏格拉底再为心智辩护就更加困难了。"让快乐痛苦"之类的信口胡言是没有意义的。

苏格拉底把 sphodra [完全] 和 ērema [略微] 视为较多与较少在意义和 dunamis [力量] 上的等价物(24c4),但他并没有注意到,作为副词,它们实际上可以对任何行动或状态施加限定,尽管"较热—较冷"是较多与较少下属的类目,这个类别不能影响有限和无限中的任何事物。不过,"较热"和"较冷"似乎解释了 dunamis [力量] 一词为何此处具有双重含义——力量与意义——因为热和冷是诱因,不论栖身何处,它们的作用都会得到发挥。因此,苏格拉底似乎是在说,某种原因曾在较多与较少中发生过作用。它拒绝"确定",通过生产、制造较高或较低的强度,它把"确定"排除在外。另一方面,"确定"不能表示原因,虽然它本身不再发生变化,但它并不终结任何其他事物。它没有力量。此外,苏格拉底悄悄把"确定"添加进平均值的标准,即 metrion [适度] 当中(24c7)。metrion 一词带有双关色彩。它既指具有确定尺度之物,又指正确的尺度本身。水既可以较热,又可以较冷,洗澡水可以太热、太冷或者正好。然而,"太热"和"太冷"所认可的确定的量同"正好"所认可的是一样的。"确定"不会突然出现在"正好"当中;"正好"在"正好"的周边上下浮动,并使其内部的较多与较少保持不变。[①] 苏格拉底不但把平均值的标准错当成算数的标准,而且

① 参见亚里士多德《尼各马可伦理学》1173a23-28:"究竟是什么使得快乐与健康不同呢?虽然健康是完全确定的,但它里面包含着较多与较少。万事万物中的相称合宜并不是相同的,同一个事物中的相称合宜也并不总是单一的,它与较多与较少不同,当它发生衰变时,它仍然会维持在一定的水平上。"

还把较冷与较热划分成两个对立项，忽视了它们在任何温度下都是相互依存的两面。“较多与较少”不是联合在一起的“较多”与“较少”，而是析取式的对子“较多或较少”，倘若割裂这个对子，无限就会化为乌有。于是，苏格拉底从一得出了二。其中的一个既有“正好”，也有较多和较少；另一个则只有“太热”和“太冷”的确定的量，无限以及“正好”被拒之门外。苏格拉底的错误给本节后面的内容造成不少影响。苏格拉底错误地从正好中区分出 lian［过多］(24e8)，并威胁说要把两种不同的尺度——“metron”［尺度］和“metrion”［适度］——并为一类。不过，通过一种奇怪的方式，苏格拉底从这个错误中拯救了自己。他没能把无限的产物集合为一(25d5－7)。算他走运。[①]

普罗塔尔库斯此时再度为归纳无限的特征努力(24d8－e2)。他告诉苏格拉底，他不是很明白，但如果苏格拉底能 eis authis te kai authis［一遍又一遍地重述］，那么提问的人和回答的人之间就会达成充分的一致。“一遍又一遍”把有限和无限放在了一起。假如不是因为两人之间存在分歧，之前的对话就不会发生。倘若从一开始，普罗塔尔库斯就认为苏格拉底的话 kata noun［如其所愿］，那么随之而来的就只有沉默。当普罗塔尔库斯拒绝选择理智，他就等于选择了分歧。此处他建议无限次的重复，可能是指混杂着重新描述以及新鲜示例的重复。眼下他当然还不清楚应该重复多少次为好。我们知道，斐勒布或他的一个同伴发现苏格拉底有些话纯属多余，对话原本应该更加简练。但对普罗塔尔库斯来

① 参见贝维尼斯特(E. Benveniste)，《印欧语中的施事名词和动作名词》(*Noms d'agent et noms d'action en indo-européen*)(Paris，1948)。该书详细讲述了希腊语中这两种“比较级”后缀的区别：表示空间区别的-teros 和强化语气的-ion。后缀-ion属于 mallon［较多］和 hētton［较少］，贝维尼斯特是这样描述它的(p. 122)：“它所表达的是一种变化的评估的属性，它被强加给‘原形’表达的限度所束缚，而其原形中最显著的特征仅仅在于它与它的对立项不同。不过，它在定义这一属性时，并没有将其视为绝对而精确的特质。”

说，它绝不是 metrion［适度/适量］，尽管其中包含的词语数目是确定的。它有一个固定的长度，可还是太短了。普罗塔尔库斯的话预先摧毁了苏格拉底准备明确标出的一个类目。苏格拉底赞赏普罗塔尔库斯的提议，但他并没有停下来修改自己的失当言论，而是要求普罗塔尔库斯接受无限的本质的 sēmeion［记号或标志］，“免得我们事事都要详加论说，在讨论上花的时间 mekunōmen［过长］。”苏格拉底想要一劳永逸地解决无限的问题。他借平均值的标准伪装，引入了无法测量的尺度。当普罗塔尔库斯说：“重复一两次”时，他的意思实际上是“重复无数次”；苏格拉底却回答说：“我们不要在这上面花时间过长。”这样一来，苏格拉底就从一跳到了无限。他在前文中指责他的同代人过于匆忙地从一到多，忽略了介于两者之间的众数，但眼下他也犯了同样的错误。他还没有把无限的类目讲清楚，就已经把它丢在一旁了。他承认，正如他们理解的那样，无限的属是一(25a1)。于是，他便把普罗塔尔库斯对这个类别的不确定［态度］融入到这个类别的构型当中。普罗塔尔库斯的 apeiria［经验不足］封存在 apeiron［无限］当中。苏格拉底把他所选之物交给了他。

苏格拉底这样描述无限的类别：“呈现在眼前的每件事物，即那些会变得较多与较少，接纳极度与略微(the extreme and slight)、非常(the too much)的事物以及其他一切类似的事物”(24e8 - 25a1)。苏格拉底还没有明确讨论无限的特征；他已经明确讨论了混合一类的特征：其中的一切构成成分都会变为较多与较少，呈现为过度与不足。如果要［明确］无限本身的属性，那将会用到“较多与较少”，以及其他一切表示数目不定的副词；无限不是那些标示出较多与较少之界限的事物。苏格拉底又回到了原点。他已经把“现在一切存在”的一置换为另一个一，并从后者当中人为地排除了尺度和“尺度”。这样一来，它就不再是同样的一了，尽管它和未获承认的平均值标准有着相同的边界范围，但它却拒绝接受确定的数目和尺度。相对尺度所支配的一切消失不见了，它是否能够在新的混合中重新回归，这是很成问题的。

苏格拉底此刻试图把限度确定为较多与较少的生成物(25a6-b2)之对立项，但是，他把数纳入限度，把可数物划入混合的范畴，而混合的范畴早已重新归入无限。更进一步，不严密地说，连续量值的比例也是由无限构成的，或者严格说来，“两倍”和“一半”只属于几何学的构成部分；并且，如果我们提前来看苏格拉底在两种单子之间所做的区分，我们就能从混合中剔除哲学的单子，把它们重新归入纯粹的算术当中(56d1-57a4)。然而，一旦我们确定算术和几何在其各自的领域都是显著的统一体，我们就无法将有限的类别统一起来，除非数目与数值可以自行统一。不过，二的平方根是无理数——这个发现表明离散与连续分属于不同的序级，严格的毕达哥拉斯主义因此是行不通的。[①] 假如我们把数目比作辅音，把直线比作元音，那么我们当然会在无限的混合中讨论这一混合物，但接下来，我们不得不给每个确定的量值加上“较多与较少”，并且和普罗塔尔库斯一样，否认言语能从他本人这个天生的统一体中分裂出多。正是通过再度运用算术的单子和几何的连续统一体，有限和无限的混合获得了相(理念)。苏格拉底把他再度运用的这些元素统称为有限的 genna [产物]，但当提到它们无法统一归入有限类的 peratoeides [事物] 时，他所暗示的是从相对尺度滑向平均值标准，他最初把过度与不足同较多与较少放在一起时，后一种测量法曾让他感到困惑。也就是说，有限的范畴内存在着双重障碍，阻碍了它的统一。一方面，算术和几何两相间隔，尽管两者那并不精确的对应物在“现实”中共同在场，但它们

① 苏格拉底不能将有限的种类统一起来，相应的内容也见于《蒂迈欧》，文中将算术视为第一部分，其最高成就是时间的序列，几何是第二部分，它基于蒂迈欧起初并不认可的“空间”，第一部分不能与第二部分放在一起：蒂迈欧自己的话不符合时间的顺序(参见《蒂迈欧》34c2-4，48e2-49a4)。

并不能构成统一的整体；另一方面，数学，无论在“理论的”还是“实用的”层面上，都与平均值标准关系甚微，虽则一个数和一个量总是可以放在任何适宜的位置上。我们不能把平均值标准同其所寄寓的混合物分开，[①]就二者不可分割的特性而言，它们同较多与较少有类似之处，较多与较少总是附属于平均值标准，不能从混合中自由地游离。于是，到目前为止，苏格拉底完成了以下几个步骤：(1)他从一切存在之物谈起，并再次回到这个问题，承认它实际上就是无限的类属，同时对其中不精确和不适宜的部分未做仔细区分。(2)接着他暗中向算术和几何求助，目的是分离出在混合或无限中潜藏的有限，但当他完成这种区分后，暗中求援的做法让他不能完成对有限的统一。(3)他最终回到了作为有限与无限之产物的混合，并谈到他们既不能使数学自行统一，也不能使数学借助平均值标准获得统一。[②]

当普罗塔尔库斯提到苏格拉底会照旧向他说明混合物的相(理念)时，苏格拉底纠正说：“不，不是我，而是一位神，也就是说，如果众神中有一位肯垂聆我的祈祷的话”(25b8－9)。苏格拉底随即表示祈祷获得应许，并称自己可以向普罗塔尔库斯证明这位神的友善。无论把握混合多么困难，似乎都没有必要仰赖神的帮助，但倘若不是苏格拉底夸张的语气，我们原本可能不会察觉，数就是单子问题明白无误的答案。数既是一又是多，它在生成的无限中变为多，但在它自身之外仍然是一，存在于一与多当中(15b4－8)。一方面，这里有五和五头牛、五个人、五只脚；另一方面，只要我们不凑近去看，所见即是广场、空旷的田野和一个人，它们由直线、四

---

① 参见伽达默尔(Gadamer)的《柏拉图的辩证伦理学》[*Platos Dialektische Ethik*, 109]，文中提到：“如果不用第三种 [即混合的类属]，就总也用不上第二种 [即有限的类属]。”以及：“要达到支配的目的，支配者自身必须是清醒的”。(页 108，注 1)

② 关于有限及无限的双重性及其界限的不确定性，参见图示 1。

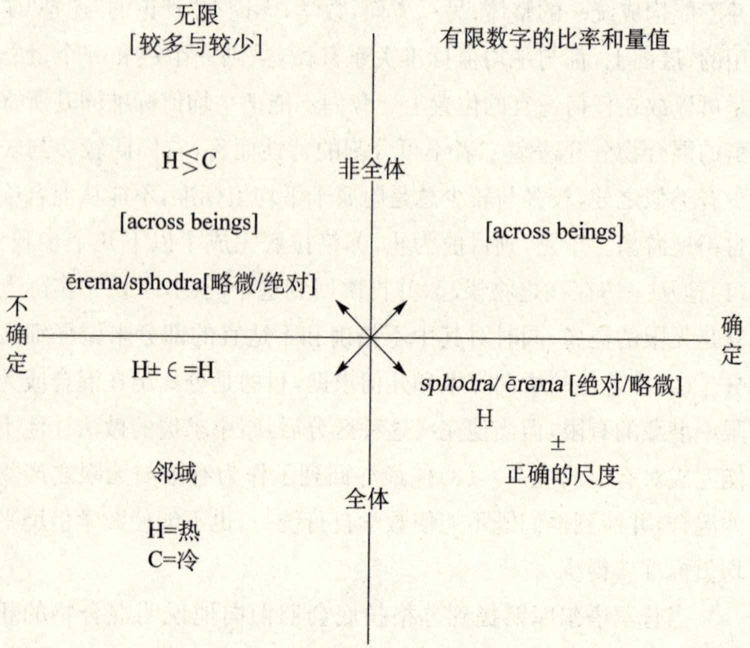

图 1　有限与无限

方形构成，并且是真实的。在这两种交谈方式中，毋庸置疑，后一种采用了诗的方式，而前者似乎相对简单直接了些，并指向“理念”的孤立与完全在场所不可或缺的结构。因此，苏格拉底自称在数字中发现了令人惊叹之物，这或许并不是夸张，数字大概能够在无单位的纯数字比率和有单位的量值之间轻易地实现让渡。苏格拉底自己不能将有限统一起来，于是吁请一位神收拾残局。数字的语言与缺乏尺度的尺度解决了苏格拉底不能解决的问题。

在考察混合之前，苏格拉底首先回到较冷与较热，并补充了较干与较湿、较快与较慢、较大与较小，以及之前谈到的能够容纳较多与较少的事物(25c8－11)。他把 sphodra［完全］和 ērema［略微］搁置一旁，这个对子是绝对不确定的，它拒绝数的限制。这样一来，苏格拉底就可以谈论等同与双倍，从而终结他前面提到的差异的对立。苏格拉底讲到三种事物——健康、音乐和天气,数赋予它们秩序。他在第三个例子中引入美,同时也摧毁了他要解决的问题。[①] 他一开始说,一旦[天气]变得严寒和酷热,限度的产物就会驱逐过度,促生出 emmetron [适宜] 和 summetron [恰当],但接下来他又说,hōrai [季节] 以及一切美丽的事物都是从这些尺度中产生,并为我们而存在的。一年中有四季,但并非每个季节都来得合乎时宜,每个季节都是太阳年中安排好的一部分。最不和谐的声音和最甜美的声音一样,都表现为一系列的比例,人的疾病同健康呈现出相同的规律性(参见《蒂迈欧》89b3－c7)。限度径直突变进入无限,我们拣选出的美的事物不过是我们为令人愉快的事物找到的名字。普罗塔尔库斯曾猜想,快乐如果不能获得亚军,它的美就会在其情人眼中丧失光彩,然而它已经偷偷换上数学的伪装,并作为美向我们展现。美似乎剔除了"快乐"中过度的部分,成为"令人愉悦"的别名,在 ērema [略微] 感觉快乐的时候,我们不会说 sphodra [完全] 快乐。即使我们发问:"天气难道不是棒极了吗?"听者也不会把我们的话当真,反而认为我们夸大其词,这有别于我们谈论金色阿芙洛狄忒时的喜悦。苏格拉底未加检验地采纳了我们的表达方式。他已经把普罗塔尔库斯带到了他曾说过的真正的起点:"据说存在之物",并用它冒充对存在之物的一种分析。普罗塔尔库斯又一次被带到自己的选择面前,开始再次起航。他表示赞成苏格拉底在混合中发现的"法律和秩序",回答说 kai mala emoige kata noun [我觉得这与我的想法不谋而合] (26c3)。[②] 他认为,这似乎让他在理性上快乐。普罗塔尔库斯的

---

① 比照斯特莱克(G. Striker),《界限和无限》[*Peras und Apeiron*,Gottingen,1970],56－57。

② 帕里(F. A. Paley)《柏拉图的斐勒布》[*The Philebus of Plato*,London, 1873] 这样评价普罗塔尔库斯的话:"这个回答似乎故意含糊其辞,普罗塔尔库斯拒绝将快乐视为善时有些半心半意"。

无心之言把有限和无限表面上合而为一。

普罗塔尔库斯在多大程度上参与了苏格拉底的论证过程?这从苏格拉底要求普罗塔尔库斯将有限的产物同较多与较少的类型混合中可以看出(25d2)。普罗塔尔库斯为原因代言,也就是他所说的 geneseis,他在谈话时提出,苏格拉底也要将他为之代言的东西混合。苏格拉底和普罗塔尔库斯不费吹灰之力,就完成了这一混合。他们甚至对健康、音乐或天气一窍不通,就把它们悉数搬到台面上来。于是,普罗塔尔库斯仅凭意愿完成了本该由心智完成的事。异想天开和头脑清醒在此处没有区别,因为实际上它们都没有真正起作用。苏格拉底只是在祈祷获得应许之后,把斐勒布的女神进而说成是法律和秩序的制定者。他并没有说她是诗人们的守护神哈耳摩尼亚(Harmonia),即战神阿瑞斯(Ares)和美神阿芙洛狄忒的女儿,因为那样就难以令人信服了。难道正如赫拉克利特所想,战争才是美的真正的代理人?在诸种力量的抗衡中,是否存在势均力敌的片刻,让我们感到短暂的满足?苏格拉底列举的所有例子都依赖对称,而对称无非意味着尺度与被测量物之间相互匹配[即尺寸相当],就好比我们往茶杯里倒满水,让水和杯子的边缘齐平。作为尺度的人与人的快乐匹配。尽管苏格拉底暗示的"你那位女神"看似不太可能指阿芙洛狄忒,但它指的就是阿芙洛狄忒。就连阿芙洛狄忒也借助律法反对斐勒布。

普罗塔尔库斯仍然觉得困惑。苏格拉底所讲的内容让他高兴,但他并不理解。心智与快乐在 kata noun 中生成最完美的混合,而这只是一种幻觉。他表达困惑的方式是将 sphodra [完全]用于否定:"我完全[sphodra]不明白你说的其三是指什么"(26c7)。等普罗塔尔库斯弄明白后,他应该说 kai sphodra ge [完全如此],并宣称无限是正确的。普罗塔尔库斯可以理解其一其二,但不能理解其三,这是因为,他把有限当成了存在之物中的有限(26c6)。他意识到,苏格拉底说过的数和尺度同他们发现的混合物是不可分割的。苏格拉底纠正说,普罗塔尔库斯错把混合物中数量众多的尺度当成了有限,并且,如果前面说得没错,那么有限包含的内容也不止一类(26d4-5)。有限的确包含三个类目,两种相对尺度和平均值标准,普罗塔尔库斯把其中两种置于存在之物当中,似乎并没有错。不过,如果参照创造性技艺(the productive arts)的模式,那么只要将其分开,它们就能再度发挥作用。可以肯定的是,创造性技艺是秩序的真正代理人(参见《高尔吉亚》503e1-504a4),尽管秩序可能是美的,创造性技艺却无法确定它是否同样为善的。心智已经从竞赛中抽身而退,被安放在图画当中。

苏格拉底把下面两种情况放在一起比较:斐勒布称律法和秩序的女神带来愤怒,而当他和普罗塔尔库斯无法获得有限的天然统一时,却丝毫不觉得痛苦。对斐勒布而言,愤怒是律法的组成部分,无论其程度多么温和;但对苏格拉底而言,没能成功完成具象分析并不意味着应该发怒。与快乐相比,理智更能容忍挫折。二人虽同样体验到了有限和无限的混合物,受到的影响却不尽相同。理智的不完善性意味着界限;而对快乐的限制在快乐那里成为一种痛苦。关于混合物的原因,我们应该这样提问:有限与无限在快乐和理智中汇合的原因是什么? Kata noun 具有两层含义的原因是什么? Sphodra[完全]如何与理解发生关系,以及这样为何是善? 苏格拉底没有回答这些问题,反而附和普罗塔尔库斯对 genesis[生成]的看法,并假定 genesis 总是表现为以 ousia[存在]为旨归的进程。于是,生成被同化为人工制品以及制造的原因(cause to making)。创造性技艺是自然的模型。这样一来,由智力引导的动力因就变成了生成的大师,苏格拉底以娴熟的手法将产品的生成与有限及无限的混合物中的生成等同起来。用技艺代替自然有效地压抑了生成的双重特征:易朽易灭(perishing disappears)(参见 15a1-2)。普罗塔尔库斯之前提出的问题——苏格拉底是否还需要将分解和解体的力量作为第五类确定下来(23d9-10)——是无法绕开的。苏格拉底只有两个选择:要么将该种力量与无限视为一体,从而承认他提到的原因只是暂时居于主导地位;要么不再把生产当作生成的等同物。苏格拉底特有的论证方式把他自己引入了这条死胡同。按照苏格拉底的要求,普罗塔尔库斯应该把此前区分的尺度与无限再度混合,而这种做法势必影响我们对生成的理解。生成无法实现自我认知,只得一路跛行。普罗塔尔库斯的意愿伪装成了技艺耀武扬威。

苏格拉底将生成与制造(making)等同起来,这产生了一些影响。生成的背景无序而混乱,不容许任何刻意的破坏。每件人工制品都注定会毁灭,但其过程是随机的。产品所能持续的时间与生命的长度不同,尽管一台机器终有报废的时候,当它完工时它是最好的,不成长也不死。在《斐勒布》中,"濒死"(dying)状态仅在一个明喻中出现了一次(47b3)。根据技艺的模型,快乐可以成为存在的体验,而痛苦却是不自然的,不能与快乐并列。于是,痛苦就成了快乐在完美运转过程中的干扰项。快乐主义者将不得不寻求一个没有摩擦力的世界,对事物的本然面目心怀怨恨。[因此]他必然不快乐。而另一方面,理智的人也好不到哪儿去,倘若其生活方式符合制造与被造。他将是他的生活的制造者,而作为一个制造者,他的生活与他所制造的生活是不同的。他会经常塑造他的生活中或顺从或叛逆的素材,但他不会为他的塑造行为塑形。它[塑造行为]不受他的理智控制,在他的背后赋形。尺度渗透了它的方方面面,构成它的尺寸却殊为怪异,即便身为制造者,他仍然显得笨手笨脚。

这时,苏格拉底开始总结,尽管普罗塔尔库斯对此毫无异议(27b4-c2),他却迫使我们追问:究竟该如何看待文中不断出现的统计和列举?我们已经谈到过论证的概况和大致要点,总结时使用的数字遮蔽了整个过程的反复无常。倘若论证以艺术为模本,那么起作用的就只有总结了，而此前的错误决定也就有可能被摒弃。然而，总结必然会显示出论证的缺陷和不完善之处，哪怕表面上它看起来井井有条："第一，第二，第三，第四"。假如我们做一下回顾，会发现本节内容具有如下形式：

I（23c4－23e2）：

1. 在二和三之间最初的游移；

2. 关于第四的描述并不清晰；

3. 可能存在第五。

II（23e3－25e5）：

4. 较热与较冷；

5. 讨论对话中出现的 sphodra［完全］；

6. 无限的标志，符合普罗塔尔库斯对更高明晰度的要求。

III（25a5－b4）：

7. 有限的特征。

IV（25b5－c4）：

8. 混合的相（idea）。

V（25c5－d1）：

9. 总结无限。

VI（25d2－e6）：

10. 未能统一无限。

VII（25e7－26c3）：美的示例：

11. 健康；

12. 音乐；

13. 天气。

VIII（26c4－d10）：

14. 普罗塔尔库斯未能理解第三。

XI（26c4－27a9）：

15. 第四或原因，作为制造的 genesis［生产］。

X(27a10－27b3)：

16. 总结属类和制造者。

XI(27b4－27c2)：

17. 总结。

其中两点立刻引起我们的注意：［本节］整体上符合普罗塔尔库斯想要一遍遍重复倾听的要求，核心部分则与这一诉求相悖。在四个元素当中，只有无限获得了完善的界定。至于序数和基数，则按照以下节奏排列：I：二，第三，第四；三，第四，第五；II：四，三，二，对子中的两项分别集结为一；IV：第三；VI：一；VIII：三；一，第二，第三；第三；IX：三，第四；X：三，第四；XI：四，每个数字（each one）；第一，第二，第三，第四。言语中如上的差异部分源自于对话这种行为，因为对话需要统计和总结已经做过及正在做的事情；不仅如此，这里的差异还源自于具象分析与前苏格拉底宇宙论之间的区别，因为对于后者而言，发现的顺序与被发现的事物无关。由于这种宇宙论缺少自我反思，它必然会忽略在第十六节中，原因与原因促成的结果发生了分离，并且基数排在最后，似乎无论外在或内在于其中都没有差别。苏格拉底和普罗塔尔库斯最初发现的无限已经变成他们的第四次发现中需要处理的首要任务。他们向着理智前进，却未能在前进的过程中成功保有理智。普罗塔尔库斯无疑是追随者，而苏格拉底则是领路人，但他们却什么也没能成就（23e－8）。

苏格拉底把他的质询范围扩及宇宙论，这样一来，心智在人性的混合中的位置便取决于心智在宇宙整体中的位置。这样做时，苏格拉底似乎暗示快乐和理智的混合物容纳了一切使人愉悦或催人深思的事物，容纳了整个宇宙，如果宇宙整体（the whole）不由心智支配，那么对我们而言，心智相对快乐的胜利要么是不可能的，要么是一种迥然不同的秩序。没有心智的宇宙将会沦落为庸俗意义上的伊壁鸠鲁主义，哪怕伊壁鸠鲁和他的信徒们一丝不苟地献身于心智以及与心智相关之物，也终将于事无补。然而，就算我们承认灵魂的原子并不存在，承认伊壁鸠鲁的理性生活并非植根于他的物理学，那么接下来，倘若苏格拉底不能将他的信仰建立在人与宇宙的同一之上，他的生活会更糟糕吗？他会丧失理智，毫不顾忌事物的存在方式，纯粹依照自己的心智而行吗？说到底，在他着手解决理性的问题之前，难道不需要判定理性的生活更善吗？易言之，假如在度过理性的一生后，他得出结论说，宇宙论问题没有答案，或者宇宙必已随机统合为一，那么，他的生活最终会毁于一旦吗？假如这个问题必须在选择一种生活时得到解决，那么我们究竟是该完全信赖他者的理性以继续我们的生活，还是要牺牲自己的生活，以身试法？这个问题将使我们陷入十足的恐慌当中。无论如何，可以确定的是，如果苏格拉底和普罗塔尔库斯在这个问题上花得时间够多，就会发现宇宙论是诸多问题中最简单的一个。我们知道，不管他们做出什么样的决定，都不能解决单子问题。

九、宇宙论

(27c3 - 31b1)

苏格拉底问普罗塔尔库斯:既然快乐与理智混合的生活已经获胜,那么应该把它归入哪一类? 他本人认为它是混合的一部分,而在混合的一类中,所有无限的事物都受到有限的制约(27d4 - 10)。此话含而未露的是,普罗塔尔库斯应该业已明白他为何选择混合的生活:心智可以自由地给快乐设限,安排一种有序且快乐的生活。快乐的生活终于不用担心再被抛到脑后了。现在它再也不会过度,它将和过度嬉戏。然而理智承认在其身上有过度,必须通过快乐来远离过度,这看上去不免荒唐。除非我们想象卡利克勒斯突然鼓吹理智,想象[他]必须要用几分哲学,才能向多数人——那些人的品位我们不然的话会赞同——展露威风。一旦有度的快乐生活被视为混合的一部分,但是,未到它由快乐和理智的混合物组成的程度,那么,苏格拉底向普罗塔尔库斯提出的问题——"你那快乐而又不混杂的生活怎么样呢?"——就会只有一个答案:后一种快乐的生活必然也属于混合。形容词"快乐的"第一次在《斐勒布》中出现时用做修饰语(参见13a9),无论它的形容词形式修饰何物,都会限制快乐在本质上的无限。从其意义模糊的所属格来看,斐勒布那"快乐而又不混杂的生活"要么是指他提倡的生活,要么是指他所过的生活,这种生活与心智完全一致,它同样是导致任何有限与无限的混合物的原因,而且它不掺杂一丁点儿的心智。心智会记住曾经的快乐,并计数未来的快乐,对于安排好的任何当下的快乐也同样一清二楚,但它完全脱离了理智。苏格拉底不让斐勒布回答他此刻提出的问题,因为后者对另一个问题的回答不尽如人意,显然他还没有认识到上一节对尺度的讨论关系着“快乐”和“快乐的”两者的区别。等待斐勒布回答的问题是:快乐和痛苦究竟是有限度的,还是应该归入容纳较多与较少的一类?这个问题与快乐是否为善无关,而是意在询问尺度是否内在地隶属于快乐和痛苦。尽管我们说“快乐成双,开心加倍”(double your pleasure, double your fun),但是算术的尺度在快乐和痛苦的问题上似乎根本行不通;而藏身于“快乐的”中的平均值标准,则似乎总与快乐无关,快乐在其一般性上摆脱了一切限制。斐勒布并不理解较多与较少不可分割,他回答说,快乐属于那些容纳较多的事物——仿佛较少就不能成为快乐的特征。斐勒布辩称快乐不可能完全为善,除非它天然拥有无限的数量[其多样性]和强度[或曰“较多”]。他的意思或许是快乐的不确定——“此人所好,彼人之毒”——使它成为全面的善,或许是快乐之外的一切事物都是平等的,一切动物都追求快乐的增值,而这种增值要么根本没有限度,要么即便有限度,这个限度也不是追求更多的欲望的目的。无论如何,斐勒布轻易就被驳倒了。苏格拉底谈到,无限性使得痛苦成为完全的恶,因此,无限一定不是令快乐成为善的原因。苏格拉底的意思并不是说他同意毕达哥拉斯的对立项分类表:把善归入有限之下,把恶归入无限之下[否则快乐必然总是非善的];他的意思是每一类在本质上都完全中立,而且由于有限包含可度量的量,它便和无限共同拥有可度量的量。斐勒布不能理解的是,苏格拉底的尺度理论如何使生活的诸要素中立化了。具有工具意味的心智同样是中立的,它所容纳的恶并不比它所容纳的善少。

苏格拉底警告斐勒布和普罗塔尔库斯,一旦弄错思想、知识和心智所属的范畴,就会遭遇大风险,这样说时,苏格拉底尽可能地郑重其事(28a4－7)。斐勒布和普罗塔尔库斯对这条警告的反应大不相同。斐勒布认为苏格拉底把他自己的神塑造为崇拜的对象。斐勒布说:"你自己的神",意思是苏格拉底的神实际上不是人人信仰的偶像,他们这方倘若因为出言不恭犯下错误,那也没什么大不了的。理性的神并不存在。苏格拉底没有否认斐勒布的发难,而是反过来指控他同样假装虔诚。快乐只不过是快乐,心智也只不过是心智。两者都不会让我们心生敬畏。斐勒布陷入了沉默,他拒绝回答苏格拉底的问题,他终于不再干扰接替他的普罗塔尔库斯参与讨论了。这两件事的发生几乎同时。关于快乐的善,斐勒布的理解被证明是极不完善的,玩笑间,苏格拉底就把心智捧上神坛,给斐勒布送上最后一击。斐勒布可能并不特别反对苏格拉底用快乐的神学伪装后者所支持的心智,他更反对的是苏格拉底否认快乐也可以伪装成神。欧里庇得斯的《希波吕托斯》(*Hippolytus*)开篇第一个词是 pollē[多];这是阿芙洛狄忒的话,必须通过迂回的翻译才能传达原意:"我是一个拥有不可抗拒的力量的女神",阿芙洛狄忒如是说。苏格拉底正是让这一个 pollē[多]呈现为中性。力量既不是善的,也不是神圣的。

针对苏格拉底的警告,普罗塔尔库斯的反应截然不同(28b7－10)。这个问题让他犯难,于是他请求苏格拉底充当他们的 prophētēs[代言人],就好像有神意能阻止他们犯错误似的。苏格拉底坦率承认自己是在开玩笑。他既是严肃的,同时又不那么严肃。把神引入生活意味着过于把生活当回事。那是装腔作势。然而,只要说话人并非着意为之,适度的自我吹捧仍是可以接受的,或者当听者未能洞悉话里乾坤时,说话人可以推脱自己只是开个玩笑。苏格拉底的幽默没有达到预期效果。他的问题本来十分简单,而且无足轻重,普罗塔尔库斯却把它看得很棘手。苏格拉底真有点儿让人捉摸不透。他提出心智胜过快乐,这个心智是创造性的心智,它仅仅是一个动力因,这一点并不容易理解(参见 59d1－

9)，比较而言，假如他真想让心智在宇宙论上成为这样一种原因，以致后来在玩笑间把它等同于宙斯(30d1)，可能还更容易让人接受。这里的自夸和玩笑来自于悲剧和喜剧元素的混合，它们拒不接受任何轻松的解决方式，但普罗塔尔库斯和斐勒布两人都没有察觉到。于是，我们不由怀疑，心智的问题是否真的如同生活的悲剧与喜剧问题一样被复杂地呈现出来，除了以神圣或非神圣的方式对待它之外，是否就没有其他的方式去了解心智中的危险。毋庸置疑，这意味着斐勒布并不具备将两个极端中和为一种平庸的混合所需要的辨别力。斐勒布看透了苏格拉底的神，却看不透他自己的神，普罗塔尔库斯倾向于径直接受苏格拉底所说的一切，比之斐勒布，他显然是一个更好的同伴。信奉无限的人发现苏格拉底夸大其词，这实在颇为有趣，但也只有推崇无限的人才能够如此迅速地把平均值标准应用到其他任何人身上。

我们很难准确把握苏格拉底的语气(28c2－9)。他首先问普罗塔尔库斯是否 ontōs［真的］让他那夸张的玩笑弄糊涂了；然后他又保证答案很简单，他说，所有聪明人都异口同声地宣称心智是我们的天地之王，这样说 ontōs［实际上］是在赞美他们自己。聪明人似乎没有开玩笑，他们的智慧和天地之王的智慧一样令人景仰。苏格拉底的意思应该是，他将像斐勒布对待阿芙洛狄忒那样对待古人的心智。正如斐勒布在快乐中看到了阿芙洛狄忒真正的名字，苏格拉底用阿那克萨哥拉物理学(Anaxagorean physics)的观点判定心智属于原因一类(30d6－e2)，这一推导方式十分随意，一点儿也不严肃(30e6－8)。如果不是苏格拉底冒险闯入他未曾严肃对待的宇宙论，我们就不会发现心智是一种原因。普罗塔尔库斯的确把玩笑当了真，同时这也解释了苏格拉底为什么会对其起疑。为了明确心智的作用，他求助于日月星辰那可见的秩序(28e2－6)[①]。他对事

① 我们不禁联想到泰阿泰德通过观察来客的面容，就下判断说存在着一种由神意决定的宇宙顺序(《智者篇》265d1－4)。

物可知的顺序一无所知，但令人困惑的是，他怎么会不知道群星的分布显然是任意的呢（参见《蒂迈欧》39d1-2，40a6-7）？在这一点上，普罗塔尔库斯同斐勒布对待快乐的态度一样，都很教条。他提出，苏格拉底根本不能说非理性的任意存在支配着一切，否则就是渎神，这话未免有些过头。他让苏格拉底自由自在地讨论，不必担心求证过程多么冗长，是因为对于那些他认定不值一提的问题，他已经有了确定的答案（28c9，d4-5，e8-9）。也因为此，在思考的严肃劳作中，关于宇宙论的闲谈可谓片刻的闲暇。心智的确立正是为了让普罗塔尔库斯快乐。普罗塔尔库斯的快乐中或许夹带着某些反感，即反感苏格拉底贸然引入不存在争议的问题，但对我们而言，苏格拉底草草消除了对立，这一点才更叫人恼火。

苏格拉底两次使用了副词 ontōs［真正］。两种情况下，他都将现实施于经验，一是苏格拉底以夸饰的口吻说话时，普罗塔尔库斯的真实感受，一是古人畅谈天地时的真实行为。Ontōs 是口语用词，在亚里士多德的著作中它出现过一次（《优台谟伦理学》［*Eudemian Ethics*］1238a19）。它的常见用法与苏格拉底此处的用法一致，似乎与 kata noun 同属一类。心智的问题在普罗塔尔库斯那里表现为体验困惑。他的真实感受与事物可见的秩序截然不同。存在之物的现实在某物存在这一问题的现实中得到呈现。因为存在是一个问题，是一种影响。假如 ontōs 不是口语用词，而是重新获得了字面意思，那么它对我们而言就不再是真的了。①当普罗塔尔库斯对他本人的体验闭目塞听时，我们注意到发生了

---

① 在《智术师》（236c9－237a3）中，泰阿泰德漫不经心地提到了关于言语中的映像问题。来客称智者"真的"（ontōs）令人惊异，很少有机会一睹真容，因为他已经脱离轨道（aporon），滑入到制造映像的范畴，泰阿泰德于是回答说：eoiken。如果这里的 eoiken 是口语（"很可能"），那么它对应的便是来客说的"ontōs"——正如他所重复的，他们"真的"在进行一种绝对困难的质询。但是来客怀疑泰阿泰德是否明白他在说什么，因为如果从字面上理解，eoiken［类似］就是 ontōs［真的］的映像。Ontōs 本身却不是"真的"ontōs：ontōs 是言语中的 ontōs 的映像。

一些变化,但情况并没有就此持续下去。普罗塔尔库斯认可心智安排了日月星辰,可苏格拉底还没有把心智说成是制造者。普罗塔尔库斯接受了行星的数学模型,其中既没有任何物理学,也没有任何善。在别人的教义基础上继续发挥是安全的,但普罗塔尔库斯愿意放弃这种安全,假如像他一样的聪明人 deinos [糟糕地] 宣称,所谓的宇宙整体实际上一团混乱,他也愿意承担责难。他没有意识到,这个糟糕的聪明人就是苏格拉底(见 57d4),苏格拉底会发现,只要存在之物永远恪守不变,让普罗塔尔库斯同意整体混乱其实并非难事(58e5 - 59b3)。对于正在发生的事,普罗塔尔库斯从未真正理解。

接下去,苏格拉底谈到了一切动物的身体(29a9 - 11):“我们当然看到有火、水、空气,还有那些在风暴里挣扎的人们大声疾呼的“陆地[土]”,这些都是它的 sustasis [构成物]”。苏格拉底列举了前苏格拉底的三个要素,然后又加上土,仿佛他们是突然瞥见它,并大喊“陆地!”sustasis [构成] 一词的另一层涵义“扰乱”(disturbance)随之凸显出来。普罗塔尔库斯的反应非常强烈:“kai mala [的确]。就眼下的讨论来说,我们 ontōs [真的] 陷入混乱的风暴里了。”普罗塔尔库斯承认他确实体验到其他人所说的混乱。他正处在混乱的风暴中,这的确不假。苏格拉底把前苏格拉底的要素与我们对其中一种要素的体验结合起来(倘若他假设的情景是一场火灾,那么他可能会改说“水!”),这让普罗塔尔库斯再度陷入茫然,因为曾在言语中进行的冒险如今变成了一场真实的体验。只有在风口浪尖上,我们才对土产生纯粹的体验;只有在那时,宇宙的要素之一才会被体验为善,并且这不是借由理性的言语,而是通过没有句子结构的单单一个字眼来表达的。于是,土赢得了一个惊叹号。然而,在日常经验中,我们不会面对任何孤立的事物,一切都是混合的,每个组成部分都是不纯粹的、低级的。也就是说,尽管在完美的秩序中,每个元素都纯而又纯,拥有自足的力量，我们却无法生活其中。于是，只要较多与较少的无限发挥作用，干燥就是较干燥或不那么干燥，湿润就是较湿润或不那么湿润，热就是较热或不那么热，冷就是较冷或不那么冷；但是，只要无限不起作用，较干燥就会变成最干燥，至其极致化而为土，较湿润就变成最湿润，至其极致化而为水，较热就变成最热，至其极致化而为火，较冷就变成最冷，至其极致化而为气。[①] 那么，对我们而言，如果世界不是由偶然性支配的，无限就必定是心智的结果。只有通过心智在宇宙中运作，才会驱逐限度。当我们被偶然性控制时，限度对我们而言是善；其他时候，它就和纯粹的心智一样外在于我们的体验。只有把心智定为动力因，无限才会作为它的产物出现，因此，对无限的救赎需要通过宇宙论实现。这样一来，倘若像斐勒布一样，因为快乐具有无限的特征而选择快乐，就等于选择了伪装后的心智。[②]

毋庸置疑，苏格拉底引入四种元素的方式是有趣的，但这让我们意识到，要存活下去就得削弱它们的力量，如果心智构成原因，那么它必然已经通过无限把可度量的量稍带给我们。对于原因分析而言，随之而来的第一个结果就是区分两种尺度，把我们必然需要的那个尺度放到无限这边来。这样一来，心智就真的变成事物的排序者、安置者。它已经区分了大的最高级和小的比较级，我们只得甘拜下风。心智大规模地发挥作用时，它会使不同元素彼此区分、不相混合；小范围地发挥作用时，它会维持混合的状态、反对将不同元素分开；那么，此时是否还存在一个一致的宇宙论，就显得颇为可疑了。我们并不是要得出结论说，我们的世界不受心智

---

① 《斐勒布》全篇出现了约 150 次最高级，其中几乎半数集中于最后一次提到无限的部分(52c6)。

② 无限的善相当于《蒂迈欧》中的必然力的善，倘若没有善，心智会促生出秩序，但不能促生出井然有序的整体，因为心智和必然力都不能完全成功地在空间和时间上将三种元素分开，于是促成了三种元素之间的相互交换。

影响，我们的意思也并不是说，无限尽管在天上吃了有限和心智的败仗，但它自己还是在这里确立了一种随机的秩序。苏格拉底的话似乎在深层意义上存在混乱。正如这些元素中的每一种在我们身体中虽然都微不足道，在宇宙整体中却一变而为宏大壮美，我们看到并称之为身体的复合元素也与我们称之为宇宙的事物对应，宇宙由同样一些元素组成，因此宇宙同样也可以视为身体(29d7－e3)。尽管苏格拉底使用指示代词“这”来指称此处的宇宙，他并没有像普罗塔尔库斯那样说我们看得到这种秩序(28e3)。我们看到天和地，却看不到它们的统一，也就是名为宇宙的事物。[①]“宇宙”一词给一种洞见贴上标签，即整体的结构不可被视力所见。只有当“宇宙”一词不指大地、专指天空时，“这个宇宙”才是可见的，才是一个身体，普罗塔尔库斯似乎就是在该意义上使用这个词的。然而，如果用“宇宙和大地”代替“天空和大地”，那么这个词组的组合结构就不会推导出，人间的任何事物在天空中都有其高级对应物。于是，苏格拉底需要“宇宙”一词隐含的可以通过智力获知的结构，但他无法得到这一结构，因为在获得可理解性的同时，他失去了他同样需要的宇宙的身体。

苏格拉底接着引入了灵魂(30a3)。我们说身体拥有灵魂，但只有从灵肉统一体中单独抽取出灵魂，我们才会得到它，它和我们有生命的身体一样，却在各个方面都更美(30a5－7)。于是，我们拥有灵魂的原因似乎在于宇宙的灵肉统一体，而不在于心智，尘世生活并不具有六种不同的来源，而是只有一种；无论四种要素和身体通过什么样的因果关系循环得到解释，一旦宇宙变成一个单一有序的整体，这种解释就不充分了。不过，此时苏格拉底所言并不统一：一方面他说这个原因提供灵魂，并提供一切技巧保养及治疗

---

① 蒂迈欧一开始同样不能将“宇宙”与可见之物分开(《蒂迈欧》28b2－4)；同样的混淆也见于《治邦者》269d7－7；《理想国》509d1－4。

身体，我们可以推论，这个原因也在天空和天空的绝大部分发挥同样的作用；另一方面他又说，智慧和心智为有限和无限安排顺序，把它们编入年、季节和月份(30a9－c7)。在后一种情况中，苏格拉底完全无视身体，他只是根据心智不可能脱离灵魂产生，而将灵魂附着于心智。于是，他又回到了宙斯和其他兼具灵魂和心智的众神。阿芙洛狄忒似乎也位列“其他众神”当中，因为此处他再一次提到应该以众神喜爱的方式称呼他们(30d1－4；参见12c3)。究竟是诗歌还是哲学为心智的统治提供了依据，苏格拉底并不关心。但两者不能一概而论。实际上，从身体转向拥有灵魂的身体后，严格来说我们还从未接触过心智，而是仅止于所谓的“智慧”，因为只有智慧才关心身体；从有限与无限转向安排并制定天空秩序的智慧和心智，[在这一过程中，]我们的确获得了灵魂，只不过是没有身体的灵魂。上升的路和下降的路不是同一条路。下降的路带来神，而神是一切美丽之物的原因；上升的路则发端于担忧和对世事茫茫的惶恐。此种对无限和有限的体验与其原则最初呈现的方式相反，在最初呈现那些原则时，苏格拉底掩盖了有限中的二元性，忽视了无限的善。等到引入身体后，它们发生了突然的反转，以如此[激烈]的方式把原因的作用分裂开来，以至于假如不对原因的概念进行修改，整体就不再成其为整体，或者假如天空与大地继续保持两分，我们将不会再从天空的秩序中得出心智是一种原因的结论。

困难的根源在苏格拉底未能成功地考察灵魂及其与心智的关系。然而，我们斗胆提出如下建议。苏格拉底考察有限、无限和混合的内容仅仅描述了人的灵魂对身体和非身体的体验。心智与非心智的混合物是灵魂。假如真是这样，苏格拉底在关于季节的叙述中竟无视各部分的比例、混淆较热与过热，甚至把普罗塔尔库斯随口说出的 sphodra[完全]信手拈来，就好像这个词不曾将心智带入无限一样——所有这些都将能得到解释。这样一来，心智和灵魂就会在体验的无差别混合中共同得到呈现，我们并不知道其中运作着两种不同的尺度，而且它们必须轮流充当选择任何一种生活的基础。因此，当苏格拉底向这种混合的原因提出质询时，他就已经弄错了，因为那样一来，灵魂就好像不再是本来固有的，反倒成了派生的。错误在于他把关于事物本然状态的的具象分析当成了事物如何生成的发生分析，以期一定要给类目的混合找到一个原因，而实际上，这些类目从未分开过。在把生成同化为制造之后，这个错误变得更严重了，于是生成和消逝（passing away）不再构成一个对子。普罗塔尔库斯的虔诚令这个错误加剧了。他对苏格拉底提出的任何问题都没有认真思考，未能认识到 ta onta［真实的东西］对我们而言必然是 ontōs［真实的］体验。①

如果我们按照苏格拉底的示意，认同将心智确定为原因是开玩笑，那么，关于四类元素的对话至少是一段漫长而严肃的讨论。前面在描述事物如何汇聚起来时，氛围仍是轻松的，但紧接着他们就开始绞尽脑汁，要把事情阐述清楚。这仿佛暗示了一种生活，其中认真和快乐的思考相互交替，却似乎并不能构成一个整体，哪怕它贯穿整个理智的生活，并导致了其特定的一张一弛的节奏（参见《蒂迈欧》59c5－d2）。乍看起来，这种节奏的确表达了我们理解的

① 现在看来，苏格拉底此前一段让人疑窦丛生的话似乎可以得到解释。在征得普罗塔尔库斯同意我们有生命的身体源自于统一的世界身体之后，苏格拉底接着说："普罗塔尔库斯，这是因为这四类——有限、无限、有限与无限的结合，以及作为第四种而存在的前面三种的原因——一方面为在我们人类当中的事物提供灵魂……尽管同样一些事物存在于整个天空……但我们不能认为这并未在它们当中创造出最美丽、最荣耀的事物类型。"（30a9－b7）。这个句子的句法前后不一致，前半部分的主语是"这四类"，后半部分的主语变成了"这"，但如果"这四类"等同于"这"，和灵魂的"元素"，其中包含原因的属类，促生出生命（灵魂）和每一种智慧，那么句法上的不一致就能讲通了。照此理解，苏格拉底的问题就变为：灵魂是否必然也是某种在宇宙论上不可化约之物。如此一来，我们会说苏格拉底对诗歌与哲学的冷漠态度与亚里士多德并无不同，后者拒绝接受古老传说中的一切修辞成分，但同时却保留了把神当作最高存在的传统（《形而上学》1074a38－b13）。

紧急(urgent)与重要(important)的事物之关系，但奇怪的是，心智和灵魂在统一体中的位置代表休息和放松。这可以说纯属意外，完全是因为普罗塔尔库斯的教条主义：对于我们坚信不疑的事物，我们都能轻松对待。假如没有安全网，玩笑就开不起来。在普罗塔尔库斯这里，这张安全网是由心智编织成的一张神圣的大网。我们可以称其为普遍的神意：普罗塔尔库斯并不反对用奥林匹斯众神的名字去命名它。也就是说，对普罗塔尔库斯而言，宇宙论问题已经解决了。正因为此，理智的生活对他而言不是一种真正的可能性。没有不可解决的问题。一旦牡蛎和水母被淘汰出局，快乐的生活里就只剩下不同程度的理智。于是，我们不得不追问，如果拆除普罗塔尔库斯的安全网，“众神”(不管怎样理解他们)不再支持灵魂与心智，人对原因一无所知，同时人对灵魂和心智优于身体和偶然性的信心也荡然无存，那时的生活会是怎样呢？普罗塔尔库斯和苏格拉底对待这个问题的区别相当于第一次与第二次航行之间的区别，苏格拉底试着把两次航行混合又分开。对第二次航行的具象分析止于三，对第一次航行的发生分析继续到四，并令苏格拉底显得滑稽可笑——他本人并不否认这一点(23d2)。实际上，要超越具象分析的限制就要面对单子的问题，正如普罗塔尔库斯承认的那样，相对单子问题，心智的因果关系只是一个有趣的替代品。然而，灵魂存在于具象分析的三与发生分析的四之间的某个过渡阶段。正是灵魂将苏格拉底的哲学与阿那克萨哥拉的心智区分开来。苏格拉底暗示，阿那克萨哥拉过于仓促地从三走到了四。①

---

① 普鲁塔克(Plutarch)指出，在《斐勒布》中，柏拉图把无限(apeiria)归属于拥有灵魂的存在物(《论〈蒂迈欧〉中灵魂的起源》1014D-E)，这一看法颇有见地。

十、七个层次

(31b2 - 47d4)

在总结中,苏格拉底没有提及灵魂,于是只剩下心智与原因类似,并且[与原因]“几乎等同于一个属类”(31a8)。但是,如果心智不能离开灵魂存在,那么快乐也同样不能离开灵魂存在,而两者又都隶属于混合(参见 31b2)。普罗塔尔库斯又一次发现,他很难理解共同的一类。他知道健康与和谐属于这一类,但快乐与痛苦不在其中。他不能在快乐本身与快乐和痛苦的 genesis [发生] 之间做出区分,他没有认识到,快乐非但无始无终,而且也没有中点。于是,存在与生成的区别已经昭然若揭,生成不再只是发生,它同时也是衰亡(corruption)。自然暗中重新赋予其固有的二元性,它不再以制造(making)为模本。“快乐”在本质上是无限的,它不是对快乐的体验,它要么是斐勒布的女神,要么是从关于快乐的全部真理中获得的某种抽象概念。快乐的本质是无限的——无始无终,也没有中间点——倘若苏格拉底对快乐的这一描述反映出较多与较少的特征,那么,按照苏格拉底的意思,“较少”从不意味着无,“较多”从不意味着全部。[1] 在第三十分钟时,总计长达一个小

① 比较费曼(R. P. Feynman),《物理学讲义》(*Lectures on Physics*, Reading, Pa., 1963),1:5:“当我们降低[水的]温度时,[原子的]震动就会减少直至化为零,这里存在着一个原子震动数量的最小值,它不是非零(not zero)。”

时的快乐并没有到达中间点(参见亚里士多德《尼各马可伦理学》1174b7-14)。快乐实际上不是从一个点到另一个点的过程,无论快乐具有什么样的结构,它都能从中获得补给,但口渴缓解后,快乐也就结束了。于是,快乐在本质上是一种可变的无向量,在genesis［发生］中却变成了一个向量。斐勒布清楚地认识到快乐是无向量。快乐没有形状。它的表现方式是“啊……哈”和一串笑声。它和签名一样独特,但从某种意义上说,它仍然难以辨认。因此,快乐是无限的,它不是体验到的事物,而是人们把它同引发它的条件独立后所面对的存在之物。笑声与引发笑声的事物是不同的,听到笑声并不会让我们了解笑话的内容。如果快乐无法自然在体验的结构中任意浮现,快乐的生活就没有意义。尽管卡利克勒斯压根没有提到任一项快乐,但我们都明白卡利克勒斯会给出什么样的建议。

苏格拉底提议考察心智和快乐分别存在于何物当中,它们各自又是基于何种pathos［体验］而产生的(31b2-4)。这里的“何物当中”是很清楚的:或在我们当中,或在拥有灵魂的身体当中,或在灵魂当中。但究竟是什么体验促成了心智,这一点至少并非同样清晰,因为原因不会直接促成心智的发生,而是需要某些体验的参与。人们往往动辄把快乐和痛苦视为这样一种原因。苏格拉底曾将身体出现问题与医药的发明联系起来(30b2)。此刻他提议从快乐和痛苦开始,然而,实际上他却是从本质(nature)开始的,只不过这是既没有身体也没有灵魂的本质。在描述他称之为快乐与痛苦的第一eidos［种］时,“本质”(phusis)一词出现了七次,然而,灵魂介入后,“本质”就消失了,它不再被用来描述体验,除了出现于短语“诸善的本质”(the nature of the goods,32d6)当中以外,在希腊文文稿里,它再次露面是在十七页之后,那时苏格拉底又重新返回他的第一类(42c9)。也就是说,苏格拉底回归具象分析意味着体验的字母以此种方式孤立,只有当拼写被发声时,体验自身才恢复。本质的首字母是不发音的。

1. 本质(31d1－32b8)

逐字翻译的话,苏格拉底此处是提醒普罗塔尔库斯运用他的 nous［心智］。这样他就会注意到,和谐——普罗塔尔库斯认为和谐表现了混合一类的特征——消失后,会有什么情况发生。由此产生的痛苦与其说是动物的痛苦,不如说是普罗塔尔库斯的痛苦,动物的意识在痛苦的生成过程中不起作用,普罗塔尔库斯因目睹一切美丽之物的崩溃而痛苦。实际上,用水灌溉干涸之地的力量就是快乐,同样,使炎热降温或者把严寒驱散的力量也是快乐(32a1, 3, 7)。此外,正如苏格拉底指出的,本质的消解与痛苦的生成同时发生,但二者共时发生需要这样的前提条件:要意识到生成总是从发生到 ousia［存在］,并且相应地否定存在中有着动物不曾察觉的不规则变动(较多与较少)。也就是说,本质实际上仍然是一种缺乏弹性的人造物,至少感觉上如此。对完美秩序哪怕一丝一毫的悖逆都会导致痛苦,而每一次回归本质都会带来快乐,快乐在回归那一刻重新开始。很显然,当快乐伴随着复元如潮水般涌入时,痛苦会瞬间消失。这种反向运动一旦开始,消解的痛苦就会无影无踪。苏格拉底承认,回归本质是符合本质的(本质既是旅程,又是终点),但他似乎并不认为饥、渴都是本质的,因为他把严寒与酷热说成是反本质的(32a2, 6),而且不动声色地把饥渴归入同类。这样看来,他的陈述与提议不符,他最初的提议是,考察快乐与痛苦在共同的属类中的自然生成(31c2－3)。本质向一侧倾斜。填充令人快乐,排空则与之相反。他的系统中不存在浪费。假如我们把苏格拉底陈述时的各种夸饰放在一起,那么痛苦就代表普罗塔尔库斯假定的自然之我(natural self)的消解,而快乐则代表我们回归从未真正获得的统一的体验(参见《蒂迈欧》81d4－

e5)。快乐远非一种善，但它会指向我们信以为善的事物，即身体的元素混合在一起，甚至已经不再需要意识。快乐是无限的，它既是向量又是无向量。它伴随着自我的复合，这暗示出自我成为统一体的意义。不过，一旦将第一类中 empsukhon eidos［拥有灵魂的种类］区分为身体和灵魂，这个统一体就不复存在了，不容否认的是，这种想象性的满足会在我们的回归体验中留下痕迹。

2. 期望(32b9－33c4)

苏格拉底描述的第一种快乐，似乎是普罗塔尔库斯最初选择的快乐的翻版，无论有没有灵魂，我们都不可能得到这种快乐。它让我们回忆起阿里斯托芬说过的圆球人，而对于那种人，今天的人只能徒生向往。苏格拉底说的第二类是灵魂本身，如果普罗塔尔库斯没错，那么这里所指的就是与身体无关的灵魂(32c4)。对快乐事物的期望是快乐的，它带来信心；对痛苦事物的期望则是恐怖而痛苦的(32b9－c2)。于是，希望和恐惧被引入进来，它们自我运行，独立于本质的瓦解与恢复之外。原则上，任何事物都不能阻止一个人终其一生过快乐的生活，无论他是否经受暂时的消磨，也无论他是否踏上了最终的灭亡之路；同样可能有人由于害怕最终的消亡而一直生活在痛苦当中，虽然他的本质每天都会更新，但也于事无补。我们可以继续深入。一个人终其一生的期待无非是永生或永罚(eternal punishment)，永生的期望实际上引出了第一种类型中拥有灵魂的类属的实现，永罚则是因这类事物彻底毁灭以及自我本身完全异化而生出的体验。苏格拉底将纯粹的形式赋予第一种快乐，任何动物都不可能拥有这种形式，快乐的第一种类型依赖于第二种类型，它就像某些被期待之物一样，不断为生活中的种种感受增添滋味，不管多么痛苦，只要期望足够强烈，快乐就会淹没其他所有感受，封缄起本质实际体验到的一切。同样，对永罚的恐惧也会抵消伴随复元而来的任何快乐，它让人无视快乐的存在。苏格拉底把本质与灵魂并列在一起，他似乎想用本质去和众神竞争，因为第二种极端形式只有众神存在且恪守公正时才成为可能。然而，即使我们将众神排除在外，任何属于第一类的体验都会受到第二类的干扰。希望不仅会驱散口渴的痛苦，而且会放大饮水的快乐。恐惧不但会消泯饮水的快乐（“这杯水随时都会被拿开”），而且会放大口渴的痛苦（“口渴会逐渐加剧直到渴死”）。灵魂本身要么是关于身体与灵魂之关系的一种可能的真理，要么是一种可能的信仰；然而，不管它是什么，真理和谬误始终伴随着关于快乐与痛苦的讨论。“期望”（Prosdokia 或 prosdokēma）一词中包含着“意见”（doxa）。

苏格拉底将他的第一类和第二类放在一起，由此引出了两点内容。快乐的真理即无限，实际上这一点现在已经非常清楚了——不管灵魂是否乐意，它都可以促进或抑制快乐——非限定（the nonlimit）和无经验的（the inexperienced）双关语因此得到了更进一步的确定。灵魂不是受到有限束缚的无限，它不需要体验不受束缚的希望和恐惧。相应地，既然问题最初产生于灵魂提供快乐的能力，苏格拉底便建议说，第二类会确定快乐是否整体上为善，或者即使快乐并不是善，但快乐和痛苦有时也会容纳善的本质。第二类的快乐与痛苦与第一类的快乐与痛苦不发生混合，它代表着快乐和理智的初次混合，由于普罗塔尔库斯选择了混合的生活，问题便只能由此引出。一旦快乐和理智发生混合，我们就无法再纯粹地体验第一类快乐，纵然能够纯粹地体验，它也不会成为可能的选项，因为虽则一个人会为了体验复元的欢乐而选择衰亡的痛苦，他做出选择时仍然不可能不抱有希望，也就是说，他不可能不期望经由痛苦而获得欢乐。这样看来，第一种类型必然不是通过计算产生的，它只能借助至高的美德才能由理性动物重新获得。实际上，这样的人必须摒弃希望。任何苦难都不会促使他思量更糟或更好的情况。他从不关心下一顿饭或下一口水在什么地方,假如没有计算可能的机会,并对快乐与痛苦心中有数,他就不会费心追求一般人都需要的事物。托尔斯泰(Tolstoy)笔下的普拉东·卡拉塔耶夫(Platon Karatayev)最接近这个绝望的形象。苏格拉底假定他的第一类对构成部分的分解与凝聚十分敏感,然而,一旦身体和灵魂取代了动物理想的统一体,灵魂就会独自进入无限,不再与身体相关。于是苏格拉底向普罗塔尔库斯提出的问题发生了置换。普罗塔尔库斯会在头脑中(in the head)选择快乐的生活吗?"在头脑中"的意思要么是指想象,假如普罗塔尔库斯关于灵肉分离的看法是可能的,要么是指极端错误的意见,假如为了符合某种前在的系统,需要重新安排每一份"真的"体验。这个问题所质询的便不是人们是否以这样的方式生活,而是人们是否能够选择这样生活。它实际上是在询问:善的选择是否必然是真的选择(参见《理想国》505d5－10)。

普罗塔尔库斯已经选择了混合的生活。他同时选择了这种生活的前提,也就是一个拥有灵魂的存在,其中的有限束缚着无限。如果快乐总是伴随着重构的运动,而痛苦总是伴随着解构的运动,那么普罗塔尔库斯选择的拥有灵魂的存在就处于一种绝对中立的状态,他真正做出的选择是衰亡与再生。为了获得通往存在之路,普罗塔尔库斯选择了通往非存在(nonbeing)之路,但之所以会出现如此截然的对立,原因是我们假定任何 genesis [产生/起源] 都会终结于存在,同时假定一个动作的完成并不会引起后面的骚乱。无论如何,根据这种假设,苏格拉底可以表明中立的状态与理智的生活一致。如果动物不生不灭,理智实验从理智的生活中提取的快乐与痛苦就不会存在。这样的动物只能是神,因为,如果动物必有一死,genesis eis ousian [生成的存在] 就不可能为真,不断的衰亡才是永远的进行时。复元从来都不是完全的,而且有朝一日总会陷入停顿。当普罗塔尔库斯拒绝纯粹的思考时,他也就拒绝了这种状态。他没有选择神的生活，但正如他所说的，我们并不清楚其他人是否会做同样的选择。假如他是正确的，而且其他所有人都和他立场一致，那么人类选择的善将必然和众神代表的真脱离。不管怎样，我们不能不注意到，理智的单子被驱逐后，众神实际上摆脱了限制，不断返回并出现在人类的生活中。斐勒布和苏格拉底一开始犯的错误，即忽视无限中的多而假定其为一，似乎是人类不可避免的错误。人类总是一开始就犯错。他们甫一抬足，就走到了人性的反面。

3. 身体与灵魂(33c5 - 36c2)

一开始，苏格拉底谈到一类完全属于本质的快乐，这种快乐不承认身体与灵魂的分裂；接着他又描述了第二类快乐的特征，认为它完全属于灵魂；最后他回到第一类快乐背后的假设，也就是如果一个动物不生也不灭，非此又非彼，那它既不会感到痛苦，也不会感到快乐。但随后他试图把第二类快乐与第一类连接起来，他想单独从灵魂开始谈起，让身体与灵魂结合。当重新谈到第二类快乐时，他宣称它全部是通过记忆实现的，普罗塔尔库斯表示难以理解，他承认他们必须先弄清楚记忆是什么，而在此之前首先要研究 aisthēsis［感觉］。苏格拉底不系统地走上了一条系统之路。（我们不禁回想起他最初分析“一切存在之物”时犯下的错误。）苏格拉底显得有些鲁莽，并且不得不自食其言，这似乎是由两个相关的原因造成的。在苏格拉底向我们表明自然地回归本质几乎不可能之后，他希望确立灵魂相对于身体的优先性和优越性，而这种等级上的优先性似乎［首先］是时间上的优先性，身体和感觉排在了灵魂之后。令人惊讶的是，未加限定的记忆跻身于苏格拉底起初规定的一系列善的事物当中。此处第一次显露出苏格拉底对灵魂怀有帝国主义野心，他以它的名义打响了一场难以维系的战役。亚里士多德区分了物理学家和逻辑学家——对后者而言，愤怒是指洗净所蒙冤屈的欲望；对前者而言，则是指血液的沸腾——苏格拉底必须用生理学来研究感觉（它是一种动作），但他随即把生理学抛之脑后，换成了逻辑学家。灵魂不是一种高度组织化的和谐，并非任何“动作”都对它的整体性构成威胁。当本质在衰亡中解体，或在复元中凝聚时，灵魂并不会相应地发生任何变化。灵魂是为变化而设计的，本质则不然。

苏格拉底用本质替换身体和灵魂时，承认自己夸大了衰亡与痛苦的一致。有些身体的感受仅止于身体，不触及灵魂（33d2－6）。因此，身体可能会变得较干而不渴，如果在产生口渴的感觉之前先喝些水，快乐就不会伴随这种本质的回归产生。有时候，灵魂不受身体中的任何事物影响。对灵魂而言，这些时刻代表着本质的较多与较少，因为尽管在这种时刻下，它的结构要么导向本质的和谐，要么背离本质的和谐，灵魂对于其方向仍一无所知，也并不了解快乐终止后的情形。相比苏格拉底的第一类快乐而言，这幅图景似乎要容易接受得多，但它仍然拒绝承认排泄（evacuation）的快乐。在中性的较多与较少之外，我们还必须加上一个更为广大的较多与较少，其中释放的欲望不会与体液的流失相关。关于欲望的描述对饱胀之后的清空不置一词。人的性欲同动物一样不会满足。阿芙洛狄忒势必身价大跌。

苏格拉底承认，身体经历的某些事情，灵魂并不知晓，但是他不认为那些灵魂并不知晓之事，灵魂会和身体一起体验。灵魂对每一分与自身相关的变动（seismos）都极其敏感。苏格拉底故意把未曾留心等同于 anaisthēsia［无感］，同样把未曾留心的反面等同于感觉（sensation），他只是警告普罗塔尔库斯不要将未曾留心等同于 lēthē［遗忘］；否则他将不得不改变所用的术语，而把 lēthē，也就是记忆的偏差，称为“无感”。感觉成了一种双重否定：它是遗忘的反面（not-lēthē）。Not-lēthē 在希腊语中是 alētheia，即“真理”。那么，苏格拉底为什么让我们在最低层次的感觉上注意真理呢？他显然要使真理成为快乐与痛苦的组成部分，臆测产生的错误——“我很高兴看到阿尔喀比亚德(Alcibiades)”——尚未成为可能。

苏格拉底给普罗塔尔库斯的警告是，不要把未曾察觉当成遗忘，而这要求苏格拉底在给金钱下定义前，首先定义什么是健忘。苏格拉底警告普罗塔尔库斯不要错把主动的 lanthanein 当成被动的 lanthanesthai，后者的意思的确是“忘记”，他假称普罗塔尔库斯把 lēthē 称为“无感”，而实际上，lēthē 的意思从来都不是“未曾察觉”，而仅仅是“遗忘”。苏格拉底提出一个多此一举的问题，然后又给出解决方案。他使本来无动于衷的普罗塔尔库斯对某种含混性变得敏感起来。苏格拉底让我们认识到，普罗塔尔库斯原本会蒙受损失，尽管他从未将其视为一种损失。这样一来，某些本来会触及普罗塔尔库斯的事物将会同他擦肩而过，就像此前普罗塔尔库斯承认的，他没有注意到苏格拉底已经回答了他自己的问题(30e4 - 5)。这样看来，Alētheia [遗忘的反面] 就不再那么简单了。它既包含我们不能不留心的事物，又包含稍不注意我们就会错过的事物。这种双重结构似乎能弥补苏格拉底已然忽视的一种可能性，即灵魂未曾实现的影响力。然而，苏格拉底给感觉下的最终定义中没有保留这种双重性：感觉仅仅是对发生在共同体中的共同运动的单纯体验(34a3 - 5)。根据这个定义，苏格拉底最初表述中的双重否定消失了，因为任何一种身体体验都不能不通达灵魂。

苏格拉底的两套描述相当复杂，初看起来似乎并无必要，但从后文来看却自有其意义。苏格拉底希望证明欲望只隶属于灵魂。当他提议考察欲望——它是什么，它从哪里来时，普罗塔尔库斯表示同意，并且说：“这不会有任何损失。”苏格拉底纠正他说：“不，不对，普罗塔尔库斯，至少我们会失去一些东西：一旦我们找到正在寻找之物,我们就会失去对这些事物的困惑”(34d5-6)。苏格拉底说他们会失去困惑,也就是说,他们将失去一个问题,获得一个答案。答案是一种 poros［方法］,提出问题则显示出他们 aporia［没有方法］。有所失去并不意味着两手空空,而失去有所失去也未必意味着完满。被阻挠对应着没有灵魂的身体的体验——灵魂不会失去任何东西;困惑不解对应着对双重否定的感觉的体验,在这种感受中,我们通过一个问题把已知和未知的东西一起清楚地表达出来。普罗塔尔库斯不知道这个问题,因为他不清楚苏格拉底在做什么。他的脑中一片空白。然而,苏格拉底既不是空,也不是完满,他解决了欲望从何而来的问题,却忘记了他此前的情形。因此,一个人极有可能失去他不曾有过以及从未有过的事物。至少,灵魂会渴望它不曾拥有的事物。这样看来,欲望在产生时虽然与身体所处的情形相悖,但它不必为了记忆中的完满而与当下身体的空虚冲突。欲望可能是对痛苦的一种认识,以及想要摆脱这种痛苦却又不知如何摆脱它的渴望。即便认识到了欠缺,有所欠缺这个事实并不会随之促生出欠缺的部分。于是,当苏格拉底称,一个人必须记住他已经脱离的状态时,他是在说大话。这样一来,他就把他的第一类的本质的模本变成了一种由记忆激发的欲望对象,然而这一本质永远也不可能被记住,因为一个人只能记住他在灵魂中体验过的事物,而苏格拉底承认,当第一类的本质处在和谐状态时,灵魂是没有感觉的。难道他是在暗示,人渴望像昔日那样成为神吗?

苏格拉底指出了记忆和追忆的区别,这一区别表面上看来与论证过程无关(34b2)。记忆是灵魂曾经和身体一同感受到的事物,当灵魂撇开身体,在其自身范围内,独自重新上下求索它所失去的关于某种感觉或某种知识的记忆时,追忆便产生了(34b6-c2)。灵魂如何才能重新获得它完全失去的事物,苏格拉底并没有解释。很可能,要么灵魂中必须留存着记忆的痕迹,要么灵魂处在暂时 lēthē［遗忘］的状态，并且这种遗忘还必须真的未曾留心记忆的存在。那么，记忆的恢复将意味着对未曾留心的否定，也就是 altētheia 或真理（参见 52b4）。同样，追忆必然是一种双重的否定，正如当一个人不再无视他以前未曾留心的事物时，感觉也几乎同样是一种"真理"。不过，仍然不确定的是，欲望——它与我们当下所处的状态相反——当中是否包含着记忆或追忆。如果其中包含的是记忆，那就意味着我们必须记住不曾体验的事物（第一类弃绝感情的本质）；然而，如果其中包含的是追忆，我们就会得出，某些事物尽管不为我们所知，却仍是真实存在的，这一朝向真理的运动部分地揭示出问题所在。从表面上看，苏格拉底辩称灵魂渴望既没有快乐也没有痛苦的状态。灵魂期待本质的复元。然而，苏格拉底实际上对此心存疑虑，他迫使我们注意对话和对话的论证之间的平行或非平行关系。对话监控着论证，以灵魂与身体的关系为例，对话好比灵魂，论证则好比身体（参见 64b6－8）。尽管论证将身体与灵魂分成空虚与关于完满的记忆，对话却分裂为无知和对无知的认识，并暗示后者才是欲望的真实结构。与此同时，它还暗示出，尽管欲望实际上同问题具有相同的结构，但它在自身的混乱中可以通过虚假的满足感获得满足，并相信可以借由记忆去认识不认识的事物。

4. 真实的快乐和虚假的快乐

到目前为止，苏格拉底的字母表包含两个音素和一个音节：本质的辅音，其结构总是在感受中被修改；灵魂的元音——期望——以无限的力量去辖制、或至少改变辅音的感受；此外还有前两个音的音节，它决定着生活的变化以及快乐和痛苦的双重体验。在苏格拉底的初步表述中，欲望并不属于快乐，它的行动完全不受意见限制，然而，在关于音节的表述中，却存在着一种快乐的记忆，它会终结丧失的痛苦(35e9 - 10)。这种记忆的内容只可能是一种朝向圆满的运动,从而可以说是一种相对的完满。相对完满带来相对空虚,身体在变得空虚的过程中是相对完满的。较多和较少在身体中充分发挥作用。这样一来,欲望所渴望的就不是与身体当下体验恰好相反的状态,而必然是空虚和完满之间的比例变化。人在口渴时舔舐嘴唇,这个动作足以产生既快乐又痛苦的双重感觉,它促使欲望放大一种感觉、缩减另一种感觉。苏格拉底抛开较多与较少,从无限的类别转向混合的类别,以存在为目的的生成被错误地归入后者当中。如此一来,通过使混合理想化,苏格拉底就把欲望扭曲为阿芙洛狄忒式的欲望,它追求一种必然外在于体验的统一。借助一种我们从未拥有的记忆,身体的痛苦决定着灵魂的欲望,促使其追寻我们永远不会获得的统一的本质。普罗塔尔库斯的自我变成了一种建构。这个建构在对话中得到纠正,通过对话,问题的结构揭示了欲望的结构。早在哲学存在之前,苏格拉底就为哲学铺平了道路。灵魂从一开始就是诸多问题的结构。

苏格拉底向普罗塔尔库斯询问一种居间(in-between)状态:当一个人在体验痛苦时回忆起快乐的事物,他的痛苦也就伴随快乐消失了。普罗塔尔库斯断言这个人会承受双重痛苦:既有身体当下体验的痛苦,又有灵魂在期待中渴望的痛苦(36a4 - 6)。普罗塔尔库斯让欲望从属于痛苦,但苏格拉底却使欲望保持中立,不受任何意见的束缚。欲望不需要期待未来。可以说,普罗塔尔库斯对欲望的看法是悲观的。一切期望都令人恐惧。在对话中,普罗塔尔库斯于此处第一次赌咒发誓,似乎笃定宙斯使未来一片黑暗。普罗塔尔库斯提到了双重的痛苦,至于他所做的是乘法还是加法,我们并不清楚。如果是乘法,那么就会有一种痛苦是某个痛苦单位的两倍;如果是加法,那就意味着灵魂把它从自身之外体验到的事物与其自身引发的事物加以区分,而且它没有度量它们的大小。另一方面,苏格拉底区分了绝望(hopelessness)与看得见的希望,他认为只有前者才会产生双重的苦痛。苏格拉底此时并没有清晰描绘出看得见的希望具有什么样的结构。可以说,在看得见的希望中,我们对于未来是确信不疑的。当然,我们对于未来的知识也会同样确信不疑,不过希望在其中已经无影无踪。人的确难免绝望,不过,这种有根据的绝望很可能会屈服于快乐:我作为一个偶然的存在,会如此这般地在这样那样的时刻感到满足,这是毋庸置疑的事实。苏格拉底没限定这里的时间。倘若这发生在人喝水前的刹那,在这一秒钟装满水的杯子就放在他的面前,他可能不会有任何感觉。如果我们设想更细微的时间和空间,这种确定性就没有了基础,但它仍然不可改变。普罗塔尔库斯不肯承认这些确信和快乐混合在一起,并且产生了真正的快乐和错误的快乐。在接下来的论证中,道德的状况似乎对普罗塔尔库斯而言具有决定性的意义。他不愿看到道德依赖于真理或知识。快乐永远是正确的,它与道德站在一边,和知识对抗。

普罗塔尔库斯承认存在着正确的意见和错误的意见,但是他并不承认,在希望或恐惧中存在着真实及不真实的期望,也不承认存在着真实和虚假的快乐。对话开始时,普罗塔尔库斯否认节制谨慎者的快乐有别于放肆愚蠢者的快乐。他拒绝承认分词补语(supplementary participles)根本的句法特征,即认为“他在做……时感到快乐”(He takes pleasure in ——ing)是次要的,“他是快乐的”(He is delighted)才是首要的,并且普罗塔尔库斯似乎坚持这种观点,尽管他接受了混合的生活,而在混合的生活中,“我很高兴我是理智的”(I'm pleased to be thoughtful)找到了它天然的安居之所。此刻似乎有必要进一步修正混合生活的句法。普罗塔尔库斯应该认可“我很高兴我能思考”(I'm pleased to be thinking),但就快乐而言,他不能区分“他因错误认知而快乐”(He takes pleasure in believing falsely)与“他因正确认知而快乐”(He takes pleasure in believing truly)。于是,他坚持认为,如果快乐对他而言仍旧是一种善,那么不管它是从什么样的错误当中获得的,它都永远是善。斐勒布的错误在于他认为快乐是善,并且从这种错误中汲取快乐。此时,普罗塔尔库斯告诉他,虽然他的认识是错误的,但他的快乐依然是善。斐勒布一直都是这样认为的。不管论证进展如何,他都不会改变想法。但是,普罗塔尔库斯是否能接受苏格拉底反对快乐为善的论点,并坚持认为快乐的善与真理无关呢?

直到苏格拉底提出一个与之类似的问题后,他才让我们考察是否存在真假快乐这个问题(36d3-11)。苏格拉底谈到,他们碰到的问题不容小觑。普罗塔尔库斯承认他说得对。苏格拉底接着说,如果这个问题和此前的讨论相关,那么就必须对它进行考察,普罗塔尔库斯同意了。苏格拉底又说,他们必须放弃其他一切与此无关的细枝末节,并且坦陈他本人对刚才提到的难题感到好奇。苏格拉底在对话中提出了这一节的两个主题:真快乐和假快乐,预想和度量(anticipation and measure)。"不容小觑"只是一段预想的长度,而真正的长度只有在讨论结束并对其长度加以度量后才能获得。那时"不容小觑"就不再是正确的了,"不容小觑"的错误已然不可否认。一旦平均值的标准确定了正确的长度,"不容小觑"必然会进入算术的测量,变得与其他某种长度相关。不过,究竟是否存在正确的长度呢?苏格拉底提到,要对它进行测量需要拿此前的讨论做比较,但之前讨论的长度是多少,我们并不知道,即使它专指对混合中的快乐和痛苦的讨论,那么要想测量其长度也必须得拿它与所有其他的讨论以及有效的时间做比。这样看来,正确的长度是一个不恰当的标准。符合这一长度,恐怕只有"不容小觑",也就是预想中的长度,尽管它并不存在。当苏格拉底说这个问题持续不断地令他困惑,让他觉得好奇时,他也同样承认这一点。因此,我们几乎可以断定他的好奇在《斐勒布》中将会没完没了。他用来表达"持续不断地"(dia telous)一词的字面意思是“直到最后”。

通过一句玩笑，苏格拉底把讨论的长度与关于快乐和痛苦的真假论证联系起来。他说，除了合适、恰当的长度之外，他们应该放弃所有其他长度。在希腊语中，人们在告别时会说“khairein”[尽情享乐吧!]，但在此语境下，苏格拉底运用该词的真正意思是“告别所有那些”。假如我们照字面理解他的话，那就意味着尺度的长度(the length of the measure)使得快乐与讨论的问题无关；如果我们尊重他的意思，那么快乐对他而言就是一种预料当中的负担。普罗塔尔库斯曾辩称，尽管快乐产生的 pragmata [情境] 大相径庭，但一种快乐与另一种快乐并无不同。此时他改口说快乐要么总是正确，要么既不是正确也不是错误。这是不是同一种观点的不同伪装？苏格拉底的“不容小觑”——ou panu smikron [根本不小] 在结构上很像普罗塔尔库斯的 kai sphodra ge [完全如此]。它通过平均值的尺度将情感与理智联系起来，这种双重否定的修辞法(litotes)似乎透露出一种苏格拉底反对并极力克制的强烈感情。“不容小觑”反映了苏格拉底在错误之外的真实苦痛；“告别”则反映了他真正的快乐，这种快乐来自于预想中的适当的长度。他正处在希望和恐惧之间，他此时体验到的快乐和痛苦的混合物并不会随着时间的推移而改变，在这一点上，普罗塔尔库斯是正确的。但是，另一种可能是苏格拉底不会从他自己的玩笑中获得任何快乐，因为我们知道他不曾留意这个玩笑，对他来说，这只是一种表达方式，而且不能传达他的真情实感。他可能并不关心预想的长度，知道实际长度与恰当的长度正好相符时也不会感到任何快乐。这可能就是苏格拉底的谈话方式，与他本人的真实意图没有什么关系。如此一来，我们就必须在苏格拉底的话中寻找更多的中性表达，或者刻意把它们当成是中性的。无论在哪种情况下，情感和理智都会彼此分开，苏格拉底的表述会变成在普罗塔尔库斯眼中或正确或错误的意见。然而，假如为了把苏格拉底的话从快乐与痛苦的束缚中解放出来，进行这样的修改是必要的，那么我们会承认快乐和痛苦同真理和谬误相关。它们与意见紧密联系在一起，正如当句子结构是动词加分词时，感官动词和行动紧密联系在一起一样。

根据《泰阿泰德》和《智术师》，真实或虚假的快乐隶属于一个更大的难题，与正确或错误的意见相关——我们是否能够言说不是之物，并且，就图像的例子而言，不是之物如何能存在。苏格拉底在这里举出的反例是梦、疯狂和错乱，这让我们想起，他曾用同样一些例子向泰阿泰德说明，毕达哥拉斯主义并不像泰阿泰德理解的那样正确（《泰阿泰德》157e1 - 158a4）。快乐的真理具有恒常不变的特性，因此它有可能和疯狂或 paraphrosunē［精神错乱］混合，而在这种情况下，普罗塔尔库斯还必须坚持说快乐和 phronein［理智］混合的生活是善的，这是最让他难受的。快乐和理智从未真正混合，任何混合物都是理智或错乱的幻相。普罗塔尔库斯尚未理解他所选择的混合。苏格拉底不断向他展示这种混合的方方面面，结果却适得其反，或者遭到了他的排斥，或者让他眼花缭乱，无法辨识。普罗塔尔库斯在很大程度上代表善的神启（the divination of the good），苏格拉底称之为灵魂的特征（《理想国》550d11 - e3）。假设一个人既没有体验快乐也没有体验痛苦，他还是可以认为他自己正在享乐，或者正在受苦，普罗塔尔库斯将非常乐意接受这种看法。一个人从事非施动性的动作（比如喝）时，这一动作中的快乐和痛苦便可视为较明显的例子。但是思考呢？“他认为他享受思考的过程”这句话的意思很明显。他在思考而没有享受思考吗？他在享受思考——他并没有思考，而只是享受莫须有的思考吗？如果思考意味着变得理智，那么不难想象，即使愚蠢的人也会因自觉明智而得意洋洋。诚然，自豪和自负的区别会使得这个人因自身成就而快乐是真实的，那个人因自身成就而快乐却是虚假的。因为前者正确地衡量了他自己的价值，他的快乐恰与之相衬。要想反驳这一点，我们就必须借用换置法(hypallage)，指出“正确的”和“错误的”两个修饰语被不恰当地从修饰意见转换为修饰快乐或痛苦。诗人固然可以说，“我苦恼于错误的快乐”(参见品达《皮托凯歌》[pythian] 2.37)，但如果换用日常语言说：“我因为错误地持有意见而快乐”，那就势必再次返回普罗塔尔库斯开始时的立场，也就是说，尽管快乐取决于错误的意见，错误的意见消失时，快乐也会消失，但快乐却不受错误的意见影响。这样一来，快乐将永远为真，不再是能够被人体验的快乐。快乐将会真的成为阿芙洛狄忒。

苏格拉底想为快乐规定一种句法。普罗塔尔库斯却仍然倾向于绝对地看待快乐。无论伴随快乐的是什么，快乐就是快乐，它不会从属于生成(37c5;参见 54a11)。苏格拉底也曾区分过完全作为无限的快乐及其在混合类别中的生成物，但只要考虑到无限的双重尺度，这一点就显得相当可疑。不过，尽管普罗塔尔库斯愿意将各种各样的特性赋予快乐的实体，他却在正确与错误之间划了一道界线。全篇行文至此，苏格拉底的分析一直集中于作为名词的快乐与痛苦，随后才开始强调二者的动词对应项。但是，普罗塔尔库斯强烈反对从名词转向动词。如果考虑到第俄提玛对爱若斯的贬抑同样涉及到用动词代替名词，并且否定爱具有神性，那么普罗塔尔库斯的反对就变得可以理解了。苏格拉底尝试去除快乐的神话，指出快乐除了感受之外什么也不是。享受快乐和对事物有所看法一样都是真实的，一个人是否正当地享受快乐也同一个人是否正当地持有意见一样，都有可能发生。“orthōs”[正当地]一词含义模糊，苏格拉底似乎故意在这个问题上使用此类字眼。“正当地”在道德和真理之间徘徊，出人意料的是，普罗塔尔库斯表示愿意承认存在邪恶的快乐，但他不同意苏格拉底把快乐的邪恶等同于快乐的错误(41a1-4)。这样看来，道德要求快乐只能是快乐。

苏格拉底在关于快乐句法的论证中，将意见(的句法)作为模型。持有意见总是持有对某物的意见，享受也总是对某物的享受。这两种情况下，“某物”都能被进一步限定，它可以表达为一个限定实词的形容词。错误地对某物持有意见就是持有关于某物的错误意见，到目前为止，普罗塔尔库斯承认，极大地享受快乐就是因为某物而获得极大的快乐。普罗塔尔库斯也承认，邪恶的快乐同邪恶的意见一样，两者都是可能的，但他似乎并不知道，“ponēros”[邪恶的]一词既可以指“糟糕的”、“不好的”(堕落的)，也可以指道德卑劣，因此他没有意识到，他等于承认了存在着糟糕的或堕落的快乐。意见可以不好，同时又完全合乎道德，痛苦可以低级，但并不意味着它不真实(参见《理想国》334d7)。苏格拉底在不正确的意见和快乐之间建构起平行关系，并充分利用了这种关系的含混性。无论一个人持有什么样的意见，只要出现错误，这个意见就是不正确的，这个人也就错误地下了判断；同样，无论一个人因为什么而感到快乐，苏格拉底告诉我们，只要出现了错误，我们就不能把“正当的”、“好的”或者任何令名美誉附加到这种快乐上。普罗塔尔库斯似乎拿不准谈论快乐之虚假的可行性。错的好像是苏格拉底。尽管他开始曾提议考察快乐和意见的平行句法结构，但他没能坚持下去，而是很快回到实词而非动词的意见和快乐。在这一点上，二者的结构可以按如下方式表达：

1. 他错误地理解他持有的意见；	1. 他错误地理解他获得快乐的对象。
2. 他不正确地下判断。	2. 他不正确地享受快乐。
3. 他的意见不正确。	3. 他的快乐不正确。

苏格拉底在快乐的最后一个步骤加上了对应项“他没有好的快乐”以及“他没有美的快乐”，但他没有提到不光彩的意见。

普罗塔尔库斯承认，在第一种情况下，快乐和意见是完全平行的，不过，尽管他同意，对于意见而言，第一种情况的变形会导致后两种情况的发生，但他并不认为，快乐的情形也与此相同。一个人可以对他获得快乐的对象持有错误的观点，但获得快乐本身并不是虚假的。也就是说，普罗塔尔库斯认为，存在着一种快乐与理智的混合物，但这种混合物并没有超出介词“meta”［和］［的范围］。快乐和错误的意见的确都是存在的，但虚假的快乐并不存在。普罗塔尔库斯原本希望的是拥有快乐以及“他本人拥有快乐”这种正确的意见(21c4)，但他从未期待［两者］更进一步的结合。于是，此时他便不肯承认更进一步的结合是可能的。那么，如果与快乐相伴随的错误意见是一种关于快乐的错误意见，结果又会怎样呢？普罗塔尔库斯将这种快乐的生活拒之门外，转而选择了混合的生活。假如普罗塔尔库斯此时宣称快乐为真，但关于快乐的意见为假，快乐就成了“客观上”真实，从而不再是被体验之物了。苏格拉底曾提议考察痛苦或快乐的不真实(37e6)，就好像他们也会同样考察两者的真实，那时他已经在构建这种可能性。正如普罗塔尔库斯所赞同的，当我们谈到空想家或疯子时，我们会说，他认为他在享受快乐，但实则不然。苏格拉底说，尽管快乐和意见有可能是假的，但“享受快乐”和“持有意见”从来不会丧失其 ontōs［真实性］，假如苏格拉底是对的，那么我们该怎样描述空想家的情形呢？他真的在错误地享受快乐吗？或者更严格地说，他真的不是真的享受快乐吗？“真的不是真的”似乎隐含着图像的问题，《智术师》中的来客曾说：“图像就是 ontōs［真的］不是 ontōs［真的］”(《智术师》240b12)。当苏格拉底转而考察知识的快乐与无知的快乐之区别时，他开始以一种奇怪的方式探讨图像的问题。

苏格拉底描述的一般情况并不罕见(38c5－7)：从远处模模糊糊看到的景象通常会引人想要近前看个清楚。但是，他接下去却用一种极为特别的方式想象人们可能提出的问题：“树底下、石头旁的那个 phantazomenon［影子］到底是什么？”有人碰巧说对了，指出那是一个人;另一个人则说那是牧羊人的杰作,是一尊 agalma［雕像］。答对的人没有说明这个影子究竟是男是女,答错的人却补充了额外的细节——它是牧羊人的杰作,即便那影子真是雕像,这个细节仍有可能是错误的。进一步而言,根据 agalma 一词的基本意义,它应该是一尊真人大小的神像,假如它不是真人般大小,另外一个人根本不可能说它是一个人。[①] 如果这个场景发生在希腊,而这尊雕像看起来像一个人,倘若不考虑奥林匹斯众神,那么即便它是一尊雕像,也仍将会是一个人的雕像,答对的人依然是正确的。因此,此处的错误十分复杂。假设答错的人说它是波瑞阿斯(Boreas, 北风神),他真正的意思是:这是波瑞阿斯的像,而答对的人则说它就是它,无论它实际上是一个男人或一个女人。因此,在某些情况下,答对的人总是正确的,答错的人总是错误的;在其他情况下,答对的人这次是正确的,但他原本可能出错,而答错的人原本可能是正确的。

在回答中,上述的影子显露出其固有的含混性,但苏格拉底不允许这样。两个人回答时都没有说:"它在我看来像是……",而是说:"它是……"。接着,苏格拉底让这两个人把他们的推测告诉第三者,或者,倘若没有其他人在场,就把他们的话写在灵魂之书上。是不是灵魂像一本书,意味着灵魂的秘书才因此使用严格意义上不表示语音的一套字母表书写呢?这一点文中并未清楚说明。也许我们需要想像这种书写是在速写,只要写下"男人"或"雕像"的辅音——ΝΘΡΠΣ 或 ΓΛΜ 就已经足够。[②] 我们知道,无论在哪种情况下,在他的书写中,这幅有树、有石头、有未知之物的图景都不能保存下来。但在书写之后会出现一位灵魂的画家,后者将以书

---

① 参见维拉莫维兹(U. von Wilamowitz),《柏拉图》［*Platon*, Berlin, 1919］,2:416, n. 1。

② 在《智术师》263e3-5 中,从埃利亚来的客人暗示,辅音实际上最能代表 dianoia［思想］的要素,或代表灵魂同其自身的沉默对话。

写为基础绘制一幅图画。这位画家从对一个问题的回答中获取素材,除了秘书提供的内容之外,他没有别的材料。否则的话,如果苏格拉底告诉我们的一切连同标记都在书写中[记录了下来],画家所能做的便只是再现这个影子最初出现时的情景——地平线上的一团污渍,然后秘书据此以问题的形式写下他的猜测:"这是一个……吗?"无论在哪种情况下,画家都得根据言语内容绘制图画,第一种情况下的言语是:"它是一个人",第二种情况下的言语是:"它是一尊神像"。两位秘书都没有改变灵魂的标记,因此第一个标记是:"它是一个人的形象,"第二个则是:"它是一个映像的形象。"无论如何,如果出错的人再仔细观察他的画家所画的内容,他将不得不说:"它是一个人"。

关于灵魂的秘书和画家,普罗塔尔库斯接受起来毫无困难,甚至还颇有几分热情(39b1,c3,6)。他没有注意到,苏格拉底在表述中把错误言说的图像称为错误的,这一点很奇怪,因为错误言说的图像是关于错误言说的正确图像。假如我们能透视另一个人[案:即上述答错的人]的灵魂,我们就会发现,其言说——"它是一尊雕像,是牧羊人的杰作"——与图像完全吻合。那么,如果图像对应于快乐与痛苦,言说对应于错误的意见,普罗塔尔库斯此时就相当于承认了快乐是错误的,尽管它与意见相吻合。普罗塔尔库斯的困难无疑是把图像等同于快乐,把画家等同于获得快乐者,因为秘书似乎非常好地符合持有意见者,而意见等同于秘书的书写。借由画家似乎能引入时间的视点。言说中的时间标记不会改变言说——"一旦当","现在","将来"——但是在绘画中,skiagraphia[阴影画法]不同于白描画法,它要求观看者站在离绘画一定距离的位置欣赏,不能离得太近或太远,否则图案就会变成难以辨认的杂乱色块(参见《帕默尼德》165c7-d2)。苏格拉底最初对这幅图景的描述是一幅聚焦不准的阴影绘画。然而,灵魂的画家用白描画法代替了真实风景中的"阴影画法",在白描画法中,灵魂中的一切都呈现为最高的清晰度，正是伴随着这种清晰，快乐才有真假之分。

苏格拉底的秘书和画家似乎重复了记忆的功能。由于记忆保存了感觉，画家便根据秘书的描述重塑过去，秘书可以改写描述，并要求画家给图画润色。如果没有标记和润色，我们不知道初始的记忆是否能够存留下来；即使它开始的确存留了下来，最后很可能还是要输给画家那更生动、更鲜艳的笔墨。不过，苏格拉所指的可能是与事实不符的情况，比如秘书写道："要是我已经结婚了，就会如何如何"，画家随之描绘一幅新的图画，内容是此人刚刚编造出来的过去。这样看来，空想家和疯子会让他们的秘书草草记录，并让画家匆匆勾勒，以便追随其不断变化的标记。苏格拉底实际上不再对空想家和疯子边缘化，而是使其成为每个人的幻想的核心。事实上，在空想家那里，只有秘书和画家在工作，而在疯子那里，理性和记忆无法发挥作用。那么，我们该怎样看待柏拉图的书写呢？苏格拉底的每个问题都像远处的风景，其中总有一些我们无法看清的东西。参与对话的人经常要面对这些影影绰绰之物。我们当然一直保持着警惕，不把他的每一次臆测都当作准确无误的述说。但是，如果柏拉图是抄写员，那么谁是画家呢？我认为，画家已经把他的调色板用于言说本身，这些言说已经被 mala，paru，sphodra 等副词构成的色彩充满。最起码，当苏格拉底问普罗塔尔库斯是否存在关于未来的书写与绘画时，普罗塔尔库斯回答说 sphodra ge［完全如此］，苏格拉底问道，他之所以说 sphodra［完全］，是否是因为希望只不过是这些未来的书写和图画，并且"我们在整个生活中都充满了希望"（39e5－6）。Sphodra 当中混合了快乐与理智，但它实际上是绘画对书写的侵犯。Sphodra 使普罗塔尔库斯进入 logos［逻各斯］。

苏格拉底区分书写和绘画，为的是把一切暂时的事件同对它的体验区别开来。这样一来，希望就不再是苏格拉底第一次提到它时的希望，也即某种快乐的事物（32c1）；它变成了一种预言，而说出预言的人已经洗净了它所附着的任何色彩。原则上，一个人有可能不受任何影响地谈论自己的未来。我们不妨把它称为普罗米修斯的知识，它的主要特点是，普罗米修斯不知道言说的未来和体验的未来之间存在区别，也不知道任何知识都无法预期对未来的体验。意识到这种必要的无知后，人就会拒绝把他本身画入其预言中，从而让自己的画家无所事事。不抱任何幻想的人甚至能把未来逐渐编织成一幅画，其画面像苏格拉底最初的例子一样生动：画上仍然有石头和树，但影子的面部却变成了空白，它既可能是一个人，也可能是人的映像。然而，一旦画家开始把逻各斯当作他的摹本，他就会放下所有疑虑，按照预言再现一幅场景，人在其中享受着他构想中的未来的一切。在最细微之处，幸运者与不幸者的两幅图画会是一模一样的，即使挥金如土的人所做的标记也没有什么不同。两位画家都把这个人指认为"我"，但是不幸者的自画像却是一个错误：他画出了幸运者的肖像，却把它错当成自己的画像。如果幸运者看到另一个人的画，他会大笑着说："怎么？他画的是我！我是别人的画中人。"

苏格拉底努力凸显假快乐之假，这样普罗塔尔库斯就不能再反驳说，伴随错误意见而产生的快乐本身并不是虚假的。苏格拉底使错误的意见变为一种言说，它不传达快乐，快乐也不随之伴生，然后他又在它旁边放了一幅画，画的内容与快乐有关，既可能正确，也可能错误。如果秘书与画家之间的区别可以通过书写表现，那就相当于"那将是我的金子"和感叹句"那将是我的金子"之区别。第一种是错误的，第二种则是虚假的快乐。诚然，后者是一种特殊的错误，因为，倘若不幸者认为他对自己非常了解，自信只要勾勒出一个人的草图并标上"我"(I)，而不必填充任何细节，那么他的快乐就是替代别人的，却又诡异地真实。实际上，他很像坐在剧院中的观众，他的快乐产生于取代幸运的主人公的位置，并享受发生在他身上的一切。虚假的快乐是由于不自知而造成的直接后果,它让我们联想到关在洞穴里的人的命运,即不得不把事物在墙上的影子当作真实的事物。就目前的分析而言,每个人都有他自己的洞穴,里面囚禁着过去与未来之物,疯子们则占据着现在,现在是其他每个人私有记忆与对未来的企盼之间联系。

在《斐勒布》的中间部分,苏格拉底引入了正义和虔诚的问题。他问普罗塔尔库斯,公正并虔诚的好人是否和众神更亲近,邪恶透顶的坏人则反之。得到普罗塔尔库斯的肯定答复后,苏格拉底下结论说,大多数情况下,善的图画是真实的,恶的图画是虚假的。正是在特殊神意(particular providence)介入后,普罗塔尔库斯才愿意接受虚假的快乐。他最初并不是否认虚假的快乐不可能,而是反对那随之而来的结果:如果不把诸事安排妥当,当好人本身的图画出错时,好人往往会感到虚假的快乐,而更让人反感的是,坏人会嘲笑别人的白日梦,抹去后者脸上的微笑并把笑意贴到他们自己脸上。众神描画未来,他们几乎没有给想象留下任何余地。他们不仅编写脚本,而且还雇佣演员。善是诸神的 agalmata [宠儿]。

倘若特殊神意的确存在,苏格拉底实际上并没有全面呈现可能的结果。其结果大致有四:怀有希望的虔诚者要求他们证实他是否清白;怀有恐惧的虔诚者深感愧疚,也要求他们证实;怀有希望的不虔诚的人要求他们证实;至于无所畏惧的不虔诚的人,假如他不是信徒,就不需要证实什么。另一方面,如果众神不存在,或者他们不像苏格拉底说的那样神意卓著,和克法罗斯(Cephalus)一样怀有希望的虔诚者便永远也不会获得他所描绘的天堂(参见《理想国》331a1 - 10);良心上感到愧疚的虔诚者也就永远不会经受地狱之苦;但满怀希望而不虔诚的人是虔诚者的噩梦;没有信仰的不虔诚之辈则无所畏惧。若像厄尔神话(the myth of Er)一般,神意能够发挥作用,结果将会更加复杂。试举一例来看,在没有哲学的最好的城邦中长大的人,获准在他渴望的天堂里生活一千年,在饮过忘川之水以前,他会看到,一旦他选择了僭主的生活，他将要犯下的所有可怕的罪恶(《理想国》619b7－d1)。如果我们按字面意思理解厄尔神话，命运的内涵就只是一连串的预言，但未来的僭主在当下即时感觉到了痛苦，他看到了吃自己亲生孩子的画面。那么，他会看到未来的快乐并把它们混同于当下的泪水中吗？他那迫近的未来的图画是真的吗，以及他随后面临惩罚时留下泪水是真的吗？这样一种混合物不禁让我们联想到勒瓮提俄斯(Leontius)，他渴望看到被处决的罪犯，这让他充满快乐和厌恶(《理想国》439e6－440a3)。显然，苏格拉底此时为普罗塔尔库斯刻画的神意的简图遮蔽了痛苦和快乐的混合物，苏格拉底后来把这种混合物归结为悲剧，但却未能对之进行描绘。他更喜欢描绘喜剧。

苏格拉底提出，由于邪恶的意见只是因为其错误才变得邪恶，因此，邪恶的快乐同样因为其虚假而邪恶，此时他终于从普罗塔尔库斯那里遇到了一些阻力(40e6－10)。普罗塔尔库斯否认邪恶的快乐是虚假的，他说邪恶的快乐之所以邪恶，是因为它们与另一种巨大的邪恶同时发生。如果邪恶的意见是错误的，善的意见是正确的，那么在此处的语境下，邪恶的意见就应该是对特殊神意的质疑。普罗塔尔库斯否认，不信神者的快乐——即从信徒的终极成就中获得的快乐——之所以邪恶，是因为它是虚假的。普罗塔尔库斯要么不希望看到不信神者的信仰偶然灵验，从而剥夺了信徒获得真理的快乐(尽管他们快乐的真理取决于结果)，要么不希望看到善的快乐被证明是错误时，快乐也就不再是善了。如果他担心的是后一种情况，他对苏格拉底的反驳就正中问题的核心。善能独立于真起作用吗？如果善和真不同时发生，那么人可能同样会选择在梦想中构建生活，或放弃理性。但是，如果善与真紧密相连，首先可以称为善的就是知识，而道德操行则在很大程度与之相关，特别是当虔诚包括在道德操行之内时，它就变得仅仅是关于神和神意的意见。苏格拉底此时并没有同普罗塔尔库斯争辩说，某些快乐性质恶劣，所以它们是恶的——人可以眼睁睁地自甘堕落——但他把这个问题推迟到后文，也就是等到论及瘙痒和抓挠时才真正提起。因此，苏格拉底没有完满结束他的论证，否则的话，把恶等同于假将会推导出真等同于善，这样一来，道德的人的成功可以确保他的快乐是真实的，但这并不能得出结论说，他享受善的事物。毕竟，恶者和善者的希望并无不同，他们都享受拥有大量黄金的快乐。与诸神亲近意味着获得人人皆以为善的事物（参见《礼法》661a5－c5）。①

5. 尺度（41a7－42c4）

到目前为止，在对快乐的剖析中，苏格拉底已经从本质进入感觉、记忆和意见；此刻，他又要引入表象（appearance），并把它直接和较多与较少联系起来。每当重新添加一个层面时，以往所有的层面都势必发生变化，那么问题是，较早一个或几个阶段在经验上是否可以被孤立看待，以及不同层面的同时发生在何种程度上可以抵消每个层面的具体信息，从而生成一种无声的吟唱。苏格拉底缓慢地、一个字母接一个字母地发现，快乐和痛苦的字母表似乎必然呼唤语言的准确性，当这个字母表完成后，恐怕除了苏格拉底之外，其他人都无法使用。苏格拉底已经两次注意到普罗塔尔库斯用 sphodra［完全］这个词（24b9，39e3），但他对普罗塔尔库斯的其他表达方式都不置一词地忽略过去了，而它们本来同样有可能成为讨论的焦点。苏格拉底打算检视的是，透视的快乐与痛苦是否有度量标准，也就是说，phainetai［表象］是否容许修正，尽管

① 达马斯基乌斯《斐勒布讲义》［*Lectures on the Philebus*］171 提到，受过教育的人倾向于从他们自己绘制的想象的理想国中获得快乐；他指的可能是格劳孔（Glaucon）和阿德曼托斯（Adimantus）。

我们知道它是一种表象。苏格拉底提醒普罗塔尔库斯，当下的痛苦和快乐并存于欲望当中，普罗塔尔库斯回答说："至少看起来如此。"普罗塔尔库斯的 phainetai［表象］表现为一种伴随修正产生的犹豫，换言之，苏格拉底称为 gignetai［生成］的事物在普罗塔尔库斯看来至少是一种表象。即使所谓感觉仅仅是指身体与灵魂共有的动作，身体和灵魂各有各的 aisthēseis［感觉］这一观念也足以使普罗塔尔库斯把苏格拉底所谓刚刚发现的事物当成一种表象。通过不合逻辑的 aisthēseis［感觉］，苏格拉底暗示了这样一种事实：灵魂中的画家已经在灵魂中复制了灵魂和身体的复合体，并让画中的动物享受灵魂正在独自享受的事物。画家把荷马笔下的哈德斯（Hades）变成我们每个人的一部分。仔细琢磨普罗塔尔库斯的 phainetai［表象］，我们会注意到，试图测量提取真理内核的行为是多么困难，甚至几乎是不可能的。普罗塔尔库斯的 phainetai［表象］说明他不能进行这种测量。在他自己意识到一种可能的表象前，他无能为力。

苏格拉底立足于当下，提出了目前的痛苦与快乐，以及灵魂中的画家所展示的未来的痛苦和快乐。由于这两个对子各自都有相关的量值，对两者进行比较的愿望也就随之产生了。但这种愿望似乎注定无法实现。口渴的感觉中充斥着对一大杯水的盼望或对渴死的绝望，此时［对感觉的］放大与缩小就会自动发生，这是进行上述比较时遇到的第一重障碍。更进一步说，当一个人的希望或恐惧确定之后，是否能对当下描绘的未来的痛苦或快乐与届时实际的痛苦和快乐进行比较，这一点颇为可疑。假如两个量值非常接近，那么就没有实现的必要了，只要人运用他的幻想，他就能用很少的东西满足自己。另一方面，如果实际上未来的恐惧总是较少而快乐总是较多，那么众神为了确保虔诚者的希望正确无误，就不会让他知道未来等待他的是什么。尽管这幅图景在一般情况下都是真理，对他而言却并不真正适合。当未来变成现实时，他会和其他任何人一样感到不曾充分准备。当然,他永远都可以说:“我早就知道!从始至终就是这样!”但在他的心灵深处,他明白这是标记的问题,他已经回避了其中的不同。

苏格拉底将视觉在空间上的远近比作希望和恐惧在时间上的远近,这样做很容易引起误解。从远处虽然难以把握事物的真正量值,却并不会改变一个人对事物真实大小的判断,即使他永远不可能走上前去看个清楚,他也必然会满足于“它比看起来大得多”的想法,但是,就遥远的希望而言,快乐已经给它安排了一个与时间相关的量值,当绘画变为现实,这个量值就会瓦解。空间的指数会让我们放大从远处看到的任何事物的尺寸;时间的指数则令我们感受到的快乐缩水,甚至通过把绘画缩减为地平线上的一个小黑点而完全摒弃快乐,并使图画变回书写形式。苏格拉底提议的修正还不曾走到这一步。他所要求的只不过是从快乐和痛苦的生成中切除表象部分。这种外科手术虽然在言语中可以实现,却无法付诸实施,因为无论怎样切除,尽管分开了存在之物(如果“存在之物”就是生成之物),仍然不能改变人的体验,正如对全景视野加以切割后,每个事物看起来还是同原来一样大小。易言之,苏格拉底眼下已经揭示出,在快乐和痛苦中同样存在不真实,这种不真实不可能因知识而根除。快乐的确是无限的,它完全脱离了算术尺度的控制。苏格拉底甚至没有提到平均值标准。根据一种更切近的善(more urgent good),人此刻容忍的不适是否能与他在闲暇时为自己描画的快乐进行量的比较呢?将这两个尺度放在一起会发生什么,已经很难预料,更不用提通过平均值标准找出二者的不同,并减去硬塞进去的表象的部分,同时还要注意不让它暴露出来,即使在最有规律的生活上也是一样。看起来,当灵魂完全掌管一切时,如果不是由它自己的力量接管,就一定不能掌管一切。第一种类型的快乐,也就是既没有身体也没有灵魂的快乐,看上去简直妙不可言。

苏格拉底曾假定，把一种真正的体验和一种想象的体验放在一起是可能的，而一旦涉及到量值的问题，也可以正确判断两者的相对大小。远方的景物是他的原型。然而，他没有就特性展开类似追问。从远处看，无论方形塔楼还是圆形塔楼都是圆的。那么，画中的景色是否存在相应的部分，无论在任何方式下都同样不可修正呢？仅仅认识到幻象，并不能够把表面的特性转换为另一种真正的特性。透视画法按比例缩减每一个量值，但是快乐和痛苦的上色法不会均衡地起作用，它或者夸大酒的纯度，或者在鼻子上镀上几缕光。一个人可以对这些情况心知肚明，但在需要润色时仍然感到无能为力。到目前为止，苏格拉底已经谈到某些特殊时刻产生的意见，但实际上，他提出的关于特殊神意的问题真正质询的却是：一系列作为背景的意见是否能够影响诱发某种体验的情景？相信希望是一种确定之物的人是虔诚的人，而普罗塔尔库斯正是在既成事实前他们快乐的确定性的代言人。

6. 意见(42c5 - 47d4)

关于第二种类型的快乐，苏格拉底谈到，与存在和表象中的快乐的类型相比，它的不真实 mallon［较甚］。在第二种快乐中，一种体验会引发一种意见，尽管意见本身是错误的，也就是说，尽管不能通过任何体验得到确认，但它仍然会被一次又一次地玩味。这种体验要求苏格拉底返回第一种快乐和痛苦，并做出修正。苏格拉底的修正是，承认了这样一种区别是存在的：只有大的变化才会使我们感觉痛苦或快乐，小的变化不会造成相应的影响，这种区别是从他对感觉的理解中借鉴来的。"大"和"小"容易误导人，因为正如苏格拉底把"metriai"［适度的］和"小"联系在一起时所显示的那样(43c5)，我们实际上是在相对尺度的掩盖下处理平均值的标准。然而,平均值的标准相对变化是一回事,相对快乐和痛苦却是另一回事:一切可以感知的变化都可以被称作“大”[变化],不管快乐是大还是大小适中。苏格拉底谈论的是赫拉克利特物理学所用的语言,同万事万物的基本运动相比,这种语言关于动作的意识尚不成熟。苏格拉底的修正帮了普罗塔尔库斯的忙,后者于是发问:我们的身体什么时候处于一种既不痛苦也不快乐的状态?苏格拉底随之确立了两种模型,其中一个原封不动地接管了第一类快乐,另一个则排除了中间状态是不可能的异议。初看起来,这样做似乎是将一个理想化的中间点与一段真实的区间进行比较,但这好像并不能对此问题有所帮助,即我们正在处理的是一个不可能的还是可能的情况。无论苏格拉底追求的是什么,他所追求的都独立于事物的真理之外。人们表达的意见常常反映出对真理的漠视,苏格拉底本人就对一切生理学的真理都漠不关心。如果赫拉克利特的学说是错误的,并且我们把每种细微的变化都视为或痛苦或快乐,情况仍然不会改变:没有朝向衰亡或复元的变化,就没有快乐或痛苦。因此,苏格拉底似乎是在据理力争。但是,他并没有给出证据表明不会发生适度的变化,而这种变化原本会激起适度的、与本质的复元无关的快乐。赫拉克利特学说的信奉者们迫使苏格拉底做出让步,于是普罗塔尔库斯认可了既没有痛苦、也没有欢乐的生活是可能的,但是,要想从苏格拉底仍在探寻的字母表返回现实,这个让步显然不够。下面一点能够进一步说明苏格拉底的修正并不完备。虽然苏格拉底此时把身体等同于他所谓的第一种类型的本质,但他完全没有提及灵魂。我们仍然是拥有灵魂的存在,然而灵魂却同它的希望与恐惧一道消失了。苏格拉底原本把中性的状态等同于理智的生活,但此时再度出现的中性状态却带上了斯多葛主义色彩,悄无声息地把画家从灵魂中放逐了。到目前为止,苏格拉底已经分解了几种元素,他对它们的使用并不影响其本质上的独立性。快乐的语言迄今仍未发出半点儿声音，更不要提说出一个词了。

普罗塔尔库斯尚未留心，苏格拉底已经缓慢侵蚀了快乐的基础，迫使前者注意到快乐充斥着虚假并转而选择知识。最先受到冲击的是未来及其描画的希望；其次是现在同其虚假的度量标准；然后就轮到过去被遣走，它正准备用自身的力量说服我们相信哪些事物不可能为真。苏格拉底在三种情况下使用的语言各不相同，未来是原级，现在是比较级，过去是最高级。苏格拉底并没有说明，究竟什么样的情境能让一个人说出“没有痛苦的生活是最快乐的生活”，不过，既然他认为，进行这种表达时，这个人并没有感觉痛苦(44a4－8)，那么这种情形只能是他从巨大的痛苦中恢复之后，才被画家带到现在的层面上来，这相当于确立了一个比例尺，中性的现在于是借此作为最高级而隐约显现。苏格拉底暗示这种现象是十分普遍的：一种状态和另一种状态之间有着很大的不同，以致于我们想对两者的区别进行精确测量。然而，为了使苏格拉底的论证完美无缺，说出这个意见的人必须假定快乐是善，因为那样一来，如果他说没有痛苦的生活是一切生活中最堪称为善的生活，这里的矛盾就会消失。于是，我们看到了意见——快乐是善——与巨大痛苦的体验相互融合的过程，这一意见就是在这种记忆中产生的。苏格拉底以一种不相关的诗性的笔触将他所描述的情况复杂化了。他希望普罗塔尔库斯把更加美丽的名字——“金子”和“银子”——赋予快乐的生活和痛苦的生活：倘若普罗塔尔库斯愿意把痛苦的生活称为“金色的”，把快乐的生活称为“银色的”，那也没有问题。显然，如此重新命名的唯一目的是让普罗塔尔库斯同意，两种金属都不宜用于描述中性的生活(43e1－11)。然而，当苏格拉底提问，怎能把没有痛苦的生活称为“金子”或“银子”时，他实际上问的是，悲剧怎么能说最好的[选择]是不降生人世？弃绝一切体验的想法来自于一种假设，即假定一切体验皆苦。苏格拉底在《苏格拉底的申辩》中谈到过这种选择，他说，即使万王之王也很难说出有什么日子过得比一场无梦的酣眠更好、更快乐(《苏格拉底的申辩》40c4 - e4)。苏格拉底认为,人死之后有可能进入持续无梦的睡眠,这不会是一种有意识的状态,中性生活中的快乐同样是不可能的,但这种不可能并不妨碍人们对它的渴望。返回本质,正如苏格拉底最初所描述的那样,就是返回 lēthē[遗忘]:它实际上反映了人渴慕神灵般的理智生活的幻影。它完全是虚幻的。

为了在快乐的字母表中找到倒数第二个音素,苏格拉底不得不和痛恨快乐的人结成同盟。这一同盟的本质引导他理解快乐的本质,并确定了一条原则——任何事物的本质只有在极端状态下才能被发现:量值达到最大时呈现出的所有特点在它的阈值范围内一样适用,只要在此阈值范围内,本质的真相就藏身于它看似温和的非极端状态当中。苏格拉底的盟友性情顽固且脾气暴躁,他们是斐勒布的敌人,并同样反对苏格拉底的具象分析,在迫使万物归一的过程中极力要求克制。因此,苏格拉底提出,他和普罗塔尔库斯探寻的不是他们的知识,而是在极端坚硬中呈现出的冷酷而孤僻的本质本身。他们对本质的确定理解恰好反映出他们自己的本质,同时还表现出极端的不自知。在关于本质询问的中性原则("追求最大值")和确定的道德原则("凡事切勿过度")之间存在着不可思议的巧合,但他们丝毫不觉得惊讶。弃绝快乐的人没有察觉到,在抵制快乐的诱惑时,他们仍有可能感到某些乐趣,比如会因为识破了快乐的诡计而感到满足,这多少证实了快乐的魅惑力量,并表明每一分快乐都是从痛苦中获得解脱。如果他们因快乐而痛苦,还激愤地谴责快乐,这就暗示出他们在发泄愤怒后会获得快乐,只不过此时他们没有察觉到自己的快乐并予以谴责。正如普罗塔尔库斯所相信的那样,让快乐痛苦似乎的确是不可能之事。

任何快乐都是从痛苦中的解脱,最快乐的生活是没有痛苦的生活,把前一种意见以及后一种常见意见并列在一起,反映出我们对“毫无痛苦地活着”和“享受乐趣”重新标记，并承认快乐中存在一种隐蔽的消极内容，比“野蛮人”和“陌生人”中的消极内容还要多（参见《治邦者》262c10－263a1）。痛苦与现实相伴，每当我们从一种较大的痛苦转到一种较小的痛苦时，我们都会体验到快乐。这些运动与本质的回归完全无关，因为只要前一刻被快乐掩盖的痛苦未在下一刻彰显，中性状态就可以在任何时刻来临。大笑时迸发出的光辉同样揭示出，我们意识到我们本来是受到某种束缚的，而当我们发现本来令人惬意的事物竟是业已习以为常的、持续的愤怒的源泉，这种束缚便不攻自破了（参见亚里士多德《尼各马可伦理学》1154b7－9）。弃绝快乐的人们已经做好准备，无论受到怎样的诱惑，他们都会封锁每一丝微笑。普罗塔尔库斯此时充当了为弃绝快乐的人代言的角色，按照他所说的，在这些诱惑中，最大的诱惑与身体相关，而在身体的诸种快乐中，最大的快乐无疑来自于性。在各种快乐中，性的快乐似乎最具诱惑性，也最容易将人引入歧途。弃绝快乐的人认为，阿芙洛狄忒的魅力并不指向任何实在之物。诗人大概属于这类人。淮德拉(Phaedra)的奶妈自称能够辨识古代诗人的笔迹，力劝淮德拉忍受疾病和惩罚（欧里庇得斯《希波吕托斯》[*Hippolytus*] 437－477）。赫西俄德暗示，从乌拉诺斯的生殖器官中诞生的阿芙洛狄忒是位复仇女神，因为和她一起出生的还有另外三位复仇女神，她们紧跟友爱女神费罗特斯(Philotēs)其后，与涅墨西斯(Nemesis)、欺骗女神(Deceit)、年龄女神(Old Age)及不和女神(Strife)同属夜神的孩子（赫西俄德《神谱》[*Theogony*] 173－225）。天与地的分离是由于仇恨，尽管秩序随之产生，但却阻碍了两者的再度结合：阿芙洛狄忒妄想通过不可能的快乐将两者结合起来，结果必然是徒劳的。最大的快乐[即性的快乐]否定道德，并用狂乱的魅力诱惑我们。于是，aretē [美德] 在这里第一次出现在了讨论当中(45e6)。

普罗塔尔库斯反对将所有邪恶的快乐等同于虚假，而这时苏格拉底正准备回头继续此前搁置的讨论(41a5-6)。与此同时，他们已经考察了两种其他类型的快乐，其中一类是透视的，另一类则以意见为基础。苏格拉底在谈论第一类低级的快乐时，几乎将一切低级的快乐都等同于虚假，而在从第一类中区分出第二类低级的快乐后，他暗示恶人总体上不大会出现身体或灵魂的疾病，善良和虔诚的人却一般不能幸免。在第一类快乐中，苏格拉底考察的是未来最有可能以哪种方式向虔诚者和邪恶者呈现，因为这两类人都已经描绘出各自享受巨大财富［的图景］。我们可以称之为美德和邪恶的筹划(plot)。然而，在第二种类型中，苏格拉底关心的是人的状态以哪种方式决定人感受快乐的程度。[①] 我们可以称之为面向未来之人在此刻的性格(character)。把筹划和性格整合在一起并非易事。筹划是前哲学的：它的基础是特殊神意。性格是道德的：它的基础是对自然的理解。这似乎是某种与悲剧诗类似的东西，虔诚与节制的区别决定了主人公的命运及功过。节制的座右铭“凡事切勿过度”与神义(divine justice)的过度惩罚矛盾。[②] 我们可能会说，悲剧诗的前提就是人物得不到应得之物——精神上的美德不是成功的蓝图——然后将观众带入不可避免的失败的体验中，并且以此证明结尾，我们已经见证了性格的展开。假如俄狄浦斯知道他自己是谁，那么他从一开始就会选择他那悲惨的命运。命运在主人公的身后清楚地说出了主人公的本性，但是主人公惟有在极度的恐惧中才会读懂命运传达的信息。当且仅当他在一开场不是他生来便是的那个人时，他才不会准时

① 克法罗斯和苏格拉底讨论时，同样把他对性格的描述以及他对正义和虔诚的描述区分开来。只有在进行后一种描述时，他才谈到诸神(《理想国》331b3)。

② 提瑞西阿斯(Tiresias)对克瑞翁(Creon)所说的话体现了两者的矛盾。一方面，他说人难免犯错，改变错误还为时未晚；另一方面，他又说克瑞翁命中注定要遭受苦难(《安提戈涅》1023-32，1064-65，1073-76)。

遭遇他生来便是的那个人。悲剧主人公的名字就是他的命运。在神正论(theodicy)与人物性格之间存在着明显的断裂,这原本会促成一种可能的生活,但悲剧将其摧毁,并揭示出其失败的必然性,这样一来也便取消了生活的可能性。[①] 这是带有复仇意味的忧郁。

尽管苏格拉底暗示,弃绝快乐者所理解的快乐的核心是性的快乐,而当我们思考虔诚和美德之观点的差异时,则会不禁联想到悲剧诗,但他想用一个更简单的例子阐述这种快乐。苏格拉底所举的例子之所以非常简单,是因为普罗塔尔库斯不顾苏格拉底的警告,草草接受了一些颇为可疑的前提。他同意身体的某种快乐是最大,但他必须接受苏格拉底前面的观点,也就是一切欲望都是灵魂的欲望。于是,这就存在四种可能性:(1)病态的灵魂和健康的身体;(2)病态的灵魂和病态的身体;(3)病态的身体和健康的灵魂;(4)健康的身体和健康的灵魂。身体健康的人会不知不觉放松警惕,于是突如其来的快乐便很容易击中他,使他获得的满足比起不断寻找新鲜事物的灵魂可能获得的满足更大,至于究竟是什么原因导致了这种现象的出现,则很难解释清楚。普罗塔尔库斯用"凡事切勿过度"的诫命解决度量上存在的困难,"凡事切勿过度"是节制者奉行的原则,以此确保他们的快乐在任何情况下都是可控的。普罗塔尔库斯实际上不得不借助一个双关语,称强烈的快乐会使愚蠢、傲慢的人像他们的尖叫一样声名狼藉(45e3)。这种人臭名昭著,引得人人侧目。透视观点一旦扭曲后就无法再得到修正,普罗塔尔库斯的判断就明显反映了这一点。普罗塔尔库斯虽然看到了更大的混乱并因之推导出更高的强度,但标准却是由

---

① 因此悲剧会将它最初引起的怜悯分解为完全的恐惧,这样看来,阿里斯托芬戏剧的一条注释显得颇有些道理,它说:"悲剧摧毁生活,喜剧又把它拼凑起来"(《喜剧》[*de comoedia*] 4.22—23= 18b2.10—12(《阿里斯托芬评注》[*Scholia in Aristophanem*],pars 1,fasc. 1A,ed. W. J. W. Koster))。

他本人提供的，而且他从他自己本来可以体验的感觉一下子跳到了他们必定会体验到的感觉。和他追随的那些弃绝快乐的人们一样，普罗塔尔库斯在观照别人的同时看到的是自己。当一个人过分认真时，他一定会显得可笑。

这时候，苏格拉底转而谈起牛皮癣等疾病的痛苦，这些疾病只能通过摩擦、抓挠来缓解。他谈到这些疾病不够体面，并说弃绝快乐的人对它们的憎恶是有道理的。他们之所以会心生憎恶，原因似乎是这类瘙痒感对待美德或恶习毫无区别：人人都可以发痒，并且人人都可以瞬间止痒；但是，弃绝快乐的人如果像他们佯装的那样正确，那就会憎恶不顾廉耻沉溺其中的人所获得的舒适，同时也会憎恶自己徒劳忍受的折磨。苏格拉底询问普罗塔尔库斯这些人会把抓痒的体验称为快乐还是痛苦时，第一次发誓："哦，天神啊！"这大概近于体面人允许自己发出的那一类毫无意义的声音，它要么让他在不失礼的同时获得放松，要么让他表达出对不那么讲究的人的快乐的不屑。普罗塔尔库斯势必将这种快乐看作是不道德的，否则他不可能回答说它是一种混合的恶。快乐并不存在，这个发现的背后隐藏着一种渴望，即渴望人是由与他们的本质不同的方式构成的。弃绝快乐者并不希望把苏格拉底关进监牢去体验快乐，即狱卒取下他腿上的桎梏时，他揉捏双腿感受的快乐（《斐多》60b1 - c7；参见 89b2 - 4）。

挠痒究竟是快乐还是痛苦，普罗塔尔库斯未能回答苏格拉底这个问题，于是苏格拉底解释说，这种体验提供的快乐的恶的证明，并不是他描述这种体验的目的。抓痒这种快乐——它是身体和灵魂的不洁状态，痛苦的减少即是快乐这种错误的意见使其强化了——对于解决苏格拉底和普罗塔尔库斯之间的问题而言，是不可绕开的。因此，苏格拉底似乎暗示，他的字母表描述的不是邪恶的快乐的类目，而是生活的类目，探寻这些类目的善与恶则是荒谬的。具象分析努力使生活中性化——它原本就是如此——并使混合物的原因变得无关紧要。假如正义和虔诚不想扮演对人类幸福无关紧要的角色，就必须依靠一种神学；假如节制和理性不想对生活的损耗无能为力，就必须无视其自身的本质。倘若没有神学和不自知的帮助——两者并不协调——苏格拉底一定已经开始着手分析的过程，这种分析没有给生活留下任何真正为善的事物。第一种类型的快乐，即“善的”快乐，已经被一连串的 dokei，phainetai，doxazetai 和 legetai［“思考”、“看似”、“持有意见”、“说”］压倒了，在体验中没有留下任何可以使生活继续的事物。真是善的敌人。苏格拉底此时说，对于他之前提出的问题，即挠痒是快乐还是痛苦的适当答案应该是命名的问题。有些混合的经验被称为快乐，有些则被称为痛苦（46b8 - c4），但命名并不会改变其实质。苏格拉底对诸神的吁请似乎并不是毫无意义的噪音。它表现了苏格拉底看到生活中的一切渐渐滑入冷漠的真理时所感受到的不安。

借用弃绝快乐者的观点，苏格拉底对挠痒的快乐与性的快乐之不同进行了一番伪知识的描述——它不过是这样一个问题：痛苦在一开始是否多于快乐，人最终感到的刺激，或因发痒感到的隐秘刺激，是否会使紧张加剧。尽管这样的描述不大适合斐勒布的阿芙洛狄忒，但苏格拉底的确注意到了性高潮的快乐的特殊性。无论是体验到性高潮的人，还是其身旁的伴侣，都将之比作濒死状态。那不为人知且不能被人体验之物是每个人都能体验到的事物的模本。快乐和痛苦在身体中的混合激发出一种区分灵魂和身体的渴望，最愚蠢的、最放纵的人把这当做生活不变的目标。苏格拉底对哲学的定义被揶揄为垂死和死亡的训练，这样的类比实在令人称奇。看起来，要解释清楚这一点，只能借助对爱若斯的理解，而且一开始就要谈到以节制和清醒去对待某种疯狂。但是，苏格拉底的字母表在形式上预先排除了身体的混合快乐与灵魂的混合快乐相互并列的可能性。苏格拉底此时承认，在他的第二类快乐中存在着身体匮乏的痛苦和内心渴慕的快乐，一种由痛苦和快乐构成的混合物(47c3 - d3)——这就是第七个层面。不过，如果未来与现在的体验之间相互交换会产生一种持久的不确定性，且只有体验消失，不确定性才会一同消失，那么这样一来，任何准确的度量又怎么可能发生呢？苏格拉底没有解释这个问题。[1]

苏格拉底无异于新知识的开拓者图特，他所发现的快乐和痛苦的七要素可以分为七种不同的言语，它们将作为单音或一连串的声音而出现。假设这个单音就是“啊哈！”(Aha!)，那也并不离谱，阿里斯托芬不得不制造的噪音，比如打嗝、打呼噜等(《会饮》185c5 - e5，189a1 - 6)，大概可对照为对苏格拉底第一类本质以及随后产生的想象、度量和信任的模本的背离；阿里斯托芬的笑声招来厄里克希马库斯(Eryximachus)的严厉警告，后者声明不得讲任何滑稽可笑的内容，但我们并不清楚阿里斯托芬的笑声是否在苏格拉底的字母表上占据一席之地。苏格拉底不久转而描述喜剧是快乐和痛苦的混合物，不过笑是身体与灵魂的共同作用，而苏格拉底在讲述喜剧时并没有发笑。苏格拉底省略了事物的笑声和泪水，如果一切生活都可以理解为喜剧和悲剧，那么这样做就会显得非常奇怪。[2]

---

① 参见图示 2。图示 2 表现了七个不同层次及其各自的言语。

② 《埃涅阿斯纪》(*Aeneid* 1. 450 - 63)中，埃涅阿斯(Aeneas)在迦太基一座供奉朱诺的神庙观看描述特洛伊战争的图画。他说：“sunt lacrimae rerum et mentem mortalia tangent [受苦的受人怜悯，短促的人生引发同情]”，这显示出，他相信迦太基人心地善良(尽管实际上朱诺站在特洛伊人的对立面)，因为他认为对骇人痛苦的描绘必然出自同情。但我们知道，迦太基人表现出的友善只是因为朱庇特使他们改变了心意(1. 297 - 304)，当我们读到这首诗的结尾时，就会明白埃涅阿斯大错特错了。结尾处他看到图尔努斯(Turnus)佩戴着从帕拉斯(Pallas)那里抢来的饰带，决计要杀死他：饰带上雕刻着达那厄斯的女儿们(Danaids)杀夫的画面(10. 497 - 99)。维吉尔用这种方式告诉我们他笔下的罗马史诗与罗马不同。

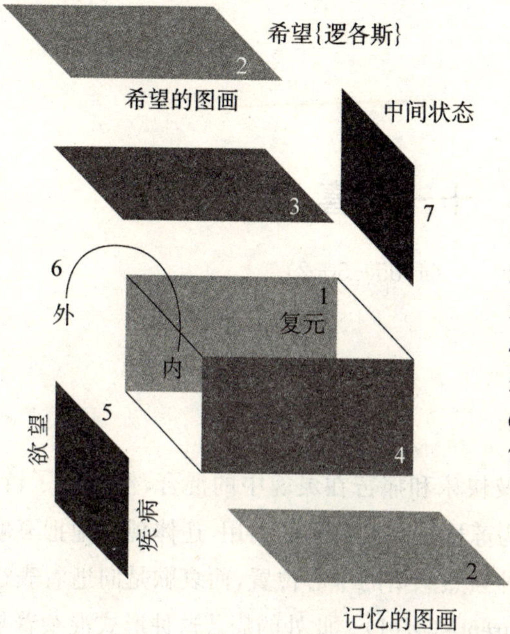

七种言语：

1.我变得健康。

2.我希望（记得）……

3.看来……

4.我说要摆脱这种衰退

5.处在我所在的状态

6.我想要抓痒

7.我正在体验1和2

图 2　“辅音”的复元及“元音”的扩展

十一、喜剧

(47d5 - 50e2)

苏格拉底一谈及快乐和痛苦在灵魂中的混合,便提到了诗。诗的在场不仅体现为苏格拉底对荷马的引用,还体现为他把哀歌而不是哀伤放在七种强烈感情的中心位置,而哀歌是向逝者表达哀伤所唱的歌,即 thrēnos(47e1)。此处的痛苦这种形式混杂着某种解脱,在这种形式背后必然存在法则以及因体验法则而逐渐生成的意见。无论痛苦多么真实,都不能脱离法则,也不能脱离人对诸神以及灵魂的信念。[①] 人们如何对待死者——如果一个陌生人想要迅速了解一个族群的性格,那么他就应该把这个问题作为首要问题提出。如果说索福克勒斯的《安提戈涅》对何为尸体——尸体这个词为人类所专属,说明死亡的身体对我们而言具有重大意义——的问题论说得淋漓尽致,那么倘若没有诗,索福克勒斯就不大可能呈现他在诗中呈现的内容。噪音有七个层面,苏格拉底已经分别揭示出七种不同的言语,而从这七个层面转向七种强烈的感情,相当于从散文转向诗歌。当苏格拉底讨论第二类快乐时(40e2 - 3),它与第一类似乎是截然不同的,但实际并非如此,苏格

① 参照施特劳斯(L. Strauss),《城邦与人》(*The City and Man*, Chicago, 1964), 208, 注 70.

拉底提到恐惧和愤怒就可以说明这一点，另外，普罗塔尔库斯谈到渴望(36a6)以及苏格拉底人为地将 epithumia［欲望］和 eros［爱欲］分开，也可以佐证。诗歌似乎倡导在生理学和爱欲心理学之间进行类似的区分，尤其是如果我们联想阿里斯托芬说过的话：在爱欲的充分具形化过程中，恋人们寻求性爱的拥抱，灵魂却在此刻感领另外的事情(《会饮》192c2－d2)。诗为灵魂的感领提供阐释，因为当灵魂本身处在这种体验中时，它需要诗人把它自己的意图解释给它听。[①] 因此，问题就变成了在诗人所能成就的事物之外，哲人是否还能取得与之不同的成就；更确切地说，问题就变成了由于苏格拉底的字母表所处的层次极低，很难引起诗人的兴趣，那么这个字母表是否还能给他带来超越诗人的特别优势。“Reculer pour mieux sauter”［欲进先退］是第二次航行的座右铭。斐多曾说，他经历苏格拉底生命中的最后一天如同一首 thrēnos［哀歌］(《斐多》59a1－7)，但与斐多的本意相反，苏格拉底的最后一天带给我们的或许是一种不同的影响。安提戈涅的崇高的全部基础，苏格拉底一笑置之(115c2－d2)。

普罗塔尔库斯主动表示，同意把苏格拉底提到的七种强烈的感情视为痛苦，但当苏格拉底引用一位诗人描述愤怒那不可名状的快乐时，他又立刻把它们当作快乐接受下来(47e1－48a4)。苏格拉底引用了阿喀琉斯对他的母亲所说的话：愤怒远比蜂蜜甘甜。诗人为诗中人物设计了一种通过身体来表达愤怒之乐的方法，这种方法除了诗人之外对任何人都是无效的。阿喀琉斯在说出这句

① 修昔底德(Thucydides)笔下的伯里克利(Pericles)在葬礼演说第一部分末尾称，雅典不需要荷马的赞扬(2.41.4)，但他在第二部分末却引人注目地忽略女性的痛苦(45.2)；修昔底德让他不恰当地使用史诗中的词汇 kleos［荣耀或名誉］来代替“流言”(gossip)，从而突出了他的困惑，这种用法未见于其他古希腊著作。修昔底德借此暗示了荷马是被需要的，因为他可以在同一首诗中安置阿喀琉斯和安德洛玛刻(Andromache)，而伯里克利却做不到。

话之前，刚刚把自己形容为大地无用的负担，因为他未能完成他原本比每一个阿凯奥斯人（Achaean）都更擅长的事；接着他又表达了希望斗争和愤怒从大地上消失；并说像烟一样在人们心中升起的愤怒是他自己的怒火（《伊利亚特》18.104－11）。阿喀琉斯的愤怒始于诗，其愤怒表明他本来就是这样的人，但他却不想再做他本人；至少他说，如果他能赢得荣耀，并让特洛伊妇女泪流满面、沉浸在无比的悲痛中，那么此刻他宁愿一死（18.120－24）。阿喀琉斯并未承认，此刻他从给别人带去的痛苦中感受到了快乐，他也并未承认，克服愤怒就意味着他知道他的愤怒把无数阿开奥斯人的灵魂送往冥府，因此必须无情地压抑它给他带来的快乐。我们之所以思考阿喀琉斯的愤怒，是因为苏格拉底准备把不自知作为喜剧的核心，并把悲剧当作一个更简单的问题交给我们处理。虽然我们并不明白，为什么再现强烈的感情就意味着应该把同样的混合分配给强烈感情本身，但我们还是得承认，悲剧场景中包含着快乐和痛苦的混合物。阿喀琉斯对愤怒之乐的洞见是以诗的形式呈现的，但他并未清楚说明快乐真正包含哪些内容，这表明，愤怒的人从不认同的话语，应该借诗人之口说出，尽管它同时提醒我们注意，任何再现都具有欺骗性。苏格拉底似乎暗示，诗人是公众的秘书，也是我们灵魂的画家，他们的形象之所以如此有力，是因为他们超越了对真假的检验。假如没有这样的形象，愤怒就不会被视为甜蜜；一旦有了这样的形象，它就将远远比它引起的真正恐惧更加甜蜜。①

总而言之，阿喀琉斯的话说明，愤怒的快乐在于人们对作恶者遭受的惩罚进行了栩栩如生的描绘，人们确信恶人必遭报应。苏格拉底描述了虔诚的义者与邪恶者之间的不同，这种描述将不得不根据他此刻暗示的内容加以修改。诸神是否真正注意到了正义

① 在《高尔吉亚》中，苏格拉底全面揭示出惩罚中隐藏着快乐，而且隐藏得恰到好处。

者所描绘的恶人遭受折磨的图画呢？邪恶者是否也给正义者描绘了类似的图画？我们知道，格劳孔在描述正义者遭受痛苦时颇显局促不安(《理想国》361e1－3)，但珀洛斯(Polus)不厌其烦地详述不义者受到的折磨，没有一丝一毫的不安(《高尔吉亚》473b12－c5)。至少七个层次和七种强烈感情的差别似乎就是这样。对七个层次而言，重点在于个人本身的体验，与他人关系甚微或全无关系，但每种强烈的感情都直接与另一个个体相关，无论是出于对某人的爱，为某人的死哀悼，还是对某人的愤怒。其中恐惧是最难理解的，它看起来只是单纯的痛苦，很难将之理解为一种混合，而且人们首先想到的是怕死，而不是怕丢脸，因此，为什么它必然也会与他人发生联系，这一点颇令人费解。通过引入悲剧场景，苏格拉底回避了这个难题，因为悲剧唤起的恐惧本身就混合着快乐，而快乐之所以产生是因为恐惧是旁人的。也就是说，苏格拉底的意思是，这种恐惧并不是诗人的发明，诗人让我们体验的情感有其天然的基础。如果严厉的诸神是恐惧的最终形式，那么对诸神的恐惧似乎就和同样由诸神提供给我们的希望紧密相关。害怕死既是害怕冥王哈德斯，又不是害怕冥王哈德斯。克法罗斯引用品达的诗来描述神圣而正义的人们的甜蜜希望，引用哈德斯的神话来描述不义者将来的命运，但是他也承认，老者感到的恐惧会让不义者夜半惊醒，它以同样的方式影响着我们每个人(《理想国》330d7－331a10)。因此，克法罗斯为快乐和痛苦的混合物提供了证据，同样也证明了诗歌与其他六种强烈的感情不可分割。我们认为，这七个层次是声音的字母表，可以被翻译为七种言语；由于苏格拉底在呈现七种强烈感情时先从诗歌开始，又以整个生活的悲剧与喜剧为其高潮(50b3)，这不禁使我们联想到，动物的不同层面和灵魂的强烈感情交织在一起，构成一首和着竖琴吟唱的歌曲，如我们在前面所提到的，由于普罗塔尔库斯选择了混合的生活，这首歌便放在苏格拉底关于具象分析的两个例子的后面。

苏格拉底把更不易理解的快乐与痛苦的混合物放在喜剧中讨论，至于悲剧，他只是问普罗塔尔库斯是否记得人们在看悲剧时“一边哭，一边感到快乐”，便放下不提。苏格拉底似乎过度简化了悲剧体验，因为他本来也可以说：“他们从哀伤中获得快乐”，从而使快乐与痛苦相互混合，以至于让人难以分辨哀伤的呼号对于观众而言究竟是否是一种痛苦。哀伤的呼号是由演员发出的，观众只需要对这种呼号的语调做出反应，除此之外便不需要任何其他的反应；即使他们感受到这种声音背后的痛苦，接下去也未必会在快乐中感到哀伤，或者在哀伤的同时从其哀伤中获得快乐。苏格拉底继续论证说，在喜剧中［情况］也是一样，灵魂中天然存在快乐和痛苦的混合物。普罗塔尔库斯对此颇感困惑，苏格拉底承认这理解起来有些难度。观看喜剧时的笑声未曾泄露痛苦，一如观看悲剧时的泪水表明了苦痛。苏格拉底准备深入灵魂的内部，把里面的东西拿出来见见天日，免得它从我们眼皮底下溜之大吉。如果不是哲人站在一旁评论喜剧诗人，我们会懵懵懂懂。如果不是苏格拉底向我们解释阿里斯托芬在刻画苏格拉底时体验到的欢乐和痛苦，我们也会不明所以。①

嫉妒或 phthonos［怨恨］是灵魂的痛苦之一，充满怨恨的人显然乐于看到邻人的恶行（48b8－c1）。苏格拉底把怨恨的定义同痛苦和快乐混合的诱因并列起来，于是人物和情节偶然地聚合在一起。倘若巧合是不可避免的，那么泰勒斯（Thales）之所以掉入

① 参照施特劳斯《苏格拉底和阿里斯托芬》（*Socrates and Aristophanes*，New York，1966），5：“一位朋友的智慧可能并不像他自认为的那样高明，因此他会显得有点滑稽可笑；但同时他拥有的智慧又足以令人嫉羡。将这种观点用来进行喜剧分析是不充分的，但它却能够解释《云》这出喜剧杰作：阿里斯托芬远非苏格拉底的敌人，而是他的朋友，但是他有些嫉妒他（苏格拉底）的智慧——甚至是年轻的苏格拉底的智慧。或者，我们也可以说，喜剧诗人所嫉羡的对象不是苏格拉底的智慧，而是后者可以做到对大众掌声的不屑一顾，剧作家离不开这些掌声，此外他嫉羡的对象也可能是苏格拉底的全然自由。”

井中,必然是因为他的本质存在某种问题(《泰阿泰德》174);不然,我们就只能坐等自负的人踩到香蕉皮,而假如没有这个耐心,就得在喜剧中安排类似的场面,确保里面有我们想要看到却无法通过自己的力量实现的图景。在这类情况下,我们似乎不能眼巴巴指望诸神给自命不凡的人兜头泼上一瓢冷水。苏格拉底认为愚蠢的不自知是一种恶,而喜剧正与这种恶相关。Abelteria[愚蠢]是一个有趣的词,因为乍一看,它的意思似乎是"一无是处"(without the good),但该词的最初用法意为"甚善"。[①] 善,或者不如说更善(the better)隐藏在 belt 这个词里,这极其隐晦地暗示出,怨恨是由于他人的善而产生的一种灵魂上的痛苦。在心怀怨恨的人看来,这些善必然是真正的善,而拥有它们的人却尽是荒唐之辈。苏格拉底把可笑等同于完全无知,这容易引起误解,因为假如一个人在狂乱中自以为拥有实则从未拥有的事物,怨恨就不可能产生。在苏格拉底所举的例子中,每一个例子都不乏对假想的善的高估,却看不到自诩胜过一切的穷光蛋。白痴的笑话固然是可笑的,但它不会激起怨恨。苏格拉底的意思是,自知意味着清楚地认识自己的善。反之,不自知则意味着没有认识到自己的善;而把某人的善同他对自己的善的认识分开,就如同从更广泛的意义上将善与存在分开一样。如果一个人自我认知的程度不够,犯了过度的错误,那么无论这个错误是否会在某种情境下表露出来,这个人都可能招致嘲笑。在拥有部分的善的情况下,如果不可避免会估计过高,那么善的构成中就有恶的部分。一个人拥有多少财富或美貌,这一点似乎不难做出公允的判断(不过,也许美貌相对财富要有难度),但一个人所拥有的美德却容易夸大。假如 sōphrosunē[节制]是自知的美德,那么苏格拉底的意思就是,自我认知与自称拥有智慧或知识常常并不同时发生(参见 12c8 - d6)。倘若充分的

---

① 参照尚特兰《词源辞典》[Dictionnaire etymologique]相应词条。

智慧是可能的，自我检验就会变得轻而易举；但是，如果连一种低级的智慧形式——对一切事物的具象分析——都不可能拥有，那么人们认为自己毫无价值是否合理，正如苏格拉底曾提到的那样(19b5－8)？只要有人和普罗塔尔库斯一样选择了人性，他就不大可能自认为一无是处，他也因此永远不会对自己的善进行准确的估量。

苏格拉底在这里提到德尔斐神谕，"认识自我"并不意味着人认识到自己不是神。自知的反面是自负，而非错误认知。自负显然是一种更加基本的错误认知，它似乎为悲剧所专属，悲剧中的嫉妒是神性而非人性的。神的嫉妒起因于人的傲慢，这种傲慢要么体现在傲慢者要求比属人的更多的东西，要么体现在他们相信某些善属于他们自身而不是源于神灵。埃阿斯(Ajax)拒绝了雅典娜的帮助，他的过错显然在于后一种傲慢，而非前一种傲慢，但是，如果不存在属人的本身，人身上任何属性便应该都产生于外部，那么两种傲慢就会瓦解为一种傲慢。倘若先知提瑞西阿斯(Tiresias)可以代表神，俄狄浦斯在他面前夸耀自己曾破解斯芬克斯之谜，就表明人不需要诸神拥有的关于人的知识。看来，悲剧和喜剧并不是嵌含生活的一组对子，尽管双方各自宣称自己完全理解生活。"生活的悲剧与喜剧"［这个表达］显示出怀疑的态度：我们并不清楚二者究竟哪个更为正确。这一表达反映了生活的双重真理，它让我们自我克制，不趋附任何一方的智慧。

苏格拉底在对自知进行三分之前，首先把这项任务交给了普罗塔尔库斯。普罗塔尔库斯承认他做不到，但他竭力要求苏格拉底去做。普罗塔尔库斯接受苏格拉底对人性中的善的区分，并且承认人们一般的看法可能有误，虽然苏格拉底刚才还提到，我们在快乐和痛苦的问题上大错特错，普罗塔尔库斯仍然漫不经心地否定了快乐是这样一种善。快乐并不取决于外在的善，比如金钱的善、高大俊美等身体的善，也不取决于灵魂的善。依此类推，接下来似乎应该是:如果一个人的快乐属恶,那么就不会有人对其产生怨恨之心,但是“金发美人,开心加倍”(Blondes have more fun)的广告语中却混合了嫉妒与希望,从而否定了上述推论,若说有人严禁自己享受某种快乐,而一旦看到其他人沉溺其中时就满腔怨恨,那就更为离谱了。那么,或者快乐并不是人相信自己比自己实际拥有更多的那种善,或者即使人就此犯错,人的错误也不会给其他人快乐,因为就连快乐的现实也不会激起嫉妒。同样可能的是,普罗塔尔库斯之所以不再把快乐视为善,要么是因为他接受了苏格拉底对人性之善的三分法,要么是因为他认识到不大可能在快乐的例子上对表象和现实进行合理的区分。快乐打败了自知,它把同样的橡胶尺和测量仪不加区分地交给聪明人和傻子。

即使我们同意苏格拉底的观点,承认较之美貌和财富,人们更容易错误估计自己的美德,然而,这并不能直接得出,智慧在诸种美德当中最具争议,正义不会引发更致命的纷争;苏格拉底似乎仍然对嫉妒和怨恨有所期待,当一个人看到虚假的正义受到应有的惩罚,无论他从中获得多大的满足,都不会羡慕遭受惩罚者拥有的正义,因为毕竟他轻视那人的正义,他自己的正义也不需要外来的补足。苏格拉底谈到了虚假的 doxosophia[伪智慧](49a2),就仿佛除此之外还有真的伪智慧,而假装智慧并不会自动生成假的伪智慧。不清楚苏格拉底是否希望我们继续把虔诚当作一种美德,因为虔诚似乎同样拥抱智慧和正义,它是一种既不会招致争议、也不受嫉妒影响的智慧形式。[①] 但是,如果它变得同样备受争议,对某些人来说它就会成为最浮夸的吹嘘,而不再是令人嫉妒的对象。“虚假的伪智慧”似乎必然是这样的:一个人拥有的智慧中存在某

① 在埃斯库罗斯(Aeschylus)的《七雄攻忒拜》[*Seven against Thebes*]中,忒拜使者谈到安菲阿剌俄斯(Amphiaraus)那未事雕琢的盾牌,阐释说这表示他希望成为最好的,但并不想显得是最好的,听到这些话之后,厄忒俄克勒斯(Eteocles)认可了安菲阿剌俄斯的克制、正义、勇敢和虔诚(591-610)。

种既真实又正确的事物，但同时却给别人留下一种印象——或者他高估了它，或者它不得不被高估。苏格拉底对无知的认识似乎是一种真实的 doxosophia［伪智慧］，它把其他每一种智慧都说成是 doxosophia［伪智慧］；换言之，苏格拉底对他本人的智慧持有正确的意见。苏格拉底的意见似乎就是对他本人的无知提出开放式问题，果真如此的话，那么这种意见不可能是知识。［尽管它是一种正确的意见，］但它看上去当然也和其他自命不凡的智慧一样虚假。即使苏格拉底对它进行准确估量，他仍然会凌驾于其他所有人之上，至少表面上如此。但是，要让苏格拉底看到他高估了自己的智慧，就得有人站出来取笑他，挫挫他的锐气，这个人必须得让苏格拉底无力反击。无论是色拉叙马霍斯（Thrasymachus）还是卡利克勒斯，都不能胜任这项任务，更不用提珀洛斯了；但阿里斯托芬具有强有力的智慧，除非阿里斯托芬的力量和他的智慧分开（正如苏格拉底所用措辞暗示的那样），否则苏格拉底的智慧［在阿里斯托芬面前］必然显得先天不足。既然苏格拉底的智慧全无招架之力，只有按自己的标准才能施展，那么这就说明它不是真正的智慧。哲人不能自立为王，这表明政治的力量不属于哲学，它不是哲学智慧的组成部分，但这一点并不影响其他一些智慧的存在，力量作为智慧寓于这些智慧当中，并且羡慕它在苏格拉底的智慧中看到却不能拥有的智慧，虽则苏格拉底的智慧软弱无力。

苏格拉底提到，他指的是孩子气的怨恨（paidikos phthonos），似乎悲剧体现的则是一种严肃的怨恨；不过，苏格拉底称之为孩子气可能是为了与神的嫉妒加以区分，因为就连怀有这种怨恨的人都不曾对其严肃对待。苏格拉底的智慧未曾配备能够影响公众的修辞，也就是用于公共集会的特定修辞（比如喜剧），或通过书写晓谕大众的修辞，这使得苏格拉底的智慧显得有些可笑，却无伤大雅。苏格拉底的智慧之所以脆弱无力，一方面是因为它本质上不能公之于众，另一方面是因为任何苏格拉底式的书写都会显得枝蔓芜杂。在《高尔吉亚》中，苏格拉底否认还击是正义的，以此为标准，倘若采用书面形式对付那些曾经嘲笑苏格拉底的人，就必然有违苏格拉底的精神，除非我们说，指责朋友是为了让他们经历磨难而更加进步(《高尔吉亚》480b7 - d6)。不过，退一步说，阿里斯托芬的喜剧也许只是针对苏格拉底的弱点提出警告，这样一来，阿里斯托芬就可以摆脱干系。[①] 私下的警告未必有效，必须把苏格拉底的弱点展示在这座城邦的众目睽睽下，人们才能清楚地看到它是一个弱点。任何人在私底下都别想占苏格拉底的上风。阿里斯托芬曾经试图反驳苏格拉底(或第俄提玛)对他的批评，但阿尔喀比亚德介入了对话(《会饮》212c4 - d3)。

普罗塔尔库斯不明白快乐和痛苦怎样在可笑的事物中混合(49c6 - 7)。苏格拉底似乎不该用如此抽象的方式解释这个并不繁难的问题，《斐勒布》通篇充斥着同样的错误。《斐勒布》的抽象大概源自于苏格拉底无法返回我们所在之处，而并非源自于他从我们所在之处出发。如果我们把《理想国》中的灵魂结构加诸《斐勒布》，我们会说斐勒布和苏格拉底一开始所谈的话题——要么是心智，要么是快乐——只不过是灵魂完全分离时最高与最低的部分，我们也可以说，当普罗塔尔库斯选择了混合的生活，就意味着他选择了智力和欲望的结合，而这种结合就是哲学，在两者的中间地带不存在《理想国》里的 thumoeidetic [血气]，而《理想国》认为，正是因为血气，人才成为一个统一体。《理想国》否定了悲剧和喜剧，它似乎试图回到血气本身，训导说悲剧和喜剧都将不再是生活的真理。无论我们如何看待这种训导的愿景及其可行性，苏格拉底依旧从事物的本然状态出发；但是，在《斐勒布》中，我们考虑的只是生活的悲剧与喜剧，因此正处在生活的血气的中心。换句话说，苏格拉底一直在重新发现生活的政治维度，但他所持的立场却

① 参照施特劳斯《苏格拉底和阿里斯托芬》，314。

是这种政治维度对于我们如何生活的问题并不重要，并因此把它和法律一起排除在外。在阿里斯托芬对苏格拉底的嘲笑里，城邦以一种可笑的形式被重新发现，也使得《斐勒布》晦涩难解。

智者分为强弱两种。按照苏格拉底和埃利亚来客的说法，最强有力的智者是城邦本身(《理想国》492a5－d1;《治邦者》303b－c7)。也就是说，城邦不是受人嘲笑的对象，它和诸神一样，不为嘲讽所动。普罗塔尔库斯承认，在敌人的恶行中获取快乐既不是不公正的，也不代表怀有嫉妒之心(49d3－4)。苏格拉底在思考他的daimonion［内心的声音］时认识到(《苏格拉底的申辩》(31d3－32a4)，城邦一直都是令人恐惧之物，如果真是这样，那么城邦就有资格从该地区的智者那里取乐，而这种快乐并不会带来痛苦。不过，如果［被取笑的对象是］一位缺乏自知之明的朋友，全无招架之力，那这样嘲笑他就是不公正的；一个人不可能比一座城邦更强大，因此假如城邦是他的朋友，他一定不敢笑出声。也就是说，朋友必须是温和无害的，不能对任何人构成威胁，除非他那位强大的朋友为了显示自己高高在上，故意制造事端取笑他一番，同时又表示因为看到他无力招架而深感痛苦：阿里斯托芬就曾亲自扮演过一位云神(《云》518－62)。然而，我们这些观众会怎样呢？我们当然会嘲笑苏格拉底，这笑声标志着我们从喜剧诗人那里获得了代理权吗？发现滑稽可笑的并不是我们自己；洞察力来自于那些喜欢开玩笑的人，我们只不过通过笑声虚假地参与其中，我们既不是苏格拉底的朋友，也不会因为他缺少自知之明而痛苦。即便悲剧的例子中存在参差仿佛之物，但倘若不假诗人之力，我们也很难心生怜悯(参见*伊索克拉底*［Isocrates］《泛希腊集会演说辞》［*Panegyricus*］168)。波斯人出征攻打希腊，一旦他们成功，后果将不堪设想，仅仅是因为诗人，他们的失败才令人怜悯。《波斯人》［*Persians*］中没有出现正义这个词的任何形式，埃斯库罗斯把他的权力转借我们，令我们忘怀正义问题。

苏格拉底针对喜剧的嫉妒所做的分析实际上较此略为复杂。通过把有害的无知划分为本质及其形象(49c3),苏格拉底把城邦和喜剧诗区分开来。与嘲笑苏格拉底的阿里斯托芬不同,城邦对游叙弗伦(Euthyphro)的嘲笑或许夹杂着嫉妒。因此,两种无知的危害不属于同一类型。阿里斯托芬对苏格拉底的刻画并不会直接影响后者,必须同莫勒图斯(Meletus)的控诉混合在一起才具有杀伤力。因此,我们不禁好奇阿里斯托芬的嫉妒到底有多么强烈。阿里斯托芬曾想象性地放火烧毁苏格拉底的避难所,苏格拉底自己则从火中逃生——那么,他的嫉妒没有从中获得释放吗?斯瑞西阿得斯(Strepsiades)最初的确希望在儿子的帮助下干掉苏格拉底和凯瑞丰(Chaerephon),遭到儿子的拒绝后,斯瑞西阿得斯转而求助于赫尔墨斯(Hermes),后者建议他放手(《云》1464-85)。因此,我们不得不说苏格拉底曾经命悬一线,多亏了赫尔墨斯出手相助。回过头去看,那条未走之路似乎凶多吉少,当时阿里斯托芬刚刚写了一出不大成功的戏剧。苏格拉底却立刻对他关于喜剧的描述穷追不舍,并声明不仅在戏剧中,而且在整个生活的悲剧与喜剧中,痛苦和快乐都是相互混合的。苏格拉底把诗歌的形式移入生活,似乎事物的形象同事物本身完全相同。生活在两类诗歌[案:悲剧与喜剧]中获得了它的具象结构。当我们看到和听到这样的诗,我们就会承认这是关于生活的真理。悲剧和喜剧满足弃绝快乐者的标准,即任何事物的本质只有在其极端形式下才得以彰显。不过,认同悲剧和喜剧的真理并不意味着我们乐于接受生活非善。不管我们如何理解善,在以个体形式追求善时,我们就从内心驱逐了心智所接受的事物,即每个人生活的本然——两个纯粹大类的适度混合——完全拒绝接受作为谓词的"善"。生活的悲剧与喜剧揭示出,善的敌人是真。悲剧和喜剧是人关于生活的理论,它同生活的实践一样,人人各不相同。假如善是快乐,那么悲剧和喜剧的戏剧框架向一切事物提供的快乐都将是善的最高形式，不管它在本质上多么可怕、多么令人厌恶，只不过这样一来，代价会十分昂贵——任何一种生活都将显得不堪忍受。在苏格拉底的字母表中，本质仍然以某种形式作为标准而存在。通过把他的字母表与弃绝快乐者对快乐的理解——以悲剧和喜剧为例——联系在一起，苏格拉底暗示了如何将快乐的文法与快乐的音乐结合。不过，文法中充满了无法纠正的错误，并在音乐的陪衬下极大地彰显出来，因为音乐中的生活看上去完全正确，以致有些不近人情。摧毁快乐的结果是否定生活。

苏格拉底希望普罗塔尔库斯把他对喜剧的分析当做一种示范，其他六种强烈的感情可以用同样的方法处理，普罗塔尔库斯应该能从中证明，无论没有灵魂的身体、没有身体的灵魂，还是灵魂和身体两者相加，都无一例外地充满了混合痛苦的快乐（50c10 - e2），除非他想把苏格拉底一直留到半夜。苏格拉底相信，倘若他承诺明天再把所有问题说个明白，普罗塔尔库斯就会放他走。苏格拉底关于快乐的论辩一直以来都受到某种限制。他暗示普罗塔尔库斯，如果此刻不再对他施加压力，那么不久就能获得更加详细的说明。苏格拉底诱使普罗塔尔库斯描绘一幅未来的快乐图画，为的是他本人可以暂时松一口气。苏格拉底的策略支持了弃绝快乐者的观点——仅仅是想到即将到来的放松就让苏格拉底感到快乐，不仅如此，它也使对话的情境与理论观点发生冲突，使善的问题无限延后，因为当把生活的每一个方面展现给快乐和痛苦的中性混合时，生活中所有的善都会被耗尽。本文的开篇告诉我们，普罗塔尔库斯认为重要比紧要更紧要（参见 15c4 - 9），此刻假如没有幻想中的糖果，他就不会受诱惑放弃理论。快乐的无限和理智的无限彼此强化，因此，人沉浸在对其中一种的无限追求以及另一种的无限快乐中，完全忘乎所以，在不自知的情况下获得了混合这种显然的善。

十二、纯粹的快乐

（50e3－53c3）

苏格拉底转而谈起纯粹的快乐，但就对话而言，这并不是一种纯然的快乐。告别弃绝快乐者之前，苏格拉底从他们的角度重申，快乐一直都是从痛苦中获得解脱。苏格拉底说，讨论完混合的快乐之后，必然要讨论不加混合的快乐，这就把纯粹的快乐放到了一个缺少对立项的序列当中。纯粹的快乐不属于任何序列，因为它们不与任何事物相关。它们随意来去，我们不会因为缺少它们而刻意找寻，也不会因为它们离开而怅然若失。我们对它们漠不关心，这表明它们不可能是善。于是，苏格拉底刚刚讨论完生活的悲剧和喜剧，得出结论说其中没有善的存在，紧接着就开始谈论一连串对我们无益的快乐。讲完生活的真理之后，接下来还是真理，而两种真理中的每件东西对我们而言都全无益处。实际上，正是因为纯粹的快乐不能满足任何经验的需要，我们才无法抵挡它们的魅力，它们也便无障碍地潜入到我们的灵魂当中，只不过，它们对我们依旧有害。美此刻和真联起手来，成为善的另一个敌人。

带给我们纯粹快乐的事物自身却是沉闷乏味的。不管动物的图画有多美，苏格拉底都不把它们视为纯粹快乐的源泉，更不要说动物本身了。因为它们很可能唤起渴望和爱（参见《斐多》73d5－74a1），而美必须是用直尺和圆规画出的直线和曲线，或者是用车床加工出的形状。苏格拉底用下面的话表明他的意思:“如前所说,我指的是某些直线状的事物”,在衰亡(corruption)与产生(generation)之间的阈值范围内,我们没有意识到任何变化,但真实的快乐恰恰应该归入其中,而在这个阈值内,我们无法察觉事物与我们所谈论的事物有什么样的分别。由于快乐不能被感知为虚假的快乐,它便成了真实的快乐。在快乐的字母表中,苏格拉底说明,度量的介入反映出存在着不可克服的错误意见与想象,但此刻我们在这里没有意识到错误,于是“真理”几乎就是缺少意识的别名。苏格拉底所谈的自在可感物是可以感知的标识,代表着被言说的绝对之物;它们“不像”抓痒(51d1)。它们允许普适性等同于去除了想象的特定用意的特殊性。我们带着快乐阅读与己无关的小说,因为它们既不带来成就也不带来满足。这些小说大概就是悲剧和喜剧的纯粹对立项。它们超出生活,并让我们体验到不存在之物的快乐。就纯粹的快乐而言,香味是一个最明显的例子。它们飘荡在空中,几乎无所依傍。

除了官能上的纯粹快乐,如视觉、听觉和嗅觉之外,苏格拉底还补充了学习的快乐——我们在获得之前不会渴求,在遗忘丧失之后也不会痛苦。任何从心智中遗漏的事物都不会以痛苦的方式把它的缺席告知我们。某种特定的知识与不假思索的善是无关的。假如有些人满腹都是这种知识,那么在失去它们时,这些人不会有丝毫感觉。任何伴随填充(filling)而来的快乐中都不包括本质的刻意复元;它是一种无枝可栖的 genesis［生成］。因此,这些纯粹的快乐面目可憎,因为它们不具有任何目的性。混合的快乐曾被说成是可鄙的,因为它们无法实现自足完满(参见 33b10)。不过,绝对美丽的事物既然百无一用,它们便不但丑陋,而且无害;它们是荒唐可笑的。因此,刚解释完阿里斯托芬那恶意的幽默,苏格拉底就给阿里斯托芬的苏格拉底画了一幅肖像,画中他的脑袋高耸入云。他暗示,阿里斯托芬不得不崇拜苏格拉底的快乐的纯粹性。真理毕竟是重要的。

两种“理论的”快乐——感觉的和理性的快乐，其中一种快乐依靠另一种快乐——并列在一起，充当了向知识的过渡，从快乐的角度看，这些知识就同悲剧与喜剧一样，相对于善而言是中立的。它们是中立的，尽管它们对大多数人来说是可厌的。它们符合少数人的本质，但从根本上说并不是这些人渴望之物。进一步而言，强烈的快乐产生于身体与灵魂的非道德状态，因此，如果同理不强烈的快乐产生于身体与灵魂的健康状态，那么后一种状态就与这种知识无关，原因是在面对已知之物时，人们不会感到学习的快乐。也就是说，这种健康状态根本不能通过理解而获知。如此彻底地把节制从智慧中区分出来，似乎会带来另一种错误。苏格拉底对纯粹的快乐与几乎（skhedon）不纯粹的快乐进行了适度的（metriōs）区分，这使得他把无尺度（ametria）与强烈的快乐联系起来，把尺度（eumetria）与不强烈的快乐联系起来。苏格拉底因此把无限的较多与较少一分为二，允许 sphodra［强烈］和 ērema［略微］不再作为一个对子起作用。少数人的快乐被多数人压抑，多数人因缺乏想象而把他们自身无法体验的事物说成强度不足（参见《斐多》65a4－8）。快乐是从外部测量的，苏格拉底未能区分审美的快乐以及理性的快乐便说明了这一点。于是，普罗塔尔库斯可以说并未全错，因为他曾辩称快乐的源头（pragmata）对快乐本身不造成差别。纯粹的快乐起码能证实这一点。此外，苏格拉底似乎是要说明，快乐的任何限制从来都不属于快乐，因此他强调快乐本身及其生成之间的区别：快乐属于无限，快乐的生成则属于混合的类目；不过，尽管事实上纯粹的快乐属于无限，但此刻它们却是在自身内部被测度的。实际上，无限此时从对话中消失了（上一次出现是在 52c6），到了后文才改头换面，作为善的第一原理——平均值标准再度出现（66a6－8）。在柏拉图的全部著作中，恐怕再也没有比这更能兜圈子的了。倘若没有这样的弯弯绕绕，我们或许就难以解释宇宙论的尺度为什么迟迟不能付诸于人性的善。论证过程中的方方面面似乎都要求善属于有限的类别，但与此同时，对话却拒绝这个结论，因为它愈来愈多地揭示出无限对我们而言不可或缺。此时对话转向了论证，而无限却已经乔装改扮，融入到新的周遭环境当中。这种切换不能说是平滑无痕的，我们从后文的论述中可以找到唯一一个提示：真逐渐从纯粹中凸显出来，它不再是任何意义上的善。

早在对话开始之前，苏格拉底和斐勒布就曾各自代表一个单一实体——快乐或理性——展开争论；但是，当普罗塔尔库斯选择了混合的生活，并排除掉兽性和神性两个极端后，就出现了多重的类属，快乐、痛苦、理性和疏忽以不同的比例混合其中。在这种情况下，悲剧和喜剧脱颖而出，它们为弃绝快乐者的论点提供了最佳证据，可以证明快乐只不过是从痛苦中获得解脱。然而，苏格拉底又对他们的观点加以补充。有些快乐经证明是纯粹的。这些快乐此时被拿来与真理做比(52d6)，而真理反过来显示出不同知识之间的区别可以用来比较不同快乐之间的差异，如此一来，知识的纯粹部分就可以和快乐的纯粹部分一起接受考察(52d9 - e4)。因此，我们再一次准备接受两个单子，它们与前一组对子不同，似乎隶属于人性的范畴之内；尽管如此，它们并不是不证自明的善，即便它们根据经验合并在一起，并像人们所期望地那样彼此充分混合。然而，无论纯粹的快乐还是纯粹的知识，都不是人们渴望的事物。它们是人性中不可选择的部分。

苏格拉底用一个例子把纯粹和真理联系起来。这个例子就是白色。我们驽钝的视觉器官为纯粹设定了标准，也就是说，凡是我们无法察觉(lanthanein)之物便等同于真相(alētheia)。无论白色实际上多么不纯粹，只要我们察觉不到其中的不纯粹，它就是纯粹的。“它是白的”比“它是白的”更真实，倘若前者是就某一视域而言，在这种视域下说“它不是白的”是不对的，而之所以不对仅仅是因为它不能作为非白色被我们体验。对于一个“完美”勾画而成的正方形，我们当然可以说它不是一个完美的正方形，但我们的经验与这句话表达的真理并不相符。同样，“水是透明的”这句话既适用于纯净水，也适用于最稠的墨汁，因为实际上两种水的水分子都不曾被碳的微粒污染，尽管它们同样漂浮在这两种水当中。因此，“白色”意味着“我们认为最白的”，而无论其大小、密度如何，“我们认为最白的”都是最真、最美的。然而，“白色”之所以进入对话，既不因为它是一种美丽的色彩，也不因为它是纯粹快乐的源泉，而仅仅因为它是纯粹之属的一个范例(52e6 - 53a3)。于是，纯粹的快乐作为与白色——非混合物、真和美——拥有相同标准的一类显现出来，至于它们产生的原因却无人在意。纯粹的快乐本身并不需要分词补语，因为它们彼此之间完全相似。在只有纯粹快乐的情况下，“我享受快乐”已经足够了，倘若进一步说：“我享受看纯白色的快乐”，就人的体验而言并不会增加任何东西，因为这种体验与任何同样纯粹的关于其他事物的其他体验并无不同。它了无痕迹。然而，从对话上看，对纯粹的快乐的讨论却并非如此不偏不倚。一方面，普罗塔尔库斯从没有体验过他学到的纯粹的快乐——这部分内容以普罗塔尔库斯斩钉截铁的 sphodra men oun [的确如此] 结束(53c3)——同时另一方面，讨论是纯概念的，苏格拉底和普罗塔尔库斯不会转而观看或嗅闻任何纯粹之物。他们要做的是思考(dianoēthōmen)、检验(skopōmen)和观察(theasōmetha)纯粹的白色(52e7，8，53a2)。因此，对纯粹快乐的讨论引发了对纯粹存在之物的渴望。这正是苏格拉底的下一个话题(53c4 - 5)。于是，回归单子问题变得不再遥不可及，只不过这种回归是不纯粹的。哲人那纯粹的一与纯粹的存在之物一同浮现而出，但在各自的纯粹状态下，它们再也无法结合为一个整体。

十三、存在与生成

(53c4 - 55c3)

纯粹的快乐被描述为真实的快乐。它们被默认为真实。这一点无法改变,不会激励我们用记忆和期望去测度它们。然而,它们的真实性并不植根于存在(ousia),因为至少在一些聪明人看来,快乐总是一种 genesis[生成]。于是苏格拉底着手分析存在和生成,并将其划分为七类。虽然前面四组对子意在彼此对等,但只有通过不断的重复,普罗塔尔库斯才逐渐解除了困惑;他接受了第五个对子,并似乎认为不应该迟到此时才揭示这一点;接着他又补充了一个自己的例子,并最终认可了苏格拉底的结论。七个对子如下:

1. 自在自为之物;	1. 渴求它物之物;
2. 天生庄严之物;	2. 缺乏庄严之物;
3. 美丽、善良的情伴(们);	3. 他(们)男子气概的有情人;
4. 生成之物总是以它为目的而生成的事物;	4. 以一种存在之物为目的的事物;
5. 存在;	5. 生成;
6. 船只(普罗塔尔库斯的例子);	6. 造船;
7. 善;	7. 与善不同的命运与处境。

无论左侧的条目适用哪些内容，右侧的条目与其左侧的对应项之间都有某种联系，即便只是像第七条中的完全相反的联系。如果快乐是一种生成，那么对它而言，关于生成的部分或全部描述都应该是适用的。也就是说，快乐总是渴望某些事物(1)，它天然地缺乏庄严(2)，喜爱美的事物(3)，以永远存在的事物为目的(4)，是一种以某种自在之物为目的的生成之物(5)，它制造某些事物(6)，或者以某种善为目的(7)。鉴于以上诸条用在快乐身上都不大合理，那么由此得出的推论便是，快乐并非一种生成。不过，如果用爱若斯代替快乐，并让第三个对子充当我们的向导，那么快乐就变成了对缺陷的补充。它是一种补足缺陷的缺陷，并且总是一种本质复元的体验。快乐因此成为一种伪存在。

即使苏格拉底希望我们从爱若斯自然过渡到快乐，并进而回到阿芙洛狄忒，把她通常代表的欲望归还给她，正如斐勒布曾将她限定为快乐一样，但快乐从根本上说仍然是幻觉，因为假如快乐在本质上是某种庄严、美丽之物，是生成的终结、一种存在和一个产品，那么它就变成了善。换句话说，相对于快乐的体验来说，阿芙洛狄忒将比任何快乐主义都更真实，因为她保留了快乐引起的幻觉，就仿佛它们属于快乐本身。根据苏格拉底的计划，快乐原本不会被错当成善，除非它早已从右侧移到了左侧，如果没有像阿芙洛狄忒一样魅惑的伪装，它不可能做到这一点。苏格拉底的意思是，没有既包含存在又包含生成的事物，尽管阿芙洛狄忒看起来似乎两者兼具，但他没有提供一种两者并包的可能方式，虽然他一定模糊地感觉到有一种既存在又生成的存在，因为在他的第四个对子也即最核心的表述中，正是生成之物决定着存在之物的特征。前面两个表述，即自在之物及天生庄严之物不能说明完美取决于不完美，第三个对子中却出现有趣的倒置，其中男孩是男人追逐的目标，清晰地显示出有情人决定了情伴的身份。更进一步，如果善是存在，那么存在就是生成的目的。存在对它自己而言不是一种善。因此,七个对子中似乎有一种渐进式的转变,从存在与生成之间的分裂逐渐转向存在与生成合一的善。普罗塔尔库斯理解苏格拉底的用意所在后,将话题拉回制造,把制造当作生成的原型,假装苏格拉底问他究竟船是造船的目的,还是造船是船的目的;但是这个例子错误地把存在和生成割裂开来,因为船只有在航行时才是善的,而航行是一种生成,其目的要么是为了它自身,要么是为了从一个地方去往另一个地方。善的生活必然是两者兼具的生活:它必须本质上为善,同时又以某物为目的而生成。因此,生活既不能满足于百无一用的纯粹的快乐,也不能仅仅以其自身之外的事物为目的。

苏格拉底能把纯粹与真和美联系起来,却不能把它同善联系起来。苏格拉底对聪明人表达感谢,后者发起了一场新的论争,善和真在其中被等同起来。自从苏格拉底抛开了作为本质复元的理想化快乐模式,转而探寻阻碍这种模式实现的事物,这一等同就成为了推动论证开展的力量。然而,如果真就是善,那么它必须恰好是它的存在目的,同时又是其生成之物。因此,善出现在苏格拉底的谈判桌的两端,并以这种方式享用阿芙洛狄忒式的含混性。假如善全部位于存在那一端,人们会倾其一生打造一种生活,就像打造一条船一样,却永远不让它下水试航;如果善全部位于生成那一端,人们会成为追慕美丽事物的有情人,最终却一无所获(参见《会饮》204d3 - 11)。人总是无路可走,却总是在路上。苏格拉底说他钟爱一种方法,但常常在其中迷失(16b5 - 7)。他知道自己正前往何处,却不知道会止于何地。不过,如果善横跨存在与生成的两极,它必然栖身于无限构成的混合物之内。没有较多与较少的作用,善不可能在生成中扎根,它将会永远追逐生成的一端,却不会与生成并存。生成中的现实是善。柏拉图对话录中唯一一次用"真正地"(ontōs)限定生成(gignesthai),是在《治邦者》中,文中谈到平均值标准与生成那不可或缺的存在一致,来客认为它是言语和行为中的真正的生成(ontōs gignomenon,283d7 - e6)。

苏格拉底从两方面借用了聪明人对存在和生成的区分。对于那些说快乐是善的人,聪明人付之一哂,因为凡以其他事物为目的而生成的事物都不能算作善;但是,假如快乐主义者想要修改他们的论点,并同意快乐必然以某物为目的而生成,那么他们会支持哪种存在,苏格拉底并没有说明。他们支持的只会是动物的生活。聪明人会再次发笑——这次是嘲笑那些在生成中实现自我并选择以满足饥渴为目的的生活的人们。他们选择的是生成与衰亡,或者以生成及快乐为旨归的快乐和痛苦。这类人为了获得善而被迫选择衰亡,他们将不得不说生成是善,衰亡是恶。这些人丧失了理智,因为他们必须确定为善的事物在其自身体验中并不是善,而对于其体验为善的事物,他们又不能将其单独确定为善。如果这类人接下来引入某些尺度证明生活的快乐大于痛苦,他们就会遇到苏格拉底的七个层面,这七个层面将证明快乐主义的错误是不可救药的。快乐主义者必须把快乐当作唯一的善;也就是说,他们一定不会承认任何灵魂之外的善是善,在他们那里,金钱不过是快乐的手段,既美且善的情伴不过是其有情人的快乐,而有情人的男子气概与灵魂的其他所有善一样,都不再是善。于是,为了前后一致,快乐主义者必须摆脱嫉妒。这样的人不能尽情享受喜剧。如果他不肯嘲笑他的朋友们的虚假智慧并为之感到痛苦,他必须是完全正义且智慧的。悲剧也不会令他感兴趣。在牺牲生活的悲剧与喜剧的同时,他不得不去追求那些他自己和其他任何人都不想要的纯粹快乐。做一个快乐主义者是可能的,做一个理性的快乐主义者则是不可能的。在快乐的生活中,快乐和理智彼此不相混合。

十四、知识与辩证法

(55c4 - 59c9)

开始快乐和痛苦的分析后,在快乐与理智的混合之前首先会遇到以下七个议题:①

快乐:
1. 七个层次:受意见影响的度量;
2. 喜剧:不自知;
3. 纯粹的快乐:真实;
4. 存在与生成;
5. 精确的技艺:度量;

理智:
6. 臆测:音乐;
7. 辩证法。

存在与生成的七重表象把快乐和理智联系在一起。然而,这种联系纯属假设,因为苏格拉底此前从未试图划定存在和生成的区别;他只是把这种区分照搬过来,用以说明普罗塔尔库斯选择快乐和理智的混合物是行不通的。苏格拉底的意思或许是,这种混合物本来应该以存在和生成的混合物为基础,并且同其保持对应;但眼下存在和生成却被假设为是两分的,除非解决单子问题,否则两者无法合二为一。单子问题又引出两个问题:其一,它们自身中

① 图示3是对此结构的另一种再现。

是否有存在之物;其二,它们如何既是单子,又能处在生成当中。如果这就是根本的问题,那么苏格拉底通过挑战普罗塔尔库斯就把对快乐的分析推向了顶点:解决单子问题吧,这样就能得到你想要的混合物,不过假如你解决不了,你就必须在求知的纯粹快乐与嫉妒的混合快乐之间做出选择——前者绝不是善的,后者虽然真的存在快乐和理智的混合物,但它既是坏的又是不义的。苏格拉底不肯让喜剧的受害者超然事外,致使自己沦为笑柄。如果我们把这种超然交给苏格拉底本人,那么他可能获得的双重快乐——来自他本人的智慧的快乐以及来自他本人智慧之荒谬的快乐——将会无所凭附。他所知道的与他所不知道的相差悬殊,这只会让他痛苦,他所能描绘的任何关于自身未来的知识的图画势必总是错的。在这种全然无望的情况下,自我解嘲能够提供的安慰仅仅源于别人对他[苏格拉底]无知程度的无知所产生的愉悦。苏格拉底的反讽并不是讽刺,而是痛苦的风趣(painfully funny)。

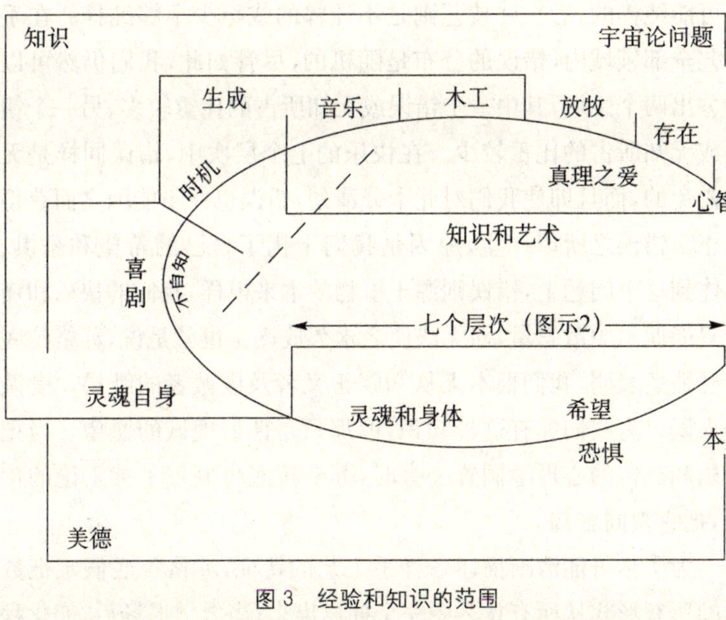

图3 经验和知识的范围

到目前为止,苏格拉底已经把快乐和一些理智注入不同程度的错误当中。他现在要在不同程度的真理中去考察理智本身。起初,他把知识分为两个部分,但是这种划分颇为含混。他的意思要么是数学有一部分是生产性的,其余部分则与教育相关,要么是知识中存在着真知,知识只代表了生产性的部分,而教育则基本上是非知识的。假使他的意思是后一种,就意味着他已经把它纳入到对悲剧与喜剧的讨论当中,其中包含了初等教育,而初等教育正是苏格拉底在《理想国》第二、第三卷中着手改革的。然而,苏格拉底仍有可能是前一种意思,特别是如果一种更为高级的数学最终会取代或补充目前通过诗歌和意见的道德教育。无论如何,苏格拉底没有回到教育的话题;他只是凭借技艺［的议题］继续向辩证法前进。他说,手工艺容许不精确的区分。有些手工艺较多地依赖知识,另一些却不大依赖知识。在依靠知识的技艺与不大依靠知识的技艺交界处充满了不确定性,我们一定认为前一种技艺是尽可能纯粹的,后一种技艺则是不纯粹的或至少不够纯粹。在手工艺全部领域内,错误的分布是随机的,尽管如此,我们仍然可以划分出两个区域,其中一个错误或无知所占的比重较多,另一个错误或无知所占的比重较少。在快乐的七个层次中,错误同样是无法避免的,而且即使我们对此十分清楚,错误也并不能因之而获得纠正。错误之所以产生,原因是我们干扰了自己的希望和恐惧。具体到这个问题上,错误则源于事物的本来模样,我们的快乐和痛苦只能偶尔驱散思量,而无法使之永久放逐。也就是说,苏格拉底已经悄然表明,我们根本无从知晓正义者及虔诚者的结局。虔诚的人误以为我们拥有这种知识,但那只是他们虔诚的愿望。当把快乐和痛苦的心理学搁置一旁时,苏格拉底也搁置了神正论的构想,把它视同虚构。

为了尽可能清晰描述各种手工艺的特征,苏格拉底假定把数学的所有形式从所有技艺中完全抽离出来;当数学退场后,变化程度最小的那门技艺就可以说是最不精确的技艺之代表，而变化最多的那门技艺则应该位列最精确的技艺之首。假如苏格拉底指的是修辞术，那么他做的区分可能就容易理解了，修辞术中充满了臆测和经验(《高尔吉亚》463a6 - b4)，因为这门学问最不需要计算、测量或称重。然而，苏格拉底却把音乐放在了最不精确的技艺之首，随后依次是医学、农业、航海和军队指挥，但在我们看来，后面四种比之音乐更为随意。苏格拉底或许不过是想强调调音的难度，但雅典一定不乏精通音调的乐师，乐师调琴时会比船长掌舵、将军挥麾时更加讲求精细，至于两军激战，所能依靠的也就只有本能和经验了。

我认为，苏格拉底说的是八度音阶中E-F以及C-D♭两个音程之间的区别。如果不加调整，E-F音程会比C-D♭高半音；也就是说，要么对C与C之间的所有音程都进行调整，以使音阶准确无误，要么从“余数”(remainder，leimma)开始音阶，并且这个零余不能是半音。[①] 质言之，音乐的数学结构脱离了声学的世界，其中至少存在着一个纯数比(pure number ratio)，它不是其他任何数的整数倍。[②] 物质结构的原则就此被牺牲了，这可以解释苏格拉底

① 参见普罗克洛斯(Proclus)《柏拉图〈蒂迈欧〉评注》(*Platonis Timaeum commentaria*)195A - 196B(Diehl编本2:179 - 83)论蒂迈欧的leimma 256:243(《蒂迈欧》36b2 - 5)。比较巴克(A. Barker)，《希腊音乐著作集》(*Greek musical writings*)卷2“谐音及声学理论”(*Harmonic and Acoustic Theory*, Cambridge, 1989), 287, 注59：“[托勒密反对毕达哥拉斯关于和谐音的描述]是一个真正的难点，柏拉图的《理想国》531C对此已经有所论述。只要在和谐音与不和谐音之间存在刻意的区分，这个问题似乎就不会有令人满意的数学答案。”还可参见[欧几里得Euclid]《规则的划分》(*Sectio Canonis*)命题14，其中论及八度音阶不及六声调；另见托勒密的《和音》(*Harmonica*)1.10(均收入巴克书，分别见第201页与296 - 298页)。

② 苏格拉底起初把音乐确定为一，但这里对音乐的第三种描述无疑显示出这种情况已经发生了变化(17c1 - 2)。数学的秩序最终变成了人根据知识和经验所能够容许的秩序，厄里克希马库斯(Eryximachmus)在《会饮》中也说过同样的话，不过他的说法有些不同：厄里克希马库斯仅仅把调节视为对快乐的调适；苏格拉底则将之视为对心智和快乐的双重调适。

为什么只肯认可单声调是既美且纯的。这一牺牲意味着承认任何由部分构成的整体都只会破坏其内部的存在，或是承认既然善使事物构成一个整体，那么它必然会与存在发生分歧。因此，生成是善的必然结果。于是，如果用木工与音乐分别代表它们各自隶属的较为精确与较不精确的技艺，两者间质的区别就可以通过如下方式演绎。木匠的尺子也许像回力镖（boomerang）一样弯曲，像我们用大拇指度量一样不精确，但对它而言，精确的标准仍然是几何学家的直线以及几何学家定义的区间。与此不同的是，制造笛子的人一定不能把音阶当作他无法企及的理想，他必须刻意避免同理论上规定的比例相似，否则他就不能使自然发出的声音符合既定的八度音阶。

苏格拉底把木工放在较为精确的手工艺之首，显示出他不甚精确地把在车床上制造木球的纯粹快乐与音乐单一音符的纯粹快乐归入了同一个类别。纯粹是相对的，没有绝对的［纯粹］。一切都取决于不同的标准在某一特定情况下参差不等的精细程度。与此类似，如果农业比木工更不可测，那么阿那克萨戈拉的宇宙论就需要修正，因为根据这种宇宙论，季节有条不紊地轮换，音乐与时序相合。相应的修正既应该体现出更大程度地接纳无限，也应该体现出用技艺的表面遮蔽无限。苏格拉底以两种方式强化了这种遮蔽：木工活计之所以能够做到精确，以及它之所以能够以可见的形式体现几何学家的圆规与直尺，主要是由于它的对立项——理论化的木工活计的缺席，因此，［手艺］精巧程度如何，完全不会造成任何影响。不过，尽管不会有人拿着木匠的规划图品评他的活计，他仍然会受到精确本身的约束。另一方面，苏格拉底在“音乐”的标题下既安置了那些误差较大的技艺，以便掩盖理论和工具之间的区别，又安置了那些受偶然性的影响而变得或多或少与众不同的技艺。倘若谨慎无论是否与政治相关，都不能被视为一种技艺，那么善就没有资格影响知识，也就没有资格影响快乐的分析。可以说,苏格拉底正走近一场危机,因为当快乐和知识最终被融为一体时,任何事物都无权管理这两者的混合物。尽管苏格拉底从一开始就是慎思(phronein)的支持者,但他自己从未做到慎思。数学退场后,技艺的价值式微,这有效地隐藏了善,倘若只存在一种关于善的一种知识,善仍然会依附于其上。

此时,苏格拉底回到了数学,之前他曾用一般意义上的数学区分生产性的技艺,为的是从哲学算术中离析出俗常的数学。这种区分仅为少数哲人熟知,他们并不认为统计不一致的单子是做无用功,前提是只要我们规定在一万个单子中每个单子都与其他单子相同。当这类哲人把两头牛称为两个不同的一时,他们并没有否认每头牛都分别是一,但他们不承认每头牛作为一也仅仅只是一而已。牛具有天然的统一性,正如普罗塔尔库斯赋予他本人同样的[统一性](14c11 - d1),它也和普罗塔尔库斯一样,要么受矛盾的谓词支配,要么受由差异引起的区分支配,这使得它的数目绝对不会少于单个的一。然而,倘若允许这些哲人假定存在着多个纯粹的一,他们就会遇到一个问题,同时也给苏格拉底提出一个难题。一方面,如果所有的单子都各自为一,就会无法彼此区分,除非在某种情况下,把它们按照特定形式编排,而这样一来又会与假定相左,导致了它们的区分[①];另一方面,苏格拉底关于单子的第二个问题此时显得颇难理解。苏格拉底是这样表述这个问题的:"就这些单子而言,尽管每一个都从不发生变化,不生不灭,但[每一个]又怎样确定无疑是这一个呢?"(15b2 - 4)。苏格拉底预见到的困难是:如果承认哲人们那纯粹的一,那么牛、马、人——这些单子就不再是一,因为它们就像两头牛或两支大军一样彼此互不

① 应当注意的是,弗雷格(G. Frege)认为,这一难题正是导致他拒绝古人对数字理解的原因。参见他的著作《算术基础》(*Die Grundlagen der Arithmetik*, Breslau, 1934),58:"这样看来,我们必须将'同一性'和'差异性'这两种互相矛盾的特性统一起来。"

相同(参见亚里士多德《形而上学》1001a29－b6)。在哲学的算术里,纯粹的一甚至不向刀刃屈服,但正因为此,它们也不能隶属于存在之物,[因为]每一个存在之物都屈服于刀刃,从而在变化生成它所是之物的过程中不再为一。如果可以把存在视为单子,那么算术上的单子无法区分的问题似乎就有可能解决了;然而实际上,在诸种知识中追求纯粹和真理都是以存在为代价的。[1] 普罗塔尔库斯没有认识到,他在摒弃那些聪明绝顶的人时,也就等于拒绝了苏格拉底。那么,如果考虑到理念的单子与数目的单子之间的文本距离,我们会说《斐勒布》整体上表现为这样一种模式:首先假设存在某一事物,然后再去寻找它。这个模式说起来容易,用起来难。

在生产性的技艺中,木工与音乐之间存在着比较模糊的分界,这一划分是基于这两种技艺可能要求的精确度而实现的,然而,一旦俗常算术和哲学算术之间的分界被引入进来后,之前的分界就消失了。木工和音乐两者都计数不同的一,较多与较少则可视为物种分化的引擎,在它的推动下,整体的算术分化为两类。然而,这两类该用什么样的算术来统计呢?倘若不是哲学的算术——因为两种算术彼此不相等同,那么一定是哲人统计他们做了哪些事时所用的俗常算术,要不然他们就得求助于在区分发生之前存在的算术。这样一来,苏格拉底似乎把技艺分成了三类:一类与元音相似——这类技艺以音乐为代表,其中的停顿可以任意添加,两个停顿之间最小的间隔很难确定。另一类与半元音相似——这类技艺有着更高的精确度,而且它们所使用的工具保障了其精确度。第三类与辅音相似——[它们是]有限的公理知识,一旦被一个个分开后,它们在生产性技艺的全部音节中的存在就会显得神秘十足。由于苏格拉底此时给有限一类贴上了专门的标签,他起初

① 埃利亚来客曾就帕默尼德的一提出过同样的难题(《智术师》244b6－d13)。

不肯或不能这样做就显得更加合理了，因为那时他还不需要面对数字的双重难题，即一方面不能用数字计数，另一方面剥夺存在物的统一性。

经过三十二次轮番对话，苏格拉底和普罗塔尔库斯达成一致，承认在生产性的技艺和数学中存在一种双重的二元性（55c4－57a4）；接下来的十六次轮番对话，苏格拉底和普罗塔尔库斯回顾了他们刚才的讨论（57a5－e2）。至于这次回顾的目的到底是什么，却并非那么一目了然。苏格拉底说，这样做是为了在知识中确定纯粹快乐的对立项，但他继而承认，明晰、精确和纯粹并不是诸种数学性知识进行原始区分的依据。这种原始区分实际上与普罗塔尔库斯赞成的一种哲学假定（57a3－4）若合符契，不过，在他们的回顾行将结束时，普罗塔尔库斯补充谈到他关于真理的标准，并说哲学的算术在准确性和真实性上与之不同（57d2）。因此，这次回顾产生了这样一种效果：它硬把论证的结果当成论证的目的，为的是根据之前设定的目标控制精确与真理的分歧，因为两者的分歧对存在的单子的一致性构成威胁。简单来说，无论存在与生成之间的区别——这个表述是苏格拉底从聪明人那里借来的——是否足以解释所有生成之物，回顾本身都受到其自身结构的质疑，因为在对论证的复述中，生成只被定义为按照一个特定的方向朝着一个特定目的演变。通过把论证过程拦腰斩断，这次回顾遮蔽了论证中原有的症结，尤其遮蔽了教育和生产性技艺之间的原始区别，以及哲学上的数学是否有意凌驾教育的问题。这次回顾通过一种单一意识抹去了一切思考的痕迹。通过回顾，苏格拉底把他和普罗塔尔库斯真正所做的事情归结为“逻各斯”（logos，57a9）。

在他们的回顾中，哲学的数学似乎位于真理之巅，然而，也许最令人惊讶的结果是，苏格拉底提议凭借“对话的力量”（dialegesthai）更进一竿，普罗塔尔库斯于是联想到高尔吉亚的修辞术是一切技艺之冠。苏格拉底说，就像每个人都知道（gnoiē）的那样，最真的知识(gnōsis)与存在之物、真正的事物、永恒不变之物有关;但普罗塔尔库斯试图以修辞术的善提出反驳,[修辞]从来不须诉诸武力,万事万物却甘愿向它臣服。普罗塔尔库斯一定意识到,尽管哲学中的数学性知识与那些能够带来纯粹的、真正的快乐的学问(mathēmata)相关,但是它们无法企及善,纯粹的快乐在美学意义上就如香气一般消散。换句话说,苏格拉底把纯粹的存在附加于纯粹的数学构成的系列之上,这让普罗塔尔库斯回到了善[的话题]。在存在与生成的七种表达中,善最初是放在存在这边的,但是,在论证过程中,为了平衡纯粹的快乐这一发现,存在突然作为完美的存在而出现,从此便不再是善了。通过不断以数学的精确度为标准而提炼知识,善跳脱出我们的视野,转而在最不受数学影响的技艺那里显现出来。普罗塔尔库斯此前曾经一度变得清醒,彼时苏格拉底宣称任何人只要不能对每件事物逐一进行具象分析,那么他就毫无价值(19b5－8)。普罗塔尔库斯随后区分了全知之美以及自我认知的再次起航;而此刻善则以修辞术的形式回归了。照我们理解,修辞术这种技艺似乎给普罗塔尔库斯提供了自由,使他能够根据自己的意愿选择是否坚持斐勒布的立场。普罗塔尔库斯渴望的是随心所欲,修辞术这门技艺也许能够从知识上满足他的愿望。此外,如果我们认为——这并非不可能——修辞用快乐达成说服,而且自我认知仍然是值得欲求的,那么自我认知的修辞就是快乐和理智的统一,它能催生出普罗塔尔库斯想要的善的生活。然而,自我认知的修辞看上去形同喜剧,苏格拉底就曾辩称喜剧总是植根于自我的无知之上。也许苏格拉底错了,柏拉图的对话将阿里斯托芬的力量和苏格拉底的自我认知合并在一起。

返回辩证法的非科学形式——“对话的力量”——让我们回想起它在文中第一次被提及[时的情形],那是在具象分析的上下文中,辩证法作为一种更审慎的方法于单子问题之后被引介进来,这样做不无风险，因为很有可能会令善的问题无限延宕下去(17a4)。具象分析与意见和生成相关，此前并没有任何迹象表明它会通向知识和存在。当然，具象分析一直伴随着苏格拉底对技艺与知识的区分，把高级数学和真理联系在一起的却是普罗塔尔库斯。苏格拉底引入了一种比他亲身实践的辩证法更为高级的辩证法，这有点儿非同寻常。普罗塔尔库斯选择的是人性的混合，尽管它与作为单子的“人”之间的关系凸显了苏格拉底的第三个单子问题，但把存在带回到讨论中来的却并非这一因果关系问题。苏格拉底之所以这样提议，正是因为普罗塔尔库斯认为真正(ontōs)的哲学思考冲动与纯粹的数学相关(57d1)。既然“真正”(really)在此处用来修饰哲人们，那么这个口语化的表达似乎就重新具备了作为副词时一个潜在的含义(这一含义在其他时刻隐而不彰)：苏格拉底把“真正”(ontōs)说成是辩证法的主题之一(58a2)。易言之，生成与存在之间的联系不在“客观的”存在中，而在哲人们本身的现实中。[①] 不管这一联系多么微妙，苏格拉底的确领会了普罗塔尔库斯说的“真正”，在普罗塔尔库斯被善的问题及存在的问题弄糊涂后，苏格拉底对问题做了重新表述，表示他明白普罗塔尔库斯的意思。这个经过重新表述的问题是：灵魂是否拥有一种天然的力量促使我们热爱(eran)真相，愿意为其付出一切，以及这种力量是否占据心智和思想的最纯粹部分(58d4－8)。进言之，苏格拉底此刻补充了喜剧的嫉妒中的隐含之物，也就是羡慕它在苏格拉底献身真理的过程中所察觉到的事物——本质的存在。不过，与此同时，苏格拉底还是得指出，如他所说，把纯粹的心智同爱若斯的灵魂草草结合是荒唐可笑的。在苏格拉底看来，爱若斯属于灵魂自

① 《智术师》也通过哲人的两类幻影——智术师和治邦者——与现实哲人的对立提出了存在的问题(216c4－d2)。参见 R. J. Ketchum 的《柏拉图论真的存在》(Plato on Real Being)，收入 *American Philosophical Quarterly* 17(1980)：213－220。

身的经验,快乐与痛苦的混合物居于其中,但是当他否定了弃绝快乐的人,转而去考察知识的纯粹快乐——即在获得之前没有渴望、在失去之后没有痛苦的快乐,他已经超越了快乐与痛苦的混合物。不过,哲人随后进入了他的视野,于是他就再也不能坚持这种纯粹,除非他把爱若斯按照某种方式分开,而这种做法是第俄提玛禁止的。哲学冲动是无私的,它从不怀疑为什么要为了真理而甘愿牺牲一切,这种无私同爱若斯与心智的混合物,也就是爱—智慧(philo-sophia),并不兼容,假如我们承认哲学是最高等的,那么哲学无私的特性与其不可或缺的自知之明同样不可兼容。普罗塔库斯不可能中立地对待高尔吉亚修辞学和哲学。这种中立不是别的,而是卡利克勒斯向苏格拉底提出的可鄙的妥协,即他一方面赞扬哲学在年轻人当中的魅力,一方面又极力主张在成年人中,哲学的位置应该由富有男子气的修辞术取代。普罗塔尔库斯本人似乎相信,即使性的快乐荡然无存,他也完全不会怅然若失。

把存在与数字分开,以便让它们各自组成独立的学科,这种做法促成了一种宇宙论,而仅仅与“这个宇宙”相关的存在是不被理解的,因为它不具备完整、清晰的秩序。追逐纯粹的直接后果便是排除了原因,而排除了原因也就排除了善。我们由此不难得出结论,不仅知识中的“理论”摧毁善,生活的悲剧与喜剧中的“理论”也同样摧毁善。在它们的范畴内,纯粹的快乐和纯粹的理智不大可能同时产生,但万一它们同时产生,并结合生成一种混合物,那么任何人只要感受到这种混合物,就会生出一种伪智慧:他还不够聪明。尽管苏格拉底已经和弃绝快乐者分道扬镳,然而,一旦认可了一系列不曾经历痛苦便产生的快乐,他就会不断应用这条原则——事物的本质只能在其极端状态下才能被发现;至于这条原则究竟是应用于快乐之上,还是应用于痛苦之上,其实并没有差别,用于前者为的是说明痛苦越大快乐也越大,用于后者为的是考察人在忘我状态下心智的完美运转。没有了较多与较少,善也就销声匿迹了；有了较多与较少，善的实现——这种善迫使我们听任普罗塔尔库斯选择人性——也就有了不确定性。任何对混合的具象分析都会产生一些无法合而为一的元素。这些元素虽然可以通过命令重新被拼凑起来，但它们当中任意两者之间的结合都不会在其毗连状态下再度出现。普罗塔尔库斯选择了人性，理解这一点后，他的选择就将不再是人人都能做出的一种选择。他的直觉没有获得理智支持。①

随之而来的结果并不奇怪。如果混合物的任何成分都与善无关，那么很难想象它们合在一起时会具有它们各自分开时所不具有的东西。苏格拉底曾向希琵阿斯指出他们两人同样具有这个特征：苏格拉底和希琵阿斯各自为一，两个人合在一起后就成了二(《希琵阿斯前篇》301d5 - 9)。但我们并不知道，善和美能否在两种中性元素的混合物里突然显现。无论如何，美拒绝这种伴生的属性。它属于某种纯粹的快乐或纯粹的理智，此外，假如在纯粹快乐与纯粹理智合并的过程中它还能幸存下来，其结构就不会发生改变。苏格拉底的伪智慧是一种无害的丑陋，而阿里斯托芬的则表现为一种不义的丑陋，当把两者合并后，似乎唯有在其中才可能存在某种既美且善的事物。这个组合恐怕只有极少数人能够欣赏，不用说，普罗塔尔库斯绝对不是其中之一。他坚信任何问题都是可以解决的，这让他永远前进。但是，他在这种目的论下坚持的毫不疲倦(ouk apeirēkenai)并不同于苏格拉底从困惑(aporia)的无限性(apeiria)中体会到的魅力。普罗塔尔库斯是怀着希望的苏格拉底。

① 对话开始时(11d11 - 12a1)，苏格拉底假设了第三种灵魂的状态与倾向，也就是一种既非快乐又非理智的生活，它优于前两种生活，假如这种生活 bebaiōs［确定］拥有第三种灵魂的状态与倾向，那么他和普罗塔尔库斯就都输了，但是在这里他又说在没有 bebaiotēs［确定性］的事物中没有任何 bebaion［确定］之物，而这些事物也就是经历生成之物。辩证法的剃刀在存在与生成之间划开了一道缝隙，换言之，如果确定性必然等同于本体论，我们就无法获得快乐的确定性。

十五、混合物

(59c10 - 64c4)

苏格拉底和普罗塔尔库斯在第二轮考察的混合与第一轮完全不同。第一轮中，范围是无限的，指导原则是尺度理论，心智处在混合之外，任何存在都必须通过生成而实现；而此时，心智参与了混合，存在不能在混合中实现。原始混合的无限经由具象化过程呈现为不同种类的快乐，于是，无限此刻就被限制在各个类别之内，无差别的、未曾打上自身标识的连续统一体也随之不复存在了。同样，有限已经被具象化为不同种类的知识，其天平较低的那端(木工和音乐)附着了较多与较少。这两个不同的类别与灵魂和身体各自占据的区间相互协调，其中灵魂居于较低的一端，身体和心智则居于较高的一端，宣称要挣脱灵魂的束缚。在第一种混合物的生成过程中，苏格拉底曾设定这样一条原则：假如没有灵魂，就不会有智慧和心智(30c9 - 10)；在谈到第二种混合物时，苏格拉底说过，灵魂热爱纯粹心智所拥有的真(58d4 - 8)。因此，《斐勒布》全篇似乎充当了一份证据，证明灵魂与心智的不可分割，倘若将二者分开，善在快乐和理智的混合物中就没有了安身之地。[①]

① 在《尼各马可伦理学》第十卷第六章至第九章中，亚里士多德把主要的快乐划归给理论的生活，但他对灵魂只字未提(1176a30 - 1179a32)。

然而,有限和无限的具象化既掩盖了善,也掩盖了灵魂和心智的一体性。尽管苏格拉底和普罗塔尔库斯审查了参与混合的不同种类,但他们并没有经手混合的过程。这些不同的种类是如何混合在一起的,他们并不知情。苏格拉底和普罗塔尔库斯一面允许不同种类[的元素]参与到混合当中,一面又放任手中的权力,对各种成分的比例不加控制。形式是尺度的劲敌。他们依旧可以读懂这一混合物,却再也无法言说它。普罗塔尔库斯的回答中从此再也找不到"sphodra"[完全]这个字(60b6)。

此刻苏格拉底把我们引入了一个真正的困境:将尺度理论和具象分析合二为一显然是办不到的。[①] 一方面,两者任何可能的合并都必须面对数与存在的分裂,其分裂的根源在于知识对真理的追求。另一方面,倘若心智不是混合物的构成部分,两者合并就要面对心智的因果律;反之,倘若心智是混合物的构成部分,那么两者合并就要面对心智的非因果律。苏格拉底提醒我们回顾他和普罗塔尔库斯最初的设问引发的得与失,他还指出,为善制定的标准让我们既不能选择快乐,也不能选择心智。苏格拉底用一条谚语为这次演习辩护:"美言不怕一而再、再而三地重复。"这条谚语的意思是,美不会令人生厌。它经得起一次又一次的重复,它的每一次出现都不是原原本本的复现,我们于是联想起普罗塔尔库斯说过的话,经过这样"一遍又一遍"[的重复],提问的人和被问到的人终将达成充分一致(24d9 - e2)。这里的美蕴含着无限变化,与苏格拉底此前提出的单调的美应该并非同类。通过把美引入对话当中,苏格拉底试图促使普罗塔尔库斯思考目前的讨论是否已经跑题,从知识中消失的自我认知必须通过对话而重新寻获。

---

① 尺度理论和具象分析分别对应于罗宾[L. Robin]所说的"尺度(mesure)"与"具体描述(spécification)",但罗宾以更为乐观的态度看待两者的统一性,并最终让柏拉图将后者并入前者当中(见 L. Robin《柏拉图》[*Platon*],Paris,1935,96 - 97,199,332)。

《斐勒布》中共有四次总结，这里是第三次。第一次总结是苏格拉底在文章开篇时做出的，做完这个总结后，苏格拉底就对论题进行了修改，使之更加鲜明，他提出质询：灵魂的哪一种状态能够给所有人提供幸福(11d4-6)？苏格拉底所做的改动让我们留意到，也许苏格拉底和斐勒布两个人此前都不认为人性会成为善的限制，然而当普罗塔尔库斯选择了混合的生活后，他便遭遇了这个问题。第二次总结是普罗塔尔库斯做出的(19c4-d6)。他被迫复述论题，同时意识到自己根本无法对快乐和理智进行具象分析(19b2-4)，他不得不选择自我认知，放弃了全知之美。普罗塔尔库斯洞见了再次起航的必要性，但也是从那时开始，他逐渐偏离了这一方向，其中部分原因应该归结于苏格拉底成功批判了快乐和理智。看起来，一旦认可了把意见和知识截然分开的必要性，这种区分便随之完成，并构成一切哲学思考的基础(58c4-59a2)。在此处出现的第三次总结中，苏格拉底把他和斐勒布起初秉持的立场与一场辩论演习合并在一起，正是这场演习让普罗塔尔库斯选择了混合的生活。这样一来，苏格拉底就促使我们提问：假如他一开始，即第一次做总结的时候，就提出混合的生活的问题，结果会怎样呢？毕竟那时他就曾暗示可能存在另一种更好的生活(11c1-12a5)。的确，普罗塔尔库斯的第二次总结强调知识和技艺，忽视 phronein［深思熟虑］，似乎已经允许苏格拉底着手将诸种知识具象化，在普罗塔尔库斯选择混合的生活之后，这种生活好像完全摒弃了快乐。上述总结反映出《斐勒布》中有不少令人费解的部分，因为对知识的区分并不取决于无限，而对七个层次的区分却在很大程度上取决于无限。一部精简版的《斐勒布》会绕开所有的具象分析，从而掩盖普罗塔尔库斯对混合的选择与苏格拉底对具象分析的偏爱之间的联系。具象分析是苏格拉底解决难以攻克的单子问题的出路，在这个问题中，斐勒布那作为单子的“快乐”与苏格拉底本人的“理智”都是幻影。尽管普罗塔尔库斯拼命维护，作为单子的“快乐”还是分解为不同的类别，而在它的整个阈值内都找不到善的踪迹。苏格拉底不顾普罗塔尔库斯的反对，竭力声辩，尽管如此，作为单子的“理智”仍然在其天平较高的那端显露出双重缺陷：它既不是善，同时又分裂为不同的一与不同的存在。具象分析的结果肯定了苏格拉底对具象分析的选择。余下唯一的问题是：具象分析本身是否就是普罗塔尔库斯选择的真理?

苏格拉底有如连珠炮般向快乐本身提出一系列质疑，这让我们认识到，要想选择混合的生活，就不能缺少最起码的自我认知：如果对于所拥有之物没有任何真正的意见或知识，我们就不可能做出选择，也就更不会选择快乐了(60d3 - e1)。然而，苏格拉底此处没有再次提到正确的计算，缺少了正确的计算，我们就无法对未来的快乐做出预判(参见 11b8,21c5 - 6)。分析艺术和知识会给一切生成带去不确定性，而为了确保虔诚者的希望不致落空，就不得不依赖某种自然神学，两者合力把时间限定为现在与过去。不过，这种限定刚刚应用到讨论内，希望就介入进来：“相比其他事物而言，”苏格拉底问普罗塔尔库斯，“在美妙混合的事物中不是更有希望找到我们要找的东西吗?”苏格拉底把他们此刻所处的阶段比作一个人要找到另一个人，就必须先弄清楚对方住在哪里。在他们的讨论中，家对应于混合的生活，要找的人对应于善或善的某种形式(61a4;参见《理想国》433a3)。苏格拉底的意思或许是，善就像奥德修斯一样，总是在外漂泊，但仍然有望回家，而单单拥有快乐或理智却永远不可能成为我们栖息的家园。家带给我们一种极其微弱的自我认知——让我们确信人既不同于兽，也不同于神。苏格拉底把家说成是通往善的道路：它引导着人旅途的方向，但它并不是旅途的终点。普罗塔尔库斯此前曾说，他和那些年轻人开玩笑威胁苏格拉底：如若不能使讨论达成一个令人满意的结果，就不放他回家(19e1)。于是，苏格拉底一直没有回家。假如讨论结束时找到了善，那他就能如愿以偿地回家了。也就是说，善不是一个家。只有当苏格拉底不在家时，才会有善。如果我们略微修改“家”的含义，那么离家在外便并非无家可归，也就是说，远离混合的生活并非取消混合的生活。我们既受到人性的指引，又和人性保持一定的距离。

在着手混合之前，苏格拉底和普罗塔尔库斯首先向诸神祈祷，这里的诸神指的是狄奥尼索斯、赫淮斯托斯或任何掌管掺杂一职的神灵。狄奥尼索斯被称为酒神或戏剧之神（如果我们认同生活就是悲剧与喜剧的生活），赫淮斯托斯是工匠之神，一度还曾经为其他神灵当差。假如执掌掺杂一职的是赫淮斯托斯，苏格拉底的意思应该是快乐和理智之间有过某种纠葛，就好比宙斯和赫拉之间曾经爆发争吵，需要一个滑稽的人引逗不可遏制的笑声来调节，赫淮斯托斯就是这样一瘸一拐地在他的母后与宙斯之间穿梭，让他们两人停止了争吵（《伊利亚特》1.599－600）。苏格拉底在前文中曾把他自己和普罗塔尔库斯比作手艺人，摆在他们面前的材料是快乐和理智（59d10－e3），或许此处狄奥尼索斯就代表快乐，赫淮斯托斯则代表技艺，提到这两位神灵是为了说明，让两者合作该有多么困难。不过，苏格拉底此时又做出了调整。“希望”——希望找到他们正在寻找的东西——一词出现后不久，苏格拉底就提到绘画。他把他们两个比作斟酒的人，只不过他们斟的不是酒，而是快乐之蜜与理智的苦水。在众神当中，蜜水是向复仇女神和阿芙洛狄忒祭献的饮品，她们都是从乌拉诺斯割下的生殖器中出生的（赫西俄德《神谱》176－206）。因此，最好的生活是向爱神或复仇女神祭奠蜜水。但这种混合物是成问题的，就像美与正义在众神身上的混合一样。众神的俊美彰显出他们的完美，正义则表示他们关心人类［的福祉］。苏格拉底在《理想国》中的神学否定了两者的结合，因为众神的正义与其永恒不变性（382e8－11）并不兼容。苏格拉底的意思大概是，理智和快乐代表美与正义，但这是一种人性的代表，因为在对喜剧的分析中，他把惩罚的快乐与一种伪智慧联系起来。倘若理智和快乐发生混合,就必须再次采取这种既丑陋又滑稽的形式。进一步而言,如果悲剧呈现美与恐惧(参见亚里士多德《诗学》1449a35),狄奥尼索斯就将真的掌管我们的生活。于是,我们便不能不回想起苏格拉底之前曾引用荷马的话,用来说明快乐和痛苦在愤怒当中的混合:愤怒比蜂蜜还甘甜,再聪明的人也难免怒火中烧(47e5-9)。

苏格拉底提议谨慎行动,对快乐和理智加以区分,以便确保凡是参与到混合当中的都是我们确实需要的事物,但是他的建议很快就被弃绝快乐的知识这股洪流淹没了。苏格拉底谈到,理智的人把正义本身当作一种存在加以思考,同时记述自己思考的内容,但这类人对人的领域和范畴一无所知,而缺少了这些知识,就无法建造家园。这些话刚一说完,普罗塔尔库斯就表示放弃对每件事物逐一筛选,而只去审视快乐和理智最真的部分。普罗塔尔库斯之所以需要伪造的正义和错误的测量标准,原因有二:第一,我们不能成为别人取笑的对象;第二,我们必须每时每刻都能找到回家的路。普罗塔尔库斯似乎明白,要想免受嘲笑,单是正确判断自己的智慧是不够的;即便苏格拉底对围观者肚里的墨水了若指掌,即便他懂得"理念"的整个世界,他还是难免会显得滑稽可笑。知道回家的路似乎就意味着下到洞穴,或许还意味着普罗塔尔库斯相信高尔吉亚的修辞术能够发挥效力,补充关于存在的知识。《斐勒布》本身的论证结构致使真正的可能性发生倒置:苏格拉底刚一提议下到洞穴,普罗塔尔库斯当即表示接受,但实际上他们根本尚未从洞穴上来。洞穴被它的表象——喜剧和悲剧——取而代之,洞穴的现实虽是我们不变的出发点,却从未被给予。因此,人性之善变成了一种稀释剂,冲淡了前定的神圣的知识,即便我们还不曾有可行性研究证实像这样返回从未离开的人性是正确之举。普罗塔尔库斯承认,如果一个人单单从事神圣的知识,会显得非常滑稽——此人甚至比坐在篮中俯瞰太阳的苏格拉底站得更高——但是他似乎相信生产性的技艺越是精确，那么通过盖房子和造家具，它们就越是能指引我们回家。家，在苏格拉底的图画中曾是混合的生活，在普罗塔尔库斯的图画中曾是人总能找到的地方，此时家变成了一种建构，似乎倘若没有技艺，人就无法拥有栖身之地。只有满足需求的认知形式，人的需求才能获得认可，既然如此，那就不可能存在所谓的通才去和专业技艺构成的城邦唱反调了。通过潜在的劳动分工，以人为中心的共同体逐步壮大，任何事物如果想要进入这一共同体中，就必须首先包装成知识［的模样］。普罗塔尔库斯对人性做出的最大让步是音乐，正是音乐，以及与之相关的臆测与模仿使生活成其为生活（62c3－4）。普罗塔尔库斯不是回到生活，而只是回到对生活的艺术模仿。由于在七种强烈的感情当中，唯有哀伤业已具备其艺术形式，即 thrēnos 或哀歌，因此普罗塔尔库斯否定了喜剧，转而支持悲剧。以音乐的形式向死者表达哀思，这让生活成其为生活。从神性［的高度］降落意味着死亡变成人的核心体验。

此时，普罗塔尔库斯变成了技艺和知识的唯一审察员，苏格拉底则当上了守门人，他必须阻止蜂涌而入的技艺闯进混合生活的宅院。这是因为，普罗塔尔库斯曾提出，只要拥有了纯粹的知识，其他的事物就不会构成妨碍，结果便是门户大开，所有的东西都涌了进来。这样一来，《斐勒布》就变得越来越像一篇颠倒的《理想国》，[①]自从让数学和辩证法参与进来之后，普罗塔尔库斯实际上已经认同了乱成一团的技艺和知识的存在，它们不但属于真正的城邦，而且也属于狂热的城邦。显然，严格说来，只有盖房子隶属于苏格拉底在《理想国》中最先提到的城邦，余者则属于改头换面

① 在《理想国》中，苏格拉底开篇谈到音乐教育的神话，结尾处论及哲学或智慧的真理；而在《斐勒布》中，苏格拉底开篇谈及理念，接着又讲到存在的真理，结尾处则提到音乐的错误。

的城邦,即在格劳孔因缺少奢侈之物而反对的“猪的城邦”之后兴起的城邦。普罗塔尔库斯似乎没有意识到快乐是如何在知识的掩护下跻身而入的,他显然相信,越是虚妄的技艺和知识,越是能够被更高级的技艺和知识调节。但更有可能的是,各种知识此刻正挤作一团,相互之间还未发生混合(misgagkeia,62d5)。的确,如果我们回头去看荷马笔下的场景——苏格拉底正是从那里借用了这个诗意的措辞[“幽谷的交汇”]——我们会发现它是一个明喻:山间的激流在幽谷中汇合,发出震耳的咆哮。这个表达原本用来描述希腊人和特洛伊人的冲突,他们大开杀戒,血流成河,两族交汇的结果带来呼号和痛苦(《伊利亚特》4.450-456)。苏格拉底勾勒出的守门人的形象反映出混乱,他引用荷马的话则暗示了技艺和知识互相残杀。普罗塔尔库斯不认为这有什么害处,因为他被生活的音乐迷住了。战争是政治生活的中心事件,这一点通过一个诗人被掩盖了。①

混合物的问题一经提出后,大量涌进对话的密集形象似乎对应于错误的尺度和标准,普罗塔尔库斯辩解说,正是这些尺度及标准为生活提供了一张地图,使之不再荒谬。如果说形象总是包含置换,而置换在遮蔽的同时又转而彰显被置换之物,那么苏格拉底就把生活完全诗意化了,他允许快乐和理智受人质疑,仿佛它们是有生命、有思想的存在。[话题]转向音乐,表面的原因是普罗塔尔库斯让纯粹而必要的快乐参与了混合,然而随后他却无法说出哪种快乐是纯然无害的。纯粹而必要的快乐平衡了纯粹而必要的技艺及知识,只不过音乐的快乐仍然被排除在外,虽然早在混为一团的各种技艺之前,音乐就已经参与了混合。讨论并没有真正去谱写一段聒噪刺耳的音乐,而只是预想了这种音乐,就好像“知识”

① 或许可以说“misgagkeia”[幽谷的交汇处]将《斐勒布》与《高尔吉亚》联系起来,后者开篇即提到“战争和战役的”,预示后文不涉及战争。

的标签能够道出音乐对生活的影响似的。不管怎样，既然这些快乐是完全有意识的存在，并且渴望获得知识，那么它们便被淘汰出局了，因为假若没有理智，快乐就不可能存在，也不可能有益于生活。它们宣称，盖房子最好要有知识，即关于其他一切事物以及它们自身的尽可能完备的知识。这些快乐似乎希望苏格拉底关于快乐的具象分析与它们同往，并建议把关于它们为什么不能是善的分析当成是它们自身的入场券。它们希望知识发起对抗，但不要把它们驱逐出去。真理——快乐必然不是真理——无疑是苦涩的，假如《斐勒布》也包含在内，那么它应该隶属于音乐，也即普罗塔尔库斯认为任何生活都不可缺少的音乐。快乐似乎在说，苏格拉底的字母学及音乐离不开其各自的经验，缺少了这些经验，具象分析以及从具象分析中提升都将是不可能的。普罗塔尔库斯最多只能在他承认的音乐下理解喜剧和悲剧，它们是快乐期冀之物的幻影。在某种意义上，这个错误并不严重，从喜剧和悲剧谈起可以说十分恰当。

关于理智和心智的讨论篇幅较长。它们的限制远远多于快乐，甚至连必要的快乐都主动弃绝。它们只关心自己的产物，并且似乎相信强烈、持久的快乐是获得真理的唯一障碍。它们给美德的快乐——尤其是节制的快乐——留出空间，却只字不提这样做是否可行。对它们而言，人之善依旧是一个悬而未决的问题，全体的善也是一样(64a1－3)。心智和理智承认，它们提议的美丽而和平的混合物只是一个稳定的基础，其目的在于检验善，但是它们因此认为善——无论是人的善还是全体的善——飘忽不定，在存在之物中找不到善的踪影。它们愿意无限推迟对善的检验。这种做法虽然合理，却不大合情。相应地，苏格拉底必须在混合中加入关于真理的知识所忽视的东西——真理(64b2－3)。关于存在之物的真理不是关于存在之物的真理。乍一看，"真理"只不过取决于一些先决条件，缺少了这些条件，任何事物都不可能存在(也就是说，善包含全体真理中的生成之物），但稍加思索，我们会发现真理通常必然会终结拟人化的快乐和理智，使得心智的语言不再诗意盎然。真理宣布我们刚刚读到的东西是不真实的。在此前的对话中，苏格拉底曾经想让快乐以非意象化的方式（nonimagistically）说话，让心智和理智以意象化的方式（imagistically）说话。此刻他提议去除快乐的理性，把理性重新交还心智。苏格拉底基于他自己关于快乐和理性的独立思考，建议淘汰音乐。因此，我们大概需要返回七个层次的字母表，那里哲学潜伏于欲望的结构之下，我们还需要返回音乐出现之前的对话部分。这个建议必然意味着否定音乐的动因存在于灵魂当中。是什么让灵魂转而依赖诗呢？是什么让灵魂制造出诸神呢？只要将提问稍作变形，就会得到《斐勒布》一书的核心：当“悲剧”和“喜剧”扩展为“生活的悲剧和喜剧”时，究竟是什么促使诗人不再是生活的再现者，而是反过来成为生活的创造者？

十六、善

(64c6 - 67b13)

苏格拉底说,论证进行到这里,产生了一种"无形的秩序,它一定会美妙地主宰拥有灵魂的身体"(64b6 - 8)。他承认,他们还只是伫立在善的门廊上,要想进入善的居所,就必须找出 logos [逻各斯] 那无形的秩序之所以变得如此友善的最高原因(64c1 - 7)。苏格拉底不用比例,也不用数字,就绘制出一份蓝图。他需要的是一系列原则,通过它们将善的标准转化为某种实在之物。这些原则一定不在混合之外,否则的话,就意味着快乐和理智中的一方必然包含了善,从而使其不再需要另一方。不过,假如证明快乐或理智中任何一方更近于混合物的成因,那么这些原则一定与之密切相关。也就是说,这些原则必须拥有一种双重结构——在混合中的结构以及在快乐或理智中的结构,而且这种双重结构一定既不能分开,也不能合并。我们已经知道真理具有双重性:一方面,它是真正的快乐和真正的存在;另一方面,作为一种真理,它决定着生成和善。当前一种真理变得不纯粹时,便产生了后一种真理;当后一种真理变得不真实时,便产生了前一种真理。我们缺少一种更高的原则去精确判断应该分别给这两种真理分配多少真理。在具象分析中,苏格拉底表明,从真理反观快乐,快乐大部分是无可救药的,喜剧大多是伪智慧,正是通过对快乐和理智的具象分析,真理才作为一种标准浮现出来。但是匀称与美——它们构成了善的相(idea)——却是从有限与无限的尺度理论中移借而来的,这个理论出现在具象分析之前,并且与它不尽一致。苏格拉底给两种尺度——算术的尺度和平均值标准——留下了巨大的混乱,这再次显示出,他此刻称为常识的术语实际上并不确定。他起初谈尺度和匀称,后来改谈美和匀称,虽然美既可能是尺度和匀称两者的综合,也可能只相当于匀称(64d9 - 65a2)。这一混乱体现出,美和匀称独自出现时,与它们在混合中出现时并不相同。美既存在于单音调中,又存在于车床加工的球体中,还存在于健康、音乐和天气的混合中(25e7 - 26b7)。它既存在于纯粹的数字比例中,又存在于其空间对应物中。只要不解决纯粹的单子与纯粹的存在相互分裂的问题,美就必然会在一定阈值内滑动,不固着于任何一端。匀称同样也不是确定的。它的内部包含着作为误差的平均值标准,正如在音乐以及任何宇宙论中的平均值标准一样,不过,匀称是一种对称,这一点本身似乎就很重要,并与纯粹的数学密不可分。于是,从表面上看,苏格拉底提出的混合原则中,尺度理论占了其二,具象分析则占其一。之所以如此混杂,是因为错误不但遍布于技艺和知识当中,也遍布于快乐当中,而技艺和知识中的错误只不过是尺度理论下的美和匀称。尺度理论没有真理,因为它没有发现存在和生成的分界,不过,通过具象分析发现两者的分界后,这种分析并不能为其背离真理的程度提供标准。因此,苏格拉底只好选择回到之前的讨论,那时有限和无限既在混合之内,又在混合之外,关于存在的问题也还没有牵涉进来。那时心智就是混合的原因,这一点毫无争议,因为只有它是唯一的动力因,不必根据真真正正存在之物确定其位置。

具象分析给苏格拉底留下了一个普遍性问题,总结起来就是:一旦我们发现纯粹的快乐和知识不是善,而善又不得超越意见,那么真理怎样才能重新嵌入生活呢?两份错误对一份真理,这说到底不过是一个我们永远不可能用到的公式,因为我们总是对真理绝望。如此一来,倘若真理和意见混合,那它就必然成为关于我们的困境及其结构的真理。[①]《斐勒布》的四个部分——一与多的双重问题、尺度理论、具象分析,以及第二和第三部分的结合——可以说就是这一结构的示例。普罗塔尔库斯说,若要继续深入探讨下去,直到穷尽所有问题,就还需要另外一些东西,但他相信余下的问题极为有限,从而反映出他并不理解真理和尺度理论交汇时究竟发生了什么。普罗塔尔库斯没有把这次交汇看成是困境无限的具象结构,而是将其视为心智压倒了性的快乐而获得胜利。普罗塔尔库斯的立场是可敬的,但是它与哲学关系不大,同样也与苏格拉底的情伴采用的方式关系不大。

谈到快乐和理智哪一个更接近真理时,苏格拉底劝普罗塔尔库斯考虑充分,不要急于作答。苏格拉底似乎想劝说普罗塔尔库斯检验错误在快乐中的存在方式,但后者立刻转而采用弃绝快乐者的视角,聚焦于快乐的极限形式,把恋人们虚情假意的山盟海誓——诸神都不会当真——看成快乐过分夸饰的证据。恋人们虽然口口声声:"我发誓永远爱你",却无法信守诺言,他对此印象深刻,只不过没有注意到这些誓言中流露出来的对永恒的渴望(参见《会饮》183b5-7)。永恒在性的快乐中显现,并且可能与灵魂对真理的爱欲相关,可普罗塔尔库斯对此没有兴趣。基于斐勒布的理解,我们稍加反思就会明白,人作为必死之物,绝无可能兑现诺言,快乐的核心因而就此被革除了,但普罗塔尔库斯不曾对心智做同样的反思:心智与真理关系密切,甚至等同于真理,不过这并不会助它拔得头筹。爱欲观念主义经过检验被证明是不合格的;心智

① 同样,在《智术师》中,讨论的前提——人不可能全知(232e2-233a4),与来客对其方法的声明——任何事物最终都难以遁形(235c4-6)之间的矛盾只能借助无知的确然结构去化解。全知的智术师不过是自知之明的哲学家的影子。

观念主义却可以不加检验地畅通无阻。对于普罗塔尔库斯根据真理做出的关于快乐和心智的判断，苏格拉底不置一词，他只是要求前者以同样的方式思考快乐和理智哪个更为整齐有度。整齐有度(measuredness，metriotēs)一词内在地包含着双重尺度，我们并不知道普罗塔尔库斯是否用平均值标准衡量快乐，用算术尺度衡量知识，普罗塔尔库斯本人对此也一样茫然，因为到目前为止，还没有哪一种知识专门以平均值标准为基础，不过至少本质复元的快乐体现了这一标准。可是，苏格拉底倒真心认为普罗塔尔库斯回答得很精彩，因其符合道德，易言之，在提到第三种标准即美时，普罗塔尔库斯以道德为准绳去评价快乐和理智的不同。他说，无论是在现实中，还是在梦境里，理智从未呈现为可耻或丑陋的形象。之所以不存在丑陋的理智，原因可能在于洞见本身是美的，它遮蔽了一切可见的真理的丑陋，又或者在于理智的藏身处甚为隐秘，它大概天性腼腆，不愿在人前抛头露面。另一方面，在普罗塔尔库斯看来，快乐要么是滑稽的——他再次以性的快乐示例——每当我们看到有人陶醉于这种快乐时就禁不住觉得好笑；快乐要么是丑陋的，当我们看到所有参与其中的事物最丑陋的一面时，难免会羞愧难当，遮遮掩掩，将这类事情留待夜深人寂时才做，“因为这些事情是见不得光的”(65e9－66a3；参见《希琵阿斯前篇》299a3－6)。普罗塔尔库斯似乎没有注意到人还远远谈不上完美，他不认为滑稽之事同时也可以是美的：人的不完美虽然在性爱中表现得相当明显，但它显然同样存在于我们的思想当中。不过，也有可能，普罗塔尔库斯认同人的不完美，因为他根本没有提到理智之美。

普罗塔尔库斯以性爱的快乐为例，为的是衬托心智和理智，这让我们意识到，《斐勒布》的讨论在何种程度上以爱欲为主题，这个问题是否可以从生理学上去理解。倘若不能进行生理学的理解，《斐勒布》便似乎意在询问，快乐和理智的混合物——即人栖息的家园——是否将哲学指定为人唯一的善，因为哲学或许把快乐及理智赤裸裸的单子一起放到生活当中，就好像相对普罗塔尔库斯的选择而言，它是唯一真实的。然而，在这个问题上，普罗塔尔库斯必须明白，快乐并不是以积极的方式进入善当中的，它在善中的角色要么是不可避免之物，要么是中性的知识或感觉的随从。快乐主义被彻底否定了，以至于快乐竟降到第五名甚至更落后的名次，而这也仅仅是为了安慰斐勒布。普罗塔尔库斯身上结合了审慎与理想主义，这也保证了《斐勒布》集中讨论它所关注的问题，不曾跑题。本来就该这样。《斐勒布》不是《理想国》或《会饮》的补充。

苏格拉底曾承认，虽然善的力量或意义已经转移到美那里，但美并不完全等同于善。美的二原则是尺度和匀称，它们与善的二原则——充分与完满并不相同。美，匀称和真理不一定总在一起呈现，因为倘若它们彼此不可分割，便没有必要按照所有这些标准逐一去审查快乐了。于是，较之于善，美由于自身的结构，允许对事物的序列做进一步细分。可以说，苏格拉底充分利用各种标准看似一致的范畴，让善变得更加精确了。含混充当了区分的工具。苏格拉底让普罗塔尔库斯把讨论的结果公之于众，这还是他第一次明确谈到平均值标准。他不但把尺度和整齐有度摆在首要地位，还在其中加入了 kairion［适时］。Metron［尺度］和 metrion［适度］仍然保留着从一开始就具有的含混性，适时的意思却相当明确，只能解读为完全承认善当中的无限，对适时的理解离不开深思熟虑及 phronēsis［审慎］，只不过适时已经绕开了具象分析和尺度理论。它之所以能绕开尺度理论，是因为当时心智外在于混合物的统一体，之所以能绕开具象分析，则因为与纯粹心智相比，审慎多少有些虚假。

适时的加入让善占据了天时，但尺度和适度——苏格拉底将二者放在一起——却把适时与时间之外的事物联系在一起。这样一来，假如存在和生成的联合体中再加上地利的因素，那么真必然会是第一名的构成部分，因为若没有真，任何事物都不可能真正地存在(64b2－3)。因此，我们暂时可以说第一名的位置被三种原则占据了，它们将美包装成善。第二名则是匀称、美、完美以及充足(66b1－3)。如果这意味着在三元组(triad)中抽掉真，那么我们就只剩下美与尺度两个标准了。尺度虽然侥幸获得第二名，但它却并没有可行性的真理，它将不得不承认缺少可资利用之物，从而在完美和完满面前总是略逊一筹。苏格拉底的神启认为第三名应该授予心智和理智，这第三名一定不能仅仅凸显真，还应凸显尺度，因为苏格拉底用神谕似的句子明示我们：如果普罗塔尔库斯把心智和理智放在第三位，那么他就不会和真理产生巨大的分歧。也就是说，第三名的真理必然与可能占据第一名的真理意义不同，后者指明了可能性，而前者则是关于事物真实存在的真理。第四名属于知识、技艺、真正的意见，它们在真假标准的双重意义上，受尺度原则驱使。第五名是纯粹的快乐，与之相伴的还有知识或感觉，第五名完全取决于美，此时，美与匀称或真的联系解除了：一旦哲学的数学介入，并且不变的存在和变化的生成之间的区别被重新引入后，苏格拉底就不能再把匀称和真理视为任何纯粹快乐的可能特征。[①] 也就是说，这三种原则有时被视为三种，有时被视为两种，有时则被视为一种，但有两个例外：第一，如果没有尺度，真和美就永远不会合并；第二，真永远不可能独自存在。假如美和真曾经在一起，美就永远不会属于不可能之事(参见《理想国》472d4-8；亚里士多德《形而上学》1078a31－32)；假如真曾经单独存在，那么存在之物的真与全体的真之间就没有区别。

普罗塔尔库斯并不完全赞同上述的名次安排，他之所以心存疑虑，或许是因为苏格拉底运用于其解释系统中的原则晦涩难懂。

---

① 在谈论哲学之后，《理想国》第十卷重新回到诗学的问题，将小事物同大事物相比仍是有可比性的。

苏格拉底的解释系统起初似乎只不过是为了确保任意混合物的稳定性而设定的三种新标准——尺度、美和真，另外还要加上其构成成分——知识和快乐，作为这些原则有待掌控的内容。更确切地说，尺度理论的两个贡献——美和尺度——与真合并，而真是从具象分析中得出的。真把具象分析的类别与尺度理论中无因次、有因次的大小联系在一起。它能做到这一点，是因为它把“唯独真理”的原则与必须施加给所有真正生成之物的限制混合起来。而正如普罗塔尔库斯所说的，这里的限制是由找到回家的路这一需求规定的。如果第一步，我们用“家”代表苏格拉底的语言，那么，借助心智和理智使尺度理论与具象分析合并就意味着回归希腊语，即当它第一次被字母化后，苏格拉底所说的语言，它随即被释放到声音的无限洪流当中去了，而声音的洪流首先是一与多，只有在此基础上才可能发现它内部的不同类别。第二步，苏格拉底必须找到回家的路，而家也就必须被理解为将辩证法嵌入到对话当中的事物(参见《斐多》115c6－8)，《斐勒布》正是它的一幅画像：在某种程度上，《斐勒布》把无限从对话的生活当中移开，转而将其随意放置于一端。因此，《斐勒布》的特殊性或许是在善的内部重新建构善。它一边呈现善，一边建构善。它把知识和自知放在一起，然后宣布：“这就是生活。”

苏格拉底此时第三次总结斐勒布和他本人争论的问题，《斐勒布》随之画上了句号，这也是整篇对话中第四次对此问题的总结。苏格拉底说明了为什么他要从一个错误的论题出发，这还是头一次，他解释说，斐勒布的话让人厌恶、duskheranas［反感］，同样的话也被成千上万人不断重复，这迫使苏格拉底刻意采取了逾越常规的姿态。苏格拉底的本意就是让快乐痛苦。赞美快乐，把它说成是普遍的善，这其中隐含着某种动物性，对此苏格拉底持反对意见，但他的反应有些过度，多亏了普罗塔尔库斯理智地拒绝快乐、非理智地拒绝心智，并且随后选择了人的生活，舍弃了兽或神的生活，苏格拉底才重新回到更有节制的立场。人性是理智和快乐的混合物。然而，吊诡的是，人性的上限似乎正是由快乐和痛苦决定的（没有了快乐和痛苦，人就与神无异），而人性的下限则是由理智决定的（没有了理智，人就如同水母、牡蛎一般）。因此，要想证明普罗塔尔库斯的选择正确，快乐似乎更为重要，理智只不过是阻止人性瓦解的终极屏障。这样一来，对快乐和痛苦的分析就必不可少，虽然这一分析最终将证明理智的正确，但同时也显示出，在快乐和痛苦的体验中调和心智，这才称得上是善。倘若所谓的"正义"是指几乎人人都具有的一种共识，即如果我们做出某些事情，便丧失了人之为人的资格，那么，苏格拉底就可以表明快乐如何应该充当正义的原则。拿苏格拉底本人来说，正义便是他对斐勒布所代表的东西的厌恶，于是他提出，快乐和痛苦几乎全部由意见构成，当这一结构以具象的方式呈现时，就变成了生活的悲剧与喜剧。我们发现生活的真理由两种诗歌形式构成后，如何重新把善赋予生活就成了一个难题。具象分析在技艺和知识中发现了不同程度的真理，苏格拉底将其归入意见层面，解决了这个难题。这次考察让哲学回归混合，用理解取代了苏格拉底的愤怒——就连聪明绝顶的人也难逃愤怒的魔掌。（参见《理想国》366c3 - d3）

《斐勒布》开篇呈现为以下比例关系：普罗塔尔库斯的自我统一感——抵抗 logos［言辞/理性］带来的自我的增多——与他对快乐统一性的坚持之间的关系，正如苏格拉底对心智和理智的要求与单一存在物之间的关系。苏格拉底把普罗塔尔库斯的统一搁置一旁，转而探求快乐的多重性，因为这种多重性不依赖于我们的统一，反而依赖于身体和灵魂的彼此分离。不过，直到把存在物与其众多的一区分开来并加以呈现后，苏格拉底才谈到心智和理智与单一存在物的关系。因此，存在与一的多重性（数学的和非数学的）在一定意义上与快乐的多重性相称，但对心智而言，是否也有与"身体和灵魂"对应的对子呢？答案是肯定的，不过这个对子却以玩笑的方式显现，就好像它并没有真正影响论证。斐勒布反对把快乐降级，苏格拉底却认为降级再好不过，就连心智也同样应该降级，只是苏格拉底认为应当降级的是他自己的心智，而非神圣的心智。苏格拉底的心智并不是十全十美的，正如普罗塔尔库斯的统一并不是数学家定义的单子。普罗塔尔库斯选择了混合的生活，尽管他统一的自我和苏格拉底的心智似乎都表明了这种选择的意义所在，但较之普罗塔尔库斯那天然的统一，苏格拉底的心智更接近普罗塔尔库斯所选择的真理性。对话开始时，苏格拉底曾告诉普罗塔尔库斯，若他觉得苏格拉底的立场与其思考方式（kata noun）一致，他也可以转而为苏格拉底的立场辩护，彼时苏格拉底就已经向普罗塔尔库斯展现了那种真理的等同物。《斐勒布》的论证使我们回到这本书的开端，而这又并非论证的开端。它使我们回到无限。

图书在版编目(CIP)数据

生活的悲剧与喜剧:柏拉图的《斐勒布》/(美)伯纳德特著;郑海娟译.
--上海:华东师范大学出版社,2016.9
(经典与解释.西方传统)
ISBN 978-7-5675-5469-6

Ⅰ.①生… Ⅱ.①伯… ②郑… Ⅲ.①柏拉图(前427-前347)—
哲学思想—研究 Ⅳ.①B502.232

中国版本图书馆CIP数据核字(2016)第157835号

华东师范大学出版社六点分社
企划人 倪为国

伯纳德特集

生活的悲剧与喜剧——柏拉图的《斐勒布》

著　　者　(美)伯纳德特
译　　者　郑海娟
责任编辑　赵　元
封面设计　吴元瑛

出版发行　华东师范大学出版社
社　　址　上海市中山北路3663号　邮编　200062
网　　址　www.ecnupress.com.cn
电　　话　021-60821666　行政传真　021-62572105
客服电话　021-62865537　门市(邮购)电话　021-62869887
地　　址　上海市中山北路3663号华东师范大学校内先锋路口
网　　店　http://hdsdcbs.tmall.com

印 刷 者　上海景条印刷有限公司
开　　本　890×1240　1/32
插　　页　2
印　　张　10
字　　数　185千字
版　　次　2016年9月第1版
印　　次　2016年9月第1次
书　　号　ISBN 978-7-5675-5469-6/B·1027
定　　价　58.00元

出 版 人　王　焰

(如发现本版图书有印订质量问题,请寄回本社客服中心调换或电话021-62865537联系)